Verkehrsträger & Logistik

Englisch – Deutsch
Deutsch – Englisch

von Stefan Riedel

AF192249

Aus meiner Fachwörterbuchreihe

Bibliografische Informationen der Deutschen Nationalbibliothek:
Die Deutsche Nationalbibliothek verzeichnet diese Publikation in der Deutschen National-bibliografie. Detaillierte bibliografische Daten im Internet über http://www.d-nb.de abrufbar.

Die Kennzeichnung von eingetragenen Waren oder Dienstleistungsmarken bzw. unregis-trierten Warenmarken erfolgt in diesem Wörterbuch einheitlich durch das Zeichen ®. Es kann trotz gründlicher Kontrolle nicht ausgeschlossen werden, dass Angaben unrichtig sind, so dass die nicht gekennzeichneten Bezeichnungen nicht frei sind oder nicht ver-wendet werden können.

Das vorliegende Werk wurde mit größter Sorgfalt erstellt. Dennoch kann für die inhaltliche und technische Fehlerfreiheit, Aktualität und Vollständigkeit des Werkes keine Haftung übernommen werden.

Autor: Stefan Riedel, » Verkehrsträger & Logistik «
Internet: www.riedel-autor.de
E-Mail: info@riedel-autor.de

1. Auflage
© 2025 Stefan Riedel
Alle Rechte vorbehalten.

Satz: Satz+Layout Werkstatt Kluth GmbH, Erftstadt
Lektorat: Anke Lietmann, Marl
          Übersetzungen und Lektorate werden durch die Fachübersetzungsdienst GmbH,
          CH-6340 Baar, unterstützt. https://www.fachuebersetzungsdienst.com
Umschlag: UlinneDesign, Neuenkirchen, Ulrike Linnenbrink
Verlag: BoD · Books on Demand GmbH, In de Tarpen 42, 22848 Norderstedt, bod@bod.de
Druck: Libri Plureos GmbH, Friedensallee 273, 22763 Hamburg

ISBN: 978-3-7693-3877-5

Vorwort

Als gelernter Kaufmann für Spedition und Logistikdienstleistung, Verkehrsfachwirt, Ausbilder und freiberuflicher Dozent habe ich sehr viele Erfahrungen im Bereich Spedition und Logistik gesammelt.

Schon während meiner Ausbildungszeit war das Angebot an Fachwörterbüchern in diesem Bereich sehr begrenzt und für den täglichen Gebrauch nicht geeignet. Durch meine Tätigkeit in der Erwachsenenbildung wurde mir die Bedeutung einer einschlägigen Fachwörterbuchreihe immer bewusster.

Meine Fachwörtersammlung begann mit meiner Ausbildung in einer internationalen Spedition im Jahr 2004. Seitdem habe ich angefangen, mein Fachvokabular für die tägliche englische Korrespondenz zu übersetzen. Das war für mich der Anlass, selbst eine englisch/deutsche Fachwörterbuchreihe zu schreiben. Durch meine Auslandserfahrung und meine beruflichen Tätigkeitsfelder in der Beschaffungs-, Lager- und Distributionslogistik, im System- und Sammelgutverkehr, in der Disposition von Transportmitteln sowie dank meines handwerklichen Hintergrunds konnte ich sehr viele Erfahrungen aus der Praxis sammeln. Diese Einblicke und das daraus entstandene Know-how sind in diesen Fachwörterbüchern enthalten.

Mit dem Erwerb dieses Fachwörterbuchs erhalten Sie eine themenübergreifende Zusammenstellung verschiedener Sachgebiete. Es erwartet Sie ein lesefreundliches und übersichtliches Layout, damit Sie immer schnell und unkompliziert das richtige Wort finden.

Das Besondere an diesem Fachwörterbuch ist Ihr persönlicher Teil am Ende des Buchs. Hier können Sie „Ihre 100 persönlichen Wörter des Lebens" (allgemeine Begriffe) und „Ihre 100 persönlichen Wörter aus der Praxis" (Fachbegriffe) handschriftlich ergänzen. Dieser Praxisteil soll Ihr persönliches Verzeichnis sein. Dort finden Sie schnell und individuell die gängigsten Wörter Ihres täglichen Bedarfs, genau an Ihre fachspezifische Englischkommunikation angepasst.

Für mich ist es sehr wichtig, dass Sie ein Buch für viele Alltagssituationen zur Verfügung haben, in dem Sie die englischen Fachbegriffe leicht finden und anschließend verwenden können.

Meine Leitlinie ist: „Wörter gehen um die Welt und verbinden Menschen".

Wörter ergeben Sätze, Sätze ergeben Texte und bilden die Grundlage der Kommunikation.

Ob gesprochen oder geschrieben.

Ergänzen Sie durch dieses Fachwörterbuch Ihren allgemeinen englischen Wortschatz und verbessern Sie Ihr Fachenglisch als Grundlage für eine internationale Karriere in einer globalen Wirtschaft. Weltweite Kommunikation ist in der heutigen Zeit mehr als notwendig, wenn nicht sogar schon eine Voraussetzung für den Alltag, das Berufsleben, die Schule, das Studium usw.

Sie können mir gerne eine Nachricht schicken, egal ob Lob, Kritik, Anregungen oder Hinweise zu meinem Fachwörterbuch. Ich freue mich über jedes Feedback!

Legende

BE   British English
Das Wort wird nur oder vorwiegend im britischen Englisch verwendet.

AE   American English
Das Wort wird nur oder vorwiegend im amerikanischen Englisch verwendet.

ugs. umgangssprachlich
umgangssprachlicher Ausdruck; keine Fachsprache (deutsche Wörter)

coll. colloquial
umgangssprachlicher Ausdruck; keine Fachsprache (englische Wörter)

f   Femininum, weibliches Hauptwort (die)

m   Maskulinum, männliches Hauptwort (der)

n   Neutrum, sächliches Hauptwort (das)

pl   Plural, Mehrzahl
Das Wort wird nur oder vorwiegend im Plural verwendet.

sg   Singular, Einzahl
Das Wort wird nur oder vorwiegend im Singular verwendet.

®   geschützte Markenbezeichnung
(Angabe des Rechteinhabers in Klammern)

Verwendete Abkürzungen:

e.g. exempli gratia/zum Beispiel

etc. et cetera/und so weiter

fin. finanziell

pol. politisch

z. B. zum Beispiel

Übersetzungen

– mit unterschiedlicher Bedeutung haben vor den jeweiligen Begriffen eine Nummerierung zur besseren Übersicht.

– mit gleicher Bedeutung haben keine zusätzliche Kennzeichnung durch eine Nummerierung

– mit gleicher Bedeutung innerhalb einer Nummerierung sind mit einem Schrägstrich voneinander getrennt.

Erläuterungen:

In Klammern gesetzte zusätzliche Erklärungen dienen der näheren Beschreibung und/oder der Zuordnung eines Fachgebietes.

Zur besseren Les- und Findbarkeit wurde auf die Angabe von Fachgebietskürzeln verzichtet. Welche Fachgebiete und Fachwörter in diesem Buch enthalten sind, können Sie in der Inhaltsangabe des Buches nachlesen.

1951 Convention travel document/ refugee travel document	Reiseausweis für Flüchtlinge *m*
1954 Convention travel document	Reiseausweis für Staatenlose *m*
2+3 regulation (CEMT permit)	2+3-Regelung *f* (CEMT-Genehmigung)
20 foot container/20' container	20-Fuß Container/20' Container *m*
40 foot container/40' container	40-Fuß Container/40' Container *m*
44-ton regulation (pre- and on-carriage of combined transport)	44-Tonnen-Regelung *f* (im Vor- und Nachlauf des kombinierten Verkehrs)

A

A article *sg*	A-Artikel *m*
A goods	A-Güter *npl*
A road *(BE)*	Bundesstraße *f*
A.TR form	A.TR-Formular *n*
Abbreviated Precision Approach Path Indicator/APAPI	Abbreviated Precision Approach Path Indicator/APAPI *n* (vereinfachte Form des PAPI (Präzisions-Anflug-Gleitwinkelbefeuerung))
ABC analysis	ABC-Analyse *f*
ABC powder extinguisher	ABC Pulverlöscher *m*
abnormal risk	anormales Risiko *n* erhöhtes Risiko *n*
absolute contribution margin	Deckungsbeitrag *m* (absolut)
absolute franchise	Integralfranchise *f* (Versicherung zahlt erst ab einer bestimmten Schadenshöhe)
absolute liability	Gefährdungshaftung *f*
absolute suretyship	selbstschuldnerische Bürgschaft *f*
absorption costing	Vollkostenrechnung *f*

accelerated basic qualification (German qualification for commercial bus and truck drivers)	beschleunigte Grundqualifikation *f*
acceleration lane	Beschleunigungsspur *f* Beschleunigungsstreifen *m*
acceleration resistance	Beschleunigungswiderstand *m*
accelerator pedal *(BE)*	Gaspedal *n*
acceptance	1. akzeptierter Wechsel *m* / Akzept *n* 2. Anerkennung *f* 3. Annahme *f*
acceptance certificate *sg* (warehouse)	Aufnahmeschein *m* (Lager)
acceptance L/C	Akzeptakkreditiv *n*
acceptance letter of credit	Akzeptakkreditiv *n*
acceptance of a claim	Anerkennung eines Anspruchs *f*
accepted bill	Akzept *n* akzeptierter Wechsel *m*
acceptor	Trassat *m*
access control	Zugangskontrolle *f*
access frequency *sg* (e.g. of the stored goods)	Zugriffshäufigkeit *f* (z.B. des Lagergutes)
accessorial service	1. zusätzliche Dienstleistung *f* 2. Nebenleistung *f*
accessories (commercial vehicles)	Zubehör *n* (Nutzfahrzeuge)
accident	1. Unfall *m* 2. Havarie *f*
accident at work	Arbeitsunfall *m*
accident data storage	Unfalldatenspeicher/UDS *m*
accident insurance *(BE)*	Unfallversicherung *f*
accident prevention regulations *pl*	Unfallverhütungsvorschriften/UVV *fpl*
accident procedures sheet	Unfallmerkblatt/UMB *n*
accident report	Unfallbericht *m*

accident risk	Unfallrisiko *n*
accident site	Unfallstelle *f*
accident sketch	Unfallskizze *f*
accidental damage	Unfallschaden *m*
accidental death	Unfalltod *m*
accompanied combined transport/ ACT	begleiteter Verkehr *m* (KV) begleiteter kombinierter Verkehr/ KV *m*
accompanied driving	begleitetes Fahren *n*
accompanying administrative document	begleitendes Verwaltungs- dokument/BVD *n*
accompanying document	Begleitpapier *n*
account	1. Bankkonto *n* 2. Kundenkonto *n*
account category	Kontenklasse *f*
account number	Kontonummer *f*
accounting	Rechnungswesen *n*
accounting principle	Bilanzierungsgrundsatz *m*
accounting stamp	Kontierungsstempel *m*
accounts receivable *pl*	1. Forderungen *fpl* 2. Forderungen aus Lieferung und Leistung *fpl*
accrual	1. Rückstellung *f* 2. Entstehung *f* (Anspruch)
accrual of a claim	Entstehung eines Anspruchs *f*
accumulated contribution margin	kumulierter Deckungsbeitrag *m*
acetone *sg*	Aceton *nsg* Azeton *nsg*
Achilles' heel *(coll.)*	Achillesferse *f (ugs.)*
acid	Säure *f*
acid density	Säuredichte *f*
acid-free	säurefrei

acid-proof	säurebeständig
	säureresistent
acid-resistant	säurebeständig
	säureresistent
Ackermann steering	Achsschenkellenkung *f*
acknowledgement	Quittung *f*
acknowledgement of closure	Verschlussanerkenntnis *f*
acknowledgement of receipt	Empfangsbestätigung *f*
acount class	Kontenklasse *f*
ACP countries	AKP-Gruppe *f*
	Gruppe der afrikanischen, karibischen und pazifischen Staaten *f*
acquired *sg*	beschafft
acquisition	Akquisition *f*
	Beschaffung *f*
acquisition commission	Abschlussprovision *f*
acquisition costs *pl*	Abschlusskosten *pl*
acquisition value	Anschaffungswert *m*
act	Gesetz *n* (einzelnes)
act of God	höhere Gewalt *f*
Act on the Transportation of Dangerous Goods/GGBefG	Gesetz über die Beförderung gefährlicher Güter/GGBefG *n*
	Gefahrgutbeförderungsgesetz/ GGBefG *n*
action for damages	Schadensersatzklage *f*
active refinement	aktive Veredelung *f*
activity	Aktivität *f*
actual time of arrival/ATA	tatsächliche Ankunftszeit *f* (Flugzeug)
actual time of departure/ATD	tatsächliche Abflugzeit *f*
	tatsächliche Startzeit *f*
actual weight	tatsächliches Gewicht *n*
ad valorem	nach Wert

ad valorem duty	Wertzoll *m*
ADAC HEMS Academy (Helicopter Emergency Medical Service)	ADAC HEMS Academy *f* (Helicopter Emergency Medical Service = Medizinischer Hubschrauber-Notfalldienst)
AdBlue (® Verband der Automobilindustrie/VDA) *(BE)* diesel exhaust fluid/DEF *(AE)*	AdBlue *n* (® Verband der Automobilindustrie/VDA)
additional cargo	Beiladung *f*
additional charge	Aufpreis *m* Aufschlag *m* Zuschlag *m*
additional costs *pl*	Zusatzkosten *pl*
additional insurance	Zusatzversicherung *f*
additional load	Beiladung *f*
additional policy	Nachtragspolice *f*
additional purchase costs *pl*	Anschaffungsnebenkosten *pl*
additional time *sg* (time not spent working productively, e.g. going to the toilet, waiting for information or the means of transport)	Verteilzeit *f* (Zeit in der nicht produktiv gearbeitet wird z.B. der Gang zur Toilette, warten auf Informationen oder dem Transportmittel)
additives *pl*	Additive *fpl*
address	Adresse *f* Anschrift *f*
address field	Adressfeld *n* Anschriftenfeld *n*
adequate compensation	angemessene Entschädigung *f*
adhesive label	selbstklebendes Etikett *n* Haftetikett *n*
adhesive tape	Klebeband *n*
adjustment	Regulierung *f*
adjustment of a claim	Schadensregulierung *f*
adjustment of average	Havarieverteilung *f*
administration	Verwaltung *f*

ADR (European Agreement concerning the International Carriage of Dangerous Goods by Road)	ADR *n* (Europäisches Überein-kommen über die internationale Beförderung gefährlicher Güter auf der Straße)
ADR certificate	ADR-Bescheinigung *f*
advance arrival notice *sg* (customs)	Vorab-Ankunftsanzeige *f* (Zoll)
Advanced River Navigation System/ARGO	Fahrrinnen-Informationssystem/ ARGO *n*
Advanced Surface Movement Guidance and Control System/A-SMGCS	Advanced Surface Movement Guidance and Control System/A-SMGCS *n*
advice	Avis *m/n*
advise, to	beraten
advising bank	avisierende Bank *f*
advisories *pl* (GPWS mode 6)	Anweisungen *fpl* (GPWS Mode 6)
aerial transfer bridge	Schwebebrücke *f*
aerodrome *(BE)*	Flugplatz *m*
aerodrome control tower/TWR	Flughafenkontrollturm *m* Kontrollturm *m* (Flughafen) Tower *m* (Flughafen)
Aerodrome Traffic Zone/ATZ	Flugplatzverkehrszone *f*
aeronautical chart	Luftfahrtkarte *f*
aeronautical ground station	Bodenfunkstelle *f*
Aeronautical Information Publi-cation/AIP	Luftfahrthandbuch *n*
Aeronautical Information Service/ AIS	Flugberatungsdienst/AIS *m*
aeroplane *(BE)*	Flugzeug *n*
aerosol	Aerosol *n*
aerosol can	Spraydose *f* Sprühdose *f*
aerotowing	F-Schlepp *m* Flugzeugschlepp *m*
Africa	Afrika *n*

African, Caribbean and Pacific Group of States	AKP-Gruppe *f* Gruppe der afrikanischen, karibischen und pazifischen Staaten *f*
African, Caribbean and Pacific Group of States	Gruppe der afrikanischen, karibischen und pazifischen Staaten *f*
after sight bill	Nachsichtwechsel *m*
after-date bill	Datowechsel *m* (nach Ausstellung)
afternoon	Nachmittag *m*
against all odds *pl*	allen Widrigkeiten zum Trotz entgegen allen Erwartungen gegen alle Schwierigkeiten
agency	Agentur *f*
agent coupon (agency issuing the ticket)	Agent Coupon *m* (ausstellendes Büro)
aggregated balance	Summenbilanz *f*
aggressive	aggressiv
agreement contra bonos mores	sittenwidriger Vertrag *m*
Agreement on International Goods Transport by Rail/SMGS	Abkommen über den Internationalen Eisenbahngüterverkehr/ SMGS *n*
Agreement on the International Carriage of Perishable Foodstuffs ATP	Übereinkommen über Internationale Beförderungen leichtverderblicher Lebensmittel ATP *n*
agricultural aircraft	Agrarflugzeug *n*
agricultural operation	landwirtschaftlicher Betrieb *m*
ahoy	ahoi
aid	Hilfsmittel *n*
air *sg*	Luft *fsg*
air broker	Luftfrachtagent *m*
air cargo	Luftfracht *f*
air cargo container/ULD	Luftfrachtcontainer/ULD *m*
air cargo pallet/ULD	Luftfrachtpalette/ULD *f*
air conditioner	Klimaanlage *f*

air conditioning	Klimaanlage *f*
air corridor	Luftkorridor *m*
air dome warehouse *sg*	Traglufthallenlager *n*
air dryer	Lufttrockner *m*
air filter	Luftfilter *m*
air fleet	Luftflotte *f*
air freight	Luftfracht *f*
air freight container/ULD	Luftfrachtcontainer/ULD *m*
air freight forwarder	Luftfrachtspediteur *m*
air freight forwarding	Luftfrachtspedition *f*
air freight pallet/ULD	Luftfrachtpalette/ULD *f*
air freight tariff	Luftfrachttarif *m*
air freighter	Frachtflugzeug *n*
air marshal	Flugsicherheitsbegleiter *m*
	Luftsicherheitsbegleiter *m*
air moisture *sg*	Luftfeuchte *fsg*
	Luftfeuchtigkeit *fsg*
air navigation *sg*	Flugnavigation *fsg*
Air Navigation Services Academy	Flugsicherungsakademie *f*
air pressure check	Luftdruckkontrolle *f*
air resistance	Luftwiderstand *m*
Air Route Traffic Control Center/ ARTCC *(AE)*	Bezirkskontrollstelle *f* (Luftverkehr)
air safety	Luftsicherheit *f*
air sovereignty	Lufthoheit *f*
air taxi	Lufttaxi *n*
Air Traffic Act/LuftVG	Luftverkehrsgesetz/LuftVG *n*
air traffic control	Flugsicherung *f*
air traffic control/ATC	Flugverkehrskontrolle/FVK *f*
air traffic controller/ATCO	Fluglotse *m*
Air Traffic Flow Management/ATFM	Verkehrsflussmanagement *n* (Luftverkehr)

Air Traffic Management/ATM	Flugverkehrsmanagement *n*
air traffic obstacle	Luftfahrthindernis *n*
Air Waybill/AWB	Luftfrachtbrief/AWB *m*
air waybill fee *sg*	Austellungsgebühr für den Luftfrachtbrief *f*
airbag	Luftsack *m* Prallkissen *n*
airborne	abgehoben (Flugzeug)
Aircraft Classification Number/ACN	Aircraft Classification Number/ACN *f* (Lastwirkungsklassifikationszahl)
Aircraft Communications Addressing and Reporting System/ ACARS	Aircraft Communications Addressing and Reporting System/ ACARS *n*
aircraft ground handling	Flugzeugabfertigung *f*
aircraft handler	Flugzeugabfertiger *m*
aircraft maintenance	Flugzeugwartung *f*
aircraft maintenance, repair and overhaul/MRO	Luftfahrzeug-Instandhaltung *f*
aircraft mechanic	Fluggerätmechaniker *m* Flugzeugmechaniker *m*
Aircraft Noise Act/FluglärmG	Fluglärmgesetz/FluglärmG *n*
Aircraft on Ground/AOG	Flugunfähigkeit *f* (Flugzeug)
aircraft refueller	Flugfeldtankwagen *m*
aircraft registration number	Luftfahrzeugkennzeichen *n* (Nummer)
aircraft tractor	Flugzeugschlepper *m*
aircraft tug	Flugzeugschlepper *m*
aircrew	Flugzeugbesatzung *f*
airdome	Pneu *m* Traglufthalle *f*
airdrome *(AE)*	Flugplatz *m*
airfreight carrier	Frachtfluggesellschaft *f*
airlift (logistics)	Luftbrücke *f* (Logistik)

airline	Fluggesellschaft *f* Luftfahrtgesellschaft *f*
airline company	Fluggesellschaft *f* Luftfahrtgesellschaft *f*
airmail	Luftpost *fsg*
airmiss	Fastzusammenstoß *m* (Flugzeug)
airplane *(AE)*	Flugzeug *n*
airport	Flughafen *m*
Airport Coordination Germany/ FHKD	Flughafenkoordination Deutschland/FHKD *f*
airport crash tender	Flugfeldlöschfahrzeug/FLF *n*
airport fire appliance	Flugfeldlöschfahrzeug/FLF *n*
airport fire brigade *(BE)*	Flughafenfeuerwehr *f*
airport fire department *(AE)*	Flughafenfeuerwehr *f*
airport lounge	Airline Lounge *f* Flughafen-Lounge *f*
airport of departure	Abflughafen *m*
airport of destination	Bestimmungsflughafen *m*
airport ramp	Vorfeld *n* (Flughafen)
airport security	Flughafensicherheit *f*
airport slot	Flughafenslot *m*
Airport Surface Detection Equipment/ASDE	Airport Surface Detection Equipment/ASDE *n*
airport terminal	Flughafenterminal *m/n*
airport traffic control tower/TWR	Flughafenkontrollturm *m* Kontrollturm *m* (Flughafen) Tower *m* (Flughafen)
airportability (as external load)	Luftverlastbarkeit *f*
airportability (as internal load)	Luftverladbarkeit *f*
airside (airport)	Luftseite *f* (Flughafen)
airspace	Luftraum *m*
airspace observer	Luftraumbeobachter *m*
airway/AWY	Luftstraße/AWY *f*

A

airwayslot/ATC-slot	Airwayslot/ATC-Slot *m*
alarm	Alarm *m*
alarm system	Alarmanlage *f*
alcohol	Alkohol *m*
alert phase (aviation)	Alarmphase *f* (Luftverkehr)
alerting schedule (aviation)	Alarmplan *m* (Luftverkehr)
All Purpose Structured Eurocontrol Surveillance Information Exchange/ ASTERIX (EUROCONTROL)	All Purpose Structured Eurocontrol Surveillance Information Exchange/ASTERIX *n* (EUROCONTROL) (Strukturierter Eurocontrol-Überwachungsinformationsaustausch für alle Zwecke)
All Risks (DTV Cargo 2000/2011)	Volle Deckung *f* (DTV-Güter 2000/2011)
all terrain vehicle/ATV	Quad *n*
all-in rate *sg* (air freight)	All-in-Rate *f* (Luftfracht)
all-risks insurance	Allgefahrenversicherung *f*
all-season tire *(AE)*	Ganzjahresreifen *m*
all-season tyre *(BE)*	Ganzjahresreifen *m*
all-wheel drive	Allradantrieb *m*
all-wheel steering	Allradlenkung *f*
allergies *pl*	Allergien *f*
alliance (ocean shipping)	Allianz *f* (Seeschifffahrt)
allocation formula	Verteilungsschlüssel *m*
allowable load	zulässige Belastung *f* (Stapellast)
alpha radiation	Alphastrahlung *f*
alternate airport	Ausweichflugplatz *m*
alternative drive	alternativer Antrieb *m*
alternative route	Alternativstrecke *f* Ausweichstrecke *f*
alternator	Lichtmaschine *f*
aluminium container *(BE)*	Aluminiumcontainer *m*

aluminium *sg (BE)*	Aluminium *nsg*
aluminum container *(AE)*	Aluminiumcontainer *m*
aluminum *sg (AE)*	Aluminium *nsg*
ambassador	Botschafter *m*
ambulance	1. Krankentransportwagen/KTW *m* / Krankenwagen m
	2. Rettungswagen/RTW *m* / Krankenwagen m
ammonia *sg*	Ammoniak *nsg*
amount payable	Zahllast *f*
amount to BE collected (fin.)	Nachnamebetrag *m* (fin.)
amount to, to	belaufen auf, sich
amounts stated in the balance sheet *pl*	Wertansätze in der Bilanz *mpl*
amphibian aircraft	Amphibienflugzeug *n*
amphibian vehicle	Amphibienfahrzeug *n*
amphibious aircraft	Amphibienflugzeug *n*
amphibious vehicle	Amphibienfahrzeug *n*
Amsterdam-Rotterdam-Antwerp-Ghent-Range/ARAG-Range	Amsterdam-Rotterdam-Antwerpen-Gent-Range/ARAG-Range *f*
Amsterdam-Rotterdam-Antwerp-Range/ARA-Range	Amsterdam-Rotterdam-Antwerpen-Range/ARA-Range *f*
analog tachograph *(AE)*	analoger Fahrtenschreiber *m*
analogue tachograph *(BE)*	analoger Fahrtenschreiber *m*
analyse, to *(BE)*	analysieren auswerten
analysis	Analyse *f*
analyze, to *(AE)*	analysieren auswerten
anchor point	Anschlagpunkt *m*
anchor rails (load securing permanently installed in the vehicle)	Ankerschienen *f* (Ladungssicherung fest im Fahrzeug installiert)

angle	Winkel *m*
angle of attack/AOA (aircraft)	Anstellwinkel *m* (Flugzeug)
animal feed	Futter *n*
	Futtermittel *n*
	Tierfutter *n*
	Viehfutter *n*
animal transportation	Tiertransporte *mpl*
Animal Welfare Transport Ordinance	Tierschutztransportverordnung/ TierschTrV *f*
annex	Anhang *m*
	Anlage *f*
annual	jährlich
annual audit	jährliche Betriebsprüfung *f*
annual closing entries *pl*	Abschlussbuchungen *fpl*
annual financial statement	Jahresabschlussbuchung *f*
annual inventory	Jahresinventur *f*
	Stichtagsinventur *f*
anti-collision light/ACL (aircraft)	Antikollisionslicht/ACL *n* (Flugzeug)
anti-lock braking system/ABS	Antiblockiersystem/ABS *n*
anti-slide mat	Antirutschmatte *f*
anti-slip mat	Antirutschmatte *f*
anti-slip mats	Antirutschmatten *f*
anti-slip regulation/ASR	Traktionskontrolle *f*
anticipated profit	imaginärer Gewinn *m*
antifreeze	Frostschutzmittel *n*
Antilles *pl*	Antillen *pl*
antimacassar	Antimakassar *m*
Apostolic Nuncio	Apostolischer Nuntius *m*
application of funds	Mittelverwendung *f*
approach	Anflug *m*

approach lighting system/ALS	Approach Lighting System/ALS *n* (Anflugbefeuerung)
appropriation of profits	Ergebnisverwendung *f*
April	April *m*
apron	Vorfeld *n* (Flughafen)
aquaplaning	Aquaplaning *n*
Arabia	Arabien *n* Arabische Halbinsel *f*
Arabian Peninsula	Arabien *n* Arabische Halbinsel *f*
Arabian subcontinent	Arabien *n* Arabische Halbinsel *f*
archive	Archiv *n*
archive, to	archivieren
area contract freight forwarder	Gebietsspediteur *m*
Area Control Center/ACC	Bezirkskontrollstelle *f* (Luftverkehr)
Area Navigation/RNAV *sg* (originally Random Navigation)	Flächennavigation/RNAV *fsg*
area of responsibility	Verantwortungsbereich *m*
argon *sg*	Argon *nsg*
arithmetic mean value *sg*	Arithmetischer Mittelwert *m*
arms embargo	Waffenembargo *n*
arrest	Festnahme *f*
arrival area	Ankunftsbereich *m*
arrival platform *(BE)*	Ankunftsgleis *n*
arrival station	Ankunftsbahnhof *m* Zielbahnhof *m*
arrival track *(AE)*	Ankunftsgleis *n*
arrogant	arrogant
arsenic *sg*	Arsen *nsg*
article	Artikel *m*

article number	Artikelnummer *f*
	Warennummer *f*
articulated bus	Gelenkbus *m*
	Gelenkwagen *m* (Bus)
	Gelenkzug/GLZ *m* (Bus)
	Gliederbus *m*
articulated lorry *(BE)*	Sattelzug *m*
articulated trailer bus	Sattelbus *m*
	Sattelomnibus *m*
	Sattelzugomnibus *m*
asbestos	Asbest *m*
ashtray	Aschenbecher *m*
Asia	Asien *n*
ASOR	ASOR
ASOR trip logbook	ASOR-Fahrtenheft *n*
ASOR trip sheet	ASOR-Fahrtenblatt *n*
asphalt	Asphalt *m*
asphalt carrier	Asphalttanker *m*
	Bitumentanker *m*
assembly line	Fließband *n*
assembly line production	Fließbandfertigung *f*
asset generation	Vermögensaufbau *m*
assignee	Zessionar *m*
assignment *sg* (e.g. on registered warehouse receipt)	Zession *f* (z.B. beim Namenslagerschein)
	Abtretung *f*
assignment of a claim	1. Forderungsabtretung *f*
	2. Anspruchsabtretung *f*
assignor	Zedent *m*
assistance system	Assistenzsystem *n*
association	Verband *m*
Association of European Airlines/ AEA	Verband Europäischer Fluggesellschaften/AEA *m*

Association of German Engineers/ VDI	Verein Deutscher Ingenieure/VDI *m*
Association of German Freight Forwarders and Logistics Operators/DSLV	Deutscher Speditions- und Logistikverband e.V./DSLV *m*
asylum	Asyl *n*
ATA procedure	ATA-Verfahren *n*
Atomic Energy Act *sg*	Atomgesetz/AtG *n*
attachment boards *pl* (load securing permanently installed in the vehicle)	Aufsatzbretter *npl* (Ladungssicherung fest im Fahrzeug installiert)
attention assist (coll.)	Aufmerksamkeitsassistent *m* (ugs.)
attention *sg*	Achtung *fsg*
attorney *(AE)*	Rechtsanwalt *m* Anwalt *m*
audit	Betriebsprüfung *f*
audit coupon (airline)	Audit Coupon *m* (Fluggesellschaft)
auditing	Betriebsprüfung *f*
auditor	Revisor *m*
August	August *m*
Australia	Australien *n*
authorisation *(BE)*	Befugnis *f* Bevollmächtigung *f* Vollmacht *f* Genehmigung *f*
authorization *(AE)*	Befugnis *f* Bevollmächtigung *f* Vollmacht *f* Genehmigung *f*
Authorized Economic Operator/ AEO	Zugelassener Wirtschaftsbeteiligter/ZWB *m*
auto electriciancar electrician	Kfz-Elektriker *m*
auto mechaniccar mechanic	Kfz-Mechaniker *m* Automechaniker *m*

auto-financing	Selbstfinanzierung *f*
autobrake (aircraft)	automatische Bremse (Flugzeug)
automated guided vehicle/AGV	Fahrerloses Transportfahrzeug/ FTF *n*
automated storage and retrieval system/ASRS / AS/RS	Regalbediengerät/RBG *n*
Automated Tariff and Local Customs Processing System	Automatisiertes Tarif- und Lokales Zoll-Abwicklungs-System/ATLAS *n*
automatic anti-lock braking system/ABS	Automatischer Blockierverhinderer/ ABV *m*
Automatic Dependent Surveillance/ ADS	Automatic Dependent Surveillance/ ADS n (Automatische (Bord)- Abhängige Überwachung)
automatic guided vehicle/AGV	Fahrerloses Transportfahrzeug/ FTF *n*
automatic guided vehicle system/ AGVS	Fahrerloses Transportsystem/FTS *n*
automatic hook coupling	automatische Hakenkupplung *f*
automatic identification system/AIS	Automatisches Identifikations- system/AIS *n*
automatic license plate recognition/ ALPR *(AE)*	automatische Nummernschild- erkennung *f* automatische Kennzeichener- fassung *f*
automatic locking function (CMR)	automatische Sperrfunktion *f* (CMR)
automatic number plate recognition/ ANPR *(BE)*	automatische Nummernschild- erkennung *f* automatische Kennzeichener- fassung *f*
automatic railway telephone system	Bahnselbstanschlussanlage/BASA *f*
automatic small parts warehouse miniload warehouse	automatisches Kleinteilelager/AKL *n*

A

automatic storage and conveyor systems *pl*	automatische Lager- und Fördersysteme *npl*
automatic storage shelving / rack systems *pl*	automatische Lagerregalsysteme *npl*
Automatic Terminal Information Service/ATIS	Automatic Terminal Information Service/ATIS *m* (Automatischer Terminal-Informationsdienst)
automatic transmission	Automatikgetriebe *n*
automatic transmission fluid	Automatikgetriebeöl *n*
automatic transmitter identification system/ATIS	Automatisches Senderidentifizierungssystem/ATIS *n*
automobile	Auto *n* Automobil *n* Kraftwagen *m* Personenkraftwagen/PKW *m*
automobilia *pl*	Automobilia *npl*
automotive lighting	Fahrzeugbeleuchtung *f*
automotive mechatronics engineer	Kfz-Mechatroniker *m*
autonomous driving	autonomes Fahren *n*
autopilot	Autopilot/ A/P *m*
autorack	Autotransportwagen *m*
auxiliary heating	Zusatzheizung *f*
auxiliary material	Hilfsstoff *m*
available seat kilometers/ASK *pl* (AE)	angebotene Sitzplatzkilometer/ ASK *mpl*
available seat kilometres/ASK *pl* (BE)	angebotene Sitzplatzkilometer/ ASK *mpl*
available seat miles/ASM *pl*	angebotene Sitzplatzmeilen/ASM *fpl*
available, to make	bereitstellen zur Verfügung stellen
average/AV	Havarie *f*
average clause *sg*	Havarieklausel *fsg*

average stock level *sg* (key figure)	durchschnittlicher Lagerbestand *m* (Kennzahl)
aviation	Luftfahrt *f*
aviation hub	Luftfahrtdrehkreuz *n*
aviation hull insurance	Luftfahrtkaskoversicherung *f*
aviation law	Luftfahrtrecht *n*
	Luftrecht *n*
	Luftverkehrsrecht *n*
Aviation Security Act/LuftSiG	Luftsicherheitsgesetz/LuftSiG *n*
aviation tax	Luftverkehrsabgabe *f*
Aviation Tax Act/LuftVStG	Luftverkehrssteuergesetz/LuftVStG *n*
avoid, to	vermeiden
avoid customs duty, to	Zoll umgehen
avoidance of contract	Vertragsrücktritt *m*
axle	Achse *f*
axle load	Achslast *f*

B

B article *sg*	B-Artikel *m*
B goods	B-Güter *npl*
B road *(BE)*	Landesstraße *f*
	Landstraße *f*
	Staatsstraße *f* (Bayern/Sachsen)
B/L	Konnossement *n*
back	hinten
back-to-back air freight transport	Back-to-back-Luftfrachtbeförderung *f*
back-up light *(AE)*	Rückfahrscheinwerfer *m*
back, at the	hinten
backward *(AE)*	rückwärts
backwards *(BE)*	rückwärts

B

bacterium	Bakterie *f*
bad	schlecht
bad manners *pl*	schlechte Manieren *fpl*
bad news *pl*	schlechte Nachricht *f*
baffle plate	Schwallblech *n*
	Schwallwand *f*
baffle plates *pl* (load securing permanently installed in the vehicle)	Prallwände *fpl* (Ladungssicherung fest im Fahrzeug installiert)
baggage *sg (AE)*	Gepäck *nsg*
baggage car *(AE)*	Gepäckwagen *m* (Eisenbahn)
	Packwagen *m*
baggage cart *(AE)*	Gepäckwagen *m* (Kofferkuli)
baggage insurance *(AE)*	Gepäckversicherung *f*
	Reisegepäckversicherung *f*
bagged cargo	Sackgut *n*
	Sackware *f*
bail	Kaution *f*
bailout (fin.)	Notverkauf *m*
bakery products *pl*	Backwaren *fpl*
balance compaction	Bilanzverdichtung *f*
balance sheet classification	Bilanzgliederung *f*
balance sheet evaluation	Bilanzauswertung *f*
balance, to	saldieren
balanced account	Staffelkonto *n*
bale	Ballen *m*
	Bündel *n*
Balkan Peninsula	Balkan *m*
	Balkanhalbinsel *f*
Balkans *pl*	Balkan *m*
	Balkanhalbinsel *f*
balloon loop	Endschleife *f*

Baltic countries *pl*	Baltikum *n*
	baltische Staaten *mpl*
Baltic states *pl*	Baltikum *n*
	baltische Staaten *mpl*
ban on alcohol	Alkoholverbot *n*
ban on night flights	Nachtflugverbot *n*
banjo axles pl	Banjoachsen *fpl*
bank	Bank *f*
bank draft	1. Bankscheck *m*
	2. von einer Bank gezogener
	Wechsel *m* / Banktratte *f*
bank guarantee	Bankgarantie *f*
	Bankbürgschaft *f*
bank holiday *(BE)*	Bankfeiertag *m*
banker's draft	von einer Bank gezogener
	Wechsel *m*
	Banktratte *f*
banksman	Einweiser *m* (z.B. Kran, LKW)
banner towing (advertising)	Bannerschlepp *m* (Werbung)
bar code *sg*	Barcode *m*
	Strichcode *m*
bar code label *sg*	Barcode-Label *n*
bar code reader *sg*	Barcode-Leser *m*
Barcode	Barcode *m*
	Strichcode *m*
barcode reader	Barcodelesegerät *n*
	Barcodeleser *m*
barcode scanner	Barcodelesegerät *n*
	Barcodeleser *m*
barge	Binnenschiff *n*
barge owner	Partikulier *m*
barrage	Staustufe *f*

B

B

barrel	Fass *n*
	Tonne *f*
barrister *(BE)*	Rechtsanwalt *m* (obere Gerichte)
	Anwalt *m* (obere Gerichte)
barter	Tauschhandel *m*
bascule bridge	Klappbrücke *f*
base (chem.)	Base *f* (chem.)
base costs *pl*	Grundkosten *pl*
base stock	Mindestbestand *m*
	Sicherheitsbestand *m*
	eiserner Bestand *m*
base time *sg* (time for organisa-tional activities before and after the picking)	Basiszeit *f* (Zeit für organisato-rische Tätigkeiten vor und nach der Kommissionierung)
basement garage	Tiefgarage *f*
basic qualification	Grundqualifikation *f*
batch posting	Stapelbuchung *f*
battery	Batterie *f*
battery acid	Batteriesäure *f*
battery capacity	Batteriekapazität *f*
battery charge indicator	Ladekontrollleuchte *f*
battery charger	Batterieladegerät *n*
	Batterieaufladegerät *n*
battery master switch	Batterietrennschalter *m*
Battery Ordinance	Batterieverordnung/BattV *f*
battery pole	Batteriepol *m*
battery vehicle	Batteriefahrzeug *n*
battery voltage	Batteriespannung *f*
bay (container)	Bay *f* (Containerreihe in Querrichtung)
bay load	Feldlast *f*
bay plan	Bayplan *m* (Containerstauplan)
bay-row-tier system	Bay-Row-Tier-System *n*

B

beaching (boat)	Strandung *f*
beam	Balken *m*
bearer B/L	Inhaberkonnossement *n*
bearer bill of lading	Inhaberkonnossement *n*
bearer warehouse warrant *sg*	Inhaberlagerschein *m*
bearing (navigation)	Peilung *f*
becquerel/Bq	Becquerel/Bq *n*
beer	Bier *n*
behind schedule	hinter dem Zeitplan
bells and whistles *pl* (coll.) (car equipment)	Schnickschnack *msg* (ugs.) (Ausstattung Auto)
belly freight (air transport)	Bellyfracht *f* (Luftverkehr)
belt boxes for lashing straps *pl* (coll.)	Gurtboxen für Zurrgurte *fpl* (ugs.)
belt conveyors *pl* (e.g. the checkout belt in supermarkets (*BE*) grocery stores (*AE*))	Gurtförderer *m* (z.B. das Kassenband im Supermarkt)
belt retractor for lashing straps	Gurtaufroller für Zurrgurte *m* (ugs.)
belt warning device (coll.)	Gurtwarner *m* (ugs.)
bend	Kurve *f*
bendy bus *(BE)*	Gelenkbus *m* Gliederbus *m* Gelenkwagen *m* (Bus) Gelenkzug/GLZ *m* (Bus)
Benelux	Benelux Beneluxländer *npl* Beneluxstaaten *mpl*
Benelux countries *pl*	Benelux Beneluxländer *npl* Beneluxstaaten *mpl*
berth	Liegeplatz *m*
beta radiation	Betastrahlung *f*
bi-articulated bus	Doppelgelenkbus *m*

B

bib overalls *pl (AE)*	Latzhose *f*
bicycle	Fahrrad *n*
bicycle street	Fahrradstraße *f*
bid bond	Bietungsgarantie *f* Avalgarantie *f*
big	groß
bike lane *(AE)*	Radweg *m* Fahrradweg *m*
bike path *(AE)*	Radweg *m* Fahrradweg *m*
bilateral	zweiseitig
bilateral authorisation *(BE)*	bilaterale Genehmigung *f*
bilateral authorization *(AE)*	bilaterale Genehmigung *f*
bilevel car *(AE)*	Doppelstockwagen *m*
bill after date	Datowechsel *m* (nach Ausstellung)
bill of lading	Konnossement *n*
bill of lading clause	Konnossementsklausel *f*
Billing and Settlement Plan/BSP	Billing and Settlement Plan/BSP *m* (Ab- und Verrechnungsplan)
bin location *sg*	Lagerplatz *m*
biodiesel *sg*	Biodiesel *msg*
biological limit values *pl*	biologische Grenzwerte *mpl*
biological substance	biologischer Stoff *m*
biometric passport	biometrischer Reisepass *m*
bitumen	Bitumen *n*
black box (aircraft)	Flugschreiber *m*
black box (road)	Unfalldatenspeicher/UDS *m*
black frost	schwarzer Frost *m* (Vereisung der Schiffsaufbauten durch Nebel und/oder Nieselregen durch Süßwasser)
black ice *sg*	Glatteis *nsg*

black market goods *pl*	schwarze Ware *f*
black powder *sg*	Schwarzpulver *nsg*
Black Sea	Schwarzes Meer *n*
blank flange	Blindflansch *m*
blanket policy	1. Pauschalpolice *f*
	2. Generalpolice *f*
blasting cap	Sprengkapsel *f*
blasting gelatin *sg*	Sprenggelatine *fsg*
	Sprenggummi *msg/nsg*
blind flange	Blindflansch *m*
blind spot	toter Winkel *m*
block heater *(AE)*	Standheizung *f*
block storage *sg*	Blocklager *n*
block train	Ganzzug *m*
block warehouse *sg*	Blocklager *n*
blocking notice	Sperrvermerk *m*
blood alcohol concentration/BAC	Blutalkoholkonzentration/BAK *f*
blood alcohol content/BAC	Blutalkoholkonzentration/BAK *f*
blood alcohol level	Blutalkoholspiegel *m*
blue light	Blaulicht *n*
blue-collar worker *(coll.)*	Arbeiter *m*
Board of Airline Representatives in Germany e.V./BARIG	Board of Airline Representatives in Germany e.V./BARIG *n*
board wall	Bordwand *f* (LKW)
boatman	Schiffsbefestiger *m*
body cavity search	Leibesvisitation *f* (einschließlich Körperöffnungen)
body search	Leibesvisitation *f*
bogie *(BE)*	Drehgestell *n*
bogie wagon *(BE)*	Drehgestellwagen *m*
boiling point	Siedepunkt *m*
bollard (mooring)	Poller *m* (Hafen)

bolt coupling	Maulkupplung *f*
bond note book	Zollbegleitscheinheft *n*
bonded goods *pl*	Zollverschlussware *f*
bonded shed	Zollverschlusslager *n*
bonded storage	Zollverschlusslager *n*
bonded warehouse	Zollverschlusslager *n*
Bonn Pallet Exchange	Bonner Palettentausch *m* (mit Rücklieferungspflicht)
bonnet *(BE)*	Motorhaube *f*
book	Buch *n*
book a flight, to	einen Flug buchen
book value	Buchwert *m*
book, to	buchen
booked up	ausgebucht
booking amount payable as a liability	Passivierung der Zahllast *f*
bookkeeping	Buchführung *f*
border	Grenze *f*
border customs office (customs office of exit)	Grenzzollstelle *f* (Ausgangszollstelle)
border river	Grenzfluss *m*
border station	Grenzbahnhof *m*
boring	langweilig
borrow, to	borgen
bottom	untere unterer unteres
bottom crossbeam	Bodenquerträger *m*
bottom loading	Untenbefüllung *f*
bottom side rail	Bodenlängsträger *m*
bottom valve	Bodenventil *n*
bottom, at the	unten

box body	Kofferaufbau *m*
box car *(AE)*	gedeckter Güterwagen *m*
box van	geschlossener Lieferwagen *m*
box-shaped tank	Koffertank *m*
boycott	Boykott *m*
boycott declaration	Boykotterklärung *f*
brace position (accident/emergency landing)	Brace Position *f* (Unfall/ Notlandung)
brake	Bremse *f*
brake booster *(AE)*	Bremskraftverstärker/BKV *m*
brake disc *(BE)*	Bremsscheibe *f*
brake disk *(AE)*	Bremsscheibe *f*
brake fading	Bremsfading *n*
brake fluid	Bremsflüssigkeit *f*
brake lightstop lamp	Bremsleuchte *f* Bremslicht *n*
brake pad	Bremsklotz *m*
brake pedal	Bremspedal *n*
brake shafts *pl*	Bremswellen *fpl*
brake van *(BE)*	Dienstwagen *m* (Eisenbahn) Begleitwagen *m* (Eisenbahn) Bremserwagen *m* Güterzugbegleitwagen *m*
braking distance	Bremsweg *m*
braking process	Bremsvorgang *m*
braking system	Bremsanlage *f*
braking systems *pl*	Bremssysteme *npl*
branch	1. Zweigstelle *f* 2. Filiale *f*
branch line	Nebenbahn *f* Nebenbahnstrecke *f*
branch-off point	Abzweigstelle/Abzw *f*

B

brand piracy	Markenpiraterie *f*
breach of contract	Vertragsbruch *m*
breach of obligation	Obliegenheitsverletzung *f*
break bulk	Stückgut *n*
break bulk cargo	Stückgut *n*
break period	Lenkzeitunterbrechung *f*
break time	Ruhezeit *f*
breakage	Bruchschaden *m*
breakdown	Panne *f*
breakdown crane *(BE)*	Kranwagen *m* Schienendrehkran *m*
breakdown lorry *(BE)*	Abschleppwagen *m*
breakdown service *(BE)*	1. Pannendienst *m* 2. Pannenhilfe *f*
breakdown triangle	Warndreieck *n* Pannendreieck *n*
breakdown truck *(AE)*	Abschleppwagen *m*
Bremen ports *pl* (Bremen/Bremerhaven)	Bremische Häfen *mpl* (Bremen/Bremerhaven)
bribe	Schmiergeld *n* Bestechungsgeld *n*
bridge	Brücke *f*
bridging distance/space constraints	Raumüberbrückung *f*
British Isles *pl*	Britische Inseln *fpl*
broken	zerbrochen
broken axle	Achsenbruch *m*
broker	Makler *m*
broom	Besen *m*
brown goods *pl*	braune Ware *f*
bubble wrap	Luftpolsterfolie *f*
bucket	Eimer *m*

Budapest Convention on the Contract for the Carriage of Goods by Inland Waterway/CMNI	Budapester Übereinkommen über den Vertrag über die Güterbeför-derung in der Binnenschifffahrt/ CMNI *n*
budget airline	Billigairline *f* Billigflieger *m* Billigfluggesellschaft *f*
budget carrier	Billigairline *f* Billigflieger *m* Billigfluggesellschaft *f*
buffer stock	1. Pufferbestand *m* 2. Vorratslager *n* 3. Pufferlager *n*
buffer warehouse *sg*	Pufferlager *n*
built on sand, to be *(coll.)*	auf tönernen Füßen stehen (ugs.)
built-up area	geschlossene Ortschaft *f*
bulk	lose Schüttung *f*
bulk cargo	Massengut *n*
bulk carrier	Massengutfrachter *m* Schüttgutfrachter *m*
bulk container	Schüttgutcontainer *m*
bulk discount *sg*	Mengenrabatt *m* (fin.)
bulk goods *pl*	Massengüter *npl*
bulkhead (partition)	Stirnwand *f*
bulkhead reinforcements *pl* (load securing permanently installed in the vehicle)	Stirnwandstärkungen *fpl* (Ladungs-sicherung fest im Fahrzeug installiert)
bulkiness *sg*	Sperrigkeit *f*
bulky	sperrig
bulky goods *pl*	Sperrgut *n*
bullbar	Kuhfänger *m* (Straße) Frontschutzbügel *m*
bullet	Geschoss *n*
bump-start, to	anschieben

B

B

bumper (vehicle)	Stoßstange *f*
Bundesbahn Central Office	Bundesbahn-Zentralamt/BZA *n*
bundle	Bündel *n*
bunker	Bunkerlager *n*
bunker, to	bunkern
bunker adjustment factor/BAF	Bunkerzuschlag/BAF *m*
bunker boat	Bunkerboot *n*
bunker oil	Bunkeröl *n*
buoy tender	Tonnenleger *m*
burden of proof	Beweislast *f*
burn-up	Abbrand *m*
bus	Bus *m*
	Omnibus *m*
	Kraftomnibus/KOM *m*
bus (travel)	Reisebus *m*
bus and coach	Kraftomnibus *m* (KOM)
bus connection	Busverbindung *f*
bus depot	Busdepot *n*
	Betriebshof *m*
	Depot *n* (Bus)
bus driver	Busfahrer *m*
bus garage	Busdepot *n*
	Betriebshof *m*
	Depot *n* (Bus)
bus shelter	Wartehäuschen *n*
bus station	Busbahnhof *m*
bus stop	Bushaltestelle *f*
bus trailer	Omnibusanhänger *m*
	Autobusanhänger *m*
	Busanhänger *m*
business assessment	betriebswirtschaftliche Auswertung/BWA *f*
business aviation	Geschäftsflugverkehr *m*

business day	Werktag *m* (in UK/USA keine Unterscheidung zum Arbeitstag)
business hours *pl*	Geschäftszeit *f* Öffnungszeit *f*
business management principles *pl*	betriebswirtschaftliche Grundlagen *fpl*
business management training	kaufmännische Ausbildung *f*
business premises *pl*	Geschäftsräume *mpl*
business relationship	Geschäftsbeziehung *f*
Business to Business/B2B	Business to Business/B2B *n*
Business to Consumer/B2C	Business to Consumer/B2C *n*
business traveler *(AE)*	Geschäftsreisender *m*
business traveller *(BE)*	Geschäftsreisender *m*
business trip	Geschäftsreise *f*
business-like	geschäftsmäßig
business-related accrual	unternehmensbezogene Abgrenzung *f*
Büsingen	Büsingen
busy	beschäftigt
butane *sg*	Butan *nsg*
buy, to	kaufen
buyer credit cover	Finanzkreditdeckung *f*
bypass (road)	Ortsumgehung *f*

C

C article *sg*	C-Artikel *m*
C goods	C-Güter *npl*
c-its C-ITS (Cooperative Intelligent Transport Systems)	C-ITS *n* (Cooperative Intelligent Transport Systems)
cab	Taxi *m/n*
cab car *(AE)*	Steuerwagen *m*
cabinets *pl*	Schränke *mpl*

C

cable	Kabel *n*
caboose *(AE)*	Dienstwagen *m* (Eisenbahn)
	Begleitwagen *m* (Eisenbahn)
	Bremserwagen *m*
	Güterzugbegleitwagen *m*
cabotage *sg*	Kabotage *fsg*
cabotage traffic	Kabotageverkehr *m*
cadmium *sg*	Kadmium *nsg*
calcium carbide	Calciumcarbid *n*
	Kalziumkarbid *n*
calculate, to	kalkulieren
calculation of inventory	Bestandsrechnung *f*
calculation of probabilities	Wahrscheinlichkeitsrechnung *f*
	Wahrscheinlichkeitsberechnung *f*
calculation of stock	Bestandsrechnung *f*
calendar	Kalender *m*
calm glassy sea (sea state code 0)	glatte See *f* (Sea State Code 0)
calm rippled sea (sea state code 1)	ruhige See *f* (Sea State Code 1)
cam	Nocke *f*
cam keeper	Nockenhalterung *f*
campaign	Kampagne *f*
CAN bus technology	CAN-Bus-Technologie *f*
canal	Kanal *m* (künstlich)
canal bridge	Kanalbrücke *f*
canal tunnel	Kanaltunnel *m* (Binnenschiff)
	Schifffahrtstunnel *m*
	Schiffstunnel *m*
Canary Islands *pl*	Kanaren *pl*
	Kanarische Inseln *fpl*
cancel a flight, to	einen Flug stornieren
	einen Flug streichen
cancellation fee	Stornogebühr *f*
cancellation of a contract	Vertragsauflösung *f*

cancellation of an agreement	Vertragsauflösung *f*
cancer	Krebserkrankung *f*
cantilever rack	Kragarmregal *n*
capital account (asset account)	Vermögenskonto *n* (Aktivkonto)
capital account (passive account)	Kapitalkonto *n* (Passivkonto)
capital contribution	Kapitaleinlage *f*
capital flow *sg*	Kapitalfluss *m* (fin.)
capital structure indicators *pl*	Kennzahlen der Kapitalstruktur *fpl*
capsizing	Kentern *n*
capture (ship)	Aufbringung *f* (Schiff)
car	Personenkraftwagen/PKW *m*
	Auto *n*
	Kraftwagen *m*
	Automobil *n*
car body damage	Blechschaden *m*
car boot (*BE*) trunk (*AE*) delivery	Kofferraumzustellung *f*
car carrier	Autotransporter *m* (Schiff)
car park *(BE)*	Parkplatz *m*
car position locator	Wagenreihungsplan *m*
	Wagenstandsanzeiger *m*
car radio	Autoradio *n*
car sharing	Carsharing *nsg*
car trailer	PKW-Anhänger *m*
carbon dioxide	Kohlendioxid *n*
	Kohlenstoffdioxid *n*
carbon footprint *sg*	CO2-Fußabdruck *m*
cardan shaft	Kardanwelle *f*
cardan shafts *pl*	Gelenkwellen *fpl*
cardboard box	Kartonschachtel *f*
	Pappkarton *m* (ugs.)
cardboard packaging	Kartonage *f*
care	Pflege *f*

C

C

careful	1. sorgfältig
	2. vorsichtig
careless	1. unvorsichtig
	2. fahrlässig
careless driving	fahrlässiges Fahren *nsg*
careless storage	unsachgemäße Lagerung *f*
careless worker	schlampiger Arbeiter *m*
cargo	Ladung *f*
cargo aircraft	Frachtflugzeug *n*
cargo aircraft only/CAO	Cargo Aircraft Only/CAO
cargo airline	Frachtfluggesellschaft *f*
cargo area	Ladefläche *f*
cargo bike *sg*	Lastenrad *n*
cargo control	Ladungskontrolle *f*
cargo fire	Ladungsbrand *m*
cargo helicopter	Frachthubschrauber *m*
cargo hold (ship)	Frachtraum *m* (Schiff)
	Laderaum *m* (Schiff)
	Schiffsbauch *m*
cargo insurance	Güterversicherung *f*
	Transportversicherung *f*
cargo officer	Ladungsoffizier *m*
cargo parachute	Lastenfallschirm *m*
cargo plane	Frachtflugzeug *n*
cargo plane	Frachtflugzeug *n*
cargo rate	Frachtrate *f*
cargo securing	Ladungssicherung *f*
cargo securing equipment	Ladungssicherungsmittel *n*
cargo theft	Frachtdiebstahl *m*
	Ladungsdiebstahl *m*
cargo transport unit/CTU	Beförderungseinheit *f*
Caribbean	Karibik *f*

Caribbean Community and Common Market/CARICOM	Karibische Gemeinschaft/ CARICOM *f*
Caribbean Forum of African, Caribbean and Pacific States/ CARIFORUM	Karibikforum der AKP-Staaten/ CARIFORUM *n*
carload *(AE)*	Wagenladung *f*
carnet	Zollbegleitschein *m*
Carnet ATA procedure	Carnet A.T.A-Verfahren *n*
Carnet TIR procedure	Carnet TIR-Verfahren *n*
carpet	Teppich *m*
carpet carrying ram	Teppichdorn *m*
carpool	Fahrgemeinschaft *f*
carport	Carport *m*
carriage	Beförderung *f*
carriage forward	unfrei
carriage of goods	Güterbeförderung *f*
carriage of goods of all kind	Beförderung von Gütern aller Art *f*
carriage of livestock	Beförderung lebender Tiere *f*
carriage of passengers	Fahrgastbeförderung *f*
carriage of standing passengers	Beförderung stehender Passagiere *f*
carrier	1. Frachtführer *m* 2. Verfrachter *m* 3. Fluggesellschaft *f*
carrier account	Frachtführerkonto *n*
Carrier Identification Plate/CIP	Carrier Identification Plate/CIP *m* (Kennungsplatte der Fluggesellschaft)
carrier's liability	Frachtführerhaftung *f* Haftung des Frachtführers *f*
carry-on baggage *sg (AE)*	Handgepäck *nsg*
carry-on luggage *sg (BE)*	Handgepäck *nsg*

C

carrying	Beförderung *f* Transport *m*
carrying ram	Tragdorn *m*
cartage note	Rollkarte *f*
carwash	Autowaschstraße *f*
case of damage	Schadensfall *m*
case of loss	Schadensfall *m*
cash	1. Barzahlung *f* 2. Bargeld *n*
cash discount rate	Skontosatz *m*
cash flow	Cashflow *m* Kapitalfluss *m* (fin.)
cash flow rate	Cashflowrate *f*
cash in advance/c.i.a./CIA	Vorauskasse *f*
cash on delivery package	Nachnahmesendung *f*
cash on delivery parcel	Nachnahmesendung *f*
cash on delivery/COD	Nachnahme *f*
cash outlay costs *pl*	aufwandsgleiche Kosten *pl*
cash payment	Barzahlung *f*
cash with order/CWO	Zahlung bei Auftragserteilung *f*
cashier's check *(AE)*	Bankscheck *m*
cassette storage (automatic)	Kassettenlager *n* (automatisch)
Castor cask	Castorbehälter *m*
casualty insurance *(AE)*	Unfallversicherung *f*
cat *(coll.)*	Katalysator *m* Kat *m (ugs.)*
catalytic converter	Katalysator *m* Kat *m (ugs.)*
cattle car *(AE)*	Viehwagen *m* (Eisenbahn) Viehwaggon *m*
cattle lorry *(BE)*	Viehtransporter *m* (LKW)
cattle truck *(AE)*	Viehtransporter *m* (LKW)

cattle wagon *(BE)*	Viehwagen *m* (Eisenbahn)
	Viehwaggon *m*
Caucasia	Kaukasien *n* (Kaukasus)
Caucasus	Kaukasien *n* (Kaukasus)
causality	Kausalität *f*
cause	Ursache *f*
caustic potash	Kalilauge *f*
caustic soda *sg*	Ätznatron *nsg*
cell guide (container ship)	Zellenführung *f* (Containerschiff)
	Zellengerüst *n* (Containerschiff)
cell phone *(AE)*	Handy *n*
	Mobiltelefon *n*
cell phone number *(AE)*	Handynummer *f*
	Mobilnummer *f*
	Mobiltelefonnummer *f*
cellular phone *(AE)*	Handy *n*
	Mobiltelefon *n*
cellular vessel	Vollcontainerschiff *n*
	Zellenschiff *n*
Celsius	Celsius *n*
cement	Zement *m*
cement carrier	Zementfrachter *m*
CEMT member states *pl*	CEMT-Mitgliedstaaten *mpl*
CEMT permit	CEMT-Genehmigung *f*
center line *(AE)* (road)	Mittellinie *f* (Straße)
center line (airport)	Mittellinie *f* (Flughafen)
center of distribution *(AE)*	Zentrallager *n*
center of gravity *(AE)*	Schwerpunkt *m*
center of gravity of the vehicle *(AE)*	Fahrzeugschwerpunkt *m*
Central Africa	Zentralafrika *n*
Central America	Zentralamerika *n*
Central Asia	Zentralasien *n*

C

C

central bus station	Zentraler Omnibusbahnhof/ZOB *m*
Central Customs Support Group/ ZUZ	Zentrale Unterstützungsgruppe Zoll/ZUZ *f*
Central Europe	Mitteleuropa *n* Zentraleuropa *n*
Central European Time/CET	Mitteleuropäische Zeit/MEZ *f*
Central Flow Management Unit/ CMFU	zentrale Verkehrsflussregelung/ CMFU *f* zentralisierte Verkehrsfluss- steuerung/CMFU *f*
central lubrication system	Zentralschmieranlage *f*
central warehouse	Zentrallager *n*
centralised *(BE)* / centralized *(AE)* lubrication	Zentralschmierung *f*
centre *(BE)* / center *(AE)* of gravity	Schwerpunktlage *f*
centre line *(BE)* (road)	Mittellinie *f* (Straße)
centre of distribution *(BE)*	Zentrallager *n*
centre of gravity *(BE)*	Schwerpunkt *m*
centre of gravity of the vehicle *(BE)*	Fahrzeugschwerpunkt *m*
centrifugal force	Fliehkraft *f* Zentrifugalkraft *f*
CEP service	Kurier-Express und Paketdienst *m* KEP-Dienst *m*
certificate of exemption	Ausnahmegenehmigung *f*
certificate of insurance	Versicherungsschein *m* Versicherungspolice *f*
certificate of origin	Ursprungszeugnis *n*
certificate to transport and handle explosives in accordance with § 20 of the Explosives Act	Befähigungsschein nach § 20 Sprengstoffgesetz *m*
certification	Zertifizierung *f*
certified check *(AE)*	von der Bank bestätigter Scheck *m*
certified cheque *(BE)*	von der Bank bestätigter Scheck *m*

certified copy (e.g. of the community licence *(BE)* / license *(AE)*)	beglaubigte Abschrift *f* (z.B. von der Gemeinschaftslizenz)
Certified Foreman for Road Transport *(AE)*	1. geprüfte Meisterin Kraftverkehr *f* 2. geprüfter Meister Kraftverkehr *m*
Certified Master Craftswoman, Road Transport	geprüfte Meisterin Kraftverkehr *f*
Certified Master, Road Transport	geprüfter Meister Kraftverkehr *m*
Certified Specialist in Freight Transport and Logistics	1. geprüfter Fachwirt für Güterverkehr und Logistik *m* 2. geprüfte Fachwirtin für Güterverkehr und Logistik *f*
CFR Cost and Freight ... named port of destination	CFR Kosten und Fracht ... benannter Bestimmungshafen
chain	Kette *f*
chain conveyor *sg* (used for heavy loads, e.g. ores)	Kettenförderer *m* (bei schweren Lasten im Einsatz, z.B. bei Erzen)
chainage	Kilometrierung *f*
challenge, to	1. herausfordern 2. auffordern 3. bestreiten
Chamber of Industry and Commerce/CIC	Industrie- und Handelskammer/IHK *f*
chance	Chance *f*
change balance sheet	Veränderungsbilanz *f*
change gear	Wechselgetriebe *n*
changes in value *pl*	Wertveränderungen *fpl*
changing room	Umkleideraum *m*
channel	Kanal *m* (natürlich)
Channel Tunnel	Eurotunnel *m* Kanaltunnel *m* (GB-F) Ärmelkanaltunnel *m*

C

chaotic storage	chaotische Lagerhaltung *f* (Freiplatzprinzip) Freiplatzsystem *n* (Freiplatzprinzip)
chaotic warehouse organization (AE) / organisation (BE)	chaotische Lagerorganisation *f*
chaotic warehousing	chaotische Lagerhaltung *f* (Freiplatzprinzip) Freiplatzsystem *n* (Freiplatzprinzip)
charge	Gebühr *f*
charge, to	berechnen (fin.)
charge exemption (fin.)	Abgabenbefreiung *f* (fin.)
charge of something, to be in	zuständig sein für etwas
chargeable weight	frachtpflichtiges Gewicht *n*
charger cable	Ladekabel *n*
charges *pl* (fin.)	Abgaben *fpl* (fin.)
charging	Ladevorgang *m*
charging cable	Ladekabel *n*
charging station	Ladestation *f*
charter aircraft	Charterflugzeug *n*
charter contract	Chartervertrag *m*
charter flight	Charterflug *m*
charter party	Chartervertrag *m*
chassis	Chassis *n* Fahrgestell *n* Fahrwerk *n*
check *(AE)*	Scheck *m*
check, to (e.g. the wheels)	prüfen (z.B. der Räder)
check before driving (forklift)	Abfahrtskontrolle *f* (Stapler)
check digit	Prüfziffer *f*
check-in counter	Abfertigungsschalter *m*
check-in desk	Abfertigungsschalter *m*
check-up	1. Vorsorgeuntersuchung *f* 2. Nachuntersuchung *f* (med.)

C

checked baggage *sg (AE)*	aufgegebenes Gepäck *nsg*
checked luggage *sg (BE)*	aufgegebenes Gepäck *nsg*
chemical	Chemikalie *f*
chemical binder	Chemikalienbinder *m*
	Chemikalienbindemittel *n*
chemical burn	Verätzung *f*
chemical industry	Chemieindustrie *fsg*
	Chemiewirtschaft *fsg*
	chemische Industrie *fsg*
	chemisches Gewerbe *nsg*
CHEP pallet	CHEP Palette *f*
cheque *(BE)*	Scheck *m*
Chicago Convention	Abkommen über die internationale Zivilluftfahrt *n*
	Chicagoer Abkommen *n*
chief engineer	leitender Ingenieur/LI *m*
chilled goods *pl*	Kühlware *f*
chlorine bleach	Chlorbleiche *f*
chlorine *sg*	Chlor *nsg*
choice	Wahlmöglichkeit *f*
choose, to	aussuchen
	auswählen
chopper (coll.)	Helikopter *m*
chrome plated	verchromt
chutes *pl* (e.g. sorting systems in the CEP industry)	Rutschen *fpl* (z.B. Sortieranlagen in der KEP-Branche)
CIF	CIF
Cost, Insurance and Freight ... named port of destination	Kosten, Versicherung und Fracht ... benannter Bestimmungshafen
cigar	Zigarre *f*
cigarette	Zigarette *f*
cigarette lighter	Zigarettenanzünder *m*
cigarillo	Zigarillo *f/m/n*

C

C

CIP	CIP
carriage, insurance paid to ... named destination	Frachtfrei versichert ... benannter Bestimmungsort
circumference (circle)	Umfang *m*
Citizens' Band Radio (amateur radio)	CB-Funk *m* (Jedermannfunk)
city bus	Stadtbus *m* Stadtlinienbus *m*
city centre (*BE*) center (*AE*) *sg*	Innenstadt *f*
city logistics	City-Logistik *f*
Civil Air Navigation Services Organization/CANSO	Civil Air Navigation Services Organization/CANSO *f*
civil aviation	zivile Luftfahrt *f*
civil commotions *pl*	innere Unruhen *fpl*
civil ensign	Handelsflagge *f*
civil law	Zivilrecht *n*
civil war	Bürgerkrieg *m*
claim	1. Reklamation *f* 2. Anspruch *m* 3. Forderung *f*
claim adjuster	1. Sachverständiger der Versicherung *m* 2. Schadensregulierer *m*
claim for damages	Schadensersatzanspruch *m*
claimant	1. Anspruchsberechtigter *m* / Anspruchsteller *m* 2. Kläger *m*
claims assessment	Schadensfeststellung *f*
clamping beam	Klemmbalken *m*
clarity *sg*	Übersichtlichkeit *f*
class 1 Explosive substances and articles	Klasse 1 *f* Explosive Stoffe und Gegenstände mit Explosivstoffen

class 1.1
Substances and articles having a
mass explosion hazard

Klasse 1.1 *f*
Stoffe und Gegenstände, die
massenexplosionsfähig sind

class 1.2
Substances and articles having a
projection hazard but not a mass
explosion hazard

Klasse 1.2 *f*
Stoffe und Gegenstände, die die
Gefahr der Bildung von Splittern,
Spreng- und Wurfstücken
ausweisen, aber nicht massen-
explosionsfähig sind

C

class 1.3
Substances and articles having a
fire hazard and either a minor blast
hazard or a minor projection hazard
or both, but not a mass explosion
hazard

Klasse 1.3 *f*
Stoffe und Gegenstände, die eine
Feuergefahr besitzen und die
entweder eine geringe Gefahr
durch Luftdruck oder eine geringe
Gefahr durch Splitter, Spreng- und
Wurfstücke oder durch beide
aufweisen, aber nicht massenexplosionsfähig sind

class 1.4
Substances and articles having a
minor explosion hazard beyond the
package in the event of ignition or
initiation during transport

Klasse 1.4 *f*
Stoffe und Gegenstände, die
im Falle der Entzündung oder
Zündung während der Beförderung
nur eine geringe Explosionsgefahr
aufweisen, die Auswirkungen
bleiben auf das Versandstück
beschränkt

class 1.5
Very insensitive substances having
a mass explosion hazard

Klasse 1.5 *f*
Sehr unempfindliche Stoffe, die
massenexplosionsfähig sind

class 1.6
Extremely insensitive articles which
do not have a mass explosion
hazard

Klasse 1.6 *f*
Extrem unempfindliche Gegenstände, die nicht massenexplosionsfähig sind

class 2.1
Flammable gases

Klasse 2.1 *f*
Entzündbare Gase

class 2.2
Non-flammable and non-toxic
gases

Klasse 2.2 *f*
Nicht entzündbare, nicht giftige
Gase

C

class 2.3	Klasse 2.3 *f*
Toxic gases	Giftige Gase
class 3	Klasse 3 *f*
Flammable liquids	Entzündbare flüssige Stoffe
class 4.1	Klasse 4.1 *f*
Flammable solids, self-reactive substances and desensitised explosives	Entzündbare feste Stoffe, selbstzersetzliche Stoffe und desensibilisierte explosive Stoffe
class 4.2	Klasse 4.2 *f*
Substances liable to spontaneous combustion	Selbstentzündliche Stoffe
class 4.3	Klasse 4.3 *f*
Substances which, in contact with water, emit flammable gases	Stoffe, die in Berührung mit Wasser entzündliche Gase bilden
class 5.1	Klasse 5.1 *f*
Oxidizing substances	Entzündend (oxidierend) wirkende Stoffe
class 5.2	Klasse 5.2 *f*
Organic peroxides	Organische Peroxide
class 6.1	Klasse 6.1 *f*
Toxic substances	Giftige Stoffe
class 6.2	Klasse 6.2 *f*
Infectious substances	Ansteckungsgefährliche Stoffe
class 7A	Klasse 7A *f*
Radioactive materials category I – white	Radioaktive Stoffe Kategorie I – weiß
class 7B	Klasse 7B *f*
Radioactive materials category II – yellow	Radioaktive Stoffe Kategorie II – gelb
class 7C	Klasse 7C *f*
Radioactive materials category III – yellow	Radioaktive Stoffe Kategorie III – gelb
class 7E	Klasse 7E *f*
Fissile materials of class 7	Spaltbare Stoffe der Klasse 7
class 8	Klasse 8 *f*
corrosive substances	Ätzende Stoffe

class 9	Klasse 9 *f*
Miscellaneous dangerous substances and articles	Verschiedene gefährliche Stoffe und Gegenstände
class of carriage	Beförderungsklasse *f* (Güter)
class rates/CR	Warenklassenraten *fpl*
Classification and Age Clause (DTV Cargo 2000/2011)	Klassifikations- und Altersklausel *f* (DTV-Güter 2000/2011)
classification code	Klassifizierungscode *m*
classification mark	Gattungszeichen *n*
classification *sg*	Klassifizierung *f*
claw gearbox	Klauen-Schaltgetriebe *n*
clean	sauber
clean B/L	reines Konnossement *n*
clean bill of lading	reines Konnossement *n*
clean payment	einfache Rechnung *f* reine Zahlung *f*
cleaned	gereinigt
cleaning	Reinigung *f*
cleaning costs *pl* (fin.)	Reinigungskosten *pl*
cleanliness *sg*	Sauberkeit *f*
clearance	Klarierung *f*
clearance for take-off	Starterlaubnis *f* (Fliegen) Startfreigabe *f*
clearing formalities *pl*	Zollformalitäten *fpl*
clearly visible	1. gut einsehbar 2. gut sichtbar
clearway/CWY (airport)	Freifläche *f* (Flughafen)
client	1. Auftraggeber *m* 2. Kunde *m* 3. Mandant *m*
clinical waste	klinischer Abfall *m*
clipboard	Klemmbrett *n*
clipboards *pl*	Klemmbretter *npl*

C

clock	Uhr *f*
clocking *(BE)*	Tachomanipulation *f*
closed packaging	geschlossene Verpackung *f*
Closed Substance Cycle and Waste Management Act/KrW-/AbfG	Kreislaufwirtschafts- und Abfallgesetz/KrW-/AbfG *n*
closed systems *pl*	geschlossene Anlagen *fpl*
closed vehicle	gedecktes Fahrzeug *n*
closed warehouse *sg*	geschlossene Lager *n*
closing balance	Schlussbilanz *f*
closing for cargo	Ladeschluss *m*
closing stock account	Schlussbestandskonto *n*
closure	Stilllegung *f* (Betrieb) Verschluss *m*
cloudburst	Wolkenbruch *m*
clutch (commercial vehicle)	Kupplung *f* (Nutzfahrzeug)
clutch pedal	Kupplungspedal *n*
CMR (Convention on the Contract for the International Carriage of Goods by Road)	CMR *f* (Internationale Vereinbarung über Beförderungsverträge auf Straßen)
CMR consignment note	CMR-Frachtbrief *m*
co-driver (in lorry/truck or bus)	Beifahrer *m* (LKW/Bus)
co-insure, to	mitversichern
CO_2 footprint	CO_2-Fußabdruck *m*
CO_2-neutral logistics	CO_2-neutrale Logistik *f*
coach *(BE)* (bus)	Reisebus *m*
coach parking guidance system	Reisebus-Parkleitsystem *f*
coal	Kohle *f*
coastguard	Küstenwache *f*
cockpit voice recorder/CVR	Stimmenrecorder *m* (Flugzeug)
cocoa	Kakao *m*
codeshare agreement	Codeshare-Abkommen *n* (Code-Teilung)

coffee	Kaffee *m*
coffin ship	Seelenverkäufer *m*
cold	kalt
cold chain	Kühlkette *f*
cold cleaner	Kaltreiniger *m*
cold storage and freezer warehouse *sg*	Kühl- und Gefrierhaus *n*
cold store	Kühlhaus *n*
cold test current	Kälteprüfstrom *m*
collaboration	Zusammenarbeit *f*
collapsible container	Coltainer *m* zusammenlegbarer Container *m*
collar	Aufsatzrahmen für Paletten *m* Aufsetzrahmen für Paletten *m*
colleague	Arbeitskollege *m* Kollege *m*
collecting bank	Inkassobank *f*
collection	Abholung *f*
collection fee	Inkassogebühr *f*
collection order	Inkassoauftrag *m*
collective agreement	Tarifvertrag *m*
collective bargaining law for passenger transport	Tarifrecht Personenverkehr *m*
collective storage	Sammellagerung *f*
collision course (aviation)	Kollisionskurs *m* (Luftverkehr)
Cologne Pallet Exchange	Kölner Palettentausch *m* (mit Doppeltausch)
combination filter	Kombinationsfilter *m*
combination packaging (inner container with outer packaging that belong together and cannot be separated / dangerous goods)	Kombinationsverpackung *f* (Innengefäß mit einer Außenverpackung die zusammengehören und nicht trennbar voneinander sind / Gefahrgut)

C

C

combined nomenclature/CN	Kombinierte Nomenklatur/KN *f*
combined transport	Kombiverkehr *m*
combined transport B/L	kombiniertes Transportkonnossement *n*
combined transport bill of lading	kombiniertes Transportkonnossement *n*
combined transport/CT	kombinierter Verkehr/KV *m*
combined transportation evaluation	gebrochener Verkehr *m*
combining (e.g. of goods flows)	Bündelung *f* (z.b. von Warenströmen)
combustion engine	Verbrennungsmotor *m*
comfort electronics	Komfortelektronik *f*
comfort seat	Komfortsitz *m*
commerce control list/CCL *(AE)*	Ausfuhrliste *f*
Commercial Code	Handelsgesetzbuch/HGB *n*
commercial education	kaufmännische Ausbildung *f*
commercial register	Handelsregister *n*
commercial road haulage	gewerblicher Güterkraftverkehr *m*
commercial stockist *sg*	gewerblicher Lagerhalter *m*
commercial vehicle	Nutzfahrzeug/NFZ *n*
commercial vehicle washing system	Nutzfahrzeugwaschanlage *f*
Commercial Waste Ordinance	Gewerbeabfallverordnung/ GewAbfV *f*
commission	Provision *f*
commodities *pl*	Gebrauchsgüter *npl*
commodity	Handelsware *f* Ware *f*
common customs tariff/CCT	gemeinsamer Zolltarif *m*
common rail	Common Rail
common transit procedure	gemeinschaftliches Versandverfahren/gVV *n*
communication *sg*	Kommunikation *f*

communication device	Kommunikationsgerät *n*
communication problems *pl*	Kommunikationsprobleme *npl*
Community authorisation *(BE)*	EU-Lizenz *f*
	Gemeinschaftslizenz *f*
Community authorization *(AE)*	EU-Lizenz *f*
	Gemeinschaftslizenz *f*
Community Customs Code/CC	Zollkodex der Gemeinschaften/
	ZK *m*
Community customs territory	Zollgebiet der Gemeinschaft *n*
Community goods *pl*	Gemeinschaftsware *f*
Community product	Gemeinschaftsware *f*
community transit procedure	gemeinsames Versandverfahren/
	gemVV/gV *n*
commuter aircraft	Zubringerflugzeug *n*
commuter traffic	Berufsverkehr *m*
commuter train	Pendelzug *m*
company accounting (fin.)	Betriebsbuchhaltung *f* (fin.)
company agreement	Betriebsvereinbarung *f*
company balance sheet (fin.)	Unternehmensbilanz *f* (fin.)
company card	Unternehmenskarte *f*
company master data	Firmenstammdaten *pl*
company premises *pl*	Betriebsgelände *n*
comparable annual profit	vergleichbarer Jahresgewinn *m*
comparative calculation	Vergleichsrechnung *f*
compartment	Abteil *n*
compartment car *(AE)*	Abteilwagen *m*
compartment coach *(BE)*	Abteilwagen *m*
compatibility group	Verträglichkeitsgruppe *f*
compensation (fin.)	1. Entschädigung *f*
	2. Schadensersatz *m*
	3. Vergütung *f*
	4. Abfindung *f* (fin.)

C

C

compensation for consequential loss	Schadenersatz für Folgeschaden *m*
compensation for damages (fin.)	Schadenersatz *m*
compensatory interest	Ausgleichszinsen *mpl*
competent body	1. sachverständige Stelle *f*
	2. zuständige Stelle *f*
competent person	Sachkundiger *m*
complaint	1. Beschwerde *f*
	2. Reklamation *f*
complaint *(AE)*	Klageschrift *f*
	Klagebegründung *f*
complaint period	Reklamationsfrist *f*
comply with, to	1. einhalten (befolgen)
	2. entsprechen (z.B. Bedingungen)
	3. erfüllen
composite packaging	Kombinationsverpackung *f*
compound interest	Zinseszins *m*
comprehensive insurance	Kaskoversicherung *f*
compressed	verdichtet
compressed air brake	Druckluftbremse *f*
compressed air *sg*	Druckluft *fsg*
compressed gas	verdichtetes Gas *n*
compulsory insurance	Versicherungspflicht *f*
compulsory membership	Pflichtmitgliedschaft *f*
computerized warehouse management	computergestützte Lagerverwaltung *f*
concession	Konzession *f*
concessionaires *pl*	Konzessionäre *mpl*
conclusion of a contract	Vertragsabschluss *m*
conclusion of an agreement	Vertragsabschluss *m*
conclusive action	schlüssiges Handeln *n*
concrete safety barrier	Betonschutzwand *f*

concrete step barrier	Betonschutzwand *f*
condition	1. Bedingung *f*
	2. Zustand *m*
conditions of a contract *pl*	Vertragsbedingungen *fpl*
conditions of carriage *pl*	Beförderungsbedingungen *fpl*
condominium (pol.)	Kondominium *n*
confirmation of cover	Deckungszusage *f* (mündlich)
confirmation of order	Auftragsbestätigung *f*
confirmed	bestätigt
confirmed L/C	bestätigtes Akkreditiv *n*
confirmed letter of credit	bestätigtes Akkreditiv *n*
confiscation	Beschlagnahme *f*
	Beschlagnahmung *f*
Confiscation Clause (DTV Cargo 2000/2011)	Beschlagnahmeklausel *f* (DTV-Güter 2000/2011)
conflict avoidance	Konfliktvermeidung *f*
conflict management	Konfliktbewältigung *f*
conflict of targets *pl*	Zielkonflikte *mpl*
congestion surcharge	Verstopfungszuschlag *m*
connecting elements	Verbindungselemente *npl*
connecting flight	Anschlussflug *m*
ConRo-ship (roll-on/roll-off and container)	ConRo-Schiff *n* (Roll-on/Roll-off und Container)
consequential damage	Folgeschaden *m*
consequential damage to goods	Güterfolgeschäden *mpl*
consequential loss	Folgeschaden *m*
consequential loss insurance	Folgeschadenversicherung *f*
Consequential Losses Clause (DTV Cargo 2000/2011)	Güterfolgeschadenklausel *f* (DTV-Güter 2000/2011)
consignee	Empfänger *m*
consignment	Sendung *f*
consignment note	Frachtbrief *m*

C

C

consignment stock	Konsignationslager *n* (Verteillager)
consignment store	Konsignationslager *n* (Verteillager)
consignment warehouse *sg*	1. Konsignationslager *n* (Verteillager)
	2. Kommissionslager *n*
consignor	1. Absender *m*
	2. Verfrachter *m*
	3. Versender *m*
	4. Verlader *m*
consistent	konsequent
consolidated B/L	Sammelkonnossement *n*
consolidated bill of lading	Sammelkonnossement *n*
consolidated cargo	Sammelgut *n*
consolidation	Sammelladung *f*
consortium (ocean shipping)	Konsortium *n* (Seeschifffahrt)
construction site warning system	Baustellenwarnsystem *n*
consul	Konsul *m*
Consular and Import Documentation Requirements/KuM *pl*	Konsulats- und Mustervorschriften/KuM *fpl*
consular declaration	Konsulatserklärung *f*
consular invoice	Konsulatsfaktura *f*
consulate	Konsulat *n*
consulate general	Generalkonsulat *n*
consumer goods *pl*	Gebrauchsgüter *npl*
	Verbrauchsgüter *npl*
consumer goods contract logistics	Konsumgüter-Kontraktlogistik *f*
consumption control	Verbrauchskontrolle *f*
consumption curve	Verbrauchskennlinie *f*
consumption-controlled material flow	verbrauchsgesteuerte Materialfluss *m*
contact details *pl*	Kontaktdaten *pl*
contact lens	Kontaktlinse *f*

container (according to BDF standard)	Container *m* (nach BDF Norm)
container and pallet rates *pl*	Container- und Palettenraten *fpl*
container crane	Containerbrücke *f*
container crane operator	Brückenfahrer *m*
	Brückenkranführer *m*
container dimensions *pl*	Containerabmessungen *fpl*
container freight station/CFS	Containerfrachtstation/CFS *f*
	Containerpackstation/CFS *f*
container identification system/CIS	Container-Identifizierungssystem/ CIS *n*
container packing certificate	Containerpackzertifikat *n*
container rack *sg* (automatic)	Behälterregal *n* (automatisch)
container revolution	Containerrevolution *f*
Container Security Initiative/CSI	Container Security Initiative/CSI *f*
container ship	Containerschiff *n*
container sweat	Containerschweiß *m*
container terminal/CT	Containerterminal/CT *m/n*
container traffic	Containerverkehr *m*
container vessel	Containerschiff *n*
containerisation *(BE)*	Containerisierung *f*
containerization *(AE)*	Containerisierung *f*
contamination	Kontamination *f*
	Kontaminierung *f*
content with, to be	zufrieden sein mit
contiguous zone	Anschlusszone *f*
Contingency and DIC Insurance Clause (DTV Cargo 2000/2011)	Schutz- und Konditionsdifferenz-versicherungsklausel *f* (DTV-Güter 2000/2011)
contingent (coll.)	kontingentiert (ugs.)
Continued Remuneration Act (fin.)	Entgeltfortzahlungsgesetz *n* (fin.)
continuous conveyor	Stetigförderer *m*
continuous inventory	permanente Inventur *f*

C

contra bonos mores	sittenwidrig
contract	Vertrag *m*
contract bond cover	Vertragsgarantiedeckung *f*
contract design / drafting	Vertragsgestaltung *f*
contract in writing	schriftlicher Vertrag *m*
contract law	Vertragsrecht *n*
contract logistics *pl*	Kontraktlogistik *f*
contract of affreightment	Seefrachtvertrag *m*
contract of carriage	Frachtvertrag *m*
contract of safe custody	Verwahrungsvertrag *m*
contract of surety	Bürgschaftsvertrag *m*
contract penalty	Vertragsstrafe *f* Konventionalstrafe *f*
contract warehouse	Fremdlager *n*
contractual carrier	vertraglicher Frachtführer *m*
contractual penalty	Vertragsstrafe *f* Konventionalstrafe *f*
contribution assessment ceiling (fin.)	Beitragsbemessungsgrenze *f* (fin.)
contribution margin analysis	Deckungsbeitragsanalyse *f*
contribution margin per department	Deckungsbeitrag je Abteilung *m*
contribution margin per order	Deckungsbeitrag je Auftrag *m*
control car	Steuerwagen *m*
control card	Kontrollkarte *f*
control device	Kontrollgerät *n*
control of the flow of goods	Kontrolle der Warenströme *f*
control risks *pl*	Steuerungsrisiken *npl*
control temperature	Kontrolltemperatur *f*
control zone/CTR (aviation)	Kontrollzone/CTR *f* (Luftverkehr)
controlling instrument	Controllinginstrument *n*
controlling strategy	Controllingstrategie *f*

C

convention	1. Abkommen *n* 2. Übereinkommen *n*
Convention Concerning International Carriage by Rail/COTIF	Übereinkommen über den internationalen Eisenbahnverkehr/COTIF *n*
Convention on International Civil Aviation	Abkommen über die internationale Zivilluftfahrt *n* Chicagoer Abkommen *n*
Convention on the International Trade in Endangered Species of Wild Fauna and Flora/CITES	1. Übereinkommen über den internationalen Handel mit gefährdeten Arten freilebender Tiere und Pflanzen/CITES *n* 2. Washingtoner Artenschutzabkommen/WA *n*
conversion	Umwandlung *f*
conversion process	Umwandlungsverfahren *n*
convert, to	umwandeln
converter clutch	Wandlerschaltkupplung/WSK *f*
convertible	Cabrio *n* Cabriolet *n*
conveyor	Fördermittel *n* (Gerät)
conveyor belt	Förderband *n*
conveyor system	Förderanlage *f*
convoy	Kolonne *f* Konvoi *m*
coolant	Kühlflüssigkeit *f* Kühlmittel *n*
cooling	Kühlung *f*
cooling devices/equipment	Kühlvorrichtungen *fpl*
cooling unit	Kühlaggregat *n*
cooperation	Zusammenarbeit *f*
Coordinated Universal Time/UTC	koordinierte Weltzeit/UTC *f*
copper *sg*	Kupfer *nsg*

C

copy	1. Exemplar *n*
	2. Durchschlag *m*
	3. Kopie *f*
core competence	Kernkompetenz *f*
corner casting	Eckbeschlag *m*
corner post	Eckpfosten *m*
corner protector	Kantenschoner *m*
cornering ability	Kurvenverhalten *m*
cornering force	Seitenführungskraft *f*
corporate business results *pl*	Unternehmensergebnis *n*
corporate fixed costs *pl*	unternehmensfixe Kosten *pl*
corporate master data	Firmenstammdaten *pl*
corporate profit and loss results *pl*	Unternehmensergebnis *n* (GuV)
corporate register	Unternehmensregister *n*
corporation (fin.)	Kapitalgesellschaft *f* (fin.)
corroded	korrodiert
corrosive	ätzend
corrugated board	Wellpappe *f*
corrugated cardboard	Wellpappe *f*
cosmetics *pl*	Kosmetik *fsg*
cost accounting (fin.)	Kostenrechnung *f* (fin.)
cost allocation	Kostenumlage *f*
cost awareness	Kostenbewusstsein *n*
cost calculation (fin.)	Kostenkalkulation *f* (fin.)
cost causation	Kostenverursachung *f*
cost center *(AE)*	Kostenstelle *f*
cost center accounting *(AE)*	Kostenstellenrechnung *f*
cost center direct costs *(AE)*	Kostenstelle *f* (Einzelkosten)
cost center overhead costs *(AE)*	Kostenstelle *f* (Gemeinkosten)
cost centre *(BE)*	Kostenstelle *f*
cost centre accounting *(BE)*	Kostenstellenrechnung *f*

C

cost centre direct costs *(BE)*	Kostenstelle *f* (Einzelkosten)
cost centre overhead costs *(BE)*	Kostenstelle *f* (Gemeinkosten)
cost comparison	Kostenvergleich *m*
cost determination problem (fin.)	Kostenermittlungsproblem *n* (fin.)
cost developement	Kostenentwicklung *f*
cost element separation (fin)	Kostenartentrennung *f* (fin)
Cost of Relocation and Protection of Property Clause (DTV Cargo 2000/2011)	Bewegungs- und Schutzkosten-klausel *f* (DTV-Güter 2000/2011)
cost price	Selbstkostenpreis *m*
cost structure	Kostenstruktur *f*
cost type	Kostenart *f*
cost unit	Kostenträger *m*
cost-accounting correction	kostenrechnerische Korrektur *f*
costs block	Kostenblock *m*
costs for data communication *pl* (fin.)	Kosten für Datenkommunikation *pl*
costs for disposal *pl* (fin.)	Kosten für Entsorgung *pl*
costs for office equipment *pl* (fin.)	Kosten für Bürogeräte *pl*
costs for office supplies *pl* (fin.)	Kosten für Büromaterial *pl*
costs for securing the warehouse building *pl* (fin.)	Kosten zur Sicherung des Lager-gebäudes *pl*
costs of customs clearance *pl*	Verzollungskosten *pl*
costs of storage *pl*	Lagerhaltungskosten *pl* Lagerkosten *pl* Lagerungskosten *pl*
couchette car *(AE)*	Liegewagen *m*
couchette coach *(BE)*	Liegewagen *m*
count, to	zählen
counter	Zähler *m* (Gerät)
counter guarantee	Avalgarantie *f*
counterbalance forklift	Gegengewichtsgabelstapler *m*

C

counterbalance trucks *pl*	Gegengewichtsstapler *m*
counterweight	Gegengewicht *n*
counting scales *pl*	Zählwaage *f*
country of departure	Abgangsland *n*
country of destination	Bestimmungsland *n*
county roads *pl*	Kreisstraßen *fpl*
couple, to	ankuppeln
coupling	1. Kupplung *f* (Eisenbahn) 2. Kupplung *f* (zum Befüllen/ Löschen)
coupling jaw	Fangmaul *n* Zugmaul *n*
coupling pin	Kupplungsbolzen *m*
courier	Kurier *m*
courier express parcels service	KEP-Dienst *m* Kurier-Express und Paketdienst *m*
courier service	Kurierdienst *m*
court	Gericht *n*
court for navigation on the Rhine	Rheinschifffahrtsgericht *n*
cover note	Deckungszusage *f* (schriftlich)
cover sheeting	Abdeckfolie *f*
coverage gap	Deckungslücke *f*
covered goods wagon *(BE)*	gedeckter Güterwagen *m*
CPT	CPT
carriage paid to ... named desti- nation	Frachtfrei ... benannter Bestimmungsort
crack	Riss *m*
craft business	Handwerksbetrieb *m*
crane	Kran *m*
crane car *(AE)*	Kranwagen *m* Schienendrehkran *m*
crane driver	Kranführer *m*

C

crane driver licence *(BE)*	Kranführerschein *m*
crane driver's license *(AE)*	Kranführerschein *m*
crane operator	Kranführer *m*
crane operator licence *(BE)*	Kranführerschein *m*
crane operator's license *(AE)*	Kranführerschein *m*
crane technology (unaccompanied transport)	Krantechnik *f* (unbegleiteter Verkehr)
crane work *sg*	Kranarbeiten *fpl*
crash barrier	Schutzplanke *f* Leitplanke *f*
crash cushion	Anpralldämpfer *m*
crash helmet (motorcycle)	Motorradhelm *m* Schutzhelm *m* (Motorrad) Sturzhelm *m* (ugs.) (Motorrad)
crash position (accident/emergency landing)	Brace Position *f* (Unfall/ Notlandung)
crash site	Absturzstelle *f*
crash test	Crashtest *m*
crate	1. Verschlag *m* 2. Steige *f* 3. Lattenkiste *f*
crawler crane	Raupenkran *m*
credit note	Gutschrift *f*
credit rating	Kreditrating *n*
credit, to	gutschreiben
creditor	Kreditor *m*
creditor days	Kreditorenziel *n*
crew	Schiffsbesatzung *f*
criminal law	Strafrecht *n* Kriminalrecht *n*
criticality	Kritikalität *f*
criticality safety index/CSI	Kritikalitätssicherheitskennzahl/ CSI *f*

C

C

crop duster	Agrarflugzeug *n*
cross docking (process that speeds up the flow of goods by removing the storage part of the supply chain)	Cross Docking *n* (Verfahren das die Warenflussprozesse beschleunigt, in dem die Güter nicht gelagert werden, sondern vom Wareneingang direkt zum Warenausgang befördert werden) Durchlagerung *f*
cross-border private haulage	grenzüberschreitender Werkverkehr *m*
cross-border road haulage	grenzüberschreitender Güterkraftverkehr *m*
cross-border shipment	grenzüberschreitende Verbringung *f*
cross-border traffic	grenzüberschreitender Verkehr *m* Wechselverkehr *m*
cross-country flight	Überlandflug *m*
crossbelt sorter	Quergurtsorter *m*
crossing guard *(AE)*	Verkehrshelfer *m* Schülerlotse *m*
crossing-the-line ceremony	Linientaufe *f*
crossroads *pl (BE)*	Straßenkreuzung *f*
crosswalk *(AE)*	Fußgängerübergang *m* Fußgängerüberweg *m* Zebrastreifen *m*
crosswind	Seitenwind *m*
cruise control	Tempomat *m* (® Daimler AG) Geschwindigkeitsregelanlage/GRA *f*
cryogenic container	Kryobehälter *m*
CSC badge *sg* (CSC Safety Approval = valid safety approval plate for containers)	CSC-Plakette *f* (CSC Saftey Approval = gültiges Sicherheits-Zulassungsschild für Container)

C

CSC plate (Container Safety Convention)	CSC-Plakette *f* (Container Safety Convention (Sicherheitsüberein-kommen für Container))
CTU packing guidelines *pl* (for the loading of containers, swap bodies in combined transport, e.g. from inland waterways to sea (CTU = Cargo Transport Unit))	CTU-Packrichtlinien *f* (für die Beladung von Containern, Wechselbehälter im kombinierten Verkehr z.B. von Binnengewässern zur See (CTU=Cargo Transport Unit))
cubage	Rauminhalt *m* Kubatur *f*
cubature	Rauminhalt *m* Kubatur *f*
curb *(AE)*	1. Bordstein *m* 2. Seitenstreifen *fpl*
curb cut *(AE)*	abgesenkte Bordsteinkante *f*
curbside *(AE)*	Bordsteinkante *f*
curbstone *(AE)*	Bordstein *m*
curious	neugierig
currency	Währung *f*
currency adjustment factor/CAF	Währungsausgleichsfaktor/CAF *m*
currency fluctuation	Währungsschwankung *f*
curtain side tarpaulin	Gardinenplane *f*
curtainsider tautliner (® Boalloy Industries Ltd.)	Gardinenplanenauflieger *m*
curtainsider	Schiebeplanenauflieger *m*
custodial liability	Obhutshaftung *f*
custody	1. Obhut *fsg* 2. Untersuchungshaft *fsg*
customary international law	Völkergewohnheitsrecht *n*
customer	Kunde *m*
customer care	Kundenbetreuung *f*
customer proximity *sg*	Kundennähe *f*

C

customer service	Kundenbetreuung *f*
customs	Zoll *m*
customs agency	Zollagentur *f*
customs agent	Zollagent *m*
customs airport	Zollflugplatz *m*
customs area	Amtsplatz *m*
	Zollbereich *m*
	Zollgebiet *n*
customs authority	Zollbehörde *f*
customs boundary	Zollgrenze *f*
customs broker	Zollagent *m*
customs certificate	Zollbefund *m*
customs certificate of approval	Zollverschlussanerkenntnis *f*
customs check	Zollkontrolle *f*
customs clearance	Zollabfertigung *f*
Customs Code/CC	Zollkodex/ZK *m*
customs concessions *pl* (preferential measures)	Zollvergünstigungen *fpl* (Präferenzmaßnahmen)
customs container	Zollbehältnis *n*
customs control	Zollkontrolle *f*
Customs Criminal Investigation Office/ZKA	Zollkriminalamt/ZKA *n*
customs debt of exportation	Ausfuhrzollschuld *f*
customs debt of importation	Einfuhrzollschuld *f*
customs declaration	Zollanmeldung *f*
	Zollerklärung *f*
customs document	Zolldokument *n*
	Zollpapier *n*
customs duty	Zollgebühr *f*
	Zollabgabe *f*
	Zoll *m* (Abgabe)
customs enclave	Zollausschlussgebiet *n*
customs exemption	Zollbefreiung *f*

customs formalities *pl*	Zollformalitäten *fpl*
customs fraud	Abgabebetrug *m*
	Zollbetrug *m*
customs frontier	Zollgrenze *f*
customs inspection	Zollbeschau *f*
customs investigation	Zollfahndung *f*
customs investigation office	Zollfahndungsamt *n*
customs invoice	Zollfaktura *f*
customs number	Zollnummer *f*
customs office	Zollamt *n*
	Zollstelle *f*
customs office of departure	Abgangszollstelle *f*
customs office of exit	Ausgangszollstelle *f*
customs officer	Zollbeamter *m*
customs official	Zollbeamter *m*
customs *pl* (authority)	Zoll *m* (Behörde)
customs *pl* (conventions)	Gebräuche *mpl*
	Gepflogenheiten *fpl*
	Sitten *fpl*
customs procedure	Zollverfahren *n*
customs procedures with economic impact	Zollverfahren mit wirtschaftlicher Bedeutung *n*
customs procedures with economic significance	Zollverfahren mit wirtschaftlicher Bedeutung *n*
customs registration	zollamtliche Erfassung *f*
customs regulations *pl*	Zollbestimmungen *fpl*
	zollrechtliche Vorschriften *fpl*
customs seal	1. Zollplombe *f*
	2. Zollverschluss *m*
customs simplifications *pl*	zollrechtliche Vereinfachungen *fpl*
customs status	zollrechtlicher Status *m*
customs territory	Zollgebiet *n*

C

customs union	Zollanschlussgebiet *n*
	Zollunion *f*
customs value	Zollwert *m*
customs warehouse *sg*	Zolllager *n*
customs warehousing procedure	Zolllagerverfahren *n*
customs-approved closure	zollsicherer Verschluss *m*
customs-approved treatment	zollrechtliche Bestimmung *f*
cycle lane *(BE)*	Fahrradweg *m*
	Radweg *m*
cycle track *(BE)*	Fahrradweg *m*
	Radweg *m*
cylinder bundle	Flaschenbündel *n*
cylinder head	Zylinderkopf *m*
cylinder head gasket	Zylinderkopfdichtung *f*
cylinder rack	Flaschenhalterung *f*
cylindrical tank	Rundtank *m*

D

DAF	DAF
delivered at frontier ... named place of delivery	Geliefert Grenze ... benannter Ort
daily	täglich
daily driving time	Tageslenkzeit *f*
	tägliche Lenkzeit *f*
daily rest period	Tagesruhezeit *f*
daily rest time	tägliche Ruhezeit *f*
daily trips *pl*	Tagesfahrten *fpl*
daily value	tagesaktueller Wert *m*
dam	Talsperre *f*
damage case	Schadensfall *m*
damage event	Schadensfall *m*
damage in transit	Transportschaden *m*

damage incident	Schadensereignis *n*
damage protocol	Schadensprotokoll *n*
damage report	1. Schadenanzeige *f*
	2. Schadensprotokoll *n*
damage to goods	Güterschaden *m*
damaged cargo	beschädigte Fracht *f*
	beschädigte Ladung *f*
damaged package	beschädigtes Versandstück *n*
damages *pl*	Schadensersatz *m*
damper *(AE)*	Stoßdämpfer *m*
damping	Dämpfung *f*
danger area	Gefahrengebiet *n*
danger of bursting	Berstgefahr *f*
danger of explosion	Explosionsgefahr *f*
danger of suffocation	Erstickungsgefahr *f*
danger zone	Gefahrenbereich *m*
dangerous	gefährlich
dangerous cargo	gefährliche Fracht *f*
	gefährliche Ladung *f*
dangerous goods	gefährliche Güter *npl*
Dangerous Goods Advisor Ordinance/DGAO	Gefahrgutbeauftragtenverordnung/ GbV *f*
dangerous goods class	Gefahrgutklasse *f*
	Klasse der gefährlichen Güter *f*
dangerous goods declaration/DGD	Gefahrguterklärung *f*
dangerous goods driver hazardous materials driver	Gefahrgutfahrer *m*
dangerous goods *pl*	Gefahrgut *n* (Beförderung)
dangerous goods safety advisor/ DGSA	Gefahrgutbeauftragter/Gb *m*
dangerous goods warehouse *sg* *(BE)*	Gefahrgutlager *n*
dangerous substance	Gefahrstoff *m*

D

D

Danube River Information Services/ DoRIS *pl*	Donau River Information Services/ DoRIS *pl*
DAP delivered at place ... named destination	DAP Geliefert an Ort ... benannter Bestimmungsort
dark (e.g. rooms)	dunkle (z.b. Räume)
DAT delivered at terminal ... named terminal	DAT Geliefert an Terminal ... benanntes Terminal
data logger	Datenlogger *m* Logger *m*
date	Datum *n*
date of acquisition	Anschaffungszeitpunkt *m*
date of dispatch	Versanddatum *n*
date of issue	Ausstellungsdatum *n*
date of shipment	Versanddatum *n*
day	Tag *m*
day after tomorrow, the *sg*	übermorgen
day before yesterday, the *sg*	vorgestern
day of sales in inventories (DSI) (key figure)	Lagerreichweite *f* (Kennzahl)
daybook	1. Grundbuch *n* 2. Journal *n*
daytime driving lights *pl*	Tagfahrleuchten *fpl*
daytime running light	Tagfahrlicht *n*
DDP delivered duty paid ... named place of destination	DDP Geliefert verzollt ... benannter Bestimmungsort
DDU delivered duty unpaid ... named place of destination	DDU Geliefert unverzollt ... benannter Bestimmungsort
de-icing (aircraft)	Flugzeugenteisung *f*

de-icing salt	Auftausalz *n* Streusalz *n* Tausalz *n*
dead freight	Fautfracht *f* Fehlfracht *f* Ausfallfracht *f* Reuefracht *f*
dead time *sg* (time or non-productive time around picking, e.g. searching for the article's storage location or acknowledging removal, etc.)	Totzeit *f* (Zeit bzw. Nebenzeit rund um die Kommissionierung z.B. Lagerplatz des Artikels suchen oder quittieren der Entnahme usw.)
dead-end track	Sackgleis *n*
deadline	1. Frist *f* 2. Fristablauf *m* 3. Termin *m*
death	Tod *m*
debt	Schuld *f* (Zahlungsverpflichtung)
debt capital coverage	Fremdkapitaldeckung *f*
debt ratio	Fremdkapitalquote *f*
debtor days *pl*	Debitorenziel *n*
deceleration lane	Verzögerungsspur *f* Verzögerungsstreifen *m*
December	Dezember *m*
decibel level	Schallpegel *m*
deck cargo	Decklast *f*
deckhand	Decksmann *m*
declarant (customs)	Zollanmelder *m* Anmelder *m* (Zoll)
declaration of intent	Willenserklärung *f*
declaration of intention	Willenserklärung *f*
declaration of origin	Ursprungserklärung *f*
declaration of value	Wertdeklaration *f*

D

D

decontamination	Dekontamination *f*
	Dekontaminierung *f*
decoupling point	Entkopplungspunkt *m*
deductible *(AE)*	Selbstbehalt *m*
	Selbstbeteiligung *f*
deductible franchise	Abzugsfranchise *f*
deep freeze warehouse	Tiefkühllager *n*
deep sea shipping	Hochseeschifffahrt *f*
deep water harbor *(AE)*	Tiefwasserhafen *m*
deep water harbour *(BE)*	Tiefwasserhafen *m*
deep water port	Tiefwasserhafen *m*
defect description	Fehlerbeschreibung *f*
defect notices *pl* (coll.)	Mängelrügefristen *fpl* (ugs.)
deferment account	Aufschubkonto *n*
deferred freight payment	Frachtstundung *f*
deferred L/C	Nachsichtakkreditiv *n*
	Zielakkreditiv *n*
deferred payment	gestundete Zahlung *f*
deferred payment letter of credit	Nachsichtakkreditiv *n*
	Zielakkreditiv *n*
deferred rebate	Zeitrabatt *m*
deferring	Aufschub *m*
deficit	Manko *n*
deflagration	Deflagration *f*
degassing	Entgasen *n*
degree	Grad *m*
degree of disability	Invaliditätsgrad *m*
degree of filling	Füllgrad *m*
delay	1. Verspätung *f*
	2. Verzögerung *f*
delay in delivery	Lieferverzug *msg*
delay of payment	Zahlungsverzug *m*

delay, to	1. aufschieben 2. verschieben 3. verzögern
delicacies *pl*	Feinkost *fsg*
delineator	Leitpfosten *m*
delivered free	frei Haus
delivery	Ablieferung *f* Zustellung *f*
delivery bill / certificate *sg* (warehouse)	Auslieferschein *m* (Lager)
delivery date	Lieferzeitpunkt *m*
delivery deadline	Lieferfrist *f*
delivery disruption	Ablieferungshindernis *n*
delivery note	Lieferschein *m*
delivery period	Lieferzeitraum *m*
delivery terms *pl*	Lieferbedingungen *fpl*
delivery time	Lieferzeit *f*
delivery time exceeded	Lieferfristüberschreitung *f*
delivery value	Lieferwert *m*
demand risks *pl*	Nachfragerisiken *npl*
demand-driven material provision	bedarfsgesteuerte Materialbereit-stellung *f*
demijohn	Korbflasche *f*
demountable tank	Aufsetztank *m*
demountable tank *sg* (capacity of more than 450 litres (*BE*) liters (*AE*), built for transshipment)	Aufsetztank *m* (Fassungsraum von mehr als 450 Liter, ist für den Umschlag gebaut)
demurrage	1. Liegegeld *n* (Schiff) / Überliegegeld *n* (Schiff) 2. Wagenstandgeld *n* (Eisenbahn) 3. Standgeld *n* (LKW)
department	Abteilung *f*
department results *pl*	Abteilungsergebnis *n*

D

D

departmental fixed costs *pl*	abteilungsfixe Kosten *pl*
departure	Abflug *m*
departure area	Abflugbereich *m*
departure date	Abflugtermin *m*
departure platform *(BE)*	Abfahrtsgleis *n*
departure station	Abfahrtsbahnhof *m*
departure track *(AE)*	Abfahrtsgleis *n*
deportation	Abschiebung *f*
deposit	Anzahlung *f*
depositor	Einlagerer *m*
depot (rail)	Bahnbetriebswerk/Bw *n*
	Betriebshof *m* (Eisenbahn)
	Betriebswerk/Bw *n*
	Depot *n* (Eisenbahn)
depreciating	ablehnend
depreciation (fin.)	Abschreibung *f* (fin.)
depreciation chart	AfA-Tabelle *f* (Abschreibungen für Anlagegüter)
depreciation methods *pl*	Abschreibungsmethoden *fpl*
depth	Tiefe *f*
DEQ	DEQ
delivered ex quay ... named port of delivery	Geliefert ab Kai ... benannter Bestimmungshafen
derailment	Entgleisung *f*
derelict (cargo on the bottom of the ocean which cannot be reclaimed)	Wrackgut *n*
Derelict Weapons of War Clause (DTV Cargo 2000/2011)	Kriegswerkzeugklausel *f* (DTV-Güter 2000/2011)
DES	DES
delivered ex ship ... named port of delivery	Geliefert ab Schiff ... benannter Bestimmungshafen
desiccant	Trockenmittel *n*

destination	1. Bestimmung *f* (Ort/Ziel) 2. Flugziel *n* 3. Löschhafen *m*
destination airport	Zielflughafen *m*
destination display	Fahrtzielanzeiger *m* (S-Bahn/Bus)
destination principle *sg*	Bestimmungslandprinzip *nsg*
destruction	Vernichtung *f* Zerstörung *f*
detach, to	absatteln
detail	Detail *n* Einzelheit *f*
detention	Containerstandgebühr für verspätete Leercontainerrücklieferung *f*
detention charges (sea freight)	Detention-Gebühren / Container-Standgebühren *fpl* (Seefracht)
detention pending deportation	Abschiebehaft *fsg* Abschiebungshaft *fsg*
determination of requirements *pl*	Bedarfsermittlung *f*
determination of the route	Fahrwegbestimmung *f*
detonating cord	Sprengschnur *f*
detonating gas	Knallgas *n*
detonation	Detonation *f*
detonator *(BE)*	Knallkapsel *f*
Development Centre for Ship Technology and Transport Systems	Entwicklungszentrum für Schiffstechnik und Transportsysteme e.V. *n*
deviation (ship)	Deviaton *f* (Schiff)
deviation below glideslope (GPWS mode 5)	Abweichung unter Gleitpfad im ILS-Anflug *f* (GPWS Mode 5)
deviation insurance	Deviationsversicherung *f*
DGR check fee *sg*	Gefahrgutzuschlag *m* (Handling von Gefahrgut)

D

diagonal lashing method	Diagonalzurrverfahren *n*
diameter	Durchmesser *m*
diesel	Diesel *m*
	Dieselkraftstoff *m*
diesel engine	Dieselmotor *m*
diesel fuel	Diesel *m*
	Dieselkraftstoff *m*
diesel locomotive	Diesellok *f*
	Diesellokomotive *f*
diesel multiple unit/DMU	Dieseltriebzug *m*
diesel particulate filter	Dieselpartikelfilter *m*
	Dieselrußpartikelfilter *m*
diesel railcar	Dieseltriebwagen *m*
different	anders
	unterschiedlich
differential gear	Differenzialgetriebe *n*
differential lock	Differentialsperre *f*
difficult	schwer
	schwierig
digital maintenance and repair management	Digitales Wartungs- und Reparaturmanagement *n*
digital route planning	digitale Routenplanung *f*
digital tachograph	digitaler Fahrtenschreiber *m*
	digitaler Tachograph *m*
	digitales Kontrollgerät *n*
diligent	1. fleißig
	2. sorgfältig
dimension	Abmessung *f*
dimensional rates *pl* (sea freight)	Maßraten *fpl* (Seefracht)
dimensional/weight rates *pl* (DIM) (sea freight)	Maß-/Gewichtsraten *fpl* (M/G) (Seefracht)
dip *sg*	Senke *f*
diplomat	Diplomat *m*

D

diplomatic bag *(BE)*	Diplomatengepäck *nsg* Diplomatenpost *fsg*
diplomatic corps/CD	diplomatisches Corps/CD *n*
diplomatic passport	Diplomatenpass *m*
diplomatic pouch *(AE)*	Diplomatengepäck *nsg* Diplomatenpost *fsg*
dipped-beam headlamp *(BE)* low-beam headlamp *(AE)*	Hauptscheinwerfer *m* Frontscheinwerfer *m*
dipped-beam headlight *(BE)*	1. Frontscheinwerfer *m* / Haupt- scheinwerfer *m* 2. Abblendlicht *n*
dire straits *pl*	arge Not *f* schwere Zeiten *fpl*
direct cost center *(AE)*	Hauptkostenstelle *f*
direct cost centre *(BE)*	Hauptkostenstelle *f*
direct costs *pl*	Einzelkosten *pl*
direct debit	Lastschrift *f*
direct debit authorisation *(BE)*	Einzugsermächtigung *f*
direct debit authorization *(AE)*	Einzugsermächtigung *f*
direct flight	Direktflug *m*
direct insurance	Direktversicherung *f*
direct insurer	Direktversicherer *m*
direct lashing	Direktzurrung *f*
direct store delivery/DSD	Direktbelieferung *f* direkte Filialbelieferung *f*
direct tax	direkte Steuer *f*
direct traffic	Direktverkehr *m*
direct transport	Direkttransport *m*
direct transshipment	Direktumschlag *m*
directions *pl*	Anfahrtsbeschreibung *f* Wegbeschreibung *f*
directive	1. Richtlinie *f* 2. Weisung *f*

D

D

dirt *sg*	Dreck *msg*
	Schmutz *msg*
dirt-sensitive	schmutzempfindlich
dirty	dreckig
	schmutzig
disability	Invalidität *f*
disc *(BE)* / disk *(AE)* brake	Scheibenbremse *f*
disc *(BE)* / disk *(AE)* cleaning system	Scheibenreinigungsanlage *f*
discard, to	1. ausrangieren
	2. ausscheiden
	3. aussondern
	4. ablegen
discharged battery	leere Batterie *f*
discomfort	Unwohlsein *n*
discontinuous conveyor	Unstetigförderer *m*
discount	Skonto *m/n*
discount airline	Billigairline *f*
	Billigflieger *m*
	Billigfluggesellschaft *f*
discount carrier	Billigairline *f*
	Billigflieger *m*
	Billigfluggesellschaft *f*
dishonest	unehrlich
dishpan hands *pl (coll.)*	Spülhände *fpl (ugs.)*
disloyal	illoyal
dismemberment schedule	Gliedertaxe *f*
dismissal	Kündigung *f*
Dismissal Protection Act	Kündigungsschutzgesetz/KSchG *n*
dispatch *sg*	Versand *msg*
dispatch, to	1. abfertigen
	2. befördern
	3. versenden

dispatcher	Disponent *m*
display package	Displayverpackung *f*
disposable packaging	Einwegverpackung *f*
disposable system	Einwegsystem *n*
disposal (waste)	Entsorgung *f*
disposal logistics	Entsorgungslogistik *f*
disposed	abgesetzt
dissolution of contract	Vertragsauflösung *f*
distance	Distanz *f*
distress at sea	Seenot *fsg*
distress sale (fin.)	Notverkauf *m*
distress signal	Seenotsignal *n*
distribution	Verteilung *f* Vertrieb *m*
distribution center *(AE)*	1. Auslieferungslager *n* 2. Distributionszentrum *n* 3. Umschlagslager *n* 4. Verteilcenter *n*
distribution centre *(BE)*	1. Auslieferungslager *n* 2. Distributionszentrum *n* 3. Umschlagslager *n* 4. Verteilcenter *n*
distribution logistics *pl*	Distributionslogistik *f*
distribution logistics concept *sg*	Distributionslogistik-Konzept *n*
distribution warehouse	Distributionslager *n*
distribution warehouse/depot	Verteillager *n*
distributor arm	Verteilerfinger *m*
distributor cap	Verteilerkappe *f*
disturbances *pl*	Unruhen *fpl*
ditch	Straßengraben *m*
ditch, to	auf dem Wasser notlanden
diversion	Umleitung *f*

D

divert, to	umleiten (Verkehr)
do a good job, to	gute Arbeit leisten
dock receipt / D/R	Kaiempfangsschein *m*
dock worker	Hafenarbeiter *m*
docker	Hafenarbeiter *m*
doctor	Arzt *m*
document	Dokument *n*
document of title to goods	Traditionspapier *n*
document, to	dokumentieren
documentary letter of credit L/C	Akkreditiv *n* Dokumentenakkreditiv *n*
documentation	Dokumentation *f*
documents against acceptance / D/A *pl*	Dokumente gegen Akzept / D/A *npl*
documents against payment / D/P *pl*	Dokumente gegen Zahlung / D/P *npl*
dolly *(AE)* (tool)	Sackkarre *f* Stechkarre *f*
dome car *(AE)*	Panoramawagen *m*
dome cover	Domdeckel *m*
dome cover seal	Domdeckeldichtung *f*
donning tank *sg* (capacity of more than 450 litres *(BE)* liters *(AE)*, built for transshipment)	Aufsetztank *m* (Fassungsraum von mehr als 450 Liter, ist für den Umschlag gebaut)
door	Tür *f*
door gasket	Türdichtung *f*
door header	Türobergurt *m*
door lock	Türschloss *n*
door locking bar	Türverschlussstange *f*
door sill	Türuntergurt *m*
door-to-door clause	Haus-zu-Haus-Klausel *f*
door-to-door delivery	Haus-Haus-Verkehr *m*

door-to-door transport	Haus-Haus-Verkehr *m*
dose limit	Dosisgrenzwert *m*
dose rate	Dosisleistung *f*
dosimeter	Dosimeter *n*
double axle load	Doppelachslast *f*
double compartment tank	Zweikammertank *m*
double coupling	Doppelkupplung *f*
double decker	Doppeldeckbus *m*
	Doppeldecker *m* (Bus)
	Doppeldeckerbus *m*
	Doppelstockbus *m*
double insurance	Doppelversicherung *f*
double wall corrugated board	zweiwellige Wellpappe *f*
double yellow lines *pl* (in UK)	gelbe Doppellinie *f*
	(Halteverbot in UK)
double-articulated bus	Doppelgelenkbus *m*
double-deck carriage *(BE)*	Doppelstockwagen *m*
double-decker bus	Doppeldeckbus *m*
	Doppeldecker *m* (Bus)
	Doppeldeckerbus *m*
	Doppelstockbus *m*
double-decker coach *(BE)* (rail)	Doppelstockwagen *m*
double-decker lorry *(BE)*	Doppelstock-LKW *m*
double-decker truck *(AE)*	Doppelstock-LKW *m*
double-hull tanker	Doppelhüllentanker *m*
	Zwei-Hüllen-Tanker *m*
double-park, to	in zweiter Reihe parken
double-stack car *(AE)*	Doppelstock-Containertragwagen *m*
down payment	Anzahlung *f*
downhill	bergab
downpipe *sg* (continuous conveyor)	Fallrohr *n* (Stetigförderer)
downriver	flussabwärts

D

D

downriver traffic	Talverkehr *m*
downstream (ship)	flussabwärts
downstream group transmission	Nachschaltgruppe *f*
downstream traffic (ship)	Talverkehr *m*
DPU	DPU
delivered at place unloaded	Geliefert benannter Ort entladen
draft *(AE)* (ship)	Tiefgang *m*
draft (fin.)	1. Entwurf *m*
	2. gezogener Wechsel *m* / Tratte *f*
	3. Wechsel *m* (fin.)
draft mark *(AE)*	Einsenkungsmarke *f*
draft marks *pl (AE)*	Ahming *f*
drain	1. Straßenablauf *m* / Gully *m/n*
	2. Abfluss *m*
drain seal	Kanalabdeckung *f*
drain valve	Entleerungsventil *n*
draught *(BE)*	Tiefgang *m*
draught mark *(BE)*	Einsenkungsmarke *f*
draught marks *pl (BE)*	Ahming *f*
drawbar	Deichsel *f*
	Zuggabel *f*
drawbar combination	Gliederzug *m*
	Hängerzug *m*
drawbar eye	Kupplungsauge *n*
	Zugöse *f*
drawbar load	Stützlast *f*
drawbar trailer	Deichselanhänger *m*
drawbar-controlled walk-behind pallet truck *sg*	deichselgesteuerter Mitgeh-Gabel-Hubwagen *m*
drawbridge	Klappbrücke *f*
drawee (fin.)	Trassat *m*
drawer (fin.)	Trassant *m*

drawn bill of exchange	gezogener Wechsel *m* Tratte *f*
dredger	Baggerschiff *n* Schwimmbagger *m*
drink	Getränk *n*
drive train	Antriebsstrang *m*
drive-in rack *sg*	Einfahrregal *n*
drive-in racking	Einfahrregal *n*
drive-through axle	Durchtriebsachse *f*
drive-through rack *sg*	Durchfahrregal *n*
drive-through racking	Durchfahrregal *n*
driver card	Fahrerkarte *f*
driver information system	Fahrerinformationssystem/FIS *n*
driver qualification *sg*	Fahrerqualifikation *f*
driver restraint system	Fahrerrückhaltesystem *n*
driver safety training	Fahrsicherheitstraining *n* Sicherheitstraining/SHT *n*
driver's cab	Fahrerkabine *f* Führerhaus *n*
driver's licence regulation *(BE)*	Fahrerlaubnisverordnung/FeV *f*
driver's license *(AE)*	Führerschein *m* Fahrerlaubnis *f*
driver's license law *(AE)*	Führerscheinrecht *n*
driver's license regulation *(AE)*	Fahrerlaubnisverordnung/FeV *f*
driver's seat	Fahrersitz *m*
driving aptitude register	Fahreignungsregister/FAER *n*
driving ban	Fahrverbot *n*
driving dynamics regulation	Fahrdynamikregelung/FDR *f*
driving instruction	Fahrhinweis *m*
driving instructor	Fahrlehrer *m*
driving interruption	Fahrtunterbrechung *f*

D

D

driving licence *(BE)*	Führerschein *m*
	Fahrerlaubnis *f*
driving licence law *(BE)*	Führerscheinrecht *n*
driving physics	Fahrphysik *f*
driving resistance	Fahrwiderstand *m*
driving safety center *(AE)*	Fahrsicherheitszentrum *n*
driving safety centre *(BE)*	Fahrsicherheitszentrum *n*
driving school	Fahrschule *f*
driving time	Lenkzeit *f*
driving time and rest periods *pl*	Lenk- und Ruhezeiten *fpl*
driving time double week	Lenkzeit Doppelwoche *f*
driving time exceeded	Lenkzeitüberschreitung *f*
driving trailer	Steuerwagen *m*
driving without attention mode/	Autobahnhypnose *f*
DWAM	Autobahntrance *f*
	Polderblindheit *fsg* (ugs.)
drizzle	Niesel *m*
	Nieselregen *m*
drone (aviation)	Drohne *f* (Luftverkehr)
droop leading edge flap	Kippnase *f* (Flugzeug)
droop nose (aircraft)	Kippnase *f* (Flugzeug)
drop shipment	Streckengeschäft *n*
	Streckenhandel *m*
drop-shipping	Streckengeschäft *n*
	Streckenhandel *m*
dropped kerb *(BE)*	abgesenkte Bordsteinkante *f*
drug	Droge *f*
dry (e.g. rooms)	trockene (z.B. Räume)
dry air filter	Trockenluftfilter *m*
dry bulk	Schüttgut *n*
dry bulk cargo	Schüttgut *n*
dry dock	Trockendock *n*

dry foods *pl*	Trockensortiment/TROSO *n*
dry ice *sg*	Trockeneis *nsg*
dry lease	Miete eines Flugzeuges ohne Personal *f*
dry-bulk container	Schüttgutcontainer *m*
dryness	Trockenheit *f*
DTV German Standard Terms and Conditions of Insurance for Ocean-Going Vessels 2009/DTV-ADS 2009 *pl*	DTV Allgemeine Deutsche Seeschiffsversicherungs-bedingungen 2009/ DTV-ADS 2009 *fpl*
DTV Cargo 2000/2011	DTV Güterversicherungs-bedingungen 2000/2011 *fpl* DTV-Güter 2000/2011 *fpl*
DTV Cargo Insurance Conditions 2000/2011 *pl*	DTV Güterversicherungs-bedingungen 2000/2011 *fpl* DTV-Güter 2000/2011 *fpl*
DTV Cargo Insurance Conditions 2008 *pl*	DTV-Güter-Versicherungsbedin-gungen 2008 *fpl*
DTV Cargo Insurance Conditions *pl*	DTV-Güterversicherungsbedin-gungen *fpl*
dual citizenship	doppelte Staatsangehörigkeit *f*
dual system (training)	Duales System *n* (Ausbildung)
dual tires *pl (AE)*	Zwillingsbereifung *f*
dual tyres *pl (BE)*	Zwillingsbereifung *f*
dual-use good	Dual-Use-Gut *n* Dual-Use-Ware *f*
dual-use item	Dual-Use-Gut *n* Dual-Use-Ware *f*
due	fällig (Frist)
dump truck *(AE)*	Kipper *m* Muldenkipper *m*
dumper truck *(BE)*	Kipper *m* Muldenkipper *m*
dungarees *pl (BE)*	Latzhose *f*

D

dunnage	Garnier *n* Garniermaterial *n* Garnierung *f*
dunnage bag	Stausack *m*
duplicate of the consignment note	Frachtbriefdoppel *n*
duplicate of the waybill	Frachtbriefdoppel *n*
dust	Staub *m*
dust explosion	Staubexplosion *f*
dust-sensitive	staubempfindlich
dustpan	Kehrblech *n* Kehrschaufel *f*
dusty	staubig
duties *pl*	Pflichten *fpl*
duty of care	1. Führsorgepflicht *f* 2. Sorgfaltspflicht *f*
duty of notification	Anzeigepflicht *f*
duty paid	verzollt
duty to insure *sg*	Versicherungspflicht *f*
duty to notify *sg*	Mitteilungspflicht *f*
duty to operate and transport	Betriebs- und Beförderungspflicht *f*
duty to report *sg*	Mitteilungspflicht *f*
duty to surrender *sg*	Herausgabepflicht *f*
duty unpaid	unverzollt
duty-free	abgabenfrei zollfrei
duty-free shop	Duty-free-Laden *m* zollfreies Geschäft *n*
dynamic provision	dynamische Bereitstellung *f*
dynamic stability control/DSC	Elektronisches Stabilitäts- programm/ESP *n*
dynamo	Lichtmaschine *f*

E

e-Cargobike	elektrisch betriebenes Lastenrad *n*
E-Commerce *sg*	E-Commerce *n*
e-marketplace	elektronischer Marktplatz/EMP *m*
	virtueller Marktplatz *m*
E-route	Europastraße *f*
ear plug	Ohrenstöpsel *m*
	Ohrstöpsel *m*
ear protection	Gehörschutz *m*
	Ohrenschützer *fpl*
earnings *pl*	Ertrag *m*
earnings power	Ertragskraft *f*
east	Ost
	Osten *m*
East Africa	Ostafrika *n*
East Coast of the United States	Ostküste der Vereinigten Staaten *f*
East Indies *pl*	Indischer Archipel *m*
	Indonesischer Archipel *m*
	Malaiischer Archipel *m*
	Ostindischer Archipel *m*
	Südostasiatischer Archipel *m*
eastbound	ostwärts
Eastern Africa	Ostafrika *n*
Eastern Europe	Osteuropa *n*
Eastern Seaboard of the United States	Ostküste der Vereinigten Staaten *f*
easy	einfach (mühelos)
	leicht (mühelos)
ebb	Ebbe *f*
ebb and flow	Ebbe und Flut *f*
ebb/ebb tide	ablaufendes Wasser *n*
EC declaration of conformity	EG-Konformitätserklärung *f*

E

EC Regulation	EG-Verordnung *f*
	EG-Vorschrift *f*
ecological sustainability *sg*	ökologische Nachhaltigkeit *f*
economic	volkswirtschaftlich
economic efficiency	Wirtschaftlichkeit *f*
economic efficiency calculation (fin.)	Wirtschaftlichkeitsrechnung *f* (fin.)
Economic Operators Registration and Identification number	EORI-Nummer *f*
Economic Operators Registration and Identification number EORI-number	Nummer zur Registrierung und Identifizierung von Wirtschaftsbeteiligten *f*
Economic Partnership Agreement/ EPA	Wirtschaftspartnerschaftsabkommen/WPA *n*
economics	Wirtschaftskunde *f*
economies of scale *pl*	Skaleneffekt *m*
ecopoint system	Ökopunktesystem *n*
edge protector	Kantenschoner *m*
Edscha sliding roof	Edscha-Verdeck *n*
EEA states *pl* (pol.)	EWR-Staaten *mpl* (pol.)
effect	Effekt *m*
	Wirkung *f*
effect shipment, to	Verladung vornehmen
effective	effektiv
effectiveness	Effektivität *fsg*
efficiency	Effizienz *f*
efficient	effizient
efficient replenishment (ER)	Effizienter Warennachschub *m*
	Efficient Replenishment (ER)
eFreight program	eFreight-Programm *n*
egocentric	egozentrisch
electric	elektrisch
electric axles *pl*	elektrische Achsen *fpl*

E

electric bicycle	Elektrofahrrad *n*
electric car	Elektroauto *n*
electric drive	Elektroantrieb *m*
electric low-floor axle	elektrische Niederflurachse *f*
electric monorail system *sg*	Elektrohängebahn/EHB *f*
electric multiple unit/EMU	Elektrotriebzug *m*
electric pallet jack	Elektro-Niederhubwagen *m*
	Ameise *f* (ugs.) (Flurförderzeug)
electric pallet truck	Elektro-Niederhubwagen *m*
	Ameise *f* (ugs.) (Flurförderzeug)
electric railcar	Elektrotriebzug *m*
electric steering	elektrische Lenkung *f*
electric system	elektrische Anlage *f*
electric torch *(BE)*	Taschenlampe *f*
electric trolley conveyor	Elektrohängebahn/EHB *f*
electric vehicle/EV	Elektrofahrzeug *n*
Electrical and Electronics Act	Elektro- und Elektronikgesetz/ ElektroG *n*
electronic air waybill/eAWB	elektronischer Luftfrachtbrief/ eAWB *m*
electronic consignment security declaration/ECSD	Elektronische Sicherheitserklärung für den Versand/eCSD *m*
electronic customs tariff *sg*	Elektronischer Zolltarif/EZT *msg*
electronic dangerous goods declaration/EDGD	Elektronische Gefahrgutdeklaration/eDGD *f*
electronic data control	elektronische Datensteuerung *f*
electronic data processing/EDP	Elektronische Datenverarbeitung/ EDV *f*
electronic German Federal Gazette/ eBAnZ	elektronischer Bundesanzeiger/ eBAnZ *m*
electronic house manifest/EHM	Elektronische House Manifest/ eHM *n*

E

E

electronic injection control	Elektronische Einspritzregelung/ EDC *f*
electronic interlocking	elektronisches Stellwerk *n*
electronic market place	elektronischer Marktplatz/EMP *m* virtueller Marktplatz *m*
electronic part	elektronisches Teil *n*
electronic stability control/ESC	Elektronisches Stabilitäts-programm/ESP *n*
electronic stability program/ESP	Elektronisches Stabilitäts-programm/ESP *n*
electronic trade register	Elektronisches Handelsregister *n*
electronic transport document *sg* (for air or sea transport)	elektronisches Beförderungs-dokument *n* (bei der Luft- oder Seebeförderung)
Electronic Waterways Information System/ELWIS	Elektronisches Wasserstraßen-Informationssystem/ELWIS *n*
electronically controlled high-perfor-mance distribution carts *pl*	elektronisch gesteuerte Hochleis-tungsverteilwagen *mpl*
electrostatic charge	elektrostatische Aufladung *f*
electrostatic discharge/ESD	elektrostatische Entladung *f*
elevated temperature substance	erwärmter Stoff *m*
elevator car	Fahrkorb *m*
elk test *(coll.)*	Elchtest *m (ugs.)*
elliptical tank	elliptischer Tank *m* Ovaltank *m*
embassy	Botschaft *f* (Landesvertretung)
emergency ambulance	Notarztwagen/NAW *m*
emergency blanket	Rettungsdecke *f*
emergency brake *(AE)* (road)	Feststellbremse *f* Handbremse *f*
emergency brake assist/EBA	Notbremsassistent *m* Bremsassistent/BAS *m*

emergency escape mask	Notfallfluchtmaske *f*
emergency escape ramp	Notfallspur *f*
emergency exit	Notausgang *m*
emergency hammer	Nothammer *m*
	Rettungshammer *m*
emergency landing	Notlandung *f*
emergency lane	Seitenstreifen *fpl*
emergency physician	Notarzt *m*
emergency position-indicating radio beacon/EPIRB	Seenotfunkbake/EPIRB *f*
	Seenotrettungssender/EPIRB *m*
emergency response intervention card	ERI-Card
emergency response intervention card/ERI-card	Emergency Response Intervention Card
emergency sale	Notverkauf *m*
emergency sign	Rettungszeichen *n*
emergency temperature	Notfalltemperatur *f*
emergency tow vessel/ETV	Notschlepper *m*
emergency towing vessel/ETV	Notschlepper *m*
emission class	Emissionsklasse *f*
emissions pl	Emissionen *fpl*
emissions test	Abgasuntersuchung/AU *f*
employee	Arbeitnehmer *m*
employer	Arbeitgeber *m*
employer's association	Arbeitgeberverband *m*
employer's liability insurance association	Berufsgenossenschaft *f* (BG)
Employers' Association of German Continental Navigators/AdB	Arbeitgeberverband der deutschen Binnenschifffahrt e.V./AdB *m*
employment	Arbeitsverhältnis *n*
employment contract	Arbeitsvertrag *m*
employment jurisdiction	Arbeitsgerichtsbarkeit *f*

E

employment obligation	Beschäftigungspflicht *f*
employment prohibition	Beschäftigungsverbot *n*
empties *pl*	Leergut *n*
empty	1. leer
	2. unbeladen
	3. Leercontainer *m*
empty legs flight	Leerflug *m*
empty legs *pl* (aircraft)	Leerflug *m*
empty pallet	Leerpalette *f*
empty run	Leerfahrt *f*
emulsion	Emulsion *f*
enclave	Enklave *f*
end car *(AE)*	Triebkopf *m*
end-loading platform	Kopframpe *f*
end-loading ramp	Kopframpe *f*
End-of-Life Vehicle Ordinance	Altfahrzeug-Verordnung/Altfahr-
	zeugV *f*
endorsee	Indossatar *m*
endorsement *sg* (e.g. on order	Indossament *n* (z.B. beim Order-
warehouse receipt)	lagerschein)
endorser	Indossant *m*
energy costs *pl* (fin.)	Energiekosten *pl*
engageable	zuschaltbar (z.B. Allradantrieb,
	Differentialsperre)
engine	Motor *m*
engine characteristics *pl*	Motorkennlinien *f*
engine compartment	Motorraum *m*
engine control	Motorsteuerung *f*
engine damage	Motorschaden *m*
engine driver *(BE)*	Lokführer *m*
	Lokomotivführer *m*
	Triebfahrzeugführer/Tf *m*

E

engine fire	Motorbrand *m*
engine idle	Leerlauf *m* (Motor)
engine immobiliser *(BE)*	Wegfahrsperre/WFS *f*
engine immobilizer *(AE)*	Wegfahrsperre/WFS *f*
engine lubrication	Motorschmierung *f*
engine management	Motormanagement *n*
engine oil	Motoröl *n*
engine shed	Lokschuppen *m*
engine speed	Motordrehzahl *f*
engine structure	Motoraufbau *m*
engine-independent air conditioner	Standklimaanlage *f*
ENI-number	ENI-Nummer *f*
	European Number of Identification *f*
	Einheitliche Europäische Schiffsnummer (European Number of Identification)
enquiry *(BE)*	Anfrage *f*
entrepreneur	Unternehmer *m*
entrepreneur liability	Unternehmerhaftung *f*
entrepreneurial risk premium	Unternehmerrisikoprämie *f*
entrepreneurial salary	Unternehmerlohn *m*
entry	Buchungssatz *m*
entry regulations *pl*	Einreisebestimmungen *fpl*
entry signal *(BE)*	Einfahrsignal/Asig *n*
environment	Umwelt *fsg*
environmental protection	Umweltschutz *m*
environmental risks *pl*	Umfeldrisiken *npl*
environmental zones *pl*	Umweltzonen *fpl*
environmentally hazardous substance	umweltgefährdender Stoff *m*

E

E

environmentally hazardous substances *pl*	umweltgefährdende Stoffe *mpl*
environs *pl*	Umgebung *f* Umland *nsg*
EORI-number	EORI-Nummer *f*
Equipment and Product Safety Act/ GPSG	Geräte- und Produktsicherheitsgesetz/GPSG *n*
equity ratio	Eigenkapitalquote *f*
equivalent airspeed/EAS	äquivalente Fluggeschwindigkeit *f*
equivalent dose	Äquivalentdosis *f*
ERI-card	ERI-Card
error rate *sg* (key figure)	Fehlerquote *f* (Kennzahl)
escape filter	Fluchtfilter *m*
escape sign	Rettungszeichen *n*
escort vehicle	Begleitfahrzeug *n* (LKW)
especially	1. besonders 2. insbesondere 3. speziell
especially	speziell
estimated elapsed time/EET	voraussichtliche Flugdauer *f*
estimated time of arrival/ETA	voraussichtliche Ankunftszeit *f*
estimated time of departure/ETD	voraussichtliche Abflugzeit *f*
ethylene *sg*	Äthen *nsg* Äthylen *nsg* Ethen *nsg* Etyhlen *nsg*
EU Bus and Coach Passenger Rights Act	EU-Fahrgastrechte-Kraftomnibus-Gesetz/EU-FahrgRBusG *n*
EU tire label *(AE)*	EU-Reifenlabel *n*
EU Type Approval Law	EU-Typengenehmigungsrecht *n*
EU tyre label *(BE)*	EU-Reifenlabel *n*
EU/EEA community authorisations *pl (BE)* /authorizations *pl (AE)*	EU-/EWR-Gemeinschaftsgenehmigungen *fpl*

EUR.1 movement certificate	Warenverkehrsbescheinigung EUR.1 *f*
euro pallet	Europalette *f*
euro zone *sg*	Eurozone *fsg*
Europe	Europa *n*
European Agreement concerning the International Carriage of Dangerous Goods by Road/ADR	Europäisches Übereinkommen über die Beförderung gefährlicher Güter auf der Straße/ADR *n*
European Agreement concerning the International Carriage of Dangerous Goods on the Rhine/ADNR	Europäisches Übereinkommen über die Beförderung gefährlicher Güter auf dem Rhein/ADNR *n*
European Agreement concerning the International Carriage of Dangerous Goods by Inland Waterways/ADN	Europäisches Übereinkommen über die internationale Beförderung gefährlicher Güter auf Binnenwasserstraßen/ADN *n*
European Agreement Concerning the Work of Crews of Vehicles Engaged in International Road Transport/AETR	Europäisches Übereinkommen über die Arbeit des im internationalen Straßenverkehr beschäftigten Fahrpersonals/AETR *n*
European Article Number/EAN	Europäische Artikelnummer/EAN *f*
European Aviation Safety Agency/EASA	Europäische Agentur für Flugsicherheit/EASA *f*
European Business Aviation Association/EBAA	European Business Aviation Association/EBAA *f* (Europäischer Fachverband der Geschäftsluftfahrt)
European Chemical Industry Council/CEFIC	Verband der Europäischen chemischen Industrie/CEFIC *m*
European Civil Aviation Conference/ECAC	Europäische Zivilluftfahrt-Konferenz/ECAC *f*
European Cockpit Association/ECA	European Cockpit Association/ECA *f* (Europäischer Dachverband der Berufsverbände und Gewerkschaften der Piloten und Flugingenieure)

E

E

European Community/EC	Europäische Gemeinschaft/EG *f*
European Conference of Ministers of Transport/ECMT	Europäische Verkehrsministerkonferenz/CEMT *f*
European Convergence and Implementation Plan/ECIP	Europäischer Konvergenz- und Durchführungsplan/ECIP *m*
European distribution center/EDC *(AE)*	europäisches Distributionszentrum *n* europäisches Zentrallager *n*
European distribution centre/EDC *(BE)*	europäisches Distributionszentrum *n* europäisches Zentrallager *n*
European Economic Area/EEA	Europäischer Wirtschaftsraum/ EWR *m*
European Free Trade Association/ EFTA	Europäische Freihandelsassoziation/EFTA *f*
European Maritime Safety Agency/ EMSA	Europäische Agentur für die Sicherheit des Seeverkehrs/EMSA *f*
European Number of Identification	ENI-Nummer *f* European Number of Identification *f* Einheitliche Europäische Schiffsnummer (European Number of Identification)
European Organisation for Forwarding and Logistics/CLECAT	Europäisches Verbindungskomitee des Speditons- und LagereiGewerbes/CLECAT *n*
European Organisation for the Safety of Air Navigation/ EUROCONTROL	European Organisation for the Safety of Air Navigation/ EUROCONTROL *f* (Europäische Organisation zur Sicherung der Luftfahrt)
European Pallet Association/EPAL	Gütegemeinschaft Paletten e.V./ EPAL *f* (deutsches Nationalkomitee der EPAL)

European Railway Agency/ERA	Europäische Eisenbahnagentur *f*
European roads *pl*	Europastraßen *fpl*
European route	Europastraße *f*
European Union/EU (pol.)	Europäischen Union/EU *f* (pol.)
Eurovignette	Eurovignette *f*
evaporation	Verdunstung *f*
even data recorder/EDR	Unfalldatenspeicher/UDS *m*
evening	Abend *m*
Ex/II vehicle	Ex/II Fahrzeug *n*
Ex/III vehicle	Ex/III Fahrzeug *n*
exact	genau
examination periods *pl*	Untersuchungsfristen *fpl*
exceeding the loading gauge	Lademaßüberschreitung *f*
excellent	ausgezeichnet
excepted packaging	freigestelltes Versandstück *n*
excepted quantity/EQ	freigestellte Menge/EQ *f*
excess *(BE)*	Selbstbehalt *m*
excess delivery	Mehrlieferung *f*
excess height	Überhöhe *f*
excess length	Überlänge *f*
excess weight	Übergewicht *n*
excess width	Überbreite *f*
exchange rate	Wechselkurs *m*
excise duty	Verbrauchssteuer *f*
excise tax	Verbrauchssteuer *f*
exclave	Exklave *f*
exclusion	Ausschluss *m*
exclusion clause	Ausschlussklausel *f*
exclusion of liability	Haftungsausschluss *m*
exclusive economic zone/EEZ	Ausschließliche Wirtschaftszone/AWZ *f*

E

exclusive use shipment	Beförderung unter ausschließlicher Verwendung *f*
excursions *pl* (bus)	Ausflugfahrten *fpl* (Bus)
Exemption Ordinance	Freistellungs-Verordnung/FrStllgV *f*
exhaust emission	Schadstoffausstoß *m*
exhaust emission threshold	Abgasgrenzwert *m*
exhaust gas aftertreatment	Abgasnachbehandlung *f*
Exhaust Gas Recirculation/EGR	Abgasrückführung/AGR *f*
exhaustive discharge	Tiefentladung *f* (Batterie)
exhibition centre	Messezentrum *n*
exhibition hall	Messehalle *f*
exit signal	Ausfahrsignal/Esig *n*
expected time of arrival/ETA	voraussichtliche Ankunftszeit *f*
expenditure	Aufwand *m* Kosten *pl*
expenditures *pl*	Aufwendungen *pl*
expense	Aufwand *m* Kosten *pl*
expense distribution sheet	Betriebsabrechnungsbogen *m* (einstufig)
expense type (fuel consumption, administration expense, etc.)	Aufwandsart *f* (Kraftstoffverbrauch, Verwaltungsaufwand, usw.)
expenses *pl*	Aufwendungen *pl*
expert	Gutachter *m* Sachverständiger *m*
expert opinion	Sachverständigengutachten *n*
expertise	1. Gutachten *n* / Expertise *f* 2. Kompetenz *f* / Fachkenntnis *f*
expired	abgelaufen ausgelaufen (Vertrag, Lizenz)
explosion	Explosion *f*
explosion hazard	Explosionsgefahr *f*

E

explosion-proof	explosionsgeschützt ex-geschützt
explosion-proof engine	explosionsgeschützter Motor *m* ex-geschützter Motor *m*
explosion-proof forklift	explosionsgeschützter Stapler *m* ex-geschützter Stapler *m*
explosion-proof forklift truck	explosionsgeschützter Stapler *m* ex-geschützter Stapler *m*
explosion-proof motor	explosionsgeschützter Motor *m* ex-geschützter Motor *m*
explosive	1. explosionsfähig explosionsgefährdet 2. Explosivstoff *m* / Sprengstoff *m*
explosive atmosphere	explosionsfähige Atmosphäre *f*
explosive charge	Sprengladung *f*
explosive effect	Sprengwirkung *f*
explosive material	Explosivstoff *m*
Explosives Act/SprengG	Sprengstoffgesetz/SprengG *n*
export	Ausfuhr *f*
export and customer certificate for sales-tax purposes in export in non-commercial travel	Ausfuhr- und Abnehmerbescheinigung für Umsatzsteuerzwecke bei Ausfuhren im nicht kommerziellen Reiseverkehr *f*
export ban	Ausfuhrverbot *n*
export clearance	Ausfuhrabfertigung *f*
export contingency insurance	Exportschutzversicherung *f*
export control	Ausfuhrkontrolle *f*
export control list	Ausfuhrliste *f*
export credit cover for service providers	Leistungsdeckung *f* (Ausfuhr)
export customs office	Ausfuhrzollstelle *f*
export declaration	Ausfuhranmeldung *f* Ausfuhrerklärung *f*
export duty	Ausfuhrabgabe *f*

E

E

export guarantee	Ausfuhrbürgschaft *f*
	Ausfuhrgarantie *f*
	Ausfuhrgewährleistung *f*
export levy	Ausfuhrabschöpfung *f*
export licence *(BE)*	Ausfuhrgenehmigung *f*
export license *(AE)*	Ausfuhrgenehmigung *f*
export permit	Ausfuhrgenehmigung *f*
export procedure	Ausfuhrverfahren *n*
Export Processing Zone/EPZ	Freihandelszone *f*
export refund	Ausfuhrerstattung *f*
export risk	Ausfuhrrisiko *n*
	Exportrisiko *n*
export subject to authorisation *(BE)* / authorization *(AE)* (e.g. for armaments)	genehmigungspflichtige Ausfuhr *f* (z.b. bei Rüstungsgüter)
export tax	Ausfuhrabgabe *f*
exporter	Ausführer *m*
exporting carrier (sub-carrier)	ausführender Frachtführer *m* (Unterfrachtführer)
exposure *sg* to light	Lichteinwirkung *f*
exposure *sg* to odors (AE), odours (BE)	Geruchseinwirkung *f*
exposure time	Expositionszeit *f*
express goods *pl*	Eilfracht *f*
express service	Expressdienst *m*
express service provider	Expressdienstleister *m*
extend, to	verlängern
extended coverage	erweiterte Deckung *f*
	erweiterter Versicherungsschutz *m*
external	extern
external and internal accounting	externes und internes Rechnungs- wesen *n*

external audit	betriebsfremde Revision *f*
	Betriebsprüfung *f*
	externe Revision *f*
external auditing	betriebsfremde Revision *f*
	Betriebsprüfung *f*
	externe Revision *f*
external common transit procedure (T1 procedure)	externes gemeinsames Versandverfahren *n* (T1-Verfahren)
external condition *sg*	äußere Beschaffenheit *f*
external customer	externer Kunde *m*
external planetary gear	Außenplanetengetriebe *n*
external procurement	Fremdbezug *m*
external shut-off device	äußere Absperreinrichtung *f*
external trade	Außenhandel *msg*
	Extrahandel *msg*
external union transit procedure *sg* (T1 procedure)	externes Unionsversandverfahren *n* (T1-Verfahren)
external warehouse	Fremdlager *n*
externally recognisable *(BE)* / recognizable *(AE)* defects pl.	äußerlich erkennbare Mängel *mpl*
extra charge	Zuschlag *m*
	Aufschlag *m*
	Aufpreis *m*
extraordinary	außergewöhnlich
extraordinary termination	außerordentliche Kündigung *f*
extraterritoriality	Exterritorialität *f*
EXW	EXW
ex works ... named place of delivery	ab Werk ... benannter Ort der Lieferung
eye	Auge *n*
eye irritation	Augenreizung *f*
eye protection	Augenschutz *m*
eye wash bottle	Augenspülflasche *f*
eye wash unit	Augenspüleinrichtung *f*

E

F

face protection	Gesichtsschutz *m*
factory	Fabrik *f*
factory security office	Werkschutz *msg*
factory security service	Werkschutz *msg*
faded	verblichen
Fahrenheit	Fahrenheit *n*
failure (e.g. of the refrigeration unit in the lorry *(BE)*/truck *(AE)*)	Ausfall *m* (z.B. des Kühlaggregates im LKW)
fair	1. gerecht 2. Messe *f* (Ausstellung)
fair value	Zeitwert *m*
fairly	ziemlich
false statement	Falschaussage *f* falsche uneidliche Aussage *f*
fan	Lüfter *m*
fan belt	Keilriemen *m*
Far East	Ferner Osten *m* Fernost
FAS free alongside ship ... named port of shipment	FAS Frei Längsseite Schiff ... benannter Verschiffungshafen
fast	schnell
fast mover	Schnelldreher *m*
fast-moving consumer goods/ FMCG *pl*	Schnelldreher *m*
fastening fittings for containers *pl* (load securing permanently installed in the vehicle)	Befestigungsbeschläge für Container *mpl* (Ladungssicherung fest im Fahrzeug installiert)
fat fire	Fettbrand *m*
fatigue	Ermüdung *f*
fatigue warning device (coll.)	Übermüdungswarner *m* (ugs.)
fatigue warning system	Müdigkeitswarner *m*

fault	1. Störung *f* 2. Verschulden *nsg*
fault-based liability (with reversed burden of proof)	Verschuldenshaftung *f* (mit umgekehrter Beweislast)
faultless (e.g. the condition of the goods)	einwandfrei (z.B. die Beschaffenheit des Gutes)
fax	Fax *m/n* Telefax *m/n*
fax number	Faxnummer *f* Telefaxnummer *f*
FCA free carrier ... named place of delivery	FCA Frei Frachtführer ... benannter Ort der Lieferung
February	Februar *m*
Federal Association of German Inland Navigation/BDB	Bundesverband der deutschen Binnenschifffahrt e.V./BDB *m*
Federal Association of German Long-Distance Freight Transport	Bundesverband des Deutschen Güterfernverkehrs/BDF *m*
Federal Association of Road Haulage, Logistics and Disposal/BGL	Bundesverband Güterkraftverkehr, Logistik und Entsorgung e.V./BGL *m*
Federal Aviation Office/LBA	Luftfahrt-Bundesamt/LBA *n*
Federal Bureau of Maritime Casualty Investigation/BSU	Bundesstelle für Seeunfalluntersuchung/BSU *f*
Federal Cartel Office	Bundeskartellamt *n*
Federal Central Tax Office/BZSt	Bundeszentralamt für Steuern/BZSt *n*
Federal Customs Service	Bundeszollverwaltung *f*
federal highway *(AE)*	Bundesstraße *f*
Federal Highway Research Institute/BaSt	Bundesanstalt für Straßenwesen/BaSt *f*
Federal Highway Toll Act *(AE)*	Bundesfernstraßenmautgesetz/BFStrMG *n*
federal highways *pl (AE)*	Bundesautobahnen/BAB *fpl*

F

Federal Holiday Act *(BE)*	Bundesurlaubsgesetz/BurlG *n*
Federal Institute for Materials Research and Testing/BAM	Bundesanstalt für Materialforschung und -prüfung/BAM *f*
Federal Maritime and Hydrographic Agency/BSH	Bundesamt für Seeschifffahrt und Hydrographie/BSH *n*
Federal Ministry for the Environment, Nature Conservation and Nuclear Safety	Bundesministerium für Umwelt, Naturschutz und Reaktorsicherheit *n*
Federal Ministry of Finance/BMF	Bundesministerium der Finanzen/ BMF *n*
Federal Ministry of Transport, Building and Urban Development/ BMVBS	Bundesministerium für Verkehr, Bau und Stadtentwicklung/BMVBS *n*
Federal Motorway Toll Act *(BE)*	Bundesfernstraßenmautgesetz/ BFStrMG *n*
federal motorways *pl (BE)*	Bundesautobahnen/BAB *fpl*
Federal Network Agency for Electricity, Gas, Telecommunications, Posts and Railway/BNetzA	Bundesnetzagentur für Elektrizität, Gas, Telekommunikation, Post und Eisenbahnen/BNetzA *f*
Federal Office for Agriculture and Food/BLE	Bundesanstalt für Landwirtschaft und Ernährung/BLE *f*
Federal Office for Goods Transport/ BAG	Bundesamt für Güterverkehr/BAG *n*
Federal Office for Logistics and Mobility	Bundesamt für Logistik und Mobilität/BALM *n*
Federal Office for Migration and Refugees/BAMF	Bundesamt für Migration und Flüchtlinge/BAMF *n*
Federal Office for Radiation Protection/BfS	Bundesamt für Strahlenschutz/ BfS *n*
Federal Office of Economics and Export Control/BAFA	Bundesamt für Wirtschaft und Ausfuhrkontrolle/BAFA *n*
Federal Railway Authority	Eisenbahn-Bundesamt/EBA *n*
federal roads *pl*	Bundesstraßen *fpl*
Federal Spirits Monopoly Administration for Spirits/BfB	Bundesmonopolverwaltung für Branntwein/BfB *f*

F

Federal Vacation Act *(AE)*	Bundesurlaubsgesetz/BurlG *n*
Federal Water Act/WHG	Wasserhaushaltsgesetz/WHG *n*
federal waterway	Bundeswasserstraße *f*
Federal Waterway Act/WaStrG	Bundeswasserstraßengesetz/ WaStrG *n*
fee	Gebühr *f*
feed transportation	Futtermitteltransport *m*
feeder service	Zubringerdienst *m*
feeder ship	Feederschiff *n*
feeder vessel	Feederschiff *n*
fender bender *(AE) (coll.)*	Blechschaden *m*
ferries *pl*	Fähren *fpl*
ferry	Fähre *f*
ferry bridge	Schwebebrücke *f*
FIATA Forwarding Instructions/FFI *pl*	FIATA-Speditionsauftrag/FFI *m*
FIATA Warehouse Receipt/FWR	FIATA Lagerschein/FWR *m*
fiber drum	Fibertrommel *f*
FIFO and LIFO assessment	FIFO und LIFO- Bewertung *f*
fifth wheel coupling	Sattelkupplung *f*
fifth wheel coupling with sliding device	Sattelkupplung mit Verschiebeeinrichtung *f*
fifth-wheel load	Aufliegelast *f*
fill up, to	volltanken
filler (packaging)	Füllstoff *m* (Verpackung)
filler (person)	Befüller *m* (Person)
filling agent	Füllmittel *n*
filling level	Füllstand *m*
filling material	Füllmaterial *n*
filling of a claim	Anmeldung eines Anspruchs *f*
filling pressure	Fülldruck *m*
filling speed	Füllgeschwindigkeit *f*

F

filling station	Tankstelle *f*
filling station attendant	Tankwart *m*
final balance	Schlussbilanz *f*
final stop	Endstation *f*
finances *pl*	Finanzen *pl*
financial accounting (fin)	Finanzbuchhaltung *f* (fin)
financial loss	finanzieller Verlust *m*
financial loss (fin.)	Vermögensschaden *m* (fin.)
financial ratio	finanzwirtschaftliche Kennzahlen *fpl*
financial structure	Finanzstruktur *f*
financial structure indicators *pl*	Kennzahlen der Finanzstruktur *fpl*
fine	Bußgeld *n*
fines procedure (fin.)	Bußgeldverfahren *n* (fin.)
finger print	Fingerabdruck *m*
fire	Brand *m*
	Feuer *n*
fire alarm	Feueralarm *m*
fire alarm device	Brandmelder *m*
	Feuermelder *m*
fire alarm system	Brandmeldeanlage/BMA *f*
fire blanket	Feuerlöschdecke *f*
	Löschdecke *f*
fire brigade *(BE)*	Feuerwehr *f*
fire class	Brandklasse *f*
fire damage	Brandschaden *m*
fire department *(AE)*	Feuerwehr *f*
fire engine	Feuerwehrwagen *m*
	Feuerwehrauto *n*
fire extinguisher	Feuerlöscher *m*
fire extinguisher testing	Feuerlöscherprüfung *f*
fire gas	Brandgas *n*

F

fire hazard	Brandgefahr *f*
fire insurance	Feuerversicherung *f*
fire loss	Brandschaden *m*
fire protection sign	Brandschutzzeichen *n*
fire sale *(coll.)*	Notverkauf *m*
fire truck *(AE)*	Feuerwehrwagen *m*
	Feuerwehrauto *n*
fireboat	Löschboot *n*
firefighting aircraft	Löschflugzeug *n*
firefighting helicopter	Löschhubschrauber *m*
firework	Feuerwerkskörper *m*
first aid	Erste Hilfe *f*
first aid box	Verbandskasten *m*
	Verbandkasten *m*
first aid kit	Verbandskasten *m*
	Verbandkasten *m*
first aid material	Erste-Hilfe-Material *n*
first and second degree liquidity	Liquidität 1. und 2. Grades *f*
first come - first choice	Windhundprinzip *nsg*
	Windhundverfahren *nsg*
first come - first served/FCFS	Windhundprinzip *nsg*
	Windhundverfahren *nsg*
first degree liquidity	Liquidität 1 *f*
first in - first out/FIFO	zuerst herein - zuerst heraus/FIFO (nach dem Einlagerungszeitpunkt)
first officer/FO (aircraft)	Copilot *m*
	Erster Offizier *m* (Flugzeug)
first-in - first served	Windhundprinzip *nsg*
	Windhundverfahren *nsg*
fiscal representation	Fiskalvertretung *f*
fiscal representative	Fiskalvertreter *m*
fish	Fisch *m*
fissile	spaltbar

F

fitness to drive	Fahrtüchtigkeit *f*
fixed asset coverage ratio 1	Anlagendeckungsgrad 1 *m*
fixed asset coverage ratio 2	Anlagendeckungsgrad 2 *m*
fixed bin system	Festplatzsystem *n*
fixed costs *pl* (fin.)	fixe Kosten *npl* (fin.) Fixkosten *pl*
fixed costs block	Fixkostenblock *m*
fixed price	Festpreis *m* Fixpreis *m*
fixed storage bin	Festlagerplatz *m* (Festplatzprinzip) Fixlagerplatz *m* (Festplatzprinzip)
fixed tank	festverbundener Tank *m*
fixed-term employment contract	befristeter Arbeitsvertrag *m*
fixed-term employment contract (e.g. for sickness cover)	zweckbefristeter Arbeitsvertrag *m* (z.B. für eine Krankheitsvertretung)
flag	Flagge *f*
flag carrier	Flagcarrier *m* (nationale Flugge- sellschaft)
flag certificate	Flaggenzertifikat *n*
flag stop	Bedarfshalt *m* Halt auf Verlangen *m*
flagger	Warnposten *m*
flagman	Warnposten *m*
flame arrester	Flammendurchschlagsicherung *f*
flame trap	Flammendurchschlagsicherung *f*
flammable	entzündlich
flash point	Flammpunkt *m*
flash powder	Blitzlichtpulver *n*
flashlight *(AE)*	Taschenlampe *f*
flat pallet	Flachpalette *f*
flat rack	Flat Rack Container *m* Flat Rack *n*

F

flat rack container	Flat Rack Container *m*
	Flat Rack *n*
flat rate tax	einheitlicher Steuersatz *m*
	Einheitssteuer *f*
flat tyre *(BE)* / tire *(AE)*	Reifenpanne *f*
flat wagon *(BE)*	Flachwagen *m*
flat warehouse *sg*	Flachlager *n*
flatbed lorry *(BE)*	Tieflader *m*
flatbed truck *(AE)*	Tieflader *m*
flatcar *(AE)*	Flachwagen *m*
flawless (e.g. the condition of the goods)	einwandfrei (z.B. die Beschaffenheit des Gutes)
fleet management	Fuhrparkmanagement *n*
	Flottenmanagement *n*
fleet manager	Fuhrparkleiter *m*
fleet number	Betriebsnummer *f*
flight academy	Verkehrsfliegerschule *f*
flight captain	Flugkapitän *m*
flight engineer	Flugingenieur *m*
flight information region/FIR	Fluginformationsgebiet *n* (unteres)
Flight Information Service/FIS	Fluginformationsdienst/FIS *m*
flight length	Flugstrecke *f*
flight level/FL	Flugfläche *f*
flight number	Flugnummer *f*
flight plan (pilot)	Flugplan *m* (Pilot)
flight planning	Flugplanung *f*
flight recorder	Flugschreiber *m*
flight time	Flugzeit *f*
flight visibility	Flugsicht *f*
floating crane	Schwimmkran *m*
floating death trap	Seelenverkäufer *m*
floating jetty	Steiger *m* (Binnenschiff)
floating motorway	schwimmende Landstraße *f*

F

flood	Flut *f*
	Hochwasser *n*
flood alert	Hochwasseralarm *m*
flood control	Hochwasserschutz *m*
flood damage	Überschwemmungsschaden *m*
flood protection	Hochwasserschutz *m*
flooding	Überschwemmung *f*
floor	1. Boden *m*
	2. Etage *f*
floor mat	Fußmatte *f*
floor storage	Bodenlagerung *f*
flotsam	Schwemmgut *n*
	Treibgut *n*
flotsam (floating wreckage of a ship or its cargo)	Strandgut *n*
flour	Mehl *n*
flow	Flut *f* (Tide)
flow rack	Durchlaufregal *n*
flow storage system	Durchlauflager/DLL *n*
	Fließlager *n*
flower	Blume *f*
fly-by-wire/FBW	Fly-by-Wire/FBW *n*
foam	Schaum *m*
foam extinguisher	Schaumlöscher *m*
FOB	FOB
free on board ... named port of shipment	Frei an Bord ... benannter Verschiffungshafen
fodder	Futter *n*
	Futtermittel *n*
	Tierfutter *n*
	Viehfutter *n*
fog	Nebel *m*
fog bank	Nebelbank *f*

F

fog light	Nebelscheinwerfer *m*
fold-under tail lift	unterfaltbare Hebebühne *f*
	unterfaltbare Ladebordwand *f*
folded box	Faltschachtel *f*
folding box	Faltschachtel *f*
folding bridge	Faltbrücke *f*
folding rule	Gliedermaßstab *m*
	Meterstab *m*
	Zollstock *m*
Food Transport Container Regulation	Lebensmitteltransportbehälter-Verordnung/LMTV *f*
food transportation	Nahrungsmitteltransport *m*
foodstuff	Lebensmittel *n*
footpath	Fußweg *m*
for own account	auf eigene Rechnung
forbid, to	untersagen
	verbieten
foreign destinations *pl*	ausländische Zielgebiete *npl*
foreign permits *pl*	Auslandsgenehmigungen *fpl*
foreign trade	Außenhandel *msg*
Foreign Trade and Payments Act/ AWG	Außenwirtschaftsgesetz/AWG *n*
Foreign Trade and Payments Regulation/AWV	Außenwirtschaftsverordnung/AWV *f*
foreign trade audit	Außenwirtschaftsprüfung *f*
Foreign-trade Zone/FTZ *(AE)*	Freihandelszone *f*
	Freizone *f*
foreman	Vorarbeiter *m*
forfeiture of a right	Verlust eines Anspruchs *m*
forget to do something, to	vergessen etwas zu tun
fork carriage	Gabelträger *m*
fork carrier	Gabelträger *m*
fork extender	Gabelverlängerung *f*

F

F

fork extension	Gabelverlängerung *f*
fork lifter	Gabelstapler *m*
	Stapler *m*
forklift	Gabelstapler *m*
	Stapler *m*
forklift driver	Gabelstaplerfahrer *m*
	Staplerfahrer *m*
forklift fork	Gabelzinken *m*
forklift licence *(BE)*	Gabelstaplerschein *m*
	Staplerschein *m*
forklift license *(AE)*	Gabelstaplerschein *m*
	Staplerschein *m*
forklift mast	Hubgerüst *n* (Gabelstapler)
forklift operator	Gabelstaplerfahrer *m*
	Staplerfahrer *m*
forklift pocket	Gabelstaplertasche *f*
forklift tine	Gabelzinken *m*
forklift truck	Gabelstapler *m*
	Stapler *m*
form closure	Formschluss *m*
formaldehyde *sg*	Formaldehyd *msg/nsg*
fortnight *(BE)*	vierzehn Tage *mpl*
forty foot equivalent unit/FEU	Vierzig-Fuß-Äquivalente-Einheit/ FEU *f*
forward *(AE)*	vorwärts
forwarder	Spediteur *m*
forwarder's liability	Spediteurhaftung *f*
Forwarders Certificate of Receipt/ FCR	Spediteur-Übernahme- bescheinigung/FCR *f*
Forwarders Certificate of Transport/ FCT	Spediteur-Transportbescheinigung/ FCT *f*
forwarding	Beförderung *f*
forwarding agency	Spedition *f*
forwarding agent	Speditionskaufmann *m*

Forwarding Agent's Commission/ FAC (sea freight)	Vermittlungsgebühr für den Spediteur *f* (Seefracht)
Forwarding and Logistics Services Agent	1. Kauffrau für Spedition und Logistikdienstleistung *f* 2. Kaufmann für Spedition und Logistikdienstleistung *m*
Forwarding and Logistics Services Assistant	1. Kauffrau für Spedition und Logistikdienstleistung *f* 2. Kaufmann für Spedition und Logistikdienstleistung *m*
Forwarding and Logistics Services Clerk	1. Kauffrau für Spedition und Logistikdienstleistung *f* 2. Kaufmann für Spedition und Logistikdienstleistung *m*
Forwarding and Logistics Services Merchant	1. Kauffrau für Spedition und Logistikdienstleistung *f* 2. Kaufmann für Spedition und Logistikdienstleistung *m*

F

forwarding contract	Speditionsvertrag *m*
forwarding insurance	Speditionsversicherung *f*
forwarding of goods	Güterbeförderung *f*
forwarding order	Speditionsauftrag *m*
forwards *(BE)*	vorwärts
foul B/L	unreines Konnossement *n*
foul bill of lading	unreines Konnossement *n*
four-circuit protection valve	Vierkreisschutzventil *n*
four-way forklift trucks *pl*	Vierwegstapler *m*
four-way pallet	Vierwegepalette *f*
four-wheel drive	Allradantrieb *m*
Fowler flap	Fowlerklappe *f*
fragile	zerbrechlich
frame	Rahmen *m*
framework credit cover	Rahmenkreditdeckung *f*
franchise	Selbstbeteiligung *f*

franchise clause	Franchiseklausel *f*
fraud	Betrug *m*
fraudulent intent *sg*	Arglist *fsg*
fraudulent misrepresentation	arglistige Täuschung *f*
freak wave	Monsterwelle *f*
free border	frei Grenze
free curbside *(AE)*	frei Bordsteinkante
free delivery	frei Haus
Free Economic Zone	Freihandelszone *f*
	Freizone *f*
Free In/FI	frei verladen
Free In - Free Out and Trimmed/ FIOT	frei verladen, löschen und trimmen (ausbalancieren des Schiffes)
Free In - Free Out, Lashed, Secured and Dunnaged/FIO LSD	frei verladen, löschen, laschen, sichern und blocken
Free In - Liner Out/FILO	frei verladen (stauen nicht geregelt) - löschen nach Liner Terms
Free In and Out/FIO	frei verladen und löschen
Free In, Out and Stowed/FIOS	frei verladen, löschen und stauen
free kerbside *(BE)*	frei Bordsteinkante
Free Out/FO	frei löschen
Free Port	Freihafen *m*
free trade area	Freihandelszone *f*
Free Trade Zone/FTZ	Freihandelszone *f*
	Freizone *f*
free zone warehouse *sg*	Freizonenlager *n*
Free Zone/FZ	Freihandelszone *f*
	Freizone *f*
freeboard	Freibord *m*
freeboard line	Freibordmarke *f*
	Plimsoll-Marke *f*
Freedoms of the Air *pl*	Freiheiten der Luft *fpl*

F

freeway *(AE)*	Autobahn *f*
freeway exit *(AE)*	Autobahnausfahrt *f*
freeway interchange *(AE)*	Autobahnkreuz *n*
freeway triangle *(AE)*	Autobahndreieck *n*
freezer burn *sg*	Gefrierbrand *msg*
freezing devices/equipment/ freezers	Gefriervorrichtungen *fpl*
freight	Fracht *f*
Freight All Kinds/FAK	Warenunabhängige Seefrachtrate *f*
freight broker (coll.)	Frachtvermittler *m* (ugs.)
freight car *(AE)*	Güterwagen *m* Güterwaggon *m*
freight car scales *pl (AE)*	Gleiswaage *f*
freight collect	unfrei
freight contract	Frachtvertrag *m*
freight damage liability insurance	Güterschadenshaftpflichtver- sicherung *f*
freight depot *(AE)*	Güterbahnhof/Gbf *m*
freight elevator *(AE)*	Lastenaufzug *m*
freight exchange	Frachtenbörse *f*
freight forwarder	Spediteur *m*
freight forwarder cargo insurance	Spediteur-Güterversicherung *f*
freight forwarder transport insurance	Spediteur-Transportversicherung *f*
freight forwarding agency	Spedition *f*
Freight Forwarding and Logistics Agent *(AE)*	1. Kauffrau für Spedition und Logistikdienstleistung *f* 2. Kaufmann für Spedition und Logistikdienstleistung *m*
Freight Forwarding and Logistics Services Management Assistant	1. Kauffrau für Spedition und Logistikdienstleistung *f* 2. Kaufmann für Spedition und Logistikdienstleistung *m*

F

F

freight payer	Frachtzahler *m*
freight policy	Frachtpolice der Transport-versicherung *f*
freight rail transport	Eisenbahngüterverkehr *m* Schienengüterverkehr *m*
freight rate	Frachtrate *f*
freight shed	Güterschuppen *m*
freight station *(AE)*	Güterbahnhof/Gbf *m*
freight table	Frachttabelle *f*
freight ton	Frachttonne/FRT *f*
freight traffic	Güterverkehr *m*
freight train	Güterzug *m*
freight transportation in Germany	Gütertransport in Deutschland *m*
freight village/FV	Güterverkehrszentrum/GVZ *n*
freighter travel	Frachtschiffreise *f*
French Overseas Departments and Territories *pl* (DOM-TOM)	französische Überseegebiete *npl* (DOM-TOM)
frequent flier *(AE*	Vielflieger m
frequent flyer *(BE)*	Vielflieger m
frequent-flier program/FFP *(AE)*	Vielfliegerprogramm *n*
frequent-flyer programme/FFP *(BE)*	Vielfliegerprogramm *n*
fresh produce services *pl*	Frischdienste *mpl*
fresh water	Süßwasser *n*
Fresh Water Mark/F	Frischwasser-Lademarke/F *f*
friction clutch	Reibungskupplung *f*
frictional force	Reibkraft *f*
Friday	Freitag *m*
friendly	freundlich
front axle	Vorderachse *f*
front axles *pl*	Vorderachsen *fpl*
front top end rail	Dachquerträger *m*

front-wheel drive	Frontantrieb *m*
	Vorderradantrieb *m*
front-wheel drive vehicle	Frontlenkerfahrzeug *n*
front, at the	vorne
frontier	Grenzgebiet *n*
	Grenzland *n*
frostbite	Erfrierung *f*
frozen food	Tiefkühlkost/TK *fsg*
fruit	Obst *nsg*
fruit crate	Steige *f* (Obst)
fuel calculation (aircraft)	Treibstoffberechnung *f* (Flugzeug)
fuel depot	Tanklager *n*
fuel filter	Kraftstofffilter *m*
fuel oil bunker	Schweröltank *m*
fuel storage	Tanklager *n*
fuel surcharge	Treibstoffzuschlag *m*
fuel system	Kraftstoffanlage *f*
fuel tank	Treibstofftank *m*
fulfillment (AE) / fulfilment (BE) (Logistics)	Auftragsabwicklung *f* (Logistik)
full charter	Vollcharter *f/m*
full container load/full container load / FCL/FCL	Vor- und Nachlauf containerisiert / FCL/FCL *m*
full container load/less than container load / FCL/LCL	Vorlauf containerisiert und Nachlauf nicht containerisiert als Stückgut / FCL/LCL *m*
full cover	volle Deckung *f*
	voller Versicherungsschutz *m*
full coverage	volle Deckung *f*
	voller Versicherungsschutz *m*
full coverage insurance	Vollkaskoversicherung *f*
full data block/FDB-mode	Full Data Block/FDB-Modus *m*
full hose system	Vollschlauchsystem *n*

F

Full Liner Terms/FLT pl	laden und löschen nach Liner Terms
full load	1. geschlossene Ladung *f* 2. Ganzladung *f*
full load characteristics *pl*	Vollast-Kennlinien *fpl*
full load diagram	Vollastdiagramm *n*
full-beam headlamp *(BE)*	Fernscheinwerfer *m*
full-beam headlight *(BE)*	1. Fernlicht *n* 2. Fernscheinwerfer *m*
full-body scanner	Ganzkörperscanner *m* Körperscanner *m*
fully automated transmission	vollautomatisierte Getriebe *n*
fully automated warehouse management	vollautomatische Lagerführung *f*
fully booked	ausgebucht
fully comprehensive insurance	Vollkasko *f*
fully synthetic	vollsynthetisch
fumigated with MB	begast mit MB begast mit Methylbromid
fumigated with methyl bromide	begast mit Methylbromid begast mit MB
fumigation	Begasung *f*
fumigation	Begasung *f*
function *sg*	Funktion *f*
functional testing	Funktionsprüfung *f*
funnel	Trichter *m*
furnish an opinion, to	ein Gutachten erstellen
furniture elevator *(AE)*	Möbelaufzug *m* Möbellift *m* Umzugslift *m*

F

furniture lift *(BE)*	Möbelaufzug *m* Möbellift *m* Umzugslift *m*
further shipment	weitere Beförderung *f* weitere Verschiffung *f*
further use	Weiterverwendung *f*
fuselage	Flugzeugrumpf *m*
Future Air Navigation System/ FANS	Future Air Navigation System/ FANS *n* (System für die Luftnavigation der Zukunft)

G

galley	Kombüse *f*
gamma radiation	Gammastrahlung *fsg*
gantry crane	Portalkran *m*
gantry crane operator	Brückenfahrer *m* Brückenkranführer *m*
garage	1. Garage *f* 2. Autowerkstatt *f* / Kfz-Werkstatt *f*
garage door	Garagentor *n*
gas	Gas *n*
gas *(AE)*	Benzin *n*
gas cartridge	Gaspatrone *f* Gaskartusche *f*
gas cylinder	Gasflasche *f*
gas detector	Gasmelder *m*
gas displacement	Gaspendelung *f*
gas fire	Gasbrand *m*
gas pedal *(AE)*	Gaspedal *n*
gas poisoning	Gasvergiftung *f*
gas pump *(AE)*	Tanksäule *f* Zapfsäule *f*
gas station *(AE)*	Tankstelle *f*

G

gas station attendant *(AE)*	Tankwart *m*
gasoline *(AE)*	Benzin *n*
gasoline engine *(AE)*	Ottomotor *m*
	Benzinmotor *m*
gear knob	Schaltknauf *m*
gear lever knob	Schaltknauf *m*
gear selector	Schalthebel *m*
	Schaltknüppel *m*
gear stick	Schalthebel *m*
	Schaltknüppel *m*
gearshift lever	Schalthebel *m*
	Schaltknüppel *m*
Geiger counter	Geigerzähler *m*
gelignite *sg*	Sprenggelatine *fsg*
	Sprenggummi *msg/nsg*
general administration costs *pl* (fin.)	allgemeine Verwaltungskosten *pl*
general agency	1. Generalvertretung *f*
	2. Bezirksdirektion *f*
general agent	Generalvertreter *m*
general average / G/A	gemeinschaftliche Havarie *f*
	große Havarie *f*
	Havarie grosse *f*
general average adjuster	1. Havariekommissar *m*
	2. Schadensregulierer *m*
	3. Dispacheur *m*
general average bond	Havarie-Grosse-Verpflichtungs-schein *m*
	Havarie-Verpflichtungsschein *m*
general average clause *sg*	Havarieklausel *fsg*
general aviation/GA	allgemeine Luftfahrt *f*
general cargo	Stückgut *n*
general cargo rates *pl* /GCR (air freight)	Allgemeine Frachtraten *fpl* (Luftfracht)
general cargo vessel	Stückgutfrachter *m*

G

general commercial goods *pl* — allgemeine Handelsgüter *f*

General Conditions for Road Transport — Allgemeine Bedingungen für den Kraftverkehr/AKB *f*

General Conditions of Carriage — allgemeine Beförderungsbedingungen *f*

General Conditions *pl* — Rahmenbedingungen *fpl*

General Contract of Use for Wagons/GCU — Allgemeiner Vertrag für die Verwendung von Güterwagen/ AVV *m*

General German Inland Transport Insurance Conditions — Allgemeine Deutsche Binnentransport-Versicherungsbedingungen/ADB *f*

general ledger — Hauptbuch *n*

general policy — Generalpolice *f* laufende Police *f* offene Police *f*

General Terms and Conditions of DB Cargo AG/ALB *pl* — Allgemeine Leistungsbedingungen der DB Cargo AG/ALB *fpl*

general terms and conditions of trade *pl* — allgemeine Geschäftsbedingungen/AGB *fpl*

general-average statement — Dispache *f*

Generalised System of Preferences/GSP *(BE)* — Allgemeines Präferenzsystem/ APS *n*

Generalized System of Preferences/GSP *(AE)* — Allgemeines Präferenzsystem/ APS *n*

generic entry — Gattungseintragung *f*

German Air Traffic Control/DFS — Deutsche Flugsicherung GmbH/ DFS *f*

German Air Traffic Regulations/ LuftVO *pl* — Luftverkehrs-Ordnung/LuftVO *f*

German Airline Association/BDF — Bundesverband der Deutschen Fluggesellschaften/BDF *m*

German Airport Association/ADV — Arbeitsgemeinschaft Deutscher Verkehrsflughäfen e.V./ADV *f*

G

German Business Aviation Association e.V./GBAA	German Business Aviation Association e.V./GBAA *f*
German Chambers of Commerce Abroad/CCA	Auslandshandelskammer/AHK *f*
German Chemical Industry Association/VCI	Verband der Chemischen Industrie e.V./VCI *m*
German Federal Bureau of Aircraft Accident Investigation/BFU	Bundesstelle für Flugunfall-untersuchung/BFU *f*
German Federal Gazette/BAnZ	Bundesanzeiger/BAnZ *m*
German Federal Law Gazette/BGBl	Bundesgesetzblatt/BGBl *n*
German Federal Tax Gazette/BStBl	Bundessteuerblatt/BStBl *n*
German Federal Working Group Heavy Haulage and Crane Work/BSK	Bundesfachgruppe Schwertrans-porte und Kranarbeiten/BSK *f*
German Freight Forwarders' Standard Terms and Conditions/ADSp *pl*	Allgemeine Deutsche Spediteur-bedingungen/ADSp *fpl*
German General Railway Act/AEG	Allgemeines Eisenbahngesetz/AEG *n*
German General Rules of Marine Insurance/ADS *pl*	Allgemeine Deutsche Seeversiche-rungsbedingungen/ADS *fpl*
German Industrial Standard/DIN	Deutsche Industrienorm/DIN *f*
German Inland Waterways Act	Binnenschiffahrtsgesetz/BinSchG *n*
German Inland Waterways Regula-tions/BinSchStrO *pl*	Binnenschifffahrtsstraßen-Ordnung/BinSchStrO *f*
German Institute for Standard-ization	Deutsches Institut für Normung *n*
German Insurance Association/GDV	Gesamtverband der Deutschen Versicherungswirtschaft e.V./GDV *m*
German Lifeguard Association/DLRG	Deutsche Lebens-Rettungs-Gesell-schaft e.V./DLRG *f*
German Maritime Search and Rescue Service/DGzRS	Deutsche Gesellschaft zur Rettung Schiffbrüchiger/DGzRS *f*

G

German Packaging Ordinance/ VerpackV — Verpackungsverordnung/VerpackV *f*

German Road Traffic Licensing Regulations/StVZO *pl* — Straßenverkehrs-Zulassungs-Ordnung/StVZO *f*

German Road Traffic Regulations/ StVO *pl* — Straßenverkehrsordnung/StVO *f*

German Shipbrokers' Association — Zentralverband Deutscher Schiffsmakler e.V. *m*

German Shipowners' Association/ VDR — Verband Deutscher Reeder/VDR *m*

German Social Accident Insurance Institution for the raw materials and chemical industry/BG RCI — Berufsgenossenschaft Rohstoffe und chemische Industrie/BG RCI *f*

German Social Accident Insurance Institution for the trade and distribution industry/BGHW — Berufsgenossenschaft Handel und Warendistribution/BGHW *f*

German Social Accident Insurance Institution for the transport industry — Berufsgenossenschaft für Transport und Verkehrswirtschaft *f*

German Social Accident Insurance Institution for the transport industry — BG Verkehr *f*

German Spirits Monopoly Act/ BranntwMonG — Branntweinmonopolgesetz/ BranntwMonG *n*

German Supply Chain Duty of Care Act/LkSG — Lieferkettensorgfaltspflichten-gesetz/LkSG *n*

German Water Police School/ WSPS — Wasserschutzpolizei-Schule/ WSPS *f*

German Weather Service/DWD — Deutscher Wetterdienst/DWD *m*

ghost station — Geisterbahnhof *m*

glass — Glas *n*

glass fibre-reinforced plastic/GRP — glasfaserverstärkter Kunststoff/ GFK *m*

glasses *pl* — Brille *f*

global economic — weltwirtschaftlich

G

Global Maritime Distress and Safety System/GMDSS	weltweites Seenot- und Sicherheitsfunksystem/GMDSS *n*
global navigation satellite system/GNSS	globales Navigationssatellitensystem/GNSS *n*
global positioning system/GPS	globales Navigationssatellitensystem/GPS *n*
global sourcing	Globale Beschaffung *f*
glory days *pl*	glorreiche Zeiten *fpl*
goggles *pl*	Schutzbrille *f*
goings-on *pl*	Vorgänge *mpl* Treiben *n* (das Tun)
Golden Rule (accounting)	Goldene Bilanzregel *f*
gondola *(AE)*	offener Güterwagen *m*
good	gut
good manners *pl*	gute Manieren *fpl*
good news *pl*	gute Nachricht *f*
goods class	Güterklasse *f*
goods cycle/circulation *sg*	Güterkreislauf *m*
goods distribution center *(AE)*	Warenverteilzentrum/WVZ *n*
goods distribution centre *(BE)*	Warenverteilzentrum/WVZ *n*
goods distribution centers *(AE)*, centres *(BE)* *pl*	Güterverteilzentren GVZ *npl*
goods for use	Verwendungsgut *n*
goods issue document	Warenausgangsbeleg *m*
goods lift *(BE)*	Lastenaufzug *m*
goods logistics	Güterlogistik *f*
goods *pl*	Gut *n* Ware *f*
goods receipt document	Wareneingangsbeleg *m*
goods shed	Güterschuppen *m*
goods station *(BE)*	Güterbahnhof/Gbf *m*
goods to man	Ware-zum-Mann/WzM

G

goods traffic	Güterverkehr *m*
goods train	Güterzug *m*
goods van *(BE)*	gedeckter Güterwagen *m*
goods wagon *(BE)*	Güterwagen *m*
	Güterwaggon *m*
goods yard *(BE)*	Güterbahnhof/Gbf *m*
gooseneck tunnel	Gooseneck-Tunnel *m*
GPS (Global Positioning System)	GPS *n* (Global Positioning System)
GPS cruise control (coll.)	GPS-Tempomat *m* (ugs.)
grain *sg*	Getreide *n*
grainy	körnig
granite	Granit *m*
granting access	Zutrittsgewährung *f*
grateful	dankbar
grating	Gräting *f*
graupel	Graupel *f*
gravel	Kies *m*
grease	Schmierfett *n*
grease, to	einfetten
	schmieren
grease gun	Fettpresse *f*
	Schmierpresse *f*
Greater Antilles *pl*	Große Antillen *pl*
green card incorporated society	Grüne Karte e.V. *f*
green clause L/C	Vorschussakkreditiv *n* (Kreditierung des Importeurs)
green clause letter of credit	Vorschussakkreditiv *n* (Kreditierung des Importeurs)
green insurance card	grüne Versicherungskarte *f*
green wave	grüne Welle *f*
greenhouse effect	Treibhauseffekt *m*
Greenwich Mean Time/GMT	mittlere Greenwich-Zeit/MGZ *f*

G

gripping time *sg* (time for removal or picking time)	Greifzeit *f* (Zeit für die Entnahme bzw. Pickzeit)
grit	Streugut *n*
gritting vehicle	Streufahrzeug *n*
gross for net	brutto für netto
gross profit	Rohergebnis *n*
gross register tonnage/GRT	Bruttoregistertonne/BRT *f*
gross sales *pl (AE)*	Bruttoumsatz *m*
gross terms/G.T. *pl*	Klausel, die den Verfrachter zu sämtlichen Umschlagskosten verpflichtet *f*
gross tonnage/GT	Bruttoraumzahl/BRZ *f*
gross turnover *(BE)*	Bruttoumsatz *m*
gross weight	Bruttogewicht *n* Rohgewicht *n*
grossly negligent	grob fahrlässig
ground, to	auf Grund laufen
ground crew	Bodenpersonal *nsg*
ground staff	Bodenpersonal *nsg*
ground traffic (airport)	Bodenverkehr *m* (Flughafen)
grounding	Strandung *f*
group gear	Gruppengetriebe *n*
group valuation	Gruppenbewertung *f*
groupage B/L	Sammelkonnossement *n*
groupage bill of lading	Sammelkonnossement *n*
groupage co-operation	Sammelgut-Kooperation *f*
groupage consignment	Sammelladung *f*
groupage freight	Sammelgut *n*
groupage traffic	Sammelgutverkehr *m* Sammelladungsverkehr *m*
growing pains *pl* (fig.)	Kinderkrankheiten *fpl* (fig.) Anlaufschwierigkeiten *fpl*

G

guarantee	1. Garantie *f*
	2. Bürgschaft *f*
guarantee agreement	Bürgschaftsvertrag *m*
guarantor	Bürge *m*
guard's van *(BE)*	Dienstwagen *m* (Eisenbahn)
	Begleitwagen *m* (Eisenbahn)
	Bremserwagen *m*
	Güterzugbegleitwagen *m*
guardrail *(AE)*	Schutzplanke *f*
	Leitplanke *f*
Guianas *pl*	Guyanas *pl*
guided bus	Spurbus *m*
guideline	Richtlinie *f*
Guidelines *pl* for Oversized and Heavy Transport	Richtlinien für Großraum- und Schwertransporte/RGST *fpl*
Guyanas *pl*	Guyanas *pl*

H

Hague Protocol/HP *sg*	Haager Protokoll/HP *nsg*
Hague Rules/HR *pl*	Haager Regeln/HR *fpl*
hail	Hagel *msg*
hailstorm	Hagelschlag *m*
hairline crack	feiner Riss *m*
hairpin bend	Haarnadelkurve *f*
hairpin turn	Haarnadelkurve *f*
half duplex	Wechselverkehr *m*
half-life	Halbwertszeit *f*
Hamburg covering	Hamburger Verdeck *n*
Hamburg Rules *pl*	Hamburger Regeln *fpl*

H

Hamburg-Antwerp-Range/ HA-Range (Hamburg/Bremen/ Bremerhaven/Rotterdam/Antwerp)	Nordrange *f* (Hamburg/Bremen/ Bremerhaven/Rotterdam/ Antwerpen) / Hamburg-Antwerpen-Range/HA-Range *f* (Hamburg/ Bremen/Bremerhaven/Rotterdam/ Antwerpen)
Hamburg-Le Havre-Range/ HH-Range (ports between Hamburg and Le Havre)	Hamburg-Le Havre-Range/ HH-Range *f* (Häfen zwischen Hamburg und Le-Havre)
hand baggage *sg (AE)*	Handgepäck *nsg*
hand brake *(BE)*	Feststellbremse *f* Handbremse *f*
hand brush	Handfeger *m* Handbesen *m*
hand luggage *sg (BE)*	Handgepäck *nsg*
hand pallet truck	Hubwagen *m* Handhubwagen *m* Handgabelhubwagen *m*
hand truck *(AE)*	Stechkarre *f* Sackkarre *f*
hand-shovel	Handschaufel *f*
handcart	Handkarren *m* Handwagen *m*
handling	Umschlag *m* Abwicklung *f*
handling capacity (goods)	Umschlagsleistung *f* (Waren)
handling charge	Umschlagsgebühr *f* Handlingkosten *pl*
handling costs *pl*	Umschlagsgebühr *f* Handlingkosten *pl*
hangar	Hangar *m*
hanging garment distribution	Hängeversand *m*
hanging load	hängende Last *f*
harbor *(AE)*	Hafen *m*

H

harbor police *pl (AE)*	Wasserschutzpolizei *f* (Hafen)
harbor railroad *(AE)*	Hafenbahn *f*
harbour *(BE)*	Hafen *m*
harbour police *pl (BE)*	Wasserschutzpolizei *f* (Hafen)
harbour railway *(BE)*	Hafenbahn *f*
hard	schwer
	schwierig
hard (e.g. lesson)	schwer (z.B. Aufgabe)
hard (consistency)	hart (Konsistenz)
hard hat	Schutzhelm *m*
hard shoulder	Seitenstreifen *m*
	Standspur *f*
	Standstreifen *m*
hard-packed snow *sg*	Schneeglätte *fsg*
Harmonised Commodity Description and Coding System/HS *(BE)*	Harmonisiertes System zur Bezeichnung und Codierung von Waren/HS *n*
Harmonized Commodity Description and Coding System/HS *(AE)*	Harmonisiertes System zur Bezeichnung und Codierung von Waren/HS *n*
hatch coaming	Dennebaum *m* (Binnenschiff)
	Tennebaum *m* (Binnenschiff)
haulage	Beförderung *f*
hauler *(AE)*	1. Frachtführer *m*
	2. Spediteur *m*
	3. Spedition *f*
haulier *(BE)*	1. Frachtführer *m*
	2. Spediteur *m*
	3. Spedition *f*
have deep pockets, to *(coll.)*	zahlungskräftig sein
have integrity, to	integer sein
hay *sg*	Heu *nsg*
hazard diamond *(AE)*	Gefahrendiamant *m*

H

hazard label	Gefahrzettel *m*
hazard symbol	Gefahrensymbol *n*
hazardous	gefährlich
hazardous goods equipment	Gefahrgutausrüstung *f*
Hazardous Goods Ordinance – Road (GGVS) Waste Transportation	GGVS Abfalltransporte *mpl*
hazardous goods store *(BE)*	Gefahrgutlager *n*
hazardous material /HAZMAT	Gefahrgut *n* (Beförderung)
hazardous materials warehouse *sg* *(AE)*	Gefahrgutlager *n*
hazardous substance	Gefahrstoff *m*
hazardous substances list	Gefahrstoffliste *f*
Hazardous Substances Ordinance/ GefStoffV	Gefahrstoffverordnung/GefStoffV *f*
hazardous waste	gefährlicher Abfall *m* Giftmüll *msg* Sonderabfall *m* Sondermüll *msg*
head (leader)	Chef *m*
head of department	Abteilungsleiter *m*
headache	Kopfschmerz *m*
headlight glass/headlamp glass	Scheinwerferglas *n*
headlight/headlamp	Scheinwerfer *m*
headquarter	Hauptgeschäftsstelle *f*
health consequences *pl*	gesundheitliche Folgen *fpl*
health insurance	Krankenversicherung *f*
heat *sg*	Hitze *fsg* Wärme *f*
heat source	Wärmequelle *f*
heat-treated	hitzebehandelt wärmebehandelt
heated container	beheizter Container *m*

H

heating oil	Heizöl *n*
heavy	schwer (Gewicht)
heavy cargo	Schwergut *n*
heavy duty shelving	Schwerlastregal *n*
heavy fuel oil/HFO	Schweröl *n*
heavy goods vehicle	Schwerlastwagen *m*
heavy haulage	Schwertransport *m*
heavy lift	Schwergut *n*
heavy lift charge/HLC (sea freight)	Schwergutzuschlag *m* (HLC) (Seefracht)
heavy lift derrick	Schwergutbaum *m*
heavy lift surcharge	Schwergewichtszuschlag *m*
heavy transport	Schwertransport *m*
height	Höhe *f*
height position *sg* on the shelf	Höhenposition im Regal *f*
height/level sg (on the shelf)	Höhe/Ebene *f* (im Regal)
helicopter	Helikopter *m*
helicopter pilot	Hubschrauberpilot *m*
Heligoland	Helgoland
heliport	Heliport *m* Hubschrauberlandeplatz *m*
helium *sg*	Helium *nsg*
help, to	helfen
helpful	hilfsbereit
herbicide	Herbizid *n*
Hermes cover	Hermesdeckung *f*
hidden damage	verdeckter Schaden *m*
high bay *sg*	Hochregal *n*
high bay warehouse	Hochregallager/HRL *n*
high consequence dangerous goods *pl*	gefährliches Gut mit hohem Gefahrenpotential *n*
high lift truck *sg*	Hochhubwagen *m*

H

high rack *sg*	Hochregal *n*
high rack stacker	Hochregalstapler *m*
high sea (sea state code 7)	hohe See *f* (Sea State Code 7)
high shelf *sg*	Hochregal *n*
high tech	Hochtechnologie *f*
high technology	Hochtechnologie *f*
high tide	Hochwasser *n* (Tide)
	Tidehochwasser *n*
high water mark	Hochwassermarke *f*
high-beam headlamp *(AE)*	Fernscheinwerfer *m*
high-beam headlight *(AE)*	1. Fernlicht *n*
	2. Fernscheinwerfer *m*
high-cube-container	höherer Standardcontainer *m*
high-tech product	Hochtechnologieprodukt *n*
high-technology product	Hochtechnologieprodukt *n*
highest in - first out/HIFO	höchstes herein - zuerst hinaus/
	HIFO (nach dem Preis)
highest value principle	Höchstwertprinzip *n*
highly flammable	hochentzündlich
highly visible	1. gut einsehbar
	2. gut sichtbar
highway hypnosis	Autobahntrance *f*
	Autobahnhypnose *f*
	Polderblindheit *fsg (ugs.)*
highways pl *(AE)*	Kraftfahrstraßen *fpl*
hijacker	Flugzeugentführer *m*
	Luftpirat *m*
hijacking	Flugzeugentführung *f*
	Luftpiraterie *f*
hill	Hügel *m*
hinge	Scharnier *n*
hired car *(BE)*	Leihwagen *m*
	Mietwagen *m* (Selbstfahrer)

H

hit and run offence *(BE)*	Fahrerflucht *fsg*
hit and run offense *(AE)*	Fahrerflucht *fsg*
hitch-hiking	Trampen *n*
	Autostopp *m*
	Fahren per Anhalter *n*
hitch, to	aufsatteln
hoarfrost	Raureif *msg*
hoisting equipment	Hebezeug *n*
hold (ship)	Frachtraum *m* (Schiff)
	Laderaum *m* (Schiff)
	Schiffsbauch *m*
holding siding	Abstellgleis *n*
holiday	Feiertag *m*
holiday *(BE)* / vacation *(AE)* entitlement	Urlaubsanspruch *m*
holiday destination travel *(BE)*	Ferienzielreisen *fpl*
Holiday Travel Ordinance *(BE)*	Ferienreiseverordnung/FerReiseV *f*
holidays *pl (BE)*	Urlaub *m*
hollow charge	Hohlladung *f*
home delivery *sg*	Hauszustellung *f*
home signal *(AE)*	Einfahrsignal/Asig *n*
home touch	Heimatberührung *f*
honest	ehrlich
honeycomb rack	Wabenregal *n*
honorable businessman *(AE)*	ehrbarer Kaufmann *m*
	hanseatischer Kaufmann *m*
honorary consul	Honorarkonsul *m*
honorary consulate	Honorarkonsulat *n*
honourable businessman *(BE)*	ehrbarer Kaufmann *m*
	hanseatischer Kaufmann *m*
hood *(AE)*	Motorhaube *f*
hooded vehicle	Haubenfahrzeug *n*

H

hook	Haken *m*
horizontal order picker	Horizontalkommissionierer *m*
horizontal rule of financing	horizontale Finanzierungsregel *f*
horn	Hupe *f*
horsepower/hp	Pferdestärke/PS *f*
hose	Schlauch *m*
hospital	Krankenhaus *n*
hot	heiß
house air waybill/HAWB	Hausluftfrachtbrief *m*
house B/L	Spediteurkonnossement *n*
house bill of lading	Spediteurkonnossement *n*
house flag	Hausflagge *f*
	Kontorflagge *f*
house number	Hausnummer *f*
hub and spoke	Nabe und Speiche *f*
hub and spoke system	Nabe-Speiche-System *n*
hull	Schiffsrumpf *m*
human smuggling	Menschenschmuggel *msg*
human trafficking	Menschenhandel *msg*
humidity	Luftfeuchte *fsg*
	Luftfeuchtigkeit *fsg*
humorous	humorvoll
hybrid electric vehicle/HEV	Hybridelektrofahrzeug *n*
hybrid vehicle	Hybridfahrzeug *n*
hydraulic	hydraulisch
hydraulic cylinder	Hydraulikzylinder *m*
hydraulic fluid	Hydraulikflüssigkeit *f*
hydraulic motor	Hydraulikmotor *m*
	Hydromotor *m*
hydraulic oil	Hydrauliköl *n*
hydraulic steering	hydraulische Lenkung *f*

H

hydraulic system	Hydrauliksystem *n*
hydraulic valve	Hydraulikventil *n*
hydraulic, pneumatic and electric braking systems *pl*	Hydraulische, pneumatische und elektrische Bremssysteme *npl*
hydrochloric acid	Salzsäure *f*
hydrocyanic acid *sg*	Blausäure *fsg*
hydrofluoric acid *sg*	Flusssäure *fsg*
hydrogen *sg*	Wasserstoff *msg*
hydrogen peroxide	Wasserstoffperoxid *n*
hydrogen vehicle	Wasserstofffahrzeug *n*
hydrostatic front axle drive	hydrostatischer Vorderachsantrieb *m*
hygiene requirement *sg*	Hygieneanforderung *f*
hypergolic propellant	hypergoler Treibstoff *m* hypergolischer Treibstoff *m*
hypoid axle	Hypoidachse *f*

I

IATA agent	IATA-Agent *m*
IATA aircraft type code	IATA-Flugzeugtypencode *m*
IATA airline code (2-letter)	IATA-Code *m* (Fluggesellschaft)
IATA airport code	IATA-Code *m* (Flughafen) IATA-Flughafencode *m*
IATA Dangerous Goods Regulations/IATA-DGR *pl*	IATA-Gefahrgutvorschriften/ IATA-DGR *fpl*
IATA location identifier	IATA-Code *m* (Flughafen) IATA-Flughafencode *m*
IATA station code	IATA-Code *m* (Flughafen) IATA-Flughafencode *m*
IATA Three Letter Code	IATA-Code *m* (Flughafen) IATA-Flughafencode *m*
Iberian Peninsula	Iberische Halbinsel *f* Pyrenäenhalbinsel *f*

ICAO aircraft type code	ICAO-Flugzeugtypencode *m*
ICAO airline designator (3-letter)	ICAO-Code *m* (Fluggesellschaft)
ICAO airport code (4-letter)	ICAO-Code *m* (Flughafen)
ICAO location indicator (4-letter)	ICAO-Code *m* (Flughafen)
ICC clauses *pl* (International Cargo Clauses)	ICC-Klauseln *fpl* (International Cargo Clauses)
ice class	Eisklasse *f*
ice floe	Eisscholle *f*
ice *sg*	Eis *nsg*
ice surcharge	Eiszuschlag *m*
iceberg	Eisberg *m*
iceberg model (communication)	Eisbergmodell *n* (Kommunikation)
icebreaker	Eisbrecher *m*
icy road	vereiste Fahrbahn *f* vereiste Straße *f*
ID card	Personalausweis *m*
identification	Nämlichkeitssicherung *f*
identity card	Personalausweis *m*
identity of goods	Nämlichkeit *f*
identity of the consignment	Identität der Sendung *f*
idle speed	Leerlaufdrehzahl *f*
idling speed	Leerlaufdrehzahl *f*
ignition cable	Zündkabel *n*
ignition coil	Zündspule *f*
ignition device	Anzündmittel *n*
ignition distributor	Zündverteiler *m*
ignition key	Zündschlüssel *m*
ignition lock	Zündschloss *n*
ignition source	Zündquelle *f*
ignition wire	Zündkabel *n*
illness	Krankheit *f*

I

imaginary profit	imaginärer Gewinn *m*
immediate rebate	Sofortrabatt *m*
immediately (e.g. report to the employer)	unverzüglich (z.B. melden beim Arbeitgeber)
immobiliser *(BE)*	Wegfahrsperre/WFS *f*
immobilizer *(AE)*	Wegfahrsperre/WFS *f*
IMO number	IMO-Nummer *f* IMO-Schiffsidentifikationsnummer *f* IMO-Schiffsidentifizierungsnummer *f*
IMO ship identification number	IMO-Nummer *f* IMO-Schiffsidentifikationsnummer *f* IMO-Schiffsidentifizierungsnummer *f*
impact attenuator	Anpralldämpfer *m*
impact indicator *sg*	Stoßindikator *m*
implied action	konkludentes Handeln *n*
import	Einfuhr *f*
import ban	Einfuhrverbot *n*
import clearance	Einfuhrabfertigung *f*
import contingents *pl*	Importkontingente *npl*
import control	Einfuhrkontrolle *f*
import declaration	Einfuhranmeldung *f*
import duty	Einfuhrabgabe *f*
import levy	Einfuhrabschöpfung *f*
import licence *(BE)*	Einfuhrgenehmigung *f*
import license *(AE)*	Einfuhrgenehmigung *f*
import permit	Einfuhrgenehmigung *f*
import procedure	Einfuhrverfahren *n*
import restriction	Einfuhrbeschränkung *f*
import restrictions *pl*	Importbeschränkungen *fpl*
import sales tax	Einfuhrumsatzsteuer/EUSt *f*

I

import service fee/ISF (sea freight)	Import-Servicegebühr *f* (ISF) (Seefracht)
import tax	Einfuhrabgabe *f*
importer	Einführer *m*
impregnation	Imprägnierung *f*
improper storage	unsachgemäße Lagerung *f*
imputed depreciation	kalkulatorische Abschreibung *f*
imputed entrepreneurial salary	kalkulatorischer Unternehmerlohn *m*
imputed interest	kalkulatorische Zinsen *mpl*
imputed rent	kalkulatorische Miete *f*
imputed risks *pl*	kalkulatorische Wagnisse *npl*
in bond	unter Zollverschluss
in city limits	innerorts
in favor of *(AE)*	zu Gunsten von
in favour of *(BE)*	zu Gunsten von
in the middle of nowhere *(coll.)*	mitten in der Pampa (ugs.) mitten in der Walachei (ugs.)
in time	rechtzeitig
in-house production	Eigenfertigung *f*
in-house production depth	Fertigungstiefe *f*
incapacity for work	Arbeitsunfähigkeit/AU *f*
incident	Zwischenfall *m*
incipient fire	Entstehungsbrand *m*
inclusion clauses *pl*	Einschlussklauseln *fpl*
income	Einkommen *n*
income statement	Erfolgsrechnung *f*
income statement *(AE)*	Gewinn- und Verlustrechnung/ GuV *f*
incoming goods inspection *sg*	Eingangskontrolle *f*
incoming invoice	Eingangsrechnung *f*
incompatible	unverträglich

I

inconsistent	inkonsequent
incorporation	Inkorporation *f*
Incoterms *pl*	Internationale Handelsklauseln *fpl* Incoterms *fpl*
independent suspension	Einzelradaufhängung *f*
Indian subcontinent	Indischer Subkontinent *m*
indicator *(BE)*	Blinker *m*
indirect cost center *(AE)* (general)	Hilfskostenstelle *f* (allgemein)
indirect cost center *(AE)* (initial costs)	Hilfskostenstelle *f* (Vorkosten)
indirect cost center *(AE)* (special)	Hilfskostenstelle *f* (besondere)
indirect cost centre *(BE)* (initial costs)	Hilfskostenstelle *f* (Vorkosten)
indirect cost centre *(BE)*(general)	Hilfskostenstelle *f* (allgemein)
indirect cost centre *(BE)*(special)	Hilfskostenstelle *f* (besondere)
indirect tax	indirekte Steuer *f*
individual evaluation	Einzelbewertung *f*
individual policy	Einzelpolice *f*
indivisible load	unteilbare Ladung *f*
Indo-Australian Archipelago	Indischer Archipel *m* Indonesischer Archipel *m* Malaiischer Archipel *m* Ostindischer Archipel *m* Südostasiatischer Archipel *m*
Indonesian Archipelago	Indischer Archipel *m* Indonesischer Archipel *m* Malaiischer Archipel *m* Ostindischer Archipel *m* Südostasiatischer Archipel *m*
induction loop	Induktionsschleife *f*
industrial company	Industriebetrieb *m*
industrial contract logistics	industrielle Kontraktlogistik *f*
industrial education	gewerbliche Ausbildung *f*

I

industrial gas	industrielles Gas *n*
	technisches Gas *n*
industrial packaging IP-1	Industrieverpackung IP-I *f*
industrial packaging IP-2	Industrieverpackung IP-II *f*
industrial packaging IP-3	Industrieverpackung IP-III *f*
industrial pallet	Industriepalette *f*
industrial track	Industriegleis *n*
industrial training	gewerbliche Ausbildung *f*
industrial truck *sg*	Flurförderzeug *n*
	Flurförderfahrzeug *n*
industry	Industrie *f*
inert gas	Inertgas *n*
influences *pl* (e.g. strike)	Einflüsse *mpl* (z.B. Streik)
inform, to	informieren
informal entry	formlose Zollanmeldung *f*
informal notification	formlose Mitteilung *f*
information and communication devices *pl*	Informations- und Kommunikationsgeräte *npl*
information devices *pl*	Informationsgeräte *npl*
information flow	Informationsfluss *m*
information logistics	Informationslogistik *f*
information on the list of items	Auskunft zur Güterliste/AzG *f*
information *sg*	Information *f*
information sheets *pl*	Merkblätter *npl*
inhale, to	einatmen
inheritance compensation	Erbgutschädigung *f*
inherited property	Erbgut *n*
initials *pl*	Initialen *fpl*
injection process	Einspritzverfahren *n*
injection technology	Einspritztechnik *f*
injury	Verletzung *f*

I

inland container	Binnencontainer *m*
inland customs office	Binnenzollstelle *f*
inland electronic navigational chart/ IENC	Elektronische Navigationskarte für Binnenschifffahrtsstraßen *f*
inland port	Binnenhafen *m*
inland sea	Binnenmeer *n*
inland vessel	Binnenschiff *n*
inland waterway	Binnenwasserstraße *f*
inland waterway carrier	Binnenschiffer *m*
inland waterway transport	Binnenschifffahrt *f*
inner packaging (dangerous goods)	Innenverpackung *f* (Gefahrgut)
inorganic	anorganisch
inquiry *(AE)*	Anfrage *f*
insecticide	Insektizid *n*
inshore traffic zone	Küstenverkehrszone *f*
inspection book	Prüfbuch *n*
installation	Montage *f*
installation work	Montagearbeit *f*
Institute Cargo Clauses/ICC *pl*	Klauseln der Seeversicherung/ICC *fpl*
instruction	1. Anleitung *f* 2. Unterweisung *f* 3. Weisung *f*
instructions in writing *pl*	1. schriftliche Weisungen *fpl* 2. Unfallmerkblatt/UMB *n*
instrument flight	Blindflug *m*
insulated container	Isoliercontainer *m*
insurable	versicherbar versicherungsfähig
insurable risk	versicherbares Risiko *n*
insurance	Versicherung *f*

I

insurance agent	Versicherungsagent *m*
	Versicherungsvertreter *m*
insurance and financial services broker	Kaufmann für Versicherungen und Finanzen *m*
insurance broker	Versicherungsmakler *m*
insurance clause	Versicherungsklausel *f*
insurance company	Versicherungsgesellschaft *f*
insurance costs *pl* (fin.)	Versicherungskosten *pl*
insurance cover	Versicherungsschutz *m*
	Versicherungsdeckung *f*
insurance coverage	Versicherungsschutz *m*
	Versicherungsdeckung *f*
insurance fraud	Versicherungsbetrug *m*
insurance holder	Versicherungsnehmer *m*
insurance note	vorläufiger Versicherungsschein *m*
insurance policy	Versicherungspolice *f*
	Versicherungsschein *m*
insurance policy number	Versicherungsnummer *f*
insurance rating	Tarifierung *f*
	Versicherungseinstufung *f*
	Versicherungstarifierung *f*
insurance sum	Versicherungssumme *f*
insurance tariff	Versicherungstarif *m*
insurance tax	Versicherungssteuer *f*
insurance value	Versicherungswert *m*
insured	versichert
insurer	Versicherungsgesellschaft *f*
integrated driving trainer	integrierter Fahrtrainer m
integrated electric axle	integrierte elektrische Achse f
Integrated tariff of the European Communities/TARIC	Integrierter Tarif der Europäischen Gemeinschaften/TARIC *m*
integrity	Integrität *fsg*
intelligent	klug

Intelligent Headlamp Control/ICH	Intelligent Headlamp Control/ICH
intended use	bestimmungsgemäße Verwendung *f*
intensity of receivables	Forderungsintensität *f*
intensive care helicopter	Intensivtransporthubschrauber/ ITH *m*
intent	Vorsatz *m*
intention	Absicht *f*
intentional	vorsätzlich
interbus trip sheet	Interbus-Fahrtenblatt *n*
intercommunication	Wechselverkehr *m*
intercooler	Intercooler *m*
intercooling	Ladeluftkühlung *f*
interest	Zins *m*
interest rate	Zinsrate *f*
interesting	interessant
interface	Schnittstelle *f*
interface control	Schnittstellenkontrolle *f*
Intergovernmental Organisation for International Carriage by Rail/OTIF	Zwischenstaatliche Organisation für den internationalen Eisenbahnverkehr/OTIF *f*
interim storage	Zwischenlager *n* Zwischenlagerung *f*
interim storage bin	Schnittstellenlagerplatz *m*
interior	Interieur *n*
interior cleaning	Innenreinigung f
intermediary	Vermittler *m* (z.B. Aufträge)
intermediate bulk container/IBC	Großpackmittel/IBC *n*
intermediate floor	Zwischenboden *m*
intermediate forwarder	Zwischenspediteur *m*

I

intermediate fuel oil/IFO	intermediate fuel oil/IFO *n* (Marine Diesel mit größeren Anteilen an Schweröl)
intermediate station *(BE)*	Zwischenstation *f*
intermediate storage	Zwischenlager *n* Zwischenlagerung *f*
intermodal transport	intermodaler Verkehr *m*
internal	intern
internal area	Bereich intern *m*
internal audit	betriebseigene Revision *f* Innenrevision *f* interne Revision *f*
internal auditing	betriebseigene Revision *f* Innenrevision *f* interne Revision *f*
internal common transit procedure (T2 procedure)	internes gemeinsames Versand-verfahren *n* (T2-Verfahren)
internal community transit procedure (T2 procedure)	internes gemeinschaftliches Versandverfahren *n* (T2-Verfahren)
internal company risks *pl*	unternehmensinterne Risiken *npl*
internal customer	interner Kunde *m*
internal market	Binnenmarkt *m*
internal shut-off device	innere Absperreinrichtung *f*
internal union transit procedure *sg* (T2 procedure)	internes Unionsversandverfahren *n* (T2-Verfahren)
Internal Waters Entering Requirements Ordinance/AnlBV	Anlaufbedingungsverordnung/ AnlBV *f*
internal waters *pl*	Binnengewässer *n*
International Air Transport Association/IATA	Internationale Flug-Transport-Vereinigung/IATA *f*
international airport	internationaler Flughafen *m*
International Association of Marine Aids to Navigation and Lighthouse Authorities/IALA	Internationale Seezeichenver-einigung/IALA *f*

I

International Atomic Energy Agency/IAEA	Internationale Atomenergie-Organisation/IAEO *f*
International Bank Account Number/IBAN	internationale Kontonummer/IBAN *f*
International Business Aviation Council/IBAC	International Business Aviation Council/IBAC *m*
International Cargo Clauses/ICC	International Cargo Clauses/ICC
international certificate for motor vehicles/ICMV	internationaler Fahrzeugschein *m*
International Chamber of Commerce/ICC	Internationale Handelskammer/ICC *f*
International Civil Aviation Organization/IACO	Internationale Zivilluftfahrtorganisation/ICAO *f*
International Code of Signals/ICS/INTERCO	internationales Signalbuch/INTERCO *n*
International Commercial Terms *pl*	Internationale Handelsklauseln *fpl* Incoterms *fpl*
International Conditions of Loading and Transportation/ICLT *pl*	Internationale Verlade- und Transportbedingungen für die Binnenschifffahrt/IVTB *fpl*
International Convention for Safe Containers/CSC	Internationales Übereinkommen über sichere Container/CSC *n*
International Convention for the Prevention of Pollution from Ships/MARPOL	Internationales Übereinkommen zur Verhütung der Meeresverschmutzung durch Schiffe/MARPOL *n*
International Convention for the Safety of Life at Sea/SOLAS	Internationales Übereinkommen zum Schutz des menschlichen Lebens auf See/SOLAS *n*
International Council of Chemical Associations/ICCA	Internationaler Rat der Chemieverbände/ICCA *m*
International Criminal Police Organization/ICPO	Internationale kriminalpolizeiliche Organisation/IKPO *f*
International Criminal Police Organization/ICPO	Interpol/IKPO *f*

I

international driver's license law *(AE)*	internationales Führerscheinrecht *n*
international driving licence *(BE)* / driver's license *(AE)*	internationaler Führerschein *m*
international driving licence law *(BE)*	internationales Führerscheinrecht *n*
International Federation of Air Traffic Controllers' Associations/ IFATCA	International Federation of Air Traffic Controllers' Associations/ IFATCA *f* (Internationaler Berufsverband der Fluglotsen)
International Federation of Freight Forwarders Associations/FIATA	Internationale Föderation der Spediteurorganisationen/FIATA *f*
International Ice Patrol/IIP	International Ice Patrol/IIP *f* (Internationale Eispatrouille)
International Maritime Bureau/IMB (piracy)	Internationales Schifffahrtsbüro/ IMB *n* (Piraterie)
International Maritime Dangerous Goods Code/IMDG-Code	Gefahrgutkennzeichnung für gefährliche Güter im internationalen Seeschiffsverkehr *f/* IMDG-Code *m*
International Maritime Organization/ IMO	Internationale Seeschifffahrts-Organisation/IMO *f*
international maritime signal flags	internationales Flaggenalphabet *n*
international motor insurance card (coll. green insurance card)	Internationale Versicherungskarte für Kraftverkehr *f* (ugs. grüne Versicherungskarte)
International Organization for Standardization/ISO	Internationale Organisation für Normung/ISO *f*
International Plant Protection Convention/IPPC	Internationales Pflanzenschutzübereinkommen/IPPC *n*
International Recommended Transit Corridor/IRTC	international empfohlener Transitkorridor/IRTC *m*

International Regulations for Preventing Collisions at Sea, 1972/ COLREGs *pl*

Internationale Regeln von 1972 zur Verhütung von Zusammenstößen auf See *pl* Kollisionsverhütungsregeln/KVR *fpl*

International Road and Transport Union/IRU

Internationale Straßentransport-union/IRU *f*

International Ship and Port Facility Security Code/ISPS

Internationales Übereinkommen für die Gefahrenabwehr auf Schiffen und Hafenanlagen/ISPS *n*

International Ship and Port Facility Security Code/ISPS-Code

Internationaler Code für die Gefahrenabwehr auf Schiffen und in Hafenanlagen/ISPS-Code *m*

International Standard of Phyto-sanitary Measures/ISPM

Internationaler Standard für Pflan-zenschutzmaßnahmen/ISPM *m*

International Tribunal for the Law of the Sea/ITLOS

Internationaler Seegerichtshof/ ISGH *m*

International Union of combined Road-Rail transport companies/ UIRR

Internationale Vereinigung der Gesellschaften für den Kombi-nierten Verkehr Schiene-Straße/ UIRR *f*

International Union of Railways/UIC

Internationaler Eisenbahnverband/ UIC *m*

international waters *pl*

Hohe See *f* (räumlich)

Interpol/ICPO

Internationale kriminalpolizeiliche Organisation/IKPO *f* Interpol/IKPO *f*

interpretation of a contract

Vertragsauslegung *f*

intersection *(AE)*

Straßenkreuzung *f*

intersection (aviation)

Intersection *f* (Knotenpunkt im Luftverkehr)

intersection *sg* (air freight)

Schnittmenge *f* (Luftfracht)

Interstate Aviation Committee/IAC

Zwischenstaatliches Luftfahrtko-mitee/MAK *n*

interstate highway *(AE)*

Autobahn *f*

I

interstate road *(AE)*	Bundesstraße *f*
intra-Community supply of goods	innergemeinschaftliche Lieferung *f*
intra-Community trade	innergemeinschaftlicher Handel *msg*
intra-Community trade statistics *pl* Intrastat *sg*	Innergemeinschaftliche Handels-statistik *fsg*
intra-Community trade statistics *pl*	Intrastat *fsg*
intra-European Union trade	Intrahandel *msg* (EU)
intralogistics	Intralogistik *f*
Intrastat *sg*	Intrastat *fsg*
inventory	1. Inventar *n* 2. Inventur *f* 3. Lagerbestand *m (AE)* / Warenbestand *m (AE)*
inventory control	Bestandskontrolle *f*
inventory control system	Warenwirtschaftssystem/WaWi *n*
inventory costs *pl*	Lagerhaltungskosten *pl* Lagerkosten *pl* Lagerungskosten *pl*
inventory sheet	Bestandsverzeichnis *n*
inventory sourcing	Vorratsbeschaffung *f*
inventory turnover	Lagerumschlag *m*
inventory/stock turnover rate *sg* (key figure)	Lagerumschlagshäufigkeit *f* (Kennzahl)
investment intensity	Anlagenintensität *f*
invisible	unsichtbar
invoice receipt	Rechnungseingang *m*
ionizing radiation	ionisierende Strahlung *f*
irrevocable	unwiderruflich
irrevocable L/C	unwiderrufliches Akkreditiv *n*
irrevocable letter of credit	unwiderrufliches Akkreditiv *n*
irritation	Reizung *f*
irritation of the mucous membrane	Schleimhautreizung *f*

I

ISO currency code	ISO-Währungscode *m*
issue, to	ausstellen (admin.)
issue date	Ausstellungsdatum *n*
issuer	Aussteller *m* (admin.)
item	Artikel *m*

J

jack (tool)	Wagenheber *m*
jacking point	Wagenheberaufnahme *f*
January	Januar *m*
jerry can	Kanister *m*
jet	Jet *m*
jet aircraft	Jet *m*
jet fuel	Kerosin *n*
jetlag	Jetlag *m*
jetsam (part of a ship, its equipment or its cargo that was jettisoned in time of distress and that sunk or stranded)	Strandgut *n*
jiffy bag	gefütterte Versandtasche *f* gepolsterte Versandtasche *f*
joint and several (liability)	gesamtschuldnerisch (Haftung)
joint investigation team	Gemeinsame Ermittlungsgruppe *f*
joints *pl* (technical)	Gelenke *fpl* (technisch)
Jolly Roger	Piratenflagge *f*
JOLODA loading system (® Joloda International Ltd.)	JOLODA Verladesystem *n* (® Joloda International Ltd.)
journey	Reise *f*
judge	Richter *m*
July	Juli *m*
jump leads *pl (BE)*	Starthilfekabel *n* Startkabel *n* Überleitungskabel *n*

J

jumper cables *pl (AE)*	Starthilfekabel *n* Startkabel *n* Überleitungskabel *n*
junction	Abzweigstelle/Abzw *f*
junction station	Abzweigbahnhof *m* Trennungsbahnhof *m*
June	Juni *m*
just-in-sequence (synchronized in sequence)	Just in Sequence (reihenfolge-synchron)
Just-in-Sequence/JIS	reihenfolgesynchrone Produktion/JIS *f*
just-in-time (on schedule)	Just in Time (termingerecht)
Just-in-Time/JIT	bedarfssynchrone Produktion/JIT *f*

K

Kaizen principle *sg*	Kaizen-Prinzip *n*
kanban system	Kanban-System *n*
keg	kleines Fass *n*
Kemler number	Kemlerzahl *f*
kerb *(BE)*	1. Bordstein *m* 2. Seitenstreifen *fpl*
kerbside *(BE)*	Bordsteinkante *f*
kerbstone *(BE)*	Bordstein *m*
key	Schlüssel *m*
kilometer-dependent toll *(AE)*	kilometerabhängige Maut *f*
kilometre-dependent toll *(BE)*	kilometerabhängige Maut *f*
kilowatt/kW	Kilowatt/kW *n*
king pin	Königszapfen *m*
knife	Messer *n*
knock, to (door)	anklopfen (Tür)
known consignor	bekannter Versender *m*

K

known shipper	bekannter Versender *m*
knuckle boom crane	Knickarmkran *m* (z.B. LKW-Ladekran)

L

label	Etikett *n*
label printer	Etikettendrucker *m*
labeling *(AE)*	Bezettelung *f* Etikettierung *f* Kennzeichnung *f*
labelling *(BE)*	Bezettelung *f* Etikettierung *f* Kennzeichnung *f*
labor court *(AE)*	Arbeitsgericht *n*
labor law *(AE)*	Arbeitsrecht *n*
labour court *(BE)*	Arbeitsgericht *n*
labour law *(BE)*	Arbeitsrecht *n*
ladder frame	Leiterrahmen *m*
lagan (cargo on the bottom of the ocean which can be reclaimed)	Wrackgut *n*
Land and Hold Short Operations/ LAHSO *pl*	LAHSO *n* (kurze Landung machen)
landing	Landung *f*
landing approach/APCH	Landeanflug *m*
landing charge	Landegebühr *f*
landing clearance	Landefreigabe *f*
landing fee	Landegebühr *f*
landing gear *(AE)*	Fahrwerk *n* (Flugzeug)
landing permit	Landeerlaubnis *f*
Landlocked Developing Countries/ LLDC *pl*	Entwicklungsländer ohne Meerzugang/LLDC *npl*
lane	Fahrstreifen *m* Fahrspur *f*

L

lane change assistant	Spurwechselassistent *m*
lane departure warning system	Spurverlassenswarnung *f* (ugs.)
LDWS	Spurhalteassistent *m*
	Spurassistent *m*
lap belt	Beckengurt *m*
lapse, to	1. ablaufen
	2. erlöschen
	3. hinfällig werden
	4. verfallen
lapsed policy	verfallene Police *f*
large	groß
large containers *pl* (capacity of more than 3 m³)	Großcontainer *m* (Fassungsraum von mehr als 3 Kubikmeter)
large packaging (dangerous goods)	Großverpackung *f* (Gefahrgut)
large radioactive source	Großquelle *f*
large volume transport	Großraumtransporte *mpl*
lash, to	zurren
	laschen
lash down, to	niederzurren
	verzurren
lashing angle	Zurrwinkel *m*
lashing chain	Zurrkette *f*
lashing chains *pl*	Zurrketten *fpl*
lashing down procedure	Niederzurrverfahren *n*
lashing equipment	Zurrmittel *n*
lashing point	Zurrpunkt *m*
lashing point sign	Zurrpunktschild *f*
lashing strap	Zurrgurt *m*
	Spanngurt *m*
lashing straps *pl*	Zurrgurte *mpl*
lashing winches *pl* (load securing permanently installed in the vehicle)	Zurrwinden *fpl* (Ladungssicherung fest im Fahrzeug installiert)
lashing wire rope strap	Zurr-Drahtseilgurt *m*

L

lashing wire ropes *pl*	Zurrdrahtseile *npl*
last in - first out/LIFO	zuletzt herein - zuerst heraus/LIFO (nach dem Einlagerungszeitpunkt)
last month	letzter Monat
last week	letzte Woche
last year	letztes Jahr
Latin America	Lateinamerika *n*
latitude circles *pl* (geographical)	Breitenkreise *mpl* (geographisch)
law	Gesetz *n* (allgemein)
Law of the Carriage of Goods	Beförderungsrecht *n*
lawyer	Rechtsanwalt *m* (Oberbegriff) Anwalt *m* (Oberbegriff)
lazy	faul
lead *sg*	Blei *nsg*
leading and trailing axle	Vor- und Nachlaufachse *f*
leak (ship)	Leck *n* (Schiff)
leakage	Leckage *f*
leaked out	ausgelaufen (Flüssigkeit)
learn the hard way, to *(coll.)*	Lehrgeld zahlen (ugs.)
leasing cover	Leasingdeckung *f*
Least Developed Countries/LDC *pl*	am wenigsten entwickelte Länder/ LDC *npl*
leather	Leder *n*
leather goods *pl*	Lederwaren *fpl*
leaving service	Abmusterung *f*
left	linker linkere linkeres links
left-hand traffic	Linksverkehr *m*
left, on the	links
legal basis	Rechtsgrundlage *f*

L

legal character *sg*	Rechtscharakter *m*
legal framework	Rechtsrahmen *m*
legal regulation	Rechtsvorschrift *f*
lend, to	ausborgen
	ausleihen
length	Länge *f*
length and girth combined	Gurtmaß *n*
length over buffers	Länge über Puffer/LüP *f*
less than container load/less than container load / LCL/LCL	Vor- und Nachlauf nicht containerisiert als Stückgut / LCL/LCL *m*
Lesser Antilles *pl*	Kleine Antillen *pl*
letter of credit	Akkreditiv *n*
	Dokumentenakkreditiv *n*
letter of indemnity/LOI	Revers *m/n*
letter of intent/LOI	Absichtserklärung *f*
level crossing *(BE)*	Bahnübergang/BÜ *m*
leverage effect	Leverage-Effekt *m*
liability	1. Haftung *f*
	2. Verbindlichkeit *f*
liability corridor	Haftungskorridor *m*
liability for fault (with reversal of the burden of proof)	Verschuldenshaftung *f* (mit umgekehrter Beweislast)
liability insurance	Haftpflichtversicherung *f*
liability insurance (general)	Haftpflichtversicherung *f* (allgemein)
licence certificate part I *(BE)*	Zulassungsbescheinigung Teil I *f*
	Fahrzeugschein *m*
licence certificate part II *(BE)*	Zulassungsbescheinigung Teil II *f*
	Fahrzeugbrief *m*
license certificate part I *(AE)*	Zulassungsbescheinigung Teil I *f*
	Fahrzeugschein *m*
license certificate part II *(AE)*	Zulassungsbescheinigung Teil II *f*
	Fahrzeugbrief *m*

L

license plate *(AE)*	Kfz-Kennzeichen *n* (Schild)
	Nummernschild *n*
license plate number *(AE)*	Kfz-Kennzeichen *n* (Nummer)
license tag *(AE)*	Kfz-Kennzeichen *n* (Schild)
	Nummernschild *n*
lien	Pfandrecht *n*
life of the engine	Motorlebensdauer *f*
lift, to	anheben (Last)
lift axle	Liftachse *f*
lift axles pl	Liftachsen *fpl*
lift bridge	Hubbrücke *f*
lift cylinder	Hubzylinder *m*
lift height	Hubhöhe *f*
lift lock	Schiffshebewerk *n*
Lift on/Lift off / Lo/Lo	Laden und Löschen von Stückgut
	ohne Hafenunterstützung *n*
lifting cradle coupling	Hubsattelkupplung *f*
lifting cylinder	Hubzylinder *m*
lifting equipment	Hebezeug *n*
lifting height	Hubhöhe *f*
lifting means *pl*	Anschlagmittel *n*
light (weight)	leicht (Gewicht)
light aircraft	Kleinflugzeug *n*
	Leichtflugzeug *n*
light assistant	Lichtassistent *m*
light damage	leichter Schaden *m*
light running	Leerfahrt *f*
light-gauge metal packaging	Feinstblechverpackung *f*
light-protected packaging	lichtgeschützte Verpackung *f*
lighting	Beleuchtung *f*
lighting device	Beleuchtungseinrichtung *f*
lightning	Blitz *m*

L

lightning damage	Blitzschaden *m*
limit value list	Grenzwerteliste *f*
limitation	Verjährung *f*
limitation of a claim	Verjährung eines Anspruchs *f*
limitation of liability	Begrenzung der Haftung *f*
limitation period	Verjährungsfrist *f*
Limited Cover (DTV Cargo 2000/2011)	Eingeschränkte Deckung *f* (DTV-Güter 2000/2011)
limited data block/LDB-mode	Limited Data Block/LDB-Mode *m*
limited quantity/LQ	begrenzte Menge/LQ *f*
line storage	Reihenlagerung *f* Zeilenlagerung *f*
line-crossing ceremony	Linientaufe *f*
liner agent	Linienagent *m*
liner conference	Linienkonferenz *f*
Liner In - Free Out/LIFO	laden und stauen nach Liner Terms - frei löschen
liner shipping	Linienschifffahrt *f*
Liner Terms Hook/Hook / LTHH *pl*	Klausel, bei der der Verfrachter sich zur Verladung, Entladung und Ladungssicherung und -entsicherung verpflichtet (Vom Moment, ab dem die Ladung am Schiffshaken im Ladehafen hängt bis zum Moment, an dem die Ladung ausgeladen am Schiffhaken über der Pier im Löschhafen hängt)
liquefied natural gas/LNG *sg (BE)*	Flüssigerdgas/LNG *nsg*
liquefied petroleum gas engine/ LPG engine *(BE)*	Treibgasmotor *m*
liquefied petroleum gas/LPG *sg (BE)*	Flüssiggas/LPG *nsg*
liquid	Flüssigkeit *f*
liquid aluminium *sg (BE)*	flüssiges Aluminium *nsg*

L

liquid aluminum *sg (AE)*	flüssiges Aluminium *nsg*
liquid explosive	Flüssigsprengstoff *m*
liquid fire	Flüssigkeitsbrand *m*
liquid goods *pl*	flüssige Güter *npl*
liquidity	Liquidität *f*
liquidity indicators *pl*	Kennzahlen der Liquidität *fpl*
liquified natural gas/LNG *sg (AE)*	Flüssigerdgas/LNG *nsg*
liquified petroleum gas engine/LPG engine *(AE)*	Treibgasmotor *m*
liquified petroleum gas/LPG *sg (AE)*	Flüssiggas/LPG *nsg*
list	Schlagseite *f*
list of air carriers banned in the European Union (blacklist)	Liste der Betriebsuntersagungen für den Luftraum der Europäischen Union *f* (Schwarze Liste)
list of cargo (goods manifest)	Ladungsverzeichnis *n* (Warenmanifest)
lithium *sg*	Lithium *nsg*
little	klein
live animals *pl*	lebende Tiere *npl*
live plants *pl*	lebende Pflanzen *fpl*
livestock carrier	Tiertransporter *m* (Schiff) Viehtransporter *m* (Schiff)
livestock wagon *(BE)*	Viehwagen *m* (Eisenbahn) Viehwaggon *m*
living animals *pl*	lebende Tiere *npl*
living plants *pl*	lebende Pflanzen *fpl*
load and trim sheet	Loadsheet *n*
load backrest	Lastschutzgitter *n*
load capacity	Ladefähigkeit *f*
load center *(AE)*	Lastschwerpunkt *m*
load center distance *(AE)*	Lastschwerpunktabstand *m*
load centre *(BE)*	Lastschwerpunkt *m*

L

load centre distance *(BE)*	Lastschwerpunktabstand *m*
load chain	Lastkette *f*
load control (aircraft)	Load Control *f* (Ladesteuerung) (Flugzeug)
load control agent (aircraft)	Load Controller *m* (Flugzeug)
load distribution plan	Lastverteilungsplan *m*
load handling device	Lastaufnahmemittel *n*
load limit	Lastgrenze *f*
load line	Freibordmarke *f* Plimsoll-Marke *f*
load line certificate	Freibordzeugnis *n*
load monitoring system/LMS	Load Monitoring-System/LMS *n*
load securing	Ladungssicherung *f*
load securing device	Zurrmittel *n*
load securing equipment	Ladungssicherungsmittel *n*
loading	Beladen *n*
loading activity	Ladetätigkeit *f*
loading aids *pl*	Ladehilfen *fpl*
loading area	1. Ladefläche *f* 2. Ladezone *f*
loading device	Ladehilfsmittel/LHM *n*
loading equipment	Ladehilfsmittel/LHM *n*
loading flap	Ladeklappe *f*
loading list	Ladeliste *f*
loading meter *(AE)*	Lademeter/LDM *m*
loading metre *(BE)*	Lademeter/LDM *m*
loading period	Ladefrist *f*
loading plan	Ladeplan *m*
loading platform	Ladebühne *f*
loading racks *pl*	Ladegestelle *f*

L

loading ramp	1. Ladebühne *f* 2. Verladerampe *f* / Laderampe *f* / Rampe *f*
loading timbers *pl*	Ladehölzer *npl*
loading time	Ladezeit *f*
loading troughs *pl* (load securing permanently installed in the vehicle)	Lademulden *fpl* (Ladungssicherung fest im Fahrzeug installiert)
loading unit	Ladeeinheit/LE *f*
loading zone *sg* (order picking)	Beschickungszone *f* (Kommissionierung)
loadsheet	Loadsheet *n*
local public transport	öffentlicher Personennahverkehr/ ÖPNV *m*
local public transport plans *pl*	ÖPNV-Nahverkehrspläne *npl*
local sourcing	Lokale Beschaffung *f*
local traffic plans *pl*	Nahverkehrspläne *mpl*
local vehicle network (LVN) (currently under development)	Local Vehicle Network (LVN) (befindet sich in der Entwicklung)
location *sg* (e.g. of the warehouse)	Standort *m* (z.B. des Lagers)
lock	Schleuse *f*
lock chamber	Schleusenkammer *f*
lock due	Schleusengebühr *f*
lock gate	Schleusentor *n*
lock keeper	Schleusenwärter *m*
lock staircase	Schleusentreppe *f*
lockage	1. Schleusenanlage *f* 2. Schleusung *f* (Schiff)
lockage (toll)	Schleusengebühr *f*
lockout	Aussperrung *f*
locomotive engineer *(AE)*	Lokführer *m* Lokomotivführer *m* Triebfahrzeugführer/Tf *m*

L

locomotive/engine (rail)	Lok *f*
	Lokomotive *f*
Lofo – lowest in , first out	LOFO-Verfahren *n* (Günstigster Eingang – Erster Ausgang)
logbook	1. Bordbuch *n* (Binnenschiff) / Fahrtenbuch *n* (Binnenschiff)
	2. Logbuch *n* (Seeschiff)
logiless than container load/full container load / LCL/FCL	Vorlauf nicht containerisiert als Stückgut und Nachlauf containerisiert / LCL/FCL *m*
logistics *pl*	Logistik *f*
logistics chain	Logistikkette *f*
logistics contract/agreement *sg*	Logistikvertrag *m*
logistics costs *pl* (fin.)	Logistikkosten *pl*
logistics partnership *sg*	Logistikpartnerschaft *f*
logistics risks *pl*	Logistikrisiken *npl*
logistics service provider	Logistikdienstleister *m*
LoLo-ship (lift-on/lift-off)	LoLo-Schiff *n* (lift-on/lift-off)
London Stock Exchange (fin.)	Londoner Börse *f* (fin.)
long length additional	Längenzuschlag *m*
long lorry *(BE)* / truck *(AE)* (vehicle combination up to 25.25m total length)	Lang-Lkw *m* (Fahrzeugkombination bis 25,25m Gesamtlänge)
long vehicle	Fahrzeug mit Überlänge *n*
long-distance bus *(AE)*	Reisebus *m*
long-distance flight	Langstreckenflug *m*
long-distance travel	Fernlinienverkehr *m*
long-haul aircraft	Langstreckenflugzeug *n*
long-haul flight	Langstreckenflug *m*
long-range aircraft	Langstreckenflugzeug *n*
long-term	langfristig
long-term lowest price limit	Preisuntergrenze *f* (langfristig)
long-term warehouse *sg*	Dauerlager *n*

L

Longer Combination Vehicle/LCV	überlanger LKW mit einem oder zwei Anhängern, z.B. in Kanada, USA
longitudinal circles *pl* (geographical)	Längenkreise *mpl* (geografisch)
longitudinal position sg on the shelf	Längsposition im Regal *f*
longshoreman *(AE)*	1. Stauer *m* 2. *Stauerin* f 3. Hafenarbeiter *m*
LoPax-ship (lift-on/lift-off and passenger)	LoPax-Schiff *n* (lift-on/lift-off und Passagiere)
lorry *(BE)*	Laster *m* Lastkraftwagen/LKW *m* Lastwagen *m*
lorry driver *(BE)*	LKW-Fahrer *m* Lastwagenfahrer *m*
lorry mounted crane *(BE)*	LKW-Ladekran *m*
lorry mounted forklift *(BE)*	Mitnahmestapler *m* (LKW)
lorry park *(BE)*	Autohof *m*
lorry wash *(BE)*	LKW-Waschstraße *f*
loss	Schaden *m* Verlust *m*
loss in transit	Transportschaden *m*
lost slot (container) (sea freight)	Verlust von Container-Stellplatz *m* (Seefracht)
loud	laut
low noise certificate	Lärmarmzertifikat *n*
low specific activity/LSA	geringe spezifische Aktivität/LSA *f*
Low Sulfur *(AE)* / Sulphur *(BE)* Fee/ LSF (sea freight)	Schwefelarme Treibstoffzuschlag *m* (LSF) (Seefracht)
Low Sulfur *(AE)* / Sulphur *(BE)* Surcharge/LSS (sea freight)	Schwefelarme Zuschlag *m* (LSS) (Seefracht)
low tide	Niedrigwasser *n* (Tide) Tideniedrigwasser *n*

L

low value assets *pl*	geringwertige Wirtschaftsgüter/ GWG *npl*
low water	Niedrigwasser *n*
low water surcharge	Kleinwasserzuschlag/KWZ *m* Niedrigwasserzuschlag *m*
low-beam headlamp *(AE)*	Frontscheinwerfer *m* Hauptscheinwerfer *m*
low-beam headlight *(AE)*	1. Abblendlicht *n* 2. Hauptscheinwerfer *m* / Frontscheinwerfer *m*
low-cost airline	Billigairline *f* Billigflieger *m* Billigfluggesellschaft *f*
low-cost carrier	Billigairline *f* Billigflieger *m* Billigfluggesellschaft *f*
low-emission	abgasarm emissionsarm schadstoffarm
low-floor bus	Niederflurbus *m*
low-floor technology	Niederflurtechnik *f*
low-floor wagon	Niederflurwagen *m*
low-loader wagon	Niederflurwagen *m*
low-maintenance	wartungsarm
low-noise	geräuscharm
low-side car *(AE)*	Niederbordwagen *m*
low-sided gondola *(AE)*	Niederbordwagen *m*
low-sided wagon	Niederbordwagen *m*
low-value assets *pl* (fin.)	geringwertige Wirtschaftsgüter *npl* (fin.)
lowest in - fist out/LOFO	niedrigstes herein - zuerst hinaus/ LOFO (nach dem Preis)
loyal	loyal
lubricant	Schmierstoff *m*

L

lubricate, to	abschmieren
lubrication gun	Fettpresse *f*
	Schmierpresse *f*
Lufthansa Flight Training GmbH/	Lufthansa Flight Training GmbH/
LFT	LFT *f*
lug wrench *(AE)*	Radkreuz *n*
	Kreuzschlüssel *m*
	Drehkreuz *n*
luggage insurance *(BE)*	Gepäckversicherung *f*
	Reisegepäckversicherung *f*
luggage *sg (BE)*	Gepäck *nsg*
luggage trolley *(BE)*	Gepäckwagen *m* (Kofferkuli)
luggage van *(BE)*	Gepäckwagen *m*
	(Eisenbahn)
	Packwagen *m*
lumber	Bauholz *n*
lumber freeboard	Holzfreibord *n*
Lumber Summer/LS	Holz-Sommerlademarke/LS *f*
Lumber Tropical/LT	Holz-Tropenlademarke/LT *f*
Lumber Winter/LW	Holz-Winterlademarke/LW *f*
Lumber, Fresh/LF	Holz-Frischwasser-Lademarke/LF *f*
Lumber, Tropical, Fresh/LTF	Holz-Tropen-Frischwasser-Lademarke/LTF *f*
Lumber, Winter, North Atlantic/LWNA	Holz-Winter-Nordatlantik-Lademarke/LWNA *f*
lump sum freight	Pauschalfracht *f*
lunch break	Mittagspause *f*
lye	Lauge *f*

M

machine	Maschine *f*
mafia	Mafia *f*
Maghreb *sg*	Maghreb *msg*

magnesium *sg*	Magnesium *nsg*
maiden flight	Jungfernflug *m*
mailboat	Postschiff *n*
main carriage	Hauptlauf *m*
main customs office	Hauptzollamt *n*
main hazard	Hauptgefahr *f*
main inspection	Hauptuntersuchung/HU *f*
main route	Hauptstrecke *f*
maintainability *sg*	Wartungsfreundlichkeit *fsg*
maintenance	Wartung *f*
maintenance costs *pl* (fin.)	Wartungskosten *pl*
maintenance work	Wartungsarbeit *f*
major damage	großer Schaden *m*
make-or-buy	Eigenfertigung *f*
make-or-buy (MOB)	Make-or-Buy-Entscheidung *f* / Entscheidung über Eigenfertigung oder Fremdbezug *f*
malaria *sg*	Malaria *fsg*
Malay Archipelago	Indischer Archipel *m* Indonesischer Archipel *m* Malaiischer Archipel *m* Ostindischer Archipel *m* Südostasiatischer Archipel *m*
Malay Peninsula	Goldene Halbinsel *f* Malaien-Halbinsel *f* Malaiische Halbinsel *f*
malice *sg*	Arglist *fsg*
malicious deceit	arglistige Täuschung *f*
man overboard rescue turn	Mann-über-Bord-Manöver/MOB *n*
man to goods	Mann-zur-Ware/MzW
managing director	Geschäftsführer *m*
mandatory legal provision	zwingende Rechtsvorschrift *f*
mandatory reporting	Meldepflicht *f*

mandatory sign	Gebotszeichen *n*
mandatory warning vest	Warnwestenpflicht *f*
maneuver, to *(AE)*	manövrieren
manhole	Mannloch *n*
manifest	Ladungsverzeichnis *n*
	Manifest *n*
manipulation (processing)	Bearbeitung *f* (Waren)
	Verarbeitung *f* (Waren)
manners *pl*	Manieren *fpl*
Mannheim Convention Revised Convention for Rhine Navigation	Mannheimer Akte *f* Revidierte Rheinschifffahrtsakte *f*
manning (e.g. bus and coach)	Besetzung *f* (z.B. KOM)
manoeuvre, to *(BE)*	manövrieren
manoeuvring *(BE)* / maneuvering *(AE)* assistant (currently under development)	Rangierassistent *m* (befindet sich in der Entwicklung)
manoeuvring *(BE)* / maneuvering *(AE)*, recovery and towing coupling	Rangier-, Berge- und Abschlepp-kupplung *f*
manometer	Manometer *n*
manual gearbox	Schaltgetriebe *n*
manual transmission	Schaltgetriebe *n*
manufacture	Fertigung *f*
	Produktion *f*
manufacturer	Hersteller *m*
manufacturing	Fertigung *f*
manufacturing costs *pl*	Herstellkosten *pl*
manufacturing risk cover	Fabrikationsrisikodeckung *f*
March	März *m*
margin	Marge *f*
marginal costing	Teilkostenrechnung *f*
marine debris	Schwemmgut *n*
	Treibgut *n*

marine diesel oil/MDO	Marinedieselöl/MDO *n*
	Schiffsdiesel/MDO *m*
marine evacuation system/MES	Schiffsevakuierungssystem/MES *n*
marine fuel oil/MFO	Schweröl *n*
marine gas oil/MGO	Marinedieselöl/MDO *n*
	Schiffsdiesel/MDO *m*
marine insurance	Seetransportversicherung *f*
marine litter	Schwemmgut *n*
	Treibgut *n*
marine salvage	Bergung *f* (Schiff)
marine weather service	Seewetterdienst *m*
mariner	Seemann *m*
maritime law	Seerecht *n*
maritime mobile service identity/ MMSI	Rufnummer des mobilen Seefunkdienstes/MMSI *f*
maritime salvage	Bergung *f* (Schiff)
maritime trade *sg*	Seehandel *msg*
maritime waterway/marine waterway	Seewasserstraße *f*
mark	Markierung *f*
mark, to	markieren
Market Access Regulation/MAR	Marktzugangsverordnung/MZV *f*
market organisation *(BE)*	Marktordnung *f*
market organization *(AE)*	Marktordnung *f*
market power *sg*	Marktmacht *f*
market price	Marktpreis *m*
market regulation goods *pl*	Marktordnungswaren *fpl*
market regulations *pl*	Marktordnung *f*
market trips *pl*	Marktfahrten *fpl*
market value	1. Marktwert *m*
	2. Verkehrswert *m*
marking	Markierung *f*
marking *sg* (e.g. of the packages)	Markierung *f* (z.B. der Packstücke)

marriage property	Heiratsgut *n*
marshaling yard *(AE)*	Rangierbahnhof *m* Verschiebebahnhof *m*
marshalling yard *(BE)*	Rangierbahnhof *m* Verschiebebahnhof *m*
mass force	Massenkraft *f*
mass production	Massenfertigung *f* Massenproduktion *f*
master air waybill/MAWB	Hauptluftfrachtbrief *m*
Master Craftsman/Craftswoman for motorised *(BE)*/ motorized *(AE)* transport	Kraftverkehrsmeister/-in *m/f*
master of the vessel	Schiffsführer *m* (Binnenschiff)
mate's receipt	Bordempfangsschein *m* Steuermannsquittung *f* Verladebescheinigung *f*
material damage	Sachschaden *m*
material flow	Materialfluss *m*
maturity	Fälligkeit *f*
maturity date	Fälligkeitstag *m*
maximum activity	maximale Aktivität *f*
maximum design speed	bauartbestimmte Höchstgeschwindigkeit *f*
maximum liability limit	Haftungshöchstgrenze *f*
maximum principle	Maximalprinzip *n*
maximum speed	Höchstgeschwindigkeit *f*
maximum take off weight/MTOW	Höchstabfluggewicht/MTOW *n*
maximum width	maximale Breite *f*
May	Mai *m*
means of transport *pl*	Transportmittel *n* Verkehrsmittel *n*
measure *sg* of delivery reliability (key figure)	Maß für Liefertreue *n* (Kennzahl)

measurement	1. Messung *f*
	2. Messwert *m*
measuring tape	Bandmaß *n*
	Maßband *n*
meat products *pl*	Fleischerzeugnisse *npl*
	Fleischwaren *fpl*
meat *sg*	Fleisch *nsg*
mechanical	mechanisch
medical glove	Einmalhandschuh *m*
medicine	Medikament *n*
Mediterranean Basin *sg*	Mittelmeerraum *msg*
Mediterranean region *sg*	Mittelmeerraum *msg*
medium-distance flight	Mittelstreckenflug *m*
medium-haul aircraft	Mittelstreckenflugzeug *n*
medium-haul flight	Mittelstreckenflug *m*
medium-range aircraft	Mittelstreckenflugzeug *n*
meet the requirement, to	der Anforderung entsprechen
Melanesia	Melanesien *nsg*
membership	Mitgliedschaft *f*
mercantile fleet	Handelsflotte *f*
	Handelsmarine *f*
mercantile marine	Handelsflotte *f*
	Handelsmarine *f*
merchandise	Handelsware *f*
	Ware *f*
merchant ensign	Handelsflagge *f*
merchant flag	Handelsflagge *f*
merchant fleet	Handelsflotte *f*
	Handelsmarine *f*
merchant marine *(AE)*	Handelsflotte *f*
	Handelsmarine *f*
merchant navy *(BE)*	Handelsflotte *f*
	Handelsmarine *f*

merchant vessel	Handelsschiff *n*
mercury *sg*	Quecksilber *nsg*
message	Botschaft *f* (Nachricht)
Message and Information System for Inland Navigation	Melde- und Informationssystem Binnenschifffahrt/MIB *n*
metal drum	Metallfass *n*
metal fire	Metallbrand *m*
metal hydride storage system	Metallhydrid-Speichersystem *n*
methane *sg*	Methan *nsg*
methanol *sg*	Methanol *nsg*
method of payment	Zahlungsart *f*
methyl bromide/MB	Methylbromid/MB *n*
micro sleep	Sekundenschlaf *m*
micro-hub *sg*	Micro-Hub *m*
Micronesia	Mikronesien *n*
midair collision	Zusammenstoß in der Luft *m*
Middle America	Mittelamerika *n*
Middle East	Mittlerer Osten *m*
Mideast	Mittlerer Osten *m*
military load classfication/MLC	militärische Lastenklasse *f* MLC-Klasse *f*
military vehicle	Militärfahrzeug *n*
milk *sg*	Milch *fsg*
mine	Mine *f*
mineral	mineralisch
mineral wagon *(BE)*	Erzwagen *m*
minimum charge	Mindestfracht *f*
minimum charges *pl* (air freight)	Mindestfrachtrate *f* (Luftfracht)
minimum distance	Mindestabstand *m*
minimum engine power	Mindestmotorleistung *f*
minimum principle	Minimalprinzip *n*

minimum stock	Mindestbestand *m*
	Sicherheitsbestand *m*
	eiserner Bestand *m*
minimum terrain clearance altitude/ MTCA	Luftstraßen-Sicherheitsflughöhe *f*
minimum weight *sg* (air freight)	Mindestgewicht *n* (Luftfracht)
minor damage	Bagatellschaden *m*
minor injury	kleine Verletzung *f*
misloading	Fehlverladung *f*
mixed loading	Zusammenladen *nsg*
mixed packing	Zusammenpacken *nsg*
mixed pallet	Mischpalette *f*
mobile bar code terminal sg with trunked radio communication	mobiler Barcodeterminal mit Bündelfunkkommunikation *m*
mobile brush washer	mobile Bürstenwaschanlage *f*
mobile crane	Autokran *m*
	Fahrzeugkran *m*
mobile explosives manufacturing unit/MEMU	Mischladefahrzeug *n*
	Mobile Einheit zur Herstellung von explosiven Stoffen oder Gegenständen mit Explosivstoff/MEMU *f*
mobile phone *(BE)*	Handy *n*
	Mobiltelefon *n*
mobile phone number *(BE)*	Handynummer *f*
	Mobilnummer *f*
	Mobiltelefonnummer *f*
mobile shelving system	Verschieberegalsystem *n*
mode of dispatch	Versandart *f*
mode of transport *sg*	Verkehrsträger *m*
moderate sea (sea state code 4)	mäßig bewegte See *f* (Sea State Code 4)
modest	bescheiden
modification	Änderung *f*
	Modifikation *f*

modular sourcing	Modulare Beschaffung *f*
moisture *sg*	Feuchtigkeit *fsg*
moisture-proof	feuchtigkeitsbeständig
	feuchtigkeitsresistent
moisture-sensitive	feuchtigkeitsempfindlich
moldy *(AE)*	schimmelig
Monday	Montag *m*
monitor, to	überwachen
monkey's fist (knot)	Affenfaust *f* (Knoten)
monsoon	Monsun *m*
monsoon rain	Monsunregen *m*
month	Monat *m*
month after next, the *sg*	übernächster Monat
month before last, the *sg*	vorletzter Monat
monthly	monatlich
Montreal Convention	Montrealer Übereinkommen/MÜ *n*
moonlighting	Schwarzarbeit *f*
mooring	Anlegeplatz *m*
mooring bollard	Poller *m* (Hafen)
mooring line	Festmacher *m* (Leine)
moose test *(coll.)*	Elchtest *m* (ugs.)
moped	1. Mofa *n*
	2. Moped *n*
moped with a kick starter	Mokick *n*
mores *pl*	Gebräuche *mpl*
	Gepflogenheiten *fpl*
	Sitten *fpl*
morning	1. Morgen *m*
	2. Vormittag *m*
morning break	Frühstückspause *f*
MOT test	TÜV-Hauptuntersuchung *f*
motel	Motel *n*

motor car	Auto *n*
	Automobil *n*
	Kraftwagen *m*
	Personenkraftwagen/PKW *m*
motor coach *(BE)*	Reisebus *m*
motor speed	Motordrehzahl *f*
motor vehicle	Kraftfahrzeug/Kfz *n*
motor vehicle liability insurance	Kfz-Haftpflicht *f (ugs.)*
	Kfz-Haftpflichtversicherung *f*
motorail	Autoreisezug *m*
motorail train	Autoreisezug *m*
motorbike	Kraftrad *n*
	Motorrad *n*
motorcycle	Kraftrad *n*
	Motorrad *n*
motorcycle combination	Motorradgespann *n*
motorcycle helmet	Motorradhelm *m*
	Schutzhelm *m* (Motorrad)
	Sturzhelm *m* (ugs.) (Motorrad)
motorized bicycle	Fahrrad mit Hilfsmotor *n*
motorway *(BE)*	Autobahn *f*
motorway exit *(BE)*	Autobahnausfahrt *f*
motorway junction *(BE)*	Autobahnkreuz *n*
motorway service area/MSA *(BE)*	Autobahnrastanlage *f*
rest area *(AE)*	Autobahnrasthof *m*
	Autobahnrastplatz *m*
	Autobahnraststätte *f*
motorway triangle *(BE)*	Autobahndreieck *n*
motorways pl *(BE)*	Kraftfahrstraßen *fpl*
mouldy *(BE)*	schimmelig
mountain	Berg *m*
mountain bike/MTB	Geländefahrrad *n*
	Mountainbike/MTB *n*

mountain pass road	Passstraße *f*
moveable bridge	bewegliche Brücke *f*
movement certificate	Warenverkehrsbescheinigung/ WVB *f*
movement certificate a. tr	Warenverkehrsbescheinigung A. TR *f*
movement certificate euro 1	Warenverkehrsbescheinigung Euro 1 *f*
movements inspector	Fahrdienstleiter/Fdl *m*
moving company	Umzugsspedition *f*
moving firm	Umzugsspedition *f*
moving floor	Schiebeboden *m* Schubboden *m*
mucous membrane	Schleimhaut *f*
mud on road *sg*	verschmutzte Fahrbahn *f*
multi element gas container/MEGC	Gascontainer mit mehreren Elementen/MEGC *m*
multi-circuit protection valve	Mehrkreisschutzventil *n*
multi-compartment tank	Mehrkammertank *m*
multi-disc clutch	Mehrscheibenkupplung *f*
multi-driver operation	Mehrfahrerbetrieb *m*
multi-hub *sg*	Multi-Hub *m*
multi-level transportation	mehrstufiger Verkehr *m*
multi-level warehouse *sg*	Etagenlager *n*
multi-manning	Mehrfahrerbetrieb *m*
multi-modal traffic	Multimodaler Verkehr *m*
multi-modal transport	Multimodaler Verkehr *m*
multi-state cost distribution sheet	mehrstufiger Betriebsabrechnungs- bogen *m*
multi-storey car park *(BE)*	Parkhaus *n*
multifunction steering wheel	Multifunktionslenkrad *n*
multilateral	mehrseitig

N

multilateral approval (CEMT approval)	multilaterale Genehmigung *f* (CEMT-Genehmigung)
multiple citizenship	mehrfache Staatsangehörigkeit *f* mehrfache Staatsbürgerschaft *f*
multiple element gas container/ MEGC	Gascontainer *m* (mit mehreren Elementen (MEGC)
multiple unit/MU	Triebzug *m*
multiple vehicle collision	Massenkarambolage *f*
municipal logistics	städtische Logistik *f*
municipal roads *pl*	Gemeindestraßen *fpl*
mutual insurance association	Versicherungsverein auf Gegenseitigkeit/VVaG *m*
mutual insurance company	Versicherungsverein auf Gegenseitigkeit/VVaG *m*
mutual insurance corporation *(AE)*	Versicherungsverein auf Gegenseitigkeit/VVaG *m*
mutual insurance society *(BE)*	Versicherungsverein auf Gegenseitigkeit/VVaG *m*

N

naked flame	offene Flamme *f*
naked light	offenes Licht *n*
named B/L	Namenskonnossement *n* Rektakonnossement *n*
named bill of lading	Namenskonnossement *n* Rektakonnossement *n*
narrow aisle forklift	Schmalgangstapler *m*
narrow body (air plane)	Schmalrumpf- bzw. Standardrumpfflugzeug *n*
narrow-aisle forklift trucks *pl*	Schmalgangstapler *m*
national roads *pl*	Landesstraßen *fpl*
national treasure	nationales Kulturgut *n*
natural gas	Erdgas *n*

natural gas vehicle/NGV	Erdgasfahrzeug *n*
	Erdgasauto *n*
natural hazard	Elementarrisiko *n*
nautical chart	Seekarte *f*
nautical fault	nautisches Verschulden *nsg*
nautical mile/NM	nautische Meile/NM *f*
navigable aqueduct	Kanalbrücke *f*
navigation *sg*	Navigation *fsg*
navigation system	Navigationssystem *n*
navigational telex/NAVTEX	Navigational Telex/NAVTEX *m/n*
Near East	Naher Osten *m*
necessary	notwendig
	erforderlich
negative booking	Stornobuchung *f*
negligence *sg*	Fahrlässigkeit *f*
negotiable	begebbar
	negoziierbar
negotiable FIATA Multimodal Transport Bill of Lading/FBL	begebbares FIATA-Durchkonnossement des kombinierten Transports/FBL *n*
negotiable L/C	begebbares Akkreditiv *n*
	negoziierbares Akkreditiv *n*
negotiable letter of credit	begebbares Akkreditiv *n*
	negoziierbares Akkreditiv *n*
negotiable warehouse receipt	Orderlagerschein *m*
negotiation	Gesprächsführung *f*
nervous	nervös
net	Netz *n*
net (load securing)	Netz *n* (Ladungssicherung)
net asset indicators *pl*	Kennzahlen zur Vermögenslage *fpl*
net explosive content/NEC	Nettoexplosivstoffmasse/NEM *f*
net explosive quantity/NEQ	Nettoexplosivstoffmasse/NEM *f*

N

N

net explosive weight/NEW	Nettoexplosivstoffmasse/NEM *f*
net loss	Reinverlust *m*
net profit	Reingewinn *m*
net rate *sg*	Nettorate *f*
net sales *pl (AE)*	Nettoumsatz *m*
Net Terms/N.T.	frei von Umschlagskosten und Hafenkosten im Lade- und Lösch-hafen
net tonnage/NT	Nettoraumzahl/NRZ *f*
net turnover *(BE)*	Nettoumsatz *m*
net weight	Nettogewicht *n* Reingewicht *n*
network carrier	Netzwerkcarrier *m*
neutral (gear)	Leerlauf *m* (Motor)
New Computerized Transit System/NCTS	EDV-gestütztes Versandverfahren/NCTS *n*
news *pl*	Nachricht *f*
newton meter/Nm *(AE)*	Newtonmeter/Nm *m/n*
newton metre/Nm *(BE)*	Newtonmeter/Nm *m/n*
next month	nächster Monat
next week	nächste Woche
next year	nächstes Jahr
NHM number *sg* (NHM = Nomen-clature Harmonisée Marchandises (Harmonized Commodity Code for goods to be carried by rail))	NHM-Nummer *f* (NHM = Nomen-clature Harmonisée Marchandises (Harmonisiertes Güterverzeichnis der zu befördernden Waren im Eisenbahnverkehr))
nickel *sg*	Nickel *nsg*
night	Nacht *f*
night flying qualification	Nachtflugqualifikation *f*
night train	Nachtzug *m*
night vision assistant	Nachtsichtassistent *m*
nitric acid *sg*	Salpetersäure *fsg*

N

nitrogen *sg*	Stickstoff *msg*
nitroglycerin/NG *sg*	Nitroglycerin/NG *nsg*
	Nitroglyzerin/NG *nsg*
no hard feelings *pl (coll.)*	nichts für ungut *(ugs.)*
	Schwamm drüber *(ugs.)*
no news is good news *pl (coll.)*	keine Nachricht ist eine gute
	Nachricht *(ugs.)*
no overtaking *(BE)*	Überholverbot *n*
no parking	Parkverbot *n*
no passing *(AE)*	Überholverbot *n*
no stopping and standing	Halteverbot *n*
	Haltverbot *n*
no stopping and standing zone	Halteverbotszone *f*
	Haltverbotszone *f*
no value declared/NVD	keine Wertangabe
no-flight zone/NFZ	Flugverbotszone *f*
no-fly zone/NFZ	Flugverbotszone *f*
no-frills airline	Billigairline *f*
	Billigflieger *m*
	Billigfluggesellschaft *f*
no-frills carrier	Billigairline *f*
	Billigflieger *m*
	Billigfluggesellschaft *f*
no-parking zone	Parkverbotszone *f*
noble gas	Edelgas *n*
noise barrier	Lärmschutzwand *f*
noise certificate	Lärmzertifikat *n*
noise level	Lärmpegel *m*
Nomenclature of Goods for the External Trade Statistics of the Community and Statistics of Trade between Member States/NIMEXE	Warenverzeichnis für die Statistik des Außenhandels der Gemeinschaft und des Handels zwischen ihren Mitgliedstaaten/NIMEXE *n*
nominal account	Sachkonto *n*
nominal capacity	Nennkapazität *f*

N

nominal capital corpus	Stammkapital n
nominal voltage	Nennspannung f
non vessel operating common carrier/NVOCC	Reeder ohne Schiff/NVOCC m schiffsbuchender Verfrachter/ NVOCC m
non-community goods	Nichtgemeinschaftsware f
non-continuous conveyor sg	Unstetigförderer m
non-deductible franchise	Integralfranchise f (Versicherung zahlt erst ab einer bestimmten Schadenshöhe)
non-flammable	nicht brennbar
non-insurable	nicht versicherbar
non-insurable commercial goods	nicht versicherbare Handelsgüter npl
non-liability clause sg	Haftungsausschlussklausel f
non-negotiable	nicht begebbar nicht negoziierbar
non-negotiable FIATA Multimodal Transport Waybill/FWB	nicht begebbares FIATA-Transportdokument des kombinierten Transports/FWB n
non-negotiable warehouse receipt	Namenslagerschein m Rektalagerschein m
non-operating result	neutrales Ergebnis n
non-payment (BE)	Nichtzahlung f
non-preferential origin	nichtpräferenzieller Ursprung m
non-preferential right of origin	nicht präferenzielle Ursprungsrecht n
non-recognisable (BE) / non-recognizable (AE) defects pl	nicht erkennbare Mängel mpl
non-returnable packaging (BE)	Einwegverpackung f
non-stop flight	Nonstopflug m
nonpayment (AE)	Nichtzahlung f
nonreturnable packaging (AE)	Einwegverpackung f

N

noon	Mittag *m*
normal fifth wheel coupling	normale Sattelkupplung *f*
normal rate *sg* (air freight)	Normalrate *f* (Luftfracht)
normal tire *(AE)*	Sommerreifen *m*
normal tyre *(BE)*	Sommerreifen *m*
north	Nord
	Norden *m*
North Africa	Nordafrika *n*
North America	Nordamerika *n*
North Atlantic Tracks *pl*	North Atlantic Tracks *mpl* (Linien-flugrouten über den Atlantik)
North Range (Hamburg/Bremen/Bremerhaven/Rotterdam/Antwerp)	Nordrange *f* (Hamburg/Bremen/Bremerhaven/Rotterdam/Antwerpen) / Hamburg-Antwerpen-Range/HA-Range *f* (Hamburg/Bremen/Bremerhaven/Rotterdam/Antwerpen)
Northern Africa	Nordafrika *n*
Northern Europe	Nordeuropa *n*
nose	Bug *m* (Flugzeug)
not otherwise specified/N.O.S.	nicht anderweitig genannt/N.A.G.
notary	Notar *m*
notice of change	Änderungskündigung *f*
notice of claim	Schadensanzeige *f*
notice of defects	Mängelanzeige *f*
notice of liability	Haftbarhaltung *f*
notice of loss	Schadensanzeige *f*
notifying bank	avisierende Bank *f*
November	November *m*
nuclear	nuklear
nuclear fuel	Kernbrennstoff *m*
nuclear radiation	radioaktive Strahlung *f*
nuclide	Nuklid *n*

number of axles	Achszahl *f*
number plate *(BE)*	Nummernschild *n*
	Kfz-Kennzeichen *n* (Schild)
nursing care insurance	Pflegeversicherung *f*
nutrition	Ernährung *f*
nylon tape	Nylonband *n*

O

obligation *sg* to inspect (e.g. for shelving systems)	Prüfpflicht *f* (z.b. bei Regalanlagen)
obligation to carry	Beförderungspflicht *f*
obligation to contract	Kontrahierungszwang *m*
	Abschlusszwang *m*
obligation to insure *sg*	Versicherungspflicht *f*
obligation to notify *sg*	Mitteilungspflicht *f*
obligation to report *sg*	Mitteilungspflicht *f*
obligation to surrender *sg*	Herausgabepflicht *f*
obligations of the employer *pl*	Pflichten des Arbeitgebers *fpl*
obligations *pl*	Pflichten *fpl*
obliging	zuvorkommend
observation car *(AE)*	Kanzelwagen *m*
observation carriage *(BE)*	Kanzelwagen *m*
observation coach *(BE)*	Kanzelwagen *m*
observation deck (e.g. airport)	Aussichtsplattform *f* (z.B. Flughafen)
occasional carriage	Gelegenheitsverkehr *m*
occupation	Besetzung *f* (z.B. KOM)
occupational health medical examination/OHME	arbeitsmedizinische Vorsorgeuntersuchung *f*
occupational medicine	Arbeitsmedizin *f*
occupational safety	Arbeitssicherheit *f*
ocean	Ozean *m*

ocean freight	Seefracht *f*
ocean liner	Ozeandampfer *m*
ocean marine insurance	Seetransportversicherung *f*
ocean shipping	Seeschifffahrt *f*
oceangoing tug	Hochseeschlepper *m*
Oceania	Ozeanien *nsg*
octane number	Oktanzahl *f*
octane rating	Oktanzahl *f*
October	Oktober *m*
odds and ends *pl (coll.)*	Kleinigkeiten *fpl*
	Krimskrams *msg* (ugs.)
odds with oneself, to be at	mit sich selbst uneins sein
odds with something, to be at	mit etwas in Konflikt stehen
	mit jemandem uneinig sein
odometer fraud	Tachomanipulation *f*
odor *(AE)*	Geruch *m*
odor-absorbing *(AE)*	geruchsaufnehmend
odor-free *(AE)*	geruchsneutral
odor-releasing *(AE)*	geruchsabgebend
odour *(BE)*	Geruch *m*
odour-absorbing *(BE)*	geruchsaufnehmend
odour-free *(BE)*	geruchsneutral
odour-releasing *(BE)*	geruchsabgebend
off-field landing	Außenlandung *f*
off-road vehicle	Geländewagen *m*
offer	Angebot *n*
office for new construction of waterways	Wasserstraßen-Neubauamt/WNA *n*
office hours *pl*	Bürozeit *f*
office premises *pl*	Geschäftsräume *mpl*
offset	abgesetzt
oil	Öl *n*

0

0

oil bath air filter	Ölbadluftfilter *m*
oil change	Ölwechsel *m*
oil cooler	Ölkühler *m*
oil dipstick	Ölpeilstab *m*
oil embargo	Ölembargo *n*
oil filter	Ölfilter *m*
oil on road	Ölspur *f*
oil tanker	Öltanker *m*
old	alt
old banger *(BE) (coll.)* (car)	Rostlaube *f* (ugs.)
	Rostmühle *f* (ugs.)
ombudsman	Ombudsmann *m*
omnibus	Bus *m*
	Omnibus *m*
	Kraftomnibus/KOM *m*
on schedule	im Zeitplan
on the job	bei der Arbeit
on time	pünktlich
on-board unit/OBU	On-Board Unit/OBU *f*
on-board-weighting system / OBWS	Wiegesystem *n* (On-Board-Weighting System / OBWS)
on-call bus	Anrufbus *m*
on-carriage	Nachlauf *m*
oncoming traffic	Gegenverkehr *m*
one-off orders *pl* (often given at short notice and orally)	Zurufgeschäfte *npl*
one-to-one rule	Eins-zu-Eins-Regel *f*
one-way packaging	Einwegverpackung *f*
one-way pallet	Einwegpalette *f*
one-way street	Einbahnstraße *f*
online trade *sg*	Onlinehandel *m*
onward flight	Anschlussflug *m*

oodles of something *pl (coll.)*	Unmenge von etwas *f*
open customs warehouse	offenes Zollager/OZL *n*
open depot	Freilager *n* (räumlich)
open items list	Offene-Posten-Liste *f*
open policy	Generalpolice *f* laufende Police *f* offene Police *f*
Open Policy (DTV Cargo 2000/2011)	Bestimmungen für die laufende Versicherung *fpl* (DTV-Güter 2000/2011)
open side container	seitlich offener Container *m*
Open Skies Agreement	Open-Skies-Abkommen *n*
open top container	oben offener Container *m*
open vehicle	offenes Fahrzeug *n*
open wagon *(BE)*	offener Güterwagen *m*
open-air warehouse *sg*	Freilager *n* (räumlich)
open, to (e.g. a package)	öffnen (z.B. ein Versandstück)
opening bank	eröffnende Bank *f*
operating expense	1. Betriebsaufwand *m* (betriebliche Aufwendungen) 2. Zweckaufwand *m*
operating hour	Betriebsstunde *f*
operating instructions *pl*	Betriebsanweisung *f*
operating licence *(BE)*	Betriebserlaubnis *f* Betriebsgenehmigung *f*
operating license *(AE)*	Betriebserlaubnis *f* Betriebsgenehmigung *f*
operating resources *pl*	Betriebsmittel *npl*
operating results *pl*	Betriebsergebnis *n*
operating safety	Betriebssicherheit *f*
operating supplies *pl*	Betriebsstoff *m*
operating the ship	Bereederung *f*

O

0

operating time	1. Betriebszeit *f* 2. Einsatzzeit *f* 3. Betriebsdauer *f*
Operational Flight Information Service/OFIS	Operational Flight Information Service/OFIS *m*
operational purpose	Betriebszweck *m*
Operational Regulations of Undertakings engaged in Road Passenger Transport services	Betriebsordnung für Kraftfahrunternehmen/BOKraft *f*
operational safety	Betriebssicherheit *f*
optimum order quantity *sg*	optimale Bestellmenge *f*
option	Wahlmöglichkeit *f*
oral customs declaration	mündliche Zollanmeldung *f*
orange plate	orangefarbene Gefahrentafel *f*
order	Auftrag *m* Bestellung *f*
order acknowledgement *(BE)*	Auftragsbestätigung *f*
order acknowledgment *(AE)*	Auftragsbestätigung *f*
order B/L	Orderkonnossement *n*
order bill of lading	Orderkonnossement *n*
order clause	Orderklausel *f*
order confirmation	Auftragsbestätigung *f*
order penetration point	Entkopplungspunkt *m*
order picker	1. Kommissionierer *m* (Gerät) / Schnellläufer *m* 2. Kommissionierer *m* (Person)
order picking *sg*	Kommissionierung *f*
order picking costs *pl*	Kommissionierkosten *pl*
order picking forklift	Kommissionierstapler *m*
order picking method	Kommissioniermethode *f*
order picking systems *pl*	Kommissionierungsanlagen *fpl*
order picking warehouse	Kommissionierlager *n*

order quantity *sg*	Bestellmenge *f*
order warehouse receipt/certificate *sg*	Orderlagerschein *m*
orderliness *sg*	Ordnung *f*
ordinance	Verordnung *f*
Ordinance on Frozen Foods	Verordnung über tiefgefrorene Lebensmittel *f* (TLMV)
Ordinance on Industrial Safety and Health/BetrSichV	Betriebssicherheitsverordnung/ BetrSichV *f*
Ordinance on the Transport of Dangerous Goods by Road, Rail and Inland Waterways/GGVSEB	Gefahrgutverordnung Straße, Eisenbahn und Binnenschifffahrt/ GGVSEB *f*
Ordinance on the Transport of Dangerous Goods by Sea/GGVSee	Gefahrgutverordnung See/ GGVSee *f*
Ordinance on Transport Licences/ TgV	Transportgenehmigungs- verordnung/TgV *f*
ore car *(AE)*	Erzwagen *m*
ore carrier	Erzfrachter *m*
ore wagon *(BE)*	Erzwagen *m*
ore-bulk-oil carrier/OBO-carrier	Öl/Massengut/Erz-Frachter *m*
ore-oil carrier / O/O-carrier	Erz/Öl-Frachtschiff *n*
organic	organisch
organisational fault *(BE)*	Organisationsverschulden *nsg*
organise, to *(BE)*	organisieren
organised crime *sg (BE)*	organisierte Kriminalität *fsg*
organised smuggling *(BE)*	organisierter Schmuggel *msg*
Organization for Cooperation of Railways/OSShD/OSJD	Organisation für die Zusammen- arbeit der Eisenbahnen/OSShD/ OSJD *f*
organizational fault *(AE)*	Organisationsverschulden *nsg*
organize, to *(AE)*	organisieren
organized crime *sg (AE)*	organisierte Kriminalität *fsg*

0

organized smuggling *(AE)*	organisierter Schmuggel *msg*
original	Original *n*
original equipment manufacturer/ OEM	Erstausrüster *m* Originalhersteller *m*
Other Beneficiary Countries/OBC *pl*	übrige Entwicklungsländer/OBC *npl*
other costs *pl*	Anderskosten *pl*
out of gauge/OOG (sea freight)	Übergroße Fracht *f* (OOG) (Seefracht)
out of stock	nicht am Lager nicht lieferbar nicht vorrätig vergriffen
out of town	außerorts
outer packaging	Umverpackung *f*
outer packaging (dangerous goods)	Außenverpackung *f* (Gefahrgut)
Outermost Regions/OMR *pl*	Regionen in äußerster Randlange/ OMR *fpl*
outgoing invoice	Ausgangsrechnung *f*
outplacement	Auslagerung *f*
outport additional	Umladungs- und Transportkosten- zuschlag für einen nicht direkt angelaufenen Hafen *m*
outside business hours	außerhalb der Geschäftszeit
outside office hours	außerhalb der Bürozeit
outsider (ocean shipping)	Outsider *m* (Seeschifffahrt)
outskirts	Stadtrand *m*
outsourcing	1. Outsourcing *n* 2. Auslagerung *f* 3. Ausgliederung *f*
oval tank	elliptischer Tank *m* Ovaltank *m*

O

over-Panamax class (passage Panama Canal not possible)	Overpanamax-Klasse *f* (Durchfahrt Panamakanal nicht möglich) Postpanamax-Klasse *f* (Durchfahrt Panamakanal nicht möglich) Postpanmax-Klasse *f* (Durchfahrt Panamakanal nicht möglich)
overall profitability	Gesamtrentabilität *f*
overcharge	Überladung *f* (Batterie)
overcoming spatial constraints	Raumüberwindung *f*
overdue	überfällig
overflight	Überflug *m*
overflight permit	Überflugerlaubnis *f*
overhead absorption rate	Zuschlagssatz für Gemeinkosten *m*
overhead costs *pl*	Overhead-Kosten *pl*
overhead crane *sg*	Brückenkran *m*
overhead expenses *pl*	Gemeinkosten *pl*
overhead guard	Fahrerschutzdach *n*
overheight	Überhöhe *f*
overinsure, to	überversichern
overlength	Überlänge *f*
overload	Überladung *f*
overlook, to	übersehen
overnight delivery (in transshipment traffic)	Nachtsprung *m* (im Begegnungsverkehr)
overnight train	Nachtzug *m*
overnight transport	Nachtsprung *msg*
overpack (dangerous goods)	Umverpackung *f* (Gefahrgut)
overpressure	Überdruck *m*
overpressure valve	Überdruckventil *n*
overproduction	Überproduktion *f*

0

overseas	1. Übersee
	2. überseeisch
	3. in/aus Übersee
Overseas Countries and Territories/ OCT *pl*	Überseeische Länder und Gebiete/ ÜLG *pl*
oversized and heavy goods transport	Großraum- und Schwertransporte *mpl*
oversized transport	Großraumtransport *m*
overtake, to *(BE)*	überholen
overweight	Übergewicht *n*
overwidth	Überbreite *f*
own warehouse	Eigenlager *n*
own-account transport	Werkverkehr *m*
owner	Inhaber *m*
owner-operated (coll.)	Inhabergebunden (ugs.)
oxidation catalytic converter	Oxidationskatalysator *m*
oxidising	brandfördernd
oxygen *sg*	Sauerstoff *msg*
oxyhydrogen	Knallgas *n*

P

Pacific Coast of the United States	Westküste der Vereinigten Staaten *f*
Pacific Ocean	stiller Ozean *m*
pack, to	1. verpacken
	2. einpacken
package	Kollo *n*
package policy	Paketpolice *f*
packaged good	Packgut *n*
packaging	1. Packmittel *n*
	2. Konfektionierung *f*
	3. Verpackung *f*

packaging aid	Packhilfsmittel *n*
packaging costs *pl*	Verpackungskosten *pl*
packaging film	Verpackungsfolie *f*
packaging foil	Verpackungsfolie *f*
packaging material	Packstoff *m*
packaging waste	Verpackungsabfall *m*
	Verpackungsmüll *msg*
packing	Konfektionierung *f*
packing costs *pl*	Verpackungskosten *pl*
packing group	Verpackungsgruppe *f*
packing group I	Verpackungsgruppe I *f*
substances presenting	Stoffe mit hoher Gefahr *mpl*
high danger *pl*	
packing group II	Verpackungsgruppe II *f*
substances presenting	Stoffe mit mittlerer Gefahr *mpl*
medium danger *pl*	
packing group III	Verpackungsgruppe III *f*
substances presenting	Stoffe mit geringer Gefahr *mpl*
low danger *pl*	
packing instruction	Verpackungsanweisung *f*
	Verpackungsvorschrift *f*
padded packaging	gepolsterte Verpackung *f*
padlock	Vorhängeschloss *n*
pail	Eimer *m*
pallet	Palette *f*
pallet frame	Palettenrahmen *m*
pallet high bay warehouse *sg*	Paletten-Hochregallager *n*
(automatic)	(automatisch)
pallet jack	Handhubwagen *m*
	Hubwagen *m*
pallet loading machines *pl*	Palettenverlademaschinen *fpl*
pallet pool	Palettenpool *m*
pallet rack	Palettenregal *n*

P

P

pallet truck	Handhubwagen *m*
	Hubwagen *m*
pallet wide container	palettenbreiter Container *m*
pallet width	Palettenbreite *f*
palletising *(BE)*	Palettierung *f*
palletizing *(AE)*	Palettierung *f*
Panama Canal	Panamakanal *m*
Panamax class (passage Panama Canal possible)	Panamax-Klasse *f* (Durchfahrt Panamakanal möglich)
PanMax class (passage Panama Canal possible)	PanMax-Klasse *f* (Durchfahrt Panamakanal möglich)
paper	Papier *n*
paper AWB-fee	Papiergebühr für den Luftfrachtbrief *f*
paperless picking	beleglose Kommissionierung *f*
papers *pl* (e.g. passport)	Papiere *npl* (z.B. Ausweis)
paraffin	Paraffin *n*
parcel	Paket *n*
parcel box *sg*	Paketbox *f*
parcel drone *sg*	Paketdrohne *f*
parcel robot *sg*	Paketroboter *m*
parcel service	Paketdienst *m*
parcel shop *sg*	Paketshop *m*
parcel station *sg*	Paketstation *f*
parking	Parken *n*
parking disc *(BE)*	Parkscheibe *f*
parking disk *(AE)* (unknown in the USA)	Parkscheibe *f*
parking garage *(AE)*	Parkhaus *n*
parking guidance system	Parkleitsystem *n*
parking heater *(BE)*	Standheizung *f*
parking lot *(AE)*	Parkplatz *m*

parking meter	Parkuhr *f*
parking ticket	Parkschein *m*
part load	Teilladung *f*
partial B/L	Teilkonnossement *n*
partial bill of lading	Teilkonnossement *n*
partial charter	Teilcharter *f/m*
partial coverage insurance	Teilkasko *f*
	Teilkaskoversicherung *f*
partial disability	Teilinvalidität *f*
partial embargo	Teilembargo *n*
partial load characteristics *pl*	Teillastkennlinien *fpl*
partial load transport	Teilladungsverkehr *m*
partial loss	Teilverlust *m*
partial refund	teilweise Rückerstattung *f*
partial shipment	Teilsendung *f*
partial transportation	Teilbeförderung *f*
participant identification number/ BIN	Beteiligten-Identifikations-Nummer/ BIN *f*
particle filter	Partikelfilter *m*
particular average / P/A	besondere Havarie *f*
particularly vulnerable commercial goods	besonders gefährdete Handels- güter *npl*
partnership	Personengesellschaft *f*
pass, to *(AE)*	überholen
passage	1. Passage *f*
	2. Seeweg *m*
	3. Durchfahrt *f*
passenger	Passagier *m*
passenger assistance	Fahrgastbetreuung *f*

P

passenger car (road)	Personenkraftwagen/PKW *m* Auto *n* Kraftwagen *m* Automobil *n*
passenger information system	Fahrgastinformationssystem/FIS *n*
passenger kilometers offered/PKO *pl (AE)*	angebotene Beförderungsleistung/ PKO *f* angebotene Sitzkilometer/SKO *mpl*
passenger kilometers transported/ PKT *pl (AE)*	tatsächlich erbrachte Beförde- rungsleistung/PKT *f* transportierte Passagierkilometer/ PKT *pl*
passenger kilometres offered/PKO *pl (BE)*	angebotene Beförderungsleistung/ PKO *f* angebotene Sitzkilometer/SKO *mpl*
passenger kilometres transported/ PKT *pl (BE)*	tatsächlich erbrachte Beförde- rungsleistung/PKT *f* transportierte Passagierkilometer/ PKT *pl*
passenger list	Passagierliste *f*
passenger manifest	Passagierliste *f*
passenger traffic	Personenverkehr *m*
passenger transport	Personenbeförderung *f*
Passenger Transportation Act	Personenbeförderungsgesetz/ PBefG *n*
passenger vehicle	Personenkraftwagen/PKW *m* Auto *n* Automobil *n* Kraftwagen *m*
passengers *pl*	Fahrgäste *mpl*
passengers *pl* with reduced mobility	mobilitätseingeschränkte Fahrgäste *mpl*
passing place	Ausweichbucht *f* Ausweichstelle *f*
passive refinement	passive Veredelung *f*

P

passport	Reisepass *m*
passport photo	Passbild *n*
passport photograph	Passbild *n*
Patagonia	Patagonien *n*
patient sample	Patientenprobe *f*
pavement *(BE)*	Bürgersteig *m*
Pavement Classification Number/ PCN	Pavement Classification Number/ PCN *f* (Tragfähigkeitsklassifikationszahl)
pay and display machine	Parkscheinautomat *m*
pay customs, to	Zoll bezahlen
payable at maturity	zahlbar bei Fälligkeit
payable when due	zahlbar bei Fälligkeit
payload	Nutzlast *f*
payment	Zahlung *f*
payment of charges	Zahlung der Kosten *f*
payment of freight charges	Frachtzahlung *f*
payment on receipt of invoice	Zahlung bei Rechnungseingang *f*
payment receipt	Zahlungseingang *m*
payment term	Zahlungsbedingung *f*
Peak Season Surcharge/PSS (sea freight)	Gebühr in Zeiten der Spitzennachfrage *f* (PSS) (Seefracht)
pedal lining	Pedalgummi *n*
pedestrian	Fußgänger *m*
pedestrian area	Fußgängerzone *f*
pedestrian crossing	Fußgängerübergang *m* Fußgängerüberweg *m* Zebrastreifen *m*
pedestrian zone	Fußgängerzone *f*
pension insurance	Rentenversicherung *f*
people smuggling	Menschenschmuggel *msg*
people with disabilities *pl*	Menschen mit Behinderungen *mpl*

P

pepper	Pfeffer *m*
perfect (e.g. the condition of the goods)	einwandfrei (z.b. die Beschaffenheit des Gutes)
perforated	1. durchbohrt 2. durchlöchert 3. perforiert
performance characteristic	Leistungskennlinie *f*
performance classes *pl*	Leistungsklassen *fpl*
performance ratio	erfolgswirtschaftliche Kennzahlen *fpl*
performance-related heavy vehicle charge	Leistungsabhängige Schwerverkehrsabgabe/LSVA *f*
perimeter	Umfang *m*
period of complaints	Reklamationsfrist *f*
perishable	verderblich
perjury	Meineid *m*
permanent all-wheel drive	permanenter Allradantrieb *m*
permanent brake	Dauerbremse *f*
permanent four-wheel drive	permanenter Allradantrieb *m*
permissible maximum weight	zulässige Gesamtmasse/zGM *f* zulässiges Gesamtgewicht/zGG *n*
peroxide	Peroxid *n*
person responsible for exports	Ausfuhrverantwortlicher *m*
personal dose	Personendosis *f*
personal dosimeter	Personendosimeter *n*
personal injury	Personenschaden *m*
personal protective equipment/PPE	persönliche Schutzausrüstung/PSA *f*
pesticide	Pestizid *n*
pests *pl*	Schädlinge *mpl*
petrol *(BE)*	Benzin *n*

P

petrol engine *(BE)*	Benzinmotor *m*
	Ottomotor *m*
petrol pump *(BE)*	Tanksäule *f*
	Zapfsäule *f*
petrol station *(BE)*	Tankstelle *f*
petrol station attendant *(BE)*	Tankwart *m*
petroleum	Erdöl *n*
petroleum tanker	Öltanker *m*
petty average	kleine Havarie *f*
phenol *sg*	Phenol *nsg*
phenomenal sea (sea state code 9)	außergewöhnlich schwere See *f* (Sea State Code 9)
phone	Telefon *n*
phone number	Telefonnummer *f*
phosphorus *sg*	Phosphor *msg*
physical basics *pl*	physikalische Grundlagen *fpl*
physical relocation *sg*	physischer Ortswechsel *m*
phytosanitary certificate	phytosanitäres Zeugnis *n*
Pick by Barcode	Pick-by-Barcode-Kommissionierung *f* (Kommissionierung mittels Barcode-Scannen)
Pick by Light	Pick-by-Light-Kommissionierung *f* (Kommissionierung mit Licht-Anzeige)
Pick by RFID	Pick-by-RFID-Kommissionierung *f* (Kommissionierung mit RFID)
Pick by Vision	Pick-by-Vision-Kommissionierung *f* (Kommissionierung mit Datenbrille)
Pick by Voice	Pick-by-Voice-Kommissionierung *f* (sprachgestützte Kommissionierung)
pick-up container (sea freight)	Übernahme- und Bereitstellungsgebühr für einen Container im Depot *f*

P

P

picking aisles *pl* (usually without forklift operation)	Kommissioniergänge *mpl* (in der Regel ohne Staplerbetrieb)
picking costs *pl* per order (key figure)	Kommissionierkosten je Auftrag *pl* (Kennzahl)
picking error *sg*	Kommissionierfehler *m*
picking height	Greifhöhe *f*
picking list	Kommissionierliste *f*
picking machine *sg*	Kommissionierautomat *m*
picking order *sg*	Kommissionierauftrag *m*
picking performance *sg*	Kommissionierleistung *f*
picking robot *sg*	Kommissionierroboter *m*
picking time per order *sg* (key figure)	Kommissionierzeit je Auftrag *f* (Kennzahl)
picking time *sg*	Kommissionierzeit *f*
picking truck *sg*	Kommissionierstapler *m*
picking warehouse *sg*	Kommissionierlager *n*
pickup truck	Kleintransporter mit offener Ladefläche *m*
pier	1. Seebrücke *f* / Landungsbrücke *f* 2. Pier *f/m* (zusätzliche Schiffsanlegestelle)
piggyback car	Huckepackwagen *m*
piggyback traffic	Huckepackverkehr *m*
pilot (aviation)	Pilot *m* (Luftverkehr)
pilot house *(AE)*	Steuerhaus *m* (Binnenschiff)
pilot in command/PIC	verantwortlicher Luftfahrzeugführer *m*
pilot's licence *(BE)*	Pilotenlizenz *f*
pilot's license *(AE)*	Pilotenlizenz *f*
pipe tobacco	Pfeifentabak *m*
pipeline	Rohrleitung *f*
piracy	Piraterie *f*

placard	Großzettel *m*
place	Ort *m*
place of departure	Abgangsort *m*
place of destination	Bestimmungsort *m*
place of fulfillment *(AE)*	Erfüllungsort *m*
	Leistungsort *m*
place of fulfilment *(BE)*	Erfüllungsort *m*
	Leistungsort *m*
place of introduction	Ort des Verbringens *m*
	Verbringungsort *m*
place of jurisdiction	Gerichtsstand *m*
place of payment	Zahlungsort *m*
place of production *sg*	Ort der Produktion *m*
place of sale (fin.)	Ort des Absatzes *m*
plan, to	Planen *n*
plane	Flugzeug *n*
plank	Bohle *f*
plant fire brigade *(BE)*	Werkfeuerwehr *f*
plant fire department *(AE)*	Werkfeuerwehr *f*
plastic	Kunststoff *m*
plastic explosive	Plastiksprengstoff *m*
plastic strapping	Kunststoffumreifungsband *n*
platform (container)	Plattform *f*
	Plattform-Container *m*
platform lorry *(BE)*	Pritschenwagen *m*
platform truck *(AE)*	Pritschenwagen *m*
Plimsoll line	Freibordmarke *f*
	Plimsoll-Marke *f*
Plimsoll mark	Freibordmarke *f*
	Plimsoll-Marke *f*
plutonium *sg*	Plutonium *nsg*

P

P

plywood container	Sperrholzcontainer *m*
	Plywood-Container *m*
plywood floor	Sperrholzboden *m*
pneumatic	pneumatisch
point system	Punktsystem *n*
pointed	spitz
poison	Gift *n*
poisoning	Vergiftung *f*
police	Polizei *f*
police car	Polizeiwagen *m*
	Streifenwagen *m*
	Polizeiauto *n*
police check	Polizeikontrolle *f*
policy	Versicherungspolice *f*
	Versicherungsschein *m*
policy holder	Versicherungsnehmer *m*
policy owner	Versicherungsnehmer *m*
polite	höflich
political unrest	politische Unruhen *fpl*
pollutant emission	Schadstoffausstoß *m*
poly-V-belt	Keilrippenriemen *m*
Polynesia	Polynesien *nsg*
Polynesian Triangle *sg*	Polynesisches Dreieck *nsg*
pontoon crane	Schwimmkran *m*
pool (ocean shipping)	Pool *m* (Seeschifffahrt)
pool grid box	Pool-Gitterbox *f*
pool pallet	Poolpalette *f*
poor work	schlechte Arbeit *f*
port	Hafen *m*
port charges origin/PCO (sea freight)	Hafengebühr im Verschiffungshafen *f* (PCO) (Seefracht)
port logistics expert	Fachkraft für Hafenlogistik *f*

port of destination	Bestimmungshafen *m*
port of discharge	Entladehafen *m*
	Löschhafen *m*
port of entry	Empfangshafen *m*
port railway	Hafenbahn *f*
port state control/PSC	Hafenstaatkontrolle *f*
port warehouse *sg*	Hafenlager *n*
portable tank	ortsbeweglicher Tank *m*
position	Position *f* (z.B. eines Schiffes)
	Standort *m*
positioning charge (sea freight)	Container-Anlieferungsgebühr *f* (Seefracht)
post pallet	Rungenpalette *f*
Post-Panamax class (passage Panama Canal not possible)	Overpanamax-Klasse *f* (Durchfahrt Panamakanal nicht möglich)
	Postpanamax-Klasse *f* (Durchfahrt Panamakanal nicht möglich)
	Postpanmax-Klasse *f* (Durchfahrt Panamakanal nicht möglich)
Post-Panmax class (passage Panama Canal not possible)	Overpanamax-Klasse *f* (Durchfahrt Panamakanal nicht möglich)
	Postpanamax-Klasse *f* (Durchfahrt Panamakanal nicht möglich)
	Postpanmax-Klasse *f* (Durchfahrt Panamakanal nicht möglich)
potash lye	Kalilauge *f*
potassium *sg*	Kalium *nsg*
pothole	Schlagloch *n*
powder	Pulver *n*
powder extinguisher	Pulverlöscher *m*
power steering	Servolenkung *f*
pre-carriage	Vorlauf *m*
pre-contract	Vorvertrag *m*

P

pre-departure check (truck/lorry or bus)	Abfahrtskontrolle *f* (LKW oder Bus)
pre-glow system	Vorglühanlage *f*
pre-packaging	Vorverpackung *f*
pre-sales activities *pl*	verkaufsvorbereitende Tätigkeiten *fpl*
pre-shift group transmission	Vorschaltgruppe *f*
pre-tax transfer	Vorsteuerumbuchung *f*
pre-trial detention	Untersuchungshaft *fsg*
precautionary landing	Sicherheitslandung *f*
precise	genau präzise
preference	Präferenz *f*
preference certificate	Präferenznachweis *m*
preference portal	Präferenzportal *n*
preferential agreement	Präferenzabkommen *n*
preferential origin	präferenzieller Ursprung *m*
preferential right of origin	präferenzielle Ursprungsrecht *n*
preinsure, to	vorversichern
preload	Vorspannkraft *f*
premises *pl*	1. Betriebsgelände *n* 2. Geschäftsräume *mpl*
premium	Prämie *f*
prepaid	vorausbezahlt
preparatory closing entry	vorbereitende Abschlussbuchung *f*
prepared balance	aufbereitete Bilanz *f*
presentation list *sg* (customs)	Gestellungsverzeichnis *n* (Zoll)
presentation to customs	Gestellung *f*
presenting bank	vorlegende Bank *f*
pressure	Druck *m*
pressure drum	Druckfass *n*
pressure gauge	Manometer *n*

pressure regulator	Druckregler *m*
pressure-sensitive	druckempfindlich
presumption of loss	Verlustvermutung *f*
price	Preis *m*
price labeling *(AE)*	Preisauszeichnung *f*
price labelling *(BE)*	Preisauszeichnung *f*
price per 100kg *sg* (fin.)	Preis pro 100kg *m*
price per m² *sg* (fin.)	Preis pro qm *m*
price per package *sg* (fin.)	Preis pro Packstück *m*
price per pallet *sg* (fin.)	Preis pro Palette *m*
primary costs *pl*	Selbstkosten *pl*
primary explosive	Initialsprengstoff *m*
	Zündstoff *m*
primary packaging	Primärverpackung *f*
primary recycling	primäres Recycling *n*
primary route	Hauptstrecke *f*
prime costs *pl*	Selbstkosten *pl*
primer	Treibladungsanzünder *m*
principal	Hauptverpflichteter *m*
principal bank	Hausbank *f*
principle of causation	Verursachungsprinzip *n*
principle of liability	Haftungsprinzip *n*
principle of the lower of cost or market	Niederstwertprinzip *n*
principles of proper bookkeeping *pl*	Grundsätze der ordnungsgemäßen Buchführung *fpl*
priority	Priorität *f*
	Vorrang *m*
priority air freight	bevorzugte Luftfracht *f*
priority of a claim	Priorität eines Anspruchs *f*
	Vorrang eines Anspruchs *m*
private customs warehouse	privates Zolllager *n*

P

P

private haulage	Werkverkehr *m*
private law	Privatrecht *n*
private owner wagon	Privatgüterwagen *m*
private railroad *(AE)*	Privatbahn *f*
private railway *(BE)*	Privatbahn *f*
private siding	privater Gleisanschluss *m*
	Privatgleisanschluss *m*
privately financed route	privat finanzierte Strecke *f*
pro forma invoice	Proforma-Rechnung *f*
pro rata *sg* (e.g. administrative costs of the forwarding company) (fin.)	anteilig (z.B. Verwaltungskosten des Speditionsbetriebes)
probability	Wahrscheinlichkeit *f*
probability calculation	Wahrscheinlichkeitsberechnung *f*
	Wahrscheinlichkeitsrechnung *f*
probable	vermutlich
	wahrscheinlich
problem	Problem *n*
process risks *pl*	Prozessrisiken *npl*
processing under customs control	Umwandlungsverfahren *n*
procured *sg*	beschafft
procurement *sg*	Beschaffung *f*
procurement logistics	Beschaffungslogistik *f*
procurement market	Beschaffungsmarkt *m*
procurement strategy *sg*	Beschaffungsstrategie *f*
produced *sg*	produziert
producer	Hersteller *m*
product counterfeiting	Produktfälschung *f*
	Produktpiraterie *f*
product disposal	Produktentsorgung *f*
product moisture content *sg*	Warenfeuchte *fsg*

product piracy	Produktfälschung *f*
	Produktpiraterie *f*
product processing	Produktbearbeitung *f*
product quality *sg*	Produktbeschaffenheit *f*
product recycling	Produktrecycling *n*
Product Safety Act/ProdSG	Produktsicherheitsgesetz/ProdSG *n*
product testing	Produktprüfung *f*
	Warenprüfung *f*
production	Fertigung *f*
	Produktion *f*
production conditions *pl*	Produktionsbedingungen *f*
production costs *pl* (fin.)	Produktionskosten *pl*
production line	Produktionsstraße *f*
production logistics	Produktionslogistik *f*
productivity of dispatch processing (key figure)	Produktivität der Versandabwicklung *f* (Kennzahl)
professional driver	Berufskraftfahrer *m*
professional driver qualification	Berufskraftfahrer-Qualifikation *f*
Professional Driver Qualification Act	Berufskraftfahrer-Qualifikationsgesetz/BKrFQG *n*
profiled kerbstone	Buskapstein *m*
profit and loss account	1. Erfolgskonto *n*
	2. Erfolgsrechnung *f*
profit and loss account *(BE)*	Gewinn- und Verlustrechnung/ GuV *f*
profit and loss construction § 275 HGB	Aufbau der GuV nach § 275 Handelsgesetzbuch/HGB *m*
profit center *(AE)*	Profitcenter *n*
profit centre *(BE)*	Profitcenter *n*
profit maximisation (BE)/maximization (AE) *sg*	Gewinnmaximierung *f* (fin.)
profitability	Rentabilität *f*

P

proforma invoice	Proforma-Rechnung *f*
prohibit, to	untersagen
	verbieten
prohibited airspace	Luftsperrgebiet *n*
prohibition of mixed loading	Zusammenladungsverbot *n*
prohibition of mixed packing	Zusammenpackverbot *n*
prohibition of on-the-road service (coll.)	Unterwegsbedienungsverbot *n* (ugs.)
prohibition of transhipment	Umladungsverbot *n*
prohibition sign	Verbotszeichen *n*
prohibitions and restrictions *pl*	Verbote und Beschränkungen/VuB *pl*
prohibitory sign	Verbotszeichen *n*
project	Projekt *n*
project forwarding	Projektspedition *f*
project logistics *pl*	Projektlogistik *f*
project manager	Projektleiter *m*
prompt critical	prompt kritisch
proof of delivery/POD	Ablieferbeleg *m*
	Ablieferungsnachweis *m*
propane *sg*	Propan *nsg*
propellant	Treibladung *f*
property right	Schutzrecht *n*
property tax *sg* (fin.)	Grundsteuer *f* (fin.)
proposal	Angebot *n* (ausführlich)
proprietor	Betriebsinhaber *m*
prosecutor	Staatsanwalt *m*
protect, to	schützen
	beschützen
protectionism *sg*	Protektionismus *msg*
protective clothing	Schutzkleidung *f*
protective covers *pl*	Schutzhüllen *fpl*

P

protective equipment	Schutzausrüstung *f*
protective footwear	Schutzschuhe *f*
protective glove	Schutzhandschuh *m*
protective gloves	Schutzhandschuhe *f*
protective measures *pl* (e.g. for goods)	Schutzmaßnahmen *fpl* (z.B. für Güter)
protective shoe	Sicherheitsschuh *m*
provisional arrest	vorläufige Festnahme *f*
provisional authorisation *(BE)* / authorization *(AE)*	einstweilige Erlaubnis *f*
provisional cover	vorläufige Deckung *f* vorläufiger Versicherungsschutz *m*
provisional insurance	Vorsorgeversicherung *f*
provisions *pl* (fin.)	Rückstellungen *fpl*
prussic acid *sg*	Blausäure *fsg*
public authorities *pl*	öffentliche Hand *fsg*
public bus	Stadtbus *m* Stadtlinienbus *m*
public customs warehouse	öffentliches Zolllager *n*
public document	öffentliche Urkunde *f*
public liability insurance	Betriebshaftpflichtversicherung/ BHV *f*
pump-line-nozzle	Pumpe-Leitung-Düse/PLD *f*
pump-nozzle unit	Pumpe-Düse-Einheit/PDE *f*
punch clock	Kontrolluhr *f* Stechuhr *f* Stempeluhr *f*
punctually	pünktlich
purchase contract (fin.)	Kaufvertrag *m* (fin.)
purchase invoice	Eingangsrechnung *f*
purchase of goods *pl*	Wareneinkauf *m*
purchase price reduction	Anschaffungspreisminderung *f*
purchase, to	kaufen

P

purchased *sg*	beschafft
purchasing *sg*	Beschaffung *f*
purchasing (department)	Einkauf *m* (Abteilung)
purchasing conditions *pl*	Einkaufsbedingungen *fpl*
purchasing department	Einkaufsabteilung *f*
purchasing power (fin.)	Kaufkraft *f* (fin.)
pure financial loss	reiner Vermögensschaden *m*
Pure Financial Losses Clause (DTV Cargo 2000/2011)	Vermögensschadenklausel *f* (DTV-Güter 2000/2011)
purser	Zahlmeister *m*
push barge	Schubleichter *m*
push boat	Schubboot *n* Schubschiff *n*
push tow	Schubverband *m* (Schubboot und Leichter)
push tug	Schubboot *n* Schubschiff *n*
push-back rack	Einschubregal *n*
push-start, to	anschieben
pushed convoy	Schubverband *m* (Schubboot und Leichter)
pusher (aircraft)	Flugzeugschlepper *m*
pusher tug	Schubboot *n* Schubschiff *n*
pushing unit	Schubverband *m* (Schubboot und Leichter)
pyrotechnic article	pyrotechnischer Gegenstand *m*
pyrotechnic composition	pyrotechnischer Satz *m*
pyrotechnics	Pyrotechnik *f*

P

Q

QM-manual	QM-Handbuch/QMH *n* Qualitätsmanagement-Handbuch/ QMH
quad	Quad *n*
qualified fault	qualifiziertes Verschulden *nsg*
quality	Qualität *f*
quality assurance / Q/A	Qualitätssicherung/QS *f*
quality audit	Qualitätsaudit *n*
quality certificate	Qualitätszertifikat *n*
quality management manual	QM-Handbuch/QMH *n* Qualitätsmanagement-Handbuch/ QMH
quality management system/QMS	Qualitätsmanagementsystem/QMS *n*
quality management/QM	Qualitätsmanagement/QM *n*
quality officer	Qualitätsbeauftragter *m*
quality representative	Qualitätsbeauftragter *m*
quantity discount *sg*	Mengenrabatt *m* (fin.)
quantity rates *pl* (air freight)	Mengenrabattraten *fpl* (Luftfracht)
quantity *sg*	Anzahl *f*
quarantine	Quarantäne *f*
quarantine regulations *pl*	Quarantänebestimmungen *fpl*
quarterly financial statement	Quartalsabschluss *m*
quay	Kai *m*
quay wall	Kaimauer *f*
questionnaire	Fragebogen *m*
quiet	leise
quota	1. Quote *f* 2. Kontingent *n*
quotation	Angebot *n* (Kostenvoranschlag/ Preisangebot)
quote, to	ein Preisangebot machen

Q

R

racing bicycle	Rennrad *n*
racing start	Kavalierstart *m*
rack *sg*	Regal *n*
rack feeder	Regalbediengerät/RBG *n*
rack jobber	Großhändler oder Hersteller der rackjobbing betreibt Regalpfleger *m*
rack jobbing	Regalpflege *f*
rack systems *pl*	Regalsysteme *npl*
radar detector	Radarwarner *m* Radarwarnanlage *f*
radar gun	Radarpistole *f*
radiation dose	Strahlendosis *f*
radiation exposure	Strahlenbelastung *f* Strahlenexposition *f*
radiation protection	Strahlenschutz *m*
radiation protection officer	Strahlenschutzbeauftragter/SSB *m*
Radiation Protection Ordinance/ StrlSchV	Strahlenschutzverordnung/ StrlSchV *f*
radiation protection principle	Strahlenschutzgrundsatz *m*
radiation protection supervisor	Strahlenschutzverantwortlicher/ SSV *m*
radiator	Autokühler *m*
radio	1. Radio *n* 2. Funkgerät *n*
radio-frequency identification/RFID	Radiofrequenz-Identifikation/RFID *f* Funkerkennung/RFID *f*
radioactive	radioaktiv
Radioactive Isotopes Clause (DTV Cargo 2000/2011)	Isotopenklausel *f* (DTV-Güter 2000/2011)
radioactive radiation	radioaktive Strahlung *f*
radioactive substance	radioaktiver Stoff *m*

radioactive waste	radioaktiver Abfall *m*
radionuclide	Radionuklid *n*
radiotelephone operator's certificate for the radiotelephone service on inland waterways	UKW-Sprechfunkzeugnis für den Binnenschifffahrtsfunk/UBI *n*
radiotelephone service on inland waterways	Binnenschifffahrtsfunk *m*
radius	Radius *m*
rail	1. Eisenbahn *f* 2. Reling *f*
rail accident	Zugunfall *m* Zugunglück *n*
rail bridge	Eisenbahnbrücke *f*
rail carriage	Bahnfracht *f*
rail connection	Eisenbahnverbindung *f*
rail corridor	Schienenkorridor *m*
rail freight	Bahnfracht *f*
rail infrastructure company/RIC	Eisenbahninfrastrukturunternehmen/EIU *n*
rail junction	Eisenbahnknotenpunkt *m*
rail loading profile	Eisenbahnladeprofil *n*
rail network	Eisenbahnnetz *n* Schienennetz *n* Streckennetz *n*
rail strike	Bahnstreik *m*
rail traffic	Schienenverkehr *m*
rail transport company	Eisenbahnverkehrsunternehmen/EVU *n*
rail tunnel	Eisenbahntunnel *m*
rail union	Eisenbahnergewerkschaft *f*

R

rail yard	Bahnbetriebswerk/Bw *n*
	Betriebshof *m* (Eisenbahn)
	Betriebswerk/Bw *n*
	Depot *n* (Eisenbahn)
railcar	Triebwagen *m*
railing	Reling *f*
railroad *(AE)*	Eisenbahn *f*
railroad bill of lading *(AE)*	Eisenbahnfrachtbrief *m*
railroad bridge *(AE)*	Eisenbahnbrücke *f*
railroad car *(AE)*	Eisenbahnwagen *m* (Güter)
	Eisenbahnwaggon *m* (Güter)
	Güterwagen *m*
	Güterwaggon *m*
	Waggon *m* (Güter)
railroad company *(AE)*	Eisenbahngesellschaft *f*
railroad connection *(AE)*	Eisenbahnverbindung *f*
railroad construction *(AE)*	Gleisbau *m*
railroad crane	Kranwagen *m*
	Schienendrehkran *m*
railroad crossing *(AE)*	Bahnübergang/BÜ *m*
railroad crossing sign *(AE)*	Andreaskreuz *n*
railroad ferry *(AE)*	Eisenbahnfähre *f*
railroad hub *(AE)*	Eisenbahnknotenpunkt *m*
railroad infrastructure *(AE)*	Eisenbahninfrastruktur *f*
railroad junction *(AE)*	Eisenbahnknotenpunkt *m*
railroad line *(AE)*	Bahnstrecke *f*
	Eisenbahnstrecke *f*
railroad network *(AE)*	Eisenbahnnetz *n*
	Schienennetz *n*
	Streckennetz *n*
railroad siding *(AE)*	Anschlussgleis/AGL *n*
	Gleisanschluss/Gla *m*
railroad station *(AE)*	Bahnhof/Bf/Bhf *m*

R

railroad tunnel *(AE)*	Eisenbahntunnel *m*
railroad viaduct *(AE)*	Eisenbahnviadukt *m/n*
railroad yard *(AE)*	Bahnbetriebswerk/Bw *n*
	Betriebshof *m* (Eisenbahn)
	Betriebswerk/Bw *n*
	Depot *n* (Eisenbahn)
railroad-owned *(AE)*	bahneigen
railway *(BE)*	Eisenbahn *f*
railway *(BE)*	Eisenbahn *f*
railway bridge *(BE)*	Eisenbahnbrücke *f*
railway company *(BE)*	Eisenbahngesellschaft *f*
railway connection *(BE)*	Eisenbahnverbindung *f*
railway consignment note *(BE)*	Eisenbahnfrachtbrief *m*
railway construction *(BE)*	Gleisbau *m*
railway crossing *(BE)*	Bahnübergang/BÜ *m*
railway crossing sign *(BE)*	Andreaskreuz *n*
railway ferry *(BE)*	Eisenbahnfähre *f*
railway freight *(BE)*	Bahnfracht *f*
railway hub *(BE)*	Eisenbahnknotenpunkt *m*
railway infrastructure *(BE)*	Eisenbahninfrastruktur *f*
railway junction *(BE)*	Eisenbahnknotenpunkt *m*
railway line *(BE)*	Bahnstrecke *f*
	Eisenbahnstrecke *f*
railway network *(BE)*	Eisenbahnnetz *n*
	Schienennetz *n*
	Streckennetz *n*
railway siding *(BE)*	Anschlussgleis/AGL *n*
	Gleisanschluss/Gla *m*
railway station *(BE)*	Bahnhof/Bf/Bhf *m*
railway tunnel *(BE)*	Eisenbahntunnel *m*
railway undertaking *(BE)*	Eisenbahnverkehrsunternehmen/
	EVU *n*

R

railway viaduct *(BE)*	Eisenbahnviadukt *m/n*
railway wagon *(BE)*	Eisenbahnwagen *m* (Güter)
	Eisenbahnwaggon *m* (Güter)
	Güterwagen *m*
	Güterwaggon *m*
	Waggon *m* (Güter)
railway yard *(BE)*	Bahnbetriebswerk/Bw *n*
	Betriebshof *m* (Eisenbahn)
	Betriebswerk/Bw *n*
	Depot *n* (Eisenbahn)
railway-owned *(BE)*	bahneigen
rain	Regen *m*
ramp agent	Ramp Agent *m*
ramp traction aid	Rampenanfahrhilfe *f*
random samples *pl*	Stichproben *fpl*
range group (coll.)	Rangegruppe *f* (ugs.)
ranking	Ranking *n*
rate	Rate *f*
rate of compensation	Entschädigungssatz *m*
rate *sg* of use (e.g. of goods)	Verbrauchshäufigkeit *f* (z.B. von Waren)
rated lifting capacity	Nenntragfähigkeit *f*
rated loading capacity	Nenntragfähigkeit *f*
ratio of current assets to total assets	Umlaufintensität *f*
re-exportation	Wiederausfuhr *f*
re-importation	Wiedereinfuhr *f*
reach stacker	Containerstapler *m*
	Greifstapler *m*
reach truck	Schubmaststapler *m*
reaction ferry (with overhead cable)	Rollfähre *f*
reaction path	Reaktionsweg *m*
ready for collection	abholbereit

R

ready for delivery	versandbereit
ready for despatch	versandbereit
ready for dispatch	versandbereit
ready for shipment	versandbereit
ready for take-off	startbereit startklar
ready for use (e.g. the goods)	Verwendungsreif (z.B. die Ware)
real-time monitoring	Echtzeit-Überwachung *f*
rear area monitoring (e.g. when docking at a ramp)	Rückraumüberwachung *f* (z.B. beim Andocken an einer Rampe)
rear axle	Hinterachse *f*
rear axle transmission	Hinterachsgetriebe *n*
rear axles pl (lorry - *BE*, truck - *AE*)	Hinterachsen *fpl* (LKW)
rear door	Hecktür *f* (LKW)
rear fog light	Nebelschlussleuchte *f*
rear lighting	Heckbeleuchtung *f*
rear underride guard	hintere Unterfahrschutz *m*
rear wall door	Rückwandtür *f* (LKW)
rear-end collision	Auffahrunfall *m*
rear-engine with rear-wheel drive	Heckantrieb *m*
rear-wheel drive	Hinterradantrieb *m*
reason for complaint	Beschwerdegrund *m*
reasonable	vernünftig
reasonable compensation	angemessene Entschädigung *f*
rebook a flight, to	einen Flug umbuchen
rebooking fee	Umbuchungsgebühr *f*
receipt, to	empfangen quittieren
receipt bill *sg* (warehouse)	Aufnahmeschein *m* (Lager)
receipt for goods	Wareneingangsbescheinigung *f*
receipt inspection *sg*	Empfangskontrolle *f*

R

received B/L	Übernahmekonnossement *n*
received bill of lading	Übernahmekonnossement *n*
receiving address	Empfängeradresse *f*
receiving department	Wareneingangsabteilung *f*
receiving forwarding agent	Empfangsspediteur *m*
recommended speed limit	Richtgeschwindigkeit *f*
reconditioned packaging	rekonditionierte Verpackung *f*
record *sg*	Beweisurkunde *f*
record sheet	Schaublatt *n*
recorder level	Meldebestand *m*
recorder point	Meldebestand *m*
recourse	Regress *m*
recovery drum	Bergungsfass *n*
recovery procedure *sg* (e.g. in the event of theft during transport to the customs office of destination)	Zurückgewinnungsverfahren *n* (z.B. bei Diebstahl während des Transportes zur Bestimmungszollstelle)
recutting tyres *(BE)* / tires *(AE)*	nachschneiden von Reifen
recycling	Wiederverwertung *f*
Recycling Act	Kreislaufwirtschaftsgesetz/KrWG *n*
Recycling and Waste Management Act	Kreislaufwirtschafts- und Abfallgesetz/KrW-/AbfG *n*
recycling logistics	Recyclinglogistik *f*
red clause L/C	Vorschussakkreditiv *n* (Kreditierung des Exporteurs)
red clause letter of credit	Vorschussakkreditiv *n* (Kreditierung des Exporteurs)
red goods *pl*	rote Ware *f*
Red List *sg*	Rote Liste *fsg*
red phase (St. Gotthard/St. Bernardino)	Phase Rot *f* (St. Gotthard/St. Bernardino)
red-eye flight	Nachtflug *m*

R

redelivery	Rücklieferung *f*
reduced tax rate	ermäßigter Steuersatz *m*
reduced-emission	abgasarm emissionsarm schadstoffarm
reduction *sg*	Abschlag *m* (Luftfracht)
reefer (container)	Kühlcontainer *m*
reefer car *(AE)*	Kühlwagen *m* (Eisenbahn)
reefer ship	Kühlschiff *n*
refrigerated chain	Kühlkette *f*
refrigerated container	Kühlcontainer *m*
refrigerated lorry *(BE)*	Kühlfahrzeug *n* Kühlwagen *m* (LKW)
refrigerated trailer	1. Kühlanhänger *m* 2. Kühlauflieger *m*
refrigerated truck *(AE)*	Kühlfahrzeug *n* Kühlwagen *m* (LKW)
refrigerated wagon *(BE)*	Kühlwagen *m* (Eisenbahn)
refrigeration unit	Kühlaggregat *n*
refrigerator car *(AE)*	Kühlwagen *m* (Eisenbahn)
refrigerator ship	Kühlschiff *n*
refrigerator wagon *(BE)*	Kühlwagen *m* (Eisenbahn)
refuel, to	auftanken (Flugzeug) tanken
refugee	Flüchtling *m*
refund	Rückerstattung *f*
refusin	ablehnend
regauging	Umspurung *f*
Regional Arrangement concerning the Radiotelephone Service on Inland Waterways/RAINWAT	Regionale Vereinbarung über den Binnenschifffahrtsfunk *f*
regional distribution center/RDC *(AE)*	regionales Distributionszentrum *n* regionales Zentrallager *n*

R

R

regional distribution centre/RDC *(BE)*	regionales Distributionszentrum *n* regionales Zentrallager *n*
regional freight forwarder	Gebietsspediteur *m*
regional warehouse	Regionallager *n*
register of companies	Handelsregister *n*
register of shipping	Schiffsregister *n*
registered letter	Einschreiben *n*
registered letter with acknow- ledgement of receipt	Einschreiben mit Rückschein *n*
registered letter with advice of delivery	Einschreiben mit Rückschein *n*
registered warehouse receipt/ certificate *sg*	Namenslagerschein *m* Rektalagerschein *m*
registration number *(BE)*	Kfz-Kennzeichen *n* (Nummer)
registration plate *(BE)*	Nummernschild *n* Kfz-Kennzeichen *n* (Schild)
registry	Registratur *f*
regular customer	Stammkunde *m*
regular flight	Linienflug *f*
regular on-demand services *pl* (local public transport)	Linienbedarfsverkehr *m* (ÖPNV)
regular service	Linienverkehr *m*
regulated agent	reglementierter Beauftragter *m*
regulation	1. Abkommen *n* 2. Übereinkommen *n* 3. Verordnung *f*
Regulation governing the reciprocal use of wagons in International Traffic/RIV	Übereinkommen über die gegen- seitige Benutzung der Güterwagen im internationalen Verkehr/RIV *n*
Regulation on Exemptions of the Provisions on Dangerous Goods Transport/GGAV	Gefahrgut-Ausnahmeverordnung/ GGAV *f*

Regulations concerning the International Carriage of Containers by Rail/RICo *pl*	Ordnung für die internationale Eisenbahnbeförderung von Containern/RICo *f*
Regulations concerning the International Carriage of Dangerous Goods by Rail/RID *pl*	Ordnung für die internationale Eisenbahnbeförderung gefährlicher Güter/RID *f*
Regulations concerning the International Carriage of Dangerous Goods by Rail/RID *pl*	Ordnung für die internationale Eisenbahnbeförderung gefährlicher Güter/RID *f*
Regulations concerning the International Carriage of Express Parcels by Rail/RIEx *pl*	Ordnung für die internationale Eisenbahnbeförderung von Expressgut/RIEx *f*
Regulations concerning the International Haulage of Private Owners' Wagons by Rail/RIP *pl*	Ordnung für die internationale Eisenbahnbeförderung von Privatwagen/RIP *f*
reimbursement of expenses (fin.)	Ersatz von Aufwendungen *m*
reinsurance	Rückversicherung *f*
reinsure, to	nachversichern rückversichern
reinsurer	Rückversicherer *m*
reject, to	ablehnen
rejected take-off/RTO	Rejected Take-off/RTO *m* (Startabbruch)
relative contribution margin	Deckungsbeitrag *m* (relativ)
relaxed	entspannt
release (e.g. of goods)	Freistellung *f* (z.B. von Gütern)
release for free circulation	zollrechtlich freier Verkehr *m*
released by customs	vom Zoll freigegeben
reliable	zuverlässig
remaining stock	Restposten *m*
remold tire *(AE)*	runderneuerter Reifen *m*
remolded tire *(AE)*	runderneuerter Reifen *m*
remote monitoring	Fernüberwachung *f*

R

remould tyre *(BE)*	runderneuerter Reifen *m*
remouldet tyre *(BE)*	runderneuerter Reifen *m*
removal contract	Umzugsvertrag *m*
removal firm	Umzugsspedition *f*
removal goods	Umzugsgut *n*
removal rate *sg* (e.g. from the shelf)	Entnahmehäufigkeit *f* (z.B. aus dem Regal)
removal traffic	Umzugsverkehr *m*
remover	Umzugsspediteur *m*
remuneration (fin.)	Entgelt *n* (fin.)
remuneration (fin.)	Vergütung *f* (fin.)
rent, to	mieten
rent for third-party equipment (fin.)	Miete für fremde Geräte *f*
rent for third-party halls (fin.)	Miete für Fremdhallen *f*
rent for third-party warehouse office space (fin.)	Miete für fremde Lagerbüroräume *f*
rent out, to	vermieten
rental car *(AE)*	Leihwagen *m* Mietwagen *m* (Selbstfahrer)
repack, to	wieder verpacken
repackage, to	neu verpacken
repair	Reparatur *f*
repair, to	reparieren
repair certificate (customs)	Ausbesserungsschein *m* (Zoll)
repair costs *pl* (fin.)	Reparaturkosten *pl*
repair work	Ausbesserungsarbeit *f*
replacement value	Neuwert *m*
reporting address *sg* (inland navigation)	Meldeadresse *f* (Binnenschifffahrt)
reporting date *sg* (inland navigation)	Meldetag *m* (Binnenschifffahrt)

R

request stop	Bedarfshalt *m*
	Halt auf Verlangen *m*
requirement	Anforderung *f*
rescheduled inventory	verlegte Inventur *f*
rescheduled stocktaking	verlegte Inventur *f*
rescue cruiser	Seenotkreuzer/SK *m*
	Seenotrettungskreuzer/SRK *m*
rescue helicopter	Rettungshubschrauber *m*
rescue ladder	Rettungsleiter *f*
reservation	Vorbehalt *m*
reserves *pl* (financial)	Rücklagen *fpl*
residual value	Restwert *m*
residues *pl*	Rückstände *mpl*
respirator mask	Atemschutzmaske *f*
respiratory protection	Atemschutz *m*
respited freight	gestundete Fracht *f*
responsibility	Verantwortlichkeit *f*
	Zuständigkeit *f*
responsible for something, to be	verantwortlich sein für etwas
rest period	Ruhezeit *f*
restorage	Umlagerung *f*
restraint system	Rückhaltesystem *n*
restricted airspace	Gebiet mit Flugbeschränkungen *n*
restricted operator's certificate/ROC	Beschränkt gültiges Betriebs-zeugnis für Funker/ROC *n* (Berufs-schifffahrt)
restroom *(AE)*	Toilette *f*
	WC *n*
result of accrual	Ergebnis der Abgrenzung *n*
retail consignment	Einzelsendung *f*
retail *sg*	Einzelhandel *msg*
retail store *sg*	Einzelhandelsgeschäft *n*

R

R

retail trade	Einzelhandel *msg*
retained earnings and accumulated losses *pl*	Gewinn- und Verlustvortrag *m*
retained earnings *pl*	Gewinnrücklagen *fpl*
retarder	Dauerbremsanlage *f*
retention	Selbstbehalt *m*
retractable tail lift	unterfahrbare Hebebühne *f*
	unterfahrbare Ladebordwand *f*
retread tire *(AE)*	runderneuerter Reifen *m*
retread tyre *(BE)*	runderneuerter Reifen *m*
retreaded tire *(AE)*	runderneuerter Reifen *m*
retreaded tyre *(BE)*	runderneuerter Reifen *m*
return address	Absenderadresse *f*
return command	Rückkehrgebot *n*
return consignment	Rücksendung *f*
return delivery	Retourenlieferung *f*
	Rücklieferung *f*
return on equity/ROE	Eigenkapitalrentabilität/EKR *f*
Return on Investment/ROI	1. Gesamtkapitalrentabilität/GKR *f*
	2. Anlagenrendite *f*
	3. Return-on-Investment *n*
return on sales/ROS	Umsatzrendite *f*
	Umsatzrentabilität *f*
return *sg* (e.g. of the warehouse receipt)	Rückgabe *f* (z.B. von dem Lager-schein)
return shipment	Retourenlieferung *f*
	Rücklieferung *f*
returnable packaging	Mehrwegverpackung *f*
returns *pl*	Retoure *f*
returns processing	Retourenabwicklung *f*
reusable packaging	Mehrwegverpackung *f*
reusable pallet	Mehrwegpalette *f*

reusable system	Mehrwegsystem *n*
rev counter	Drehzahlmesser *m*
revenue passenger kilometers/RPK *pl (AE)*	ausgelastete Passagierkilometer/ RPK *mpl*
revenue passenger kilometres/RPK *pl (BE)*	ausgelastete Passagierkilometer/ RPK *mpl*
revenue passenger miles/RPM *pl*	ausgelastete Passagiermeilen/ RPM *fpl*
reversal of the burden of proof	Beweislastumkehr *f*
reverse, to	rückwärts fahren
reversing device (coll.)	Reversiereinrichtung *f* (ugs.)
reversing light *(BE)*	Rückfahrscheinwerfer *m*
reversing loop	Endschleife *f*
reversing video system	Rückfahrvideosystem *n*
revision	Revision *f*
revocable	widerruflich
revocable L/C	widerrufliches Akkreditiv *n*
revocable letter of credit	widerrufliches Akkreditiv *n*
revocation	Widerruf *m*
revolutions per minute/rpm *pl*	Umdrehungen pro Minute / 1/min / U/min *fpl (ugs.)*
revolving buyer credit cover	revolvierende Finanzkreditdeckung *f*
revolving L/C	revolvierendes Akkreditiv *n*
revolving letter of credit	revolvierendes Akkreditiv *n*
revolving supplier credit cover	revolvierende Lieferanten- kreditdeckung *f*
Rhine navigation *sg*	Rheinschifffahrt *f*
ride-sharing	Fahrgemeinschaft *f*
right	rechter rechtere rechteres rechts

R

R

right, on the	rechts
right of origin	Ursprungsrecht *n*
right of retention	Zurückbehaltungsrecht *n*
right of revocation	Widerrufsrecht *n*
right of termination/cancellation	Kündigungsrecht *n*
right of withdrawal	Rücktrittsrecht *n*
right-hand traffic	Rechtsverkehr *m*
rights *pl*	Rechte *npl*
rigid axle	Starrachse *f*
rigid drawbar trailer	Starrdeichselanhänger *m*
riot	Aufruhr *m*
risk	Risiko *n*
risk class	Risikoklasse *f*
risk of bursting	Berstgefahr *f*
risk of skidding	Schleudergefahr *f*
risk of transport	Transportrisiko *n*
river navigation *sg*	Flussschifffahrt *f*
riverbank	Flussufer *n*
road	Straße *f*
road block	Straßensperre *f* (ungeplant z.B. nach Unfall)
road closure	Straßensperrung *f* (geplant)
road conditions *pl*	Fahrbahnverhältnisse *npl*
Road Construction Financing Act	Straßenbaufinanzierungsgesetz/ StrFinG *n*
road feeder service/RFS	Luftfrachtersatzverkehr *m*
Road Haulage Act	Güterkraftverkehrsgesetz/GüKG *n*
road junction *(BE)*	Straßenkreuzung *f*
road map	Straßenkarte *f*
road maps *pl*	Straßenkarten *fpl*
road marking	Fahrbahnmarkierung *f*

road salt	Auftausalz *n* Streusalz *n* Tausalz *n*
road sign	Verkehrszeichen *n*
road tax	Kfz-Steuer *f* Kraftfahrzeugsteuer *f*
road tax vignette	Autobahnvignette *f* Vignette *f*
road tractor	Sattelzugmaschine *f*
Road Traffic Act	Straßenverkehrsgesetz/StVG *n*
road traffic authority	Straßenverkehrsamt *n* Straßenverkehrsbehörde *f*
road traffic law	Straßenverkehrsrecht *n*
Road Traffic Registration Ordinance	Straßenverkehrszulassungs- ordnung/StVZO *f*
Road Traffic Regulations *pl*	Straßenverkehrsordnung/StVO *f*
road train	Straßenzug *m* (LKW mit mehr als einem Anhänger, z.B. in Australien, Israel)
road transport	Straßengüterverkehr *m*
road usage fees *pl*	Straßenbenutzungsgebühren *fpl*
road works *pl*	Straßenarbeiten *fpl*
road-rail vehicle	Zweiwegefahrzeug *n*
roadside assistance *(AE)*	1. Pannendienst *m* 2. Pannenhilfe *f*
roadside ditch	Straßengraben *m*
roadstead	Reede *f*
roadway noise	Straßenlärm *m* Straßenverkehrslärm *m*
robbery	Raub *m*
rod	Stange *f*
rogue wave	Monsterwelle *f*
role *sg*	Funktion *f*

R

R

roll container	Rollcontainer *m*
roll-off container	Abrollcontainer *m*
roll-off container transport system/ ACTS	Abrollcontainer-Transportsystem/ ACTS *n*
roller conveyor sg (e.g. sorting systems)	Rollenbahn *f* (z.B. Sortieranlagen)
rolling friction	Rollreibung *f*
rolling resistance	Rollwiderstand *m*
rolling road	rollende Landstraße/RoLa *f*
rolling technology (unaccompanied transport)	Rolltechnik *f* (unbegleiteter Verkehr)
RoLo-ship (roll-on/roll-off and lift-on/lift-off)	RoLo-Schiff *n* (roll-on/roll-off und lift-on/lift-off)
roof	Dach *n*
roof bow	Dachspriegel *m*
roof panel	Dachverkleidung *f*
room ventilation	Raumlüftung *f*
RoPax-ship (roll-on/roll-off and passenger)	RoPax-Schiff *n* (roll-on/roll-off und Passagiere)
rope	Seil *n*
RoRo ship (roll-on/roll-off)	RoRo-Schiff *n* (roll-on/roll-off)
rotary stacking container	Drehstapelbehälter *m*
rough sea (sea state code 5)	grobe See *f* (Sea State Code 5)
roughly	geschätzt grob ungefähr
round trip time	Umlaufzeit *f*
roundabout *(BE)*	Kreisel *m* Kreisverkehr *m*
roundhouse	Ringlokschuppen *m*
rounding rule *sg* (air freight)	Rundungsregel *f* (Luftfracht)

route	1. Fahrtverlauf *m*
	2. Linie *f*
	3. Strecke *f*
	4. Weg *m*
route number	Liniennummer *f*
route planner	Routenplaner *m*
route planning	Routenplanung *f*
route sign	Streckenschild *n*
routes group (local public transport)	Linienbündel *n* (ÖPNV)
row	Row *f* (Containerreihe in Längsrichtung)
rubber boot	Gummistiefel *m*
rubber glove	Gummihandschuh *m*
rubber mat	Gummimatte *f*
rude	unhöflich
Ruhr area	Ruhrgebiet *n*
run aground, to	auf Grund laufen
run-flat system	Notlaufsystem *n*
runaway truck lane	Notfallspur *f*
runaway truck ramp	Notfallspur *f*
running under load (engine)	Lastlauf *m* (Motor)
runway designator	Landebahnkennung *f*
runway/RWY	1. Startbahn *f*
	2. Landebahn *f*
	3. Piste *f* (Start- oder Landebahn) / Bahn *f* (Start- oder Landebahn)
rush hour	Hauptverkehrszeit/HVZ *f*
	Stoßzeit *f*
rust	Rost *m*
rust bucket *(coll.)* (vehicle)	Rostlaube *f* (ugs.)
	Rostmühle *f* (ugs.)
rut	Spurrille *f*
	Spurrinne *f*

R

S

sabotage	Sabotage *f*
sack	Sack *m*
sack barrow	Sackkarre *f* Stechkarre *f*
sack truck *(BE)*	Sackkarre *f* Stechkarre *f*
safe	Safe *m/n* Tresor *m*
safe for transport	beförderungssicher
safe loading	betriebssichere Verladung *f*
safe loading (according to road traffic regulations)	Verkehrssichere Verladung *f* (nach StVO)
safe third country	sicherer Drittstaat *m*
safe to operate	betriebssicher
safeguarding interests	Interessenwahrung *f*
SafeSeaNet/SSN (EU/Norway/Iceland)	SafeSeaNet/SSN *n* (EU/Norwegen/Island)
safety approval plate	Sicherheits-Zulassungsschild *n*
safety belt	Sicherheitsgurt *m* Gurt *m* Sitzgurt *m*
safety check	Sicherheitsprüfung *f*
safety data sheet *sg* (for the storage of hazardous substances)	Sicherheitsdatenblatt *n* (bei der Lagerung von Gefahrstoffen)
safety deficiency	Sicherheitsmangel *m*
safety device	Sicherheitseinrichtung *f*
safety electronics	Sicherheitselektronik *f*
safety equipment	Sicherheitsausstattung *f*
safety fifth wheel coupling	Sicherheitssattelkupplung *f*
safety glasses *pl*	Schutzbrille *f*
safety pressure	Sicherungsdruck *m*
safety regulation	Sicherheitsvorschrift *f*
safety shoe	Sicherheitsschuh *m*

safety sign	Sicherheitszeichen *n*
safety solution	Sicherheitslösung *f*
safety stock	eiserner Bestand *m* Mindestbestand *m* Sicherheitsbestand *m*
safety system	Sicherheitssystem *n*
safety trailer coupling	Sicherheitsanhängerkupplung *f*
safety valve	Sicherheitsventil *n*
safety vest	Warnweste *f*
said to contain clause/STC	Unbekannt-Klausel *f* (Inhalt unbekannt/Inhalt wie angegeben/ beinhaltet angeblich)
sailor	Seemann *m*
salami tactics *pl (coll.)*	Salamitaktik *f* (ugs.)
sales	Verkauf *m* Vertrieb *m*
sales area logistics	Absatzlogistik *f*
sales market	Absatzmarkt *m*
sales packaging	Verkaufsverpackung *f*
sales *pl (AE)*	Umsatz *m* Verkauf *m* Vertrieb *m*
sales *pl* (fin.)	Absatz *m* (fin.)
salt	Salz *n*
salt water	Salzwasser *n*
Salvage and Debris Removal Clause (DTV Cargo 2000/2011)	Bergungs- und Beseitigungs- klausel *f* (DTV-Güter 2000/2011)
salvage fee	Bergelohn *m*
salvage value	Restwert *m*
sample	1. Muster *n* 2. Probe *f* (z.B. Zoll)
sample consignment	Mustersendung *f* Warenprobenversand *m*

S

sample shipment	Mustersendung *f*
	Warenprobenversand *m*
Sanctions Clause (DTV Cargo 2000/2011)	Sanktionsklausel *f* (DTV-Güter 2000/2011)
sand	Sand *m*
sandwich-pallet	Sandwich-Palette *f*
Saturday	Samstag *m*
savings *pl*	Einsparung *f*
	Ersparnis *f*
scalding	Verbrühung *f*
scale method	Mengenschlüssel *m*
scales *pl*	Waage *f*
scan point *sg* (logistics)	Scan-Punkt *m* (Logistik)
Scandinavia	Skandinavien *n*
scarcity (e.g. of goods)	Knappheit *f* (z.B. von Güter)
schedule	1. Fahrplan *m*
	2. Zeitplan *m*
	3. Flugplan *m* (Fluggesellschaft)
scheduled	1. planmäßig
	2. geplant
	3. festgesetzt (zeitlich)
	4. anberaumt (zeitlich)
scheduled cargo traffic	Systemverkehr *m*
scheduled departure	Planabfahrt *f*
scheduled flight	Linienflug *f*
scheduled time of arrival/STA	planmäßige Ankunftszeit *m* (Flugzeug)
scheduled time of departure/STD	planmäßige Abflugzeit *m*
Schengen Agreement	Schengener Abkommen *n*
Schengen area *sg*	Schengenraum *msg*
Schnabel car *(AE)*	Tragschnabelwagen *m*
school boat (inland vessel)	Schulschiff *n*
school bus	Schulbus *m*

S

school crossing patrol officer *(BE)*	Schülerlotse *m*
	Verkehrshelfer *m*
school traffic	Schülerverkehr *m*
school transport	Schülerbeförderung *f*
scissors *pl*	Schere *f*
scooter	Motorroller *m*
	Roller *m*
scope	Geltungsbereich *m*
scrap	Schrott *m*
scrap metal	Schrott *m*
scrap value	Schrottwert *m*
screen wash *(BE)*	Scheibenwaschwasser *n*
	Scheibenwischwasser *n*
sea	Meer *n*
sea captain	Kapitän *m*
sea freight	Seefracht *f*
sea freight contract	Seefrachtvertrag *m*
sea freight forwarding agency	Seehafenspedition *f*
sea mile/SM	Seemeile/SM *f*
sea protest	Seeprotest *m*
	Verklarung *f*
sea state code	Seegangsskala *f*
sea waybill	Seefrachtbrief *m*
sea-river coaster	Fluss-Seeschiff *n*
	Rhein-See-Schiff *n*
seal	Plombe *f*
seal number	Plombennummer *f*
	Siegelnummer *f*
sealed	verplombt
sealing washer	Dichtungsring *m*
seaman	Seemann *m*
search, to	suchen

S

seasick	seekrank
seasonal influences *pl*	Saisoneinflüsse *mpl*
seasonal prices *pl*	Saisonpreise *mpl* (fin.)
seat adjuster	Sitzversteller *m*
seat adjustment	Sitzverstellung *f*
seat belt	Gurt *m*
	Sicherheitsgurt *m*
	Sitzgurt *m*
seat belt pretensioner	Gurtstraffer *m*
seat kilometers offered/SKO *pl (AE)*	angebotene Beförderungsleistung/ PKO *f*
	angebotene Sitzkilometer/SKO *mpl*
seat kilometres offered/SKO *pl (BE)*	angebotene Beförderungsleistung/ PKO *f*
	angebotene Sitzkilometer/SKO *mpl*
seawater	Meerwasser *n*
seaworthiness	Seetüchtigkeit *f*
second degree liquidity	Liquidität 2 *f*
secondary packaging	Sekundärverpackung *f*
	Umverpackung *f*
secondary recycling	sekundäres Recycling *n*
secondary route	Nebenstrecke *f*
section control (speed)	Abschnittskontrolle *f* (Geschwindigkeit)
securing force	Sicherungskraft *f*
securitisation guarantee *(BE)*	Verbriefungsgarantie *f*
securitization guarantee *(AE)*	Verbriefungsgarantie *f*
security deposit (customs amount) (fin.)	Sicherheitsleistung *f* (Zollbetrag) (fin.)
security plan	Sicherheitsplan *m*
security regulation	Sicherheitsvorschrift *f*
security surcharge/SC *sg*	Sicherheitsgebühr *f* (Luftfracht)
security system	Sicherheitssystem *n*

segregation regulations *pl*	Trennvorschriften *fpl*
select, to	auswählen
selectable all-wheel drive	zuschaltbarer Allradantrieb *m* (wählbar)
selectable four-wheel drive	zuschaltbarer Allradantrieb *m* (wählbar)
selective catalytic reduction/SCR	Selektive Katalytische Reduktion/ SCR *f*
selenium *sg*	Selen *nsg*
self-contracting	Selbsteintritt *m*
self-financing	Selbstfinanzierung *f*
self-insurance	Eigenversicherung *f* Selbstversicherung *f*
self-monitoring	Eigenüberwachung *f*
self-propelled barge	Gütermotorschiff/GMS *n*
self-propelled modular transporter/ SPMT	selbstfahrender Modultransporter/ SPMT *m*
self-propelled tanker	Tankmotorschiff/TMS *n*
self-propelled working machine	selbstfahrende Arbeitsmaschine *f*
self-standing warning sign	selbststehendes Warnzeichen *n*
self-unloading hopper car *(AE)*	Selbstentladewagen *m*
self-unloading hopper wagon *(BE)*	Selbstentladewagen *m*
sell, to	verkaufen
semi-autonomous driving	teilautonomes Fahren *n*
semi-synthetic	teilsynthetisch
semi-trailer	Auflieger *m* Sattelauflieger *m*
semi-trailer truck *(AE)*	Sattelzug *m*
Semtex (® Explosia a.s.)	Semtex *n* (® Explosia a.s.)
sender liability	Absenderhaftung *f*
sender obligation	Absenderpflicht *f*
sensitive	empfindlich

S

sensitive goods *pl*	empfindliche Ware *f*
separate, to	trennen
separate storage	gesonderte Lagerung *f*
separation (aviation)	Staffelung *f* (Luftverkehr)
September	September *m*
sequence *sg* (e.g. of removal from storage)	Reihenfolge *f* (z.B. der Auslagerung)
serial number	Seriennummer *f*
serial shipping container code/ SSCC	Nummer der Versandeinheit *f* (SSCC)
serious	ernst
serpentine belt	Keilrippenriemen *m*
service brake	Betriebsbremse *f*
service braking system	Betriebsbremsanlage *f*
service company	Dienstleistungsbetrieb *m*
service level *sg*	Lieferbereitschaftgrad *m*
service profession	Dienstleistungsberuf *m*
service provider	Dienstleister *m*
set down	abgesetzt
set down, to	absetzen (Last)
set-down area logistics	Absatzlogistik *f*
set-up time	Rüstzeit *f*
settlement (fin.)	Abrechnung *f* (fin.)
severability clause	salvatorische Klausel *f*
severe chemical burn	schwere Verätzung *f*
severe injury	ernste Verletzung *f* schwere Verletzung *f*
shafts *pl*	Wellen *fpl*
shale oil	Schieferöl *n*
shaped charge	Hohlladung *f*
sharp-edged	scharfkantig

S

shed load	verlorene Ladung *f*
sheeted vehicle	bedecktes Fahrzeug *n*
shelf *sg*	1. Regal *n* 2. Regalfach *n*
shelf aisle	Regalgang *m*
shelf load	Fachlast *f*
shelf row *sg*	Regalzeile *f*
shell diagram	Muscheldiagramm *n*
shelving rack *sg*	Fachbodenregal *n*
shelving racks *pl*	Fachbodenregale *npl*
shelving systems *pl*	Regalsysteme *npl*
shift of cargo	Verrutschen der Ladung *n*
shift of center of gravity *(AE)*	Schwerpunktverlagerung *f*
shift of centre of gravity *(BE)*	Schwerpunktverlagerung *f*
ship	Schiff *n*
ship, to	1. befördern 2. verladen 3. verschiffen 4. versenden 5. ausliefern (Produkt)
ship breaking	Abwracken *n*
ship breaking yard	Abwrackwerft *f*
ship cemetery	Schiffsfriedhof *m*
ship graveyard	Schiffsfriedhof *m*
ship lift	Schiffshebewerk *n*
ship management	Bereederung *f*
ship repair	Schiffsreparatur *f*
ship repair yard	Reparaturwerft *f*
ship's christening	Schiffstaufe *f*
shipmaster	Kapitän *m*
shipment	Beförderung *f* Sendung *f*

S

shipowner	Reeder *m*
shipowning partnership	Partenreederei *f*
shipped B/L	Bordkonnossement *n*
shipped bill of lading	Bordkonnossement *n*
shipper	1. Ablader *m*
	2. Absender *m*
	3. Befrachter *m*
	4. Verlader *m*
Shippers Declaration for the Transport of Dangerous Goods/ FIATA SDT	Deklaration des Verladers für den Transport von gefährlichen Gütern/ FIATA SDT *f*
Shippers Intermodal Weight Certificate/FIATA SIC	Zertifikat für die Gewichts- bescheinigung im USA-Verkehr/ FIATA SIC *n*
shipping company	Reederei *f*
shipping conference	Linienkonferenz *f*
shipping date	Versanddatum *n*
shipping department	Versandabteilung *f*
shipping document	Versanddokument *n*
shipping forecast	Seewetterbericht *m*
shipping note	Versandanzeige *f*
shipping office	Seemannsamt *n*
shipping unit number *sg* (NVE)	NVE-Code *m* (Nummer der Versandeinheit-Code)
shipping unit *sg*	Versandeinheit *f*
shipwreck	Schiffswrack *n*
	Wrack *n*
shoal	Untiefe *f*
shock absorber *(BE)*	Stoßdämpfer *m*
shop	Geschäft *n*
	Laden *m*
shopping centre *(BE)* center *(AE)* *sg*	Einkaufszentrum *n*

S

short delivery	Minderlieferung *f*
short period (aircraft)	Alpha-Schwingung *f*
	Anstellwinkelschwingung *f*
short range certificate/SRC	Beschränkt gültiges Funkbetriebs-
	zeugnis/SRC *n* (Sportschifffahrt)
short sea shipping	Kurzstreckenseeverkehr *m*
	Küstenhandel *msg*
short-distance flight	Kurzstreckenflug *m*
short-haul aircraft	Kurzstreckenflugzeug *n*
short-haul flight	Kurzstreckenflug *m*
short-range aircraft	Kurzstreckenflugzeug *n*
short-term	kurzfristig
short-term approval	Kurzzeitgenehmigung *f*
short-term income statement	kurzfristige Erfolgsrechnung *f*
short-term lowest price limit	Preisuntergrenze *f* (kurzfristig)
shortage	Fehlmenge *f*
shorten, to	verkürzen
shortfall	1. Deckungslücke *f* (fin.)
	2. Fehlmenge *f* (Bestand)
shoulder (road)	Seitenstreifen *m*
	Standspur *f*
	Standstreifen *m*
shovel	Schaufel *f*
	Schippe *f*
	Schüppe *f*
shower	Dusche *f*
shrink film	Schrumpffolie *f*
shrink wrap	Schrumpffolie *f*
shrink-wrapping machine	Schrumpfverpackungsmaschine *f*
shrinkage	Schwund *msg*
shrinking machine	Schrumpfmaschine *f*
shunt, to *(BE)*	rangieren

S

shut-off valve	Absperrventil *n*
shuttle train	Pendelzug *m*
Siberia	Sibirien *n*
side	Seite *f*
side bow	Seitenspriegel *m*
side dump car *(AE)*	Kippwagen *m*
side lighting	Seitenbeleuchtung *f*
side loader	Seitenstapler *m*
side loading	Seitenbeladung *f*
side shift	Seitenschieber *m*
side underride guard	seitlicher Unterfahrschutz *m*
side unloading	Seitenentladung *f*
side wall	Seitenwand *f*
side-by-side formation (motorised vessel and barge)	Koppelverband *m* (Motorschiff und Leichter)
side-loading platform	Seitenrampe *f*
side-loading ramp	Seitenrampe *f*
sidecar	Beiwagen *m* Seitenwagen *m*
sidewalk *(AE)*	Bürgersteig *m*
siding	1. Abstellgleis *n* 2. Anschlussgleis/AGL *n* / Gleisanschluss/Gla *m*
sievert/Sv	Sievert/Sv *n*
sight draft	Sichttratte *f*
sight draft	Sichtwechsel *m*
sight glass	Schauglas *n*
sight L/C	Sichtakkreditiv *n*
sight letter of credit	Sichtakkreditiv *n*
sign, to	unterzeichnen
signage	Beschilderung *f*
signal	Signal *n*

S

signal ammunition	Signalmunition *f*
signal failure	Signalversagen *n*
signal flag	Signalfahne *f*
	Signalflagge *f*
	Warnfahne *f*
	Warnflagge *f*
signature	Unterschrift *f*
signing of a contract	Vertragsunterzeichnung *f*
silo	Silo *m/n*
silo lorry *(BE)*	Silofahrzeug *n*
silo trailer	1. Siloanhänger *m*
	2. Sioauflieger *m*
silo truck *(AE)*	Silofahrzeug *n*
silo vehicle *(BE)*	Silofahrzeug *n*
silo wagon	Silowagen *m*
similar	ähnlich
single administrative document	Einheitspapier *n*
single axle load	Einzelachslast *f*
single compartment tank	Einkammertank *m*
single currency	Einheitswährung *f*
single cycle	Einfachspiel *n*
single freight car transport	Einzelwagenverkehr *m*
single shipment	Einzelsendung *f*
single sourcing	Einzelquellenbeschaffung *f*
single trip permit (coll.)	Einzelfahrtgenehmigung *f* (ugs.)
single wall corrugated board	einwellige Wellpappe *f*
single-hull tanker	Einhüllentanker *m*
single-item storage *sg*	reine Lagerhaltung *f*
sink *sg*	Senke *f*
sink, to	sinken
siren	Sirene *f*
size	Größe *f*

S

skibox (bus)	Skibox *f* (Bus)
skid marks *pl*	Bremsspur *f*
skin	Haut *f*
skin burn	Hautverätzung *f*
skin contact	Hautkontakt *m*
skin disease	Hauterkrankung *f*
skip	Absetzmulde *f*
	Mulde *f*
	Muldencontainer *m*
	Schuttmulde *f*
sky marshal	Flugsicherheitsbegleiter *m*
	Luftsicherheitsbegleiter *m*
skycrane	Kranhubschrauber *m*
skyjacking	Flugzeugentführung *f*
skyjacking	Luftpiraterie *f*
sleet	Graupel *f*
slewing crane *sg*	Drehkran *m*
slide-in rack *sg*	Einschubregal *n*
sliding friction	Gleitreibung *f*
sliding wheel gear	Schieberadgetriebe *n*
slight sea (sea state code 3)	leicht bewegte See *f* (Sea State Code 3)
sling gear	Anschlagmittel *n*
sling point	Anschlagpunkt *m*
sling, to	anschlagen
slope resistance	Steigungswiderstand *m*
slot (aviation)	Slot *m* (Zeitnische im Luftverkehr)
slow	langsam
slow mover	Langsamdreher *m*
slow-moving consumer goods/ SMCG *pl*	Langsamdreher *m*
slow-moving traffic	zähfließender Verkehr *m*

S

slush *sg*	Schneematsch *msg*
small	klein
small containers *pl* (capacity of at least 1 m³ and a maximum of 3 m³)	Kleincontainer *m* (Fassungsraum von mindestens 1 Kubikmeter und höchsten 3 Kubikmeter)
small hours *pl*	frühe Morgenstunden *fpl*
small quantities *pl* (dangerous goods up to 1000 kg/litres (*BE*)/ liters (*AE*) or 1000 points)	geringe Mengen *fpl* (Gefahrgut bis zu 1000 kg/l oder 1000 Punkte)
smart money *(AE)*	Schmerzensgeld *n*
smoke detector	Rauchmelder *m*
smoke hood	Brandfluchthaube *f* Fluchthaube *f*
smoke poisoning	Rauchgasvergiftung *f* Rauchvergiftung *f*
smoke *sg*	Rauch *msg*
smoking	Rauchen *nsg*
smoking ban	Rauchverbot *n*
smoldering fire *(AE)*	Schwelbrand *m*
smooth sea with wavelets (sea state code 2)	schwach bewegte See *f* (Sea State Code 2)
smouldering fire *(BE)*	Schwelbrand *m*
smuggling	Schmuggel *msg*
snow blower	Schneefräse *f* Schneeschleuder *f*
snow chains *pl*	Schneekette *f*
snow drift	Schneeverwehung *f*
snow grains *pl*	Griesel *msg*
snow plough *(BE)*	Schneepflug *m*
snow plow *(AE)*	Schneepflug *m*
snow *sg*	Schnee *msg*
snow thrower	Schneefräse *f* Schneeschleuder *f*

S

snow tire *(AE)*	Winterreifen *m*
snow tyre *(BE)*	Winterreifen *m*
snowfall	Schneefall *m*
soap	Seife *f*
social market economy (fin.)	Soziale Marktwirtschaft *f* (fin.)
social security	Sozialversicherung *f*
social security system	Sozialversicherungssystem *n*
social studies	Sozialkunde *f*
soda lye	Natronlauge *f*
sodium *sg*	Natrium *nsg*
soft (consistency)	weich (Konsistenz)
soft goods *pl*	Textilien *fpl*
soil contamination	Bodenverunreinigung *f*
solar cell	Solarzelle *f*
solar radiation	Sonneneinstrahlung *f*
sold	abgesetzt
sole proprietorship	Einzelunternehmen *n*
solicitor *(AE)*	Rechtsreferent *m*
solicitor *(BE)*	Anwalt *m* (untere Instanzen)
	Rechtsanwalt *m* (untere Instanzen)
solid fire	Feststoffbrand *m*
solid rubber tire *(AE)*	Vollgummireifen *m*
solid rubber tyre *(BE)*	Vollgummireifen *m*
sound level	Schallpegel *m*
sound navigation and ranging/sonar	Sonar *n*
source of funds	Mittelherkunft *f*
source *sg*	Quelle *f*
sourcing concept *sg*	Sourcingkonzept *n*
south	Süd
	Süden *m*
South America	Südamerika *n*

S

South Pacific	Südsee *fsg*
South Sea	Südsee *fsg*
South Seas *pl*	Südsee *fsg*
Southeast Asia	Südostasien *n*
Southeast Europe	Südosteuropa/SOE *n*
Southeastern Asia	Südostasien *n*
Southeastern Europe	Südosteuropa/SOE *n*
Southern Africa	südliches Afrika *n*
Southern Europe	Südeuropa *n*
sovereign body	hoheitliche Stelle *f*
space blanket	Rettungsdecke *f*
space utilisation	Raumnutzung *f*
space utilisation ratio	Raumnutzungsgrad *m*
spare canister	Reservekanister *m*
spare part	Ersatzteil *n*
spare tire *(AE)*	Ersatzreifen *m*
	Reserverad *n*
spare tyre *(BE)*	Ersatzreifen *m*
	Reserverad *n*
spark plug	Zündkerze *f*
spark plug	Zündkerze *f*
spatial distance *sg*	räumliche Distanz *f*
spatial equipment	räumliche Ausstattung *f*
special airfield	Sonderlandeplatz *m*
special airport	Sonderflughafen *m*
special card	Spezialkarte *f*
special commercial goods	besondere Handelsgüter *npl*
special container	Spezialcontainer *m*
special drawing right/SDR	Sonderziehungsrecht/SZR *n*
special economic area	Sonderwirtschaftszone *f*
special economic zone/SEZ	Sonderwirtschaftszone *f*

S

S

special equipment	Sonderausrüstung *f*
special goods	spezielle Güter *npl*
special offers *pl*	Sonderangebote *npl*
special permit	Sondergenehmigung *f*
special rate	Spezialtarif *m*
Special Terms and Conditions for the Insurance of Removal Goods *pl* (DTV Cargo 2000/2011)	Besondere Bedingungen für die Versicherung von Umzugsgut *fpl* (DTV-Güter 2000/2011)
Special Terms and Conditions for the Open Policy of Goods at Exhibitions and Trade Fairs *pl* (DTV Cargo 2000/2011)	Besondere Bedingungen für die laufende Versicherung von Ausstellungen und Messen *fpl* (DTV-Güter 2000/2011)
special toll	Sondermaut *f*
special transportation	Sonderverkehre *mpl*
special warehouse	Speziallager *n*
specialist for port logistics	Fachkraft für Hafenlogistik *f*
specialist for wahrehouse logistics	Fachkraft für Lagerlogistik *f*
specially	besonders speziell
specific commodity rates *pl*/SCR (air freight)	Spezialraten *fpl* (Luftfracht)
specified	1. angegeben 2. festgelegt
speculation *sg*	Spekulation *f*
speed	Geschwindigkeit *f*
speed limit	Geschwindigkeitsbegrenzung *f* Tempolimit *n*
speed limiter	Geschwindigkeitsbegrenzer *m*
speed trap	Radarfalle *f*
speedometer	Tachometer *m/n* Tacho *m/n (ugs.)*
spike tyre *(BE)*	Spikereifen *m*
spirit	Spirituose *f*

split, to	aufteilen
split group (coll.)	Splitgruppe *f* (ugs.)
split-tray sorter	Fallklappensorter *m*
spoiled	verdorben
spoilt	verdorben
sport utility vehicle/SUV	Sport Utility Vehicle/SUV *m/n* (Geländelimousine)
spray-tight	spritzwasserdicht
squared timber	Kantholz *n*
stability	Standfestigkeit *f* Standsicherheit *fsg*
stability	Standsicherheit *fsg*
stabling siding	Abstellgleis *n*
stack	Stapel *m*
stack, to	stapeln
stacker	Elektro-Hochhubwagen *m*
stacker crane/STC	Regalbediengerät/RBG *n*
stacking crane *sg*	Stapelkran *m*
stacking crush pressure	Stapelstauchdruck *m*
stacking height	Stapelhöhe *f*
stacking load	Stapellast *f*
staff costs *pl* (fin.)	Personalkosten *pl*
stainless	rostfrei
stainless steel	Edelstahl *m*
stairs *pl*	Treppe *f*
stairway	Treppe *f*
stake	Runge *f*
stake car *(AE)*	Rungenwagen *m*
stanchion	Runge *f*
stanchion extension (load securing permanently installed in the vehicle)	Rungenverlängerung *f* (Ladungssicherung fest im Fahrzeug installiert)

S

stanchions *pl* (load securing permanently installed in the vehicle)	Rungen *fpl* (Ladungssicherung fest im Fahrzeug installiert)
standard	Norm *f*
standardised *(BE)* / standardized *(AE)* customs declaration	einheitliche Zollanmeldung *f*
standardised questionnaire *(BE)*	standardisierter Fragebogen *m*
standardized questionnaire *(AE)*	standardisierter Fragebogen *m*
standby L/C	Beistandsakkreditiv *n*
standby letter of credit	Beistandsakkreditiv *n*
standby time	Bereitschaftszeit *f*
standing rigging	stehendes Gut *n*
start-up aid	Anfahrthilfe *f* Starthilfe *f*
starter	Anlasser *m* (Starter)
starter battery	Starterbatterie *f*
starting aid	Anfahrthilfe *f* Starthilfe *f*
starting switch	Anlassschalter *m*
starting-up aid	Anfahrthilfe *f* Starthilfe *f*
state road *(AE)*	Landesstraße *f* Landstraße *f* Staatsstraße *f* (Bayern/Sachsen)
state treasury	Staatskasse *f*
stateless	staatenlos
statement of claim *(BE)*	Klageschrift *f* Klagebegründung *f*
static friction	Haftreibung *f*
static provision	statische Bereitstellung *f*
station	Bahnhof/Bf/Bhf *m*
station category	Bahnhofskategorie *f*
station charging system	Stationspreissystem/SPS *n*

S

station of destination	Bestimmungsbahnhof *m*
stationary rack systems *pl*	stationäre Lagerregalsysteme *npl*
stationary storage shelving *pl*	stationäre Lagerregalsysteme *npl*
status message *sg*	Statusmeldung *f*
statutory and company regulations on the handling of operating and auxiliary materials *pl*	gesetzliche und betriebliche Vorschriften zum Umgang mit Betriebs- und Hilfsstoffen *fpl*
statutory health insurance	gesetzliche Krankenversicherung *f*
statutory regulation	gesetzliche Vorschrift *f*
statutory social insurance	gesetzliche Sozialversicherung *f*
steadiness	Standsicherheit *fsg*
stealth ship	Tarnkappenschiff *n*
steam	Dampf *m*
steam locomotive	Dampflok *f* Dampflokomotive *f*
steel container	Stahlcontainer *m*
steel floor	Stahlboden *m*
steel strapping	Stahlband *n*
steering	Lenkung *f*
steering axle	Lenkachse *f*
steering column	Lenksäule *f*
steering control systems *pl*	Lenkleitsysteme *npl*
steering gear	Lenkgetriebe *n*
steering geometry	Lenkgeometrie *f*
steering play	Lenkungsspiel *n*
stevedore *(BE)*	1. Stauer *m* 2. Stauerin *f*
stevedoring company	Stauerei *f*
stillage	Gitterboxpalette *f*
stipulated	vereinbart

S

stipulation	vertragliche Abmachung *f* vertragliche Festlegung *f* vertragliche Regelung *f* vertragliche Vereinbarung *f*
stock *(BE)*	1. Inventar *n* 2. Lagerbestand *m* / Warenbestand *m*
stock account	Bestandskonto *n*
stock car *(AE)* (rail)	Viehwagen *m* (Eisenbahn) Viehwaggon *m*
stock control	Bestandskontrolle *f*
stock keeping	Lagerhaltung *f*
stock keeping unit/SKU	Bestandseinheit *f*
stock level *sg*	Lagerbestand *m*
stock on hand *(BE)*	Lagerbestand *m* Warenbestand *m*
stock procurement	Vorratsbeschaffung *f*
stock removal	Auslagerung *f*
stock turnover	Lagerumschlag *m*
stock turnover (key figure) (fin.)	Lagerreichweite *f* (Kennzahl)
stockist	Lagerhalter *m*
stockroom	Lagerraum *m*
stocktaking procedure	Inventurverfahren *n*
stockturn	Lagerumschlag *m*
stop facilities *pl*	Haltestelleneinrichtungen *fpl*
stop the engine, to	Motor abstellen
stop the engine, to	Motor abstellen
stopover	Zwischenlandung *f*
stopping distance	Anhalteweg *m*

S

storage	1. Aufbewahrung *f*
	2. Einlagerung *f*
	3. Lagerhaltung *f*
	4. Lagerung *f*
	5. Speicher *m*
storage address *sg*	Lageradresse *f*
storage and retrieval machine/SRS	Regalbediengerät/RBG *n*
storage and retrieval system/SRS	Regalbediengerät/RBG *n*
storage and retrieval vehicles *pl*	Regalförderzeuge *npl* (RFZ)
storage area	Lagerbereich *m*
	Lagerzone *f*
	Lagerplatz *m*
storage charge	Lagerentgelt *n*
	Lagergebühr *f*
storage contract	Lagervertrag *m*
storage costs *pl*	Lagerhaltungskosten *pl*
	Lagerkosten *pl*
	Lagerungskosten *pl*
storage facility *sg*	Lagereinrichtung *f*
storage fee	Lagerentgelt *n*
	Lagergebühr *f*
	Lagergebühr *f*
storage logistics	Lagerlogistik *f*
storage performance *sg*	Lagerleistungen *fpl*
storage period	Lagerdauer *f*
storage principles *pl*	Grundsätze der Einlagerung *f*
storage rack	Lagergestell *n*
	Lagerregal *n*
storage risk	Lagerrisiko *n*
storage room *sg*	Lagerraum *m*
storage rooms *pl*	Lagerräume *mpl*
storage services *pl*	Lagerleistungen *fpl*
storage systems *pl*	Lagersysteme *npl*

S

store	1. Geschäft *n* / Laden *m*
	2. Lager *n*
stored goods	Lagergut *n*
storekeeper	1. Lagerarbeiter *m*
	2. Lagerhalter *m*
storekeeping	Lagerhaltung *f*
storm	Sturm *m*
storm damage	Sturmschaden *m*
storm drain	Gully *m/n*
	Straßenablauf *m*
storm sewer *(AE)*	Gully *m/n*
	Straßenablauf *m*
storm surge	Sturmflut *f*
storm tide	Sturmflut *f*
stowage factor	Räumte *f*
	Staufaktor *m*
stowage loss	Stauverlust *m*
stowage plan	Stauplan *m*
stowaway	blinder Passagier *m*
straddle carrier	Portalhubstapelwagen *m*
	Portalhubwagen *m*
	Portalstapelwagen *m*
straight B/L	Rektakonnossement *n*
	Namenskonnossement *n*
straight bill of lading	Rektakonnossement *n*
	Namenskonnossement *n*
Strait of Gibraltar	Straße von Gibraltar *f*
stranding (ship)	Strandung *f*
strange	eigenartig
	merkwürdig
	seltsam
strapping	Umreifung *f*
strapping band	Umreifungsband *n*

S

Strasbourg Convention on Limitation of Liability in Inland Navigation/CLNI	Straßburger Übereinkommen über die Beschränkung der Haftung in der Binnenschiffahrt/CLNI *n*
straw *sg*	Stroh *nsg*
street	Straße *f*
street broom	Straßenbesen *m*
street lamp	Straßenbeleuchtung *f* Straßenlaterne *f*
street light	Straßenbeleuchtung *f* Straßenlaterne *f*
street name	Straßenname *m*
street number	Hausnummer *f*
street sign	Straßennamensschild *n* Straßenschild *n*
streetcar *(AE)*	Straßenbahn *f*
stress	Spannung *f*
stretch packaging	Stretchverpackung *f*
stretch wrap, to	stretchen
stretching frame	Spannbrett *n*
strike	Streik *m*
Strikes, Riots and Civil Commotions Clause (DTV Cargo 2000/2011)	Streik- und Aufruhrklausel *f* (DTV-Güter 2000/2011)
strip a container, to	einen Container entladen
strips *pl* (air traffic controller)	Kontrollstreifen *m* (Fluglotse)
strontium *sg*	Strontium *nsg*
structural balance	Strukturbilanz *f*
structure of balance sheet	Bilanzaufbau *m*
stub axles *pl*	Faustachsen *fpl*
studded tire *(AE)*	Spikereifen *m*
studded tyre *(BE)*	Spikereifen *m*
stuff a container, to	einen Container beladen

S

Styrofoam *sg* (® Dow Chemical Company)	Styropor *nsg* (® BASF)
sub-freight contract	Unterfrachtvertrag *m*
Sub-Saharan Africa	Afrika südlich der Sahara *n* Schwarzafrika *n* subsaharisches Afrika *n*
subclass	Unterklasse *f*
subcontractor	Subunternehmer *m*
submersible bridge	Senkbrücke *f*
subrogation	Subrogation *f*
subsequent delivery	Folgelieferung *f* Nachlieferung *f*
subsequent instruction	nachträgliche Weisung *f*
subsequent order	nachträgliche Verfügung *f*
subsidiary	Tochtergesellschaft *f* Tochterunternehmen *n*
subsidiary risk	Nebengefahr *f*
substance	Substanz *f*
substantiation	Begründung *f*
substantiation of a claim	Begründung eines Anspruchs *f*
subtropics *pl*	Subtropen *pl*
successful	erfolgreich
suction boom	Saugausleger *m*
suction devices	Absaugvorrichtungen *f*
Suez Canal	Sueskanal *m*
Suezmax class (passage Suez Canal possible)	Suezmax-Klasse *f* (Durchfahrt Suezkanal möglich)
sugar	Zucker *msg*
sugar carrier	Zuckerfrachter *m*
suitcase	Koffer *m*
sulfur *sg (AE)*	Schwefel *msg*
sulfur dioxide *(AE)*	Schwefeldioxid *n*

S

sulfuric acid *(AE)*	Schwefelsäure *f*
sulfuryl fluoride	Sulfuryldifluorid *n* Sulfurylfluorid *n*
sulphur *sg (BE)*	Schwefel *msg*
sulphur dioxide *(BE)*	Schwefeldioxid *n*
sulphuric acid *(BE)*	Schwefelsäure *f*
sulphuryl fluoride	Sulfuryldifluorid *n* Sulfurylfluorid *n*
sum insured	Versicherungssumme *f*
summary declaration	summarische Anmeldung *f*
summer flight schedule	Sommerflugplan *m*
summer timetable	1. Sommerfahrplan *m* (Eisenbahn) 2. Sommerflugplan *m*
summer tire *(AE)*	Sommerreifen *m*
summer tyre *(BE)*	Sommerreifen *m*
sun	Sonne *f*
Sunday	Sonntag *m*
Sunday work	Sonntagsarbeit *f*
sundown	Sonnenuntergang *m*
sunglasses *pl*	Sonnenbrille *f*
sunrise	Sonnenaufgang *m*
sunset	Sonnenuntergang *m*
super wide tyres *(BE)* / tires *(AE)* / super single	Superbreitreifen/Super-Single *m*
Super-Panamax class (passage Panama Canal not possible)	Overpanamax-Klasse *f* (Durchfahrt Panamakanal nicht möglich) Postpanamax-Klasse *f* (Durchfahrt Panamakanal nicht möglich) Postpanmax-Klasse *f* (Durchfahrt Panamakanal nicht möglich)
supercargo	Supercargo *m* (Ladungsexperte/ Stauberater)
superficial	oberflächlich

S

superstructure	Aufbauten *pl*
	Decksaufbauten *pl*
supplement	Ergänzung *f*
supplier	Lieferant *m*
supplier credit cover	Lieferantenkreditdeckung *f*
supplier managed inventory/SMI	lieferantengesteuerter Bestand *m*
supplier's declaration	Lieferantenerklärung *f*
suppliers *pl*	Zulieferer *mpl*
supply chain	Lieferkette *f*
supply chain management/SCM	Lieferkettenmanagement/SCM *n*
supply pyramid	Zulieferpyramide *f*
supply risks *pl*	Versorgungsrisiken *npl*
supply warehouse *sg*	Vorratslager *n*
support device (semi-trailer)	Stützvorrichtung *f* (Auflieger)
surcharge	Aufpreis *m*
	Aufschlag *m*
	Zuschlag *m*
surety	1. Bürge *m*
	2. Bürgschaft *f*
surface contaminated objects/SCO *pl*	oberflächenkontaminierte Gegenstände/SCO *mpl*
surface movement radar/SMR	Flugfeldüberwachungsradar *m/n*
surprised	überrascht
surrender a document, to	ein Dokument übergeben
surrender of goods	Überlassung von Gütern *f*
surrogate	Ersatz *m*
	Surrogat *n*
suspension	Federung *f*
suspension system	Nichterhebungsverfahren *n*
sustainability *sg*	Nachhaltigkeit *f*

S

swap body	Wechselaufbau/WAB *m* Wechselaufbaubrücke *f* Wechselbehälter *m* Wechselbrücke *f* Wechselkoffer *m* Wechselpritsche *f*
swell	Seegang *msg*
SWIFT Bank Identifier Code/ SWIFT-BIC	SWIFT-Adresse/SWIFT-BIC *f*
swing axle	Pendelachse *f* Schwingachse *f*
swing bridge	Drehbrücke *f*
switch, to *(AE)*	rangieren
switch yard *(AE)*	Rangierbahnhof *m* Verschiebebahnhof *m*
switching systems (e.g. in combined transport)	Wechselsysteme (z.B. im kombi- nierten Verkehr)
switching yard *(AE)*	Rangierbahnhof *m* Verschiebebahnhof *m*
synchronised *(BE)* / synchronized *(AE)* gearbox	Synchrongetriebe *n*
systematic numbering system	systematisches Nummernsystem *n*
systematic storage bin organization *(AE)* / organisation *(BE)* sg	systematische Lagerplatzordnung *f*

T

T

T-account	T-Konto *n*
table	1. Tabelle *f* 2. Tisch *m*
table of contents	Inhaltsverzeichnis *n*
tachograph	Fahrtenschreiber *m* Tachograf *n*
tachograph chart	Diagrammscheibe *f* Tachoscheibe *f*

tachograph disc *(BE)*	Diagrammscheibe *f*
	Tachoscheibe *f*
tachograph disk *(AE)*	Diagrammscheibe *f*
	Tachoscheibe *f*
tail lift	Hebebühne *f*
	Ladebordwand *f*
tail number (aircraft)	Luftfahrzeugkennzeichen *n*
	(Nummer)
tailgate (vehicle)	1. Heckklappe *f*
	2. Hecktür *f* (PKW)
tailgate, to	dicht auffahren
	zu dicht auffahren
take inventory, to *(AE)*	Bestandsaufnahme machen
	Inventur machen
take off	Abheben *nsg* (Flugzeug)
take stock, to *(BE)*	Bestandsaufnahme machen
	Inventur machen
take-off charge	Startgebühr *f*
take-off fee	Startgebühr *f*
take-off performance/TOP	Startleistung *f* (Flugzeug)
tall (height)	groß
tallyman	Ladungskontrolleur *m*
	Seegüterkontrolleur *m*
tandem rotor helicopter	Bananenhubschrauber *m* (ugs.)
tandem trailer	Tandemanhänger *m*
tank and silo cleaning	Tank- und Siloreinigung *f*
tank car *(AE)*	Kesselwagen *m*
tank cleaning	Tankreinigung *f*
tank code	Tankcodierung *f*
tank container	Tankcontainer *m*
tank engine	Tenderlok *f*
	Tenderlokomotive *f*
tank farm	Tanklager *n*

T

tank locomotive	Tenderlok *f*
	Tenderlokomotive *f*
tank lorry *(BE)*	Tanklastwagen *m*
tank ship	Tanker *m*
	Tankschiff *n*
tank truck *(AE)*	Tanklastwagen *m*
tank wagon *(BE)*	Kesselwagen *m*
tanker	Tanker *m*
	Tankschiff *n*
tankship	Tanker *m*
	Tankschiff *n*
tape gun	Packbandabroller *m*
tape measure	Bandmaß *n*
	Maßband *n*
tare	Tara *f*
target sign	Zielschild *f*
tariff	Tarif *m*
tariff criteria	Tarifmerkmal *n*
tariff quota	Zollkontingent *n*
tariff structure *sg*	Tarifstruktur *f* (fin.)
tariff union	Zollunion *f*
tarpaulin	Plane *f*
task	Aufgabe *f*
tasks *pl*	Pflichten *fpl*
tautliner (® Boalloy Industries Ltd.)	Schiebeplanenauflieger *m*
tax	Steuer *f*
tax deferment	Steuerstundung *f*
tax deferral	Steuerstundung *f*
tax exemption	Steuerbefreiung *f*
tax rate	Steuersatz *m*
tax territory	Steuergebiet *n*
tax-free	steuerfrei

T

Taxes *pl* (fin.)	Steuern *fpl* (fin.)
taxi	Taxi *m/n*
taxicab	Taxi *m/n*
taxiway	Rollbahn *f*
tea	Tee *m*
team leader	Teamleiter *m*
team track	Freiladegleis *n*
tear gas	Tränengas *n*
technical data *pl*	technische Daten *fpl*
technical defect	technischer Defekt *m*
technical equipment	technische Ausstattung *f* technische Einrichtung *f*
technical gas	industrielles Gas *n* technisches Gas *n*
technical protective measures *pl*	technische Schutzmaßnahmen *fpl*
technical reserve	technische Reserve *f*
telematics *pl*	Telematik *fsg*
telematics system	Telematiksystem *n*
telemetry *sg*	Telemetrie *fsg*
telephone	Telefon *n*
telephone number	Telefonnummer *f*
telescopic crane	Teleskopkran *m*
temp agency (coll.)	Zeitarbeitsfirma *f*
temperature	Temperatur *f*
temperature monitoring	Temperaturüberwachung *f*
temperature-controlled transportation	temperaturgeführte Transporte *mpl*
temporal distance *sg*	zeitliche Distanz *f*
temporary disability	vorrübergehende Invalidität *f*
temporary employment	Zeitarbeit *f*
temporary employment agency	Zeitarbeitsfirma *f*

T

temporary storage (= transportation-related storage)	zwischengelagert werden (=verkehrsbedingte Lagerung)
temporary use	vorübergehende Verwendung *f*
temporary work	Zeitarbeit *f*
temporary work agency	Zeitarbeitsfirma *f*
temporary worker	Zeitarbeiter *m*
tension	Spannung *f*
terminal control area/TCA *(AE)*	Nahverkehrsbereich *m* (Luftverkehr)
terminal handling charge/THC	Umschlagsentgelt im Seehafen/ THC *n*
terminal manoeuvring area/TMA *(BE)*	Nahverkehrsbereich *m* (Luftverkehr)
termination agreement	Aufhebungsvertrag *m*
termination for operational reasons	betriebsbedingte Kündigung *f*
termination without notice	fristlose Kündigung *f*
terminus	Endhaltestelle *f* (Bus) Kopfbahnhof *m* Sackbahnhof *m*
terms of payment	Zahlungsbedingung *f*
territorial waters *pl*	Hoheitsgewässer *npl*
terrorism *sg*	Terrorismus *msg*
test badge	Prüfplakette *f*
test period	Prüffrist *f*
textiles *pl*	Textilien *fpl*
Thai-Malay Peninsula	Goldene Halbinsel *f* Malaien-Halbinsel *f* Malaiische Halbinsel *f*
The Air Cargo Tariff/TACT	Luftfrachttarif/TACT *m*
the forwarding, logistics and storage insurance certificate	Der Speditions-, Logistik- und Lagerversicherungsschein/SLVS *m*
theatre *(BE)* / theater *(AE)* trips *pl*	Theaterfahrten *fpl*
theft	Diebstahl *m*

T

theft warning system	Diebstahlwarnsystem *n*
thick	dick (Gegenstand)
thin	dünn
third country	Drittstaat *m*
third country authorisation *(BE)* / authorization *(AE)*	Drittstaatengenehmigung *f*
third country product	Drittlandsware *f*
third-party procurement	Fremdbezug *m*
this month	diesen Monat
this week	diese Woche
this year	dieses Jahr
thousand	tausend
three days ago	vorvorgestern
through B/L	Durchfrachtkonnossement *n* Durchkonnossement *n*
through bill of lading	Durchfrachtkonnossement *n* Durchkonnossement *n*
through station	Durchgangsbahnhof *m*
through-crack	durchgehender Riss *m*
through-loading trailer	Durchlader *m* (LKW)
throughput speed (e.g. of stored goods)	Durchlaufgeschwindigkeit *f* (z.B. von Lagergut)
thunderstorm	Gewitter *n*
Thursday	Donnerstag *m*
ticket	Fahrkarte *f*
ticket inspector	Fahrkartenkontrolleur *m*
ticket machine	Fahrkartenautomat *m*
ticket office	Fahrkartenschalter *m*
ticket vending machine/TVM	Fahrkartenautomat *m*
tidal bore	Gezeitenwelle *f*
tide	Gezeit *f* Tide *f*

T

tide chart	Gezeitenkalender *m*
	Gezeitentabelle *f*
	Gezeitentafel *f*
	Tidenkalender *m*
tide table	Gezeitenkalender *m*
	Gezeitentabelle *f*
	Gezeitentafel *f*
	Tidenkalender *m*
tier	Tier *f* (Containerlage)
tight	fest
	stramm
tilt indicator	Kippindikator *m*
tilt valve	Kippventil *n*
tilt-tray sorter	Kippschalensorter *m*
tilting danger	Kippgefahr *f*
tilting edge	Kippkante *f*
timber	Bauholz *n*
time sg (e.g. order date)	Zeitpunkt *m* (z.B. Bestelltermin)
time charter	Zeitcharter *f/m*
time clock	Kontrolluhr *f*
	Stechuhr *f*
	Stempeluhr *f*
time difference	Zeitunterschied *m*
	Zeitverschiebung *f*
time of arrival	Ankunftszeit *f*
time of departure	1. Abfahrtszeit *f*
	2. Abflugzeit *f*
time of dispatch	Zeitpunkt der Absendung *m*
	Zeitpunkt der Versendung *m*
time of purchase	Anschaffungszeitpunkt *m*
time permit	Zeitgenehmigung *f*
time zone	Zeitzone *f*
time-based toll	zeitabhängige Maut *f*

T

timetable	1. Fahrplan *m*
	2. Zeitplan *m*
timing belt	Steuerriemen *m*
	Zahnriemen *m*
timing chain	Steuerkette *f*
tin *sg*	Zinn *nsg*
tincture	Tinktur *f*
tipper trailer	Sattelkipper *m*
tipper wagon *(BE)*	Kippwagen *m*
tipping safety	Kippsicherheit *f*
TIR board	TIR-Tafel *f*
TIR cable	Zollschnur *f*
	Zollseil *n*
TIR carnet	Carnet TIR *n*
TIR plate	TIR-Plakette *f*
TIR procedure	TIR-Verfahren *n*
tire *(AE)*	Reifen *m*
tire chains *pl (AE)*	Schneekette *f*
tire damage *(AE)*	Reifenschaden *m*
tire fire *(AE)*	Reifenbrand *m*
tire pressure *(AE)*	Reifendruck *m*
	Reifenluftdruck *m*
tire pressure gauge *(AE)*	Reifendruckmesser *m*
	Reifenluftdruckmesser *m*
tire tread depth gauge *(AE)*	Profiltiefenmesser *m*
tire valve *(AE)*	Reifenventil *n*
tire wear *(AE)*	Reifenverschleiß *m*
tired	müde
titanium *sg*	Titan *nsg*
tobacco	Tabak *m*
today	heute

T

toilet *(BE)*	Toilette *f* WC *n*
toll	Maut *f*
toll collection	Mauterhebung *f*
toll costs *pl* (fin.)	Mautkosten *fpl* (fin.)
toll debtor (fin.)	Mautschuldner *m* (fin.)
toll device	Mautgerät *n*
toll exemption	Mautbefreiung *f*
toll system	Mautsystem *n*
tomorrow	morgen
ton kilometres transported/TKT *pl* *(BE)*	tatsächlich erbrachte Beförderungsleistung/TKT *f* transportierte Tonnenkilometer/TKT *pl*
ton-kilometers offered/TKO *pl* *(AE)*	angebotene Beförderungsleistung/TKO *f*
ton-kilometers transported/TKT *pl* *(AE)*	tatsächlich erbrachte Beförderungsleistung/TKT *f* transportierte Tonnenkilometer/TKT *pl*
ton-kilometres offered/TKO *pl* *(BE)*	angebotene Beförderungsleistung/TKO *f*
ton-mile/tm	Tonnenmeile/tm *f*
ton-miles offered/TMO *pl*	angebotene Beförderungsleistung/TKO *f*
ton-miles transported/TMT *pl*	tatsächlich erbrachte Beförderungsleistung/TKT *f*
tongue	Zugdeichsel *f*
tonne-kilometer/tkm *(AE)*	Tonnenkilometer/tkm *m*
tonne-kilometre/tkm *(BE)*	Tonnenkilometer/tkm *m*
tons deadweight cargo carrying capacity/tdwcc	Ladefähigkeit *f* (Seeschiff)
toothed strips *pl* (load securing permanently installed in the vehicle)	Zahnleisten *fpl* (Ladungssicherung fest im Fahrzeug installiert)

T

top	oberster
	oberstere
	obersteres
top, on the	oben
top loading	Obenbefüllung *f*
topography-based adaptive cruise control (GPS and Cloud)	*topografiebasierte Adaptive Cruise Control (GPS und Cloud)*
torpedo *(AE)* (rail)	Knallkapsel *f*
torque characteristic	Drehmomentkennlinie *f*
total activity	Gesamtaktivität *f*
total balance	Summenbilanz *f*
total carrying capacity	Gesamttragfähigkeit *f*
total loss	Totalschaden *m*
	Totalverlust *m*
total process costs *pl* (fin.)	Gesamtprozesskosten *pl*
total transport index	Gesamttransportkennzahl *f*
tote conveyor system	Behälterfördersystem *n*
touch down zone (airport)	Aufsetzzone *f* (Flughafen)
touchdown (airport)	Aufsetzpunkt *m* (Flughafen)
tour guidance	Reiseleitung *f*
tour guide	Reiseleiter *m*
tour operator	Reiseveranstalter *m*
tourism	Fremdenverkehr *msg*
	Tourismus *msg*
	Touristik *fsg*
tourist	Tourist *m*
tow, to	abschleppen
	schleppen
tow bar	Abschleppstange *f*
tow bar *(BE)*	Anhängerkupplung *f* (PKW)
tow hitch	Anhängerkupplung *f* (PKW)
tow hook	Abschlepphaken *m*

T

tow rope	Abschleppseil *n*
tow tractor	Schlepper *m* (Straße)
tow truck *(AE)*	Abschleppwagen *m*
tow-start, to	anschleppen
towboat	Schleppschiff *n*
towed barge	Schleppkahn *m*
towed convoy	Schleppverband *m*
towing capacity	Anhängelast *f*
towing tractor	Schlepper *m* (Straße)
toxic	giftig
toxin	Gift *n*
	Toxin *n*
track scales *pl*	Gleiswaage *f*
tracking	Verfolgung *f*
tracking and tracing	Sendungsverfolgung *f*
traction	Traktion *f*
Traction Control System/TCS	Antriebsschlupfregelung/ASR *f*
	Traktionskontrolle *f*
tractor	Traktor *m*
	Trecker *m*
tractor unit	Sattelzugmaschine *f*
trade tax *sg* (fin.)	Gewerbesteuer *f* (fin.)
trade terms *pl*	Handelsbedingungen *fpl*
trade union	Gewerkschaft *f*
traffic	Verkehr *m*
traffic accident	Verkehrsunfall *m*
traffic census	Verkehrserhebung *f*
	Verkehrszählung *f*
traffic circle *(AE)*	Kreisel *m*
	Kreisverkehr *m*
Traffic Conference Area	Konferenzgebiet *n*

T

traffic congestion	Stau *m*
	Verkehrsstau *m*
traffic control	Verkehrskontrolle *f*
traffic count	Verkehrserhebung *f*
	Verkehrszählung *f*
traffic flow	Verkehrsstrom *m*
traffic geography	Verkehrsgeografie *f*
traffic guard	Warnposten *m*
traffic island	Verkehrsinsel *f*
traffic jam	Stau *m*
	Verkehrsstau *m*
traffic jam assistant	Stauassistent *m*
traffic law	Verkehrsrecht *n*
traffic light	Ampel *f*
	Lichtsignalanlage/LSA *f*
	Lichtzeichenanlage/LZA *f*
	Verkehrsampel *f*
traffic management in scheduled services	Verkehrsmanagement im Linienverkehr *n*
Traffic Message Channel/TMC	Traffic Message Channel/TMC *m*
traffic mirror	Verkehrsspiegel *m*
traffic news *pl*	Verkehrsmeldungen *fpl*
	Verkehrsnachrichten *fpl*
traffic obstruction	Verkehrsbehinderung *f*
	Verkehrshindernis *n*
traffic paddle	Haltekelle *f*
	Polizeikelle *f*
	Winkerkelle *f*
traffic planning	Verkehrsplanung *f*
traffic ratio	Verkehrsverhältnis *n*
traffic regulation	Verkehrsregel *f*
traffic route	Verkehrsweg *m*
traffic rule	Verkehrsregel *f*

T

traffic safety	Verkehrssicherheit *f*
traffic separation scheme/TSS	Verkehrstrennungsgebiet/VTG *n*
traffic sign	Verkehrszeichen *n*
traffic sign recognition	Verkehrszeichenerkennung *f*
traffic telematics	Verkehrstelematik *f*
traffic-calmed	verkehrsberuhigt
trailer	Anhänger *m*
trailer bus	Sattelbus *m*
	Sattelomnibus *m*
	Sattelzugomnibus *m*
trailer coupling	Anhängerkupplung *f*
trailer hitch *(AE)*	Anhängerkupplung *f* (PKW)
train	Zug *m*
train accident	Zugunfall *m*
	Zugunglück *n*
train coordination	Zugabstimmung *f*
train driver *(BE)*	Lokführer *m*
	Lokomotivführer *m*
	Triebfahrzeugführer/Tf *m*
train ferry	Eisenbahnfähre *f*
train path	Fahrplantrasse *f*
train robbery	Zugraub *m*
train station	Bahnhof/Bf/Bhf *m*
train tunnel	Eisenbahntunnel *m*
trainee	1. Auszubildender *m* / Azubi *m* / Lehrling *m*
	2. Praktikant *m*
training	Fortbildung *f*
training company	Ausbildungsbetrieb *m*
training regulations pl.	Ausbildungsordnung *f*
tram *(BE)*	Straßenbahn *f*

T

tramp shipping	Bedarfsschifffahrt *f*
	Trampschifffahrt *f*
tramp trade	Bedarfsschifffahrt *f*
	Trampschifffahrt *f*
transaction value	Transaktionswert/TAW *m*
transatlantic traffic	Transatlantikverkehr *m*
transboundary shipment	grenzüberschreitende Verbringung *f*
transfer case	Verteilergetriebe *n*
transfer of costs	Kostenübergang *m*
transfer of risk	Gefahrenübergang *m*
transfer to a customs procedure	Überführung in ein Zollverfahren *f*
transferable L/C	übertragbares Akkreditiv *n*
transferable letter of credit	übertragbares Akkreditiv *n*
transit	Durchfuhr *f*
transit accompanying document	Versandbegleitdokument/VBD *n*
transit bus *(AE)*	Stadtbus *m*
	Stadtlinienbus *m*
transit country	Durchgangsland *n*
transit declaration	Versandanmeldung *f*
transit procedure	Versandverfahren *n*
transit traffic	Transitverkehr *m*
transmission (commercial vehicle)	Getriebe *n* (Nutzfahrzeug)
transmission oil	Getriebeöl *n*
transport	Beförderung *f*
	Transport *m*
transport association	Verkehrsverband *m*
transport authorization	Beförderungsgenehmigung *f*
	Transportgenehmigung *f*
transport cafe *(BE)*	Autohof *m*
transport category	Beförderungskategorie *f*

T

transport chain	Transportkette *f*
	Verkehrskette *f*
transport charge (fin.)	Beförderungsentgelt *n* (fin.)
transport company file	Verkehrsunternehmensdatei *f*
transport disruption	Beförderungshindernis *n*
transport document	Beförderungspapier *n*
	Transportdokument *n*
transport for own account	Werkverkehr *m*
transport index/TI	Transportkennzahl/TI *f*
transport indicator *sg*	Transportindikator *m*
transport industry	Verkehrsgewerbe *n*
transport law *sg*	Transportrecht *nsg*
transport manager	Verkehrsleiter *m*
transport modes	Verkehrsträger *m*
transport of dangerous goods	Gefahrguttransport *m*
transport of luxury goods	Genussmitteltransport *m*
transport order	Beförderungsauftrag *m*
transport packaging	Transportverpackung *f*
transport permit	Transportgenehmigung *f*
transport properties *pl* (e.g. of the stored goods)	Transporteigenschaften *fpl* (z.B. des Lagergutes)
transport safety	Beförderungssicherheit *f*
transport tariff	Beförderungstarif *m*
transport-safe loading	beförderungssichere Verladung *f*
transportation	Beförderung *f*
	Transport *m*
transportation conditions *pl*	Transportbedingungen *fpl*
transportation insurance	Transportversicherung *f*
transportation market	Transportmarkt *m*
transportation of dangerous goods	Gefahrguttransport *m*
transportation risk	Transportrisiko *n*
transportation services *pl*	Verkehrsleistungen *fpl*

T

transporter bridge	Schwebebrücke *f*
transshipment	Umladung *f*
transshipment additional	Umladungs- und Transportkosten-zuschlag für einen nicht direkt angelaufenen Hafen *m*
transshipment depot *sg*	Umschlagslager *n*
transshipment traffic	Begegnungsverkehr *m*
transshipment warehouse *sg*	Umschlagslager *n*
transverse lashing	Schrägzurren *n*
travel agency	Reisebüro *n*
travel agent	Reisemittler *m* Reisevermittler *m*
travel cancelation insurance *(AE)*	Reiserücktrittskostenversicherung *f* Reiserücktrittsversicherung *f*
travel cancellation insurance *(BE)*	Reiserücktrittskostenversicherung *f* Reiserücktrittsversicherung *f*
travel center *(AE)*	Autohof *m*
traveler *(AE)*	Reisender *m*
traveller *(BE)*	Reisender *m*
travelling time *sg* (time for travelling between two withdrawals)	Wegzeit *f* (Zeit für den Weg zwischen zwei Entnahmen)
tray	Tablar *n*
tray storage (automatic)	Tablarlager *n* (automatisch)
tray warehouse (automatic)	Tablarlager *n* (automatisch)
tread depth of tire *(AE)*	Profiltiefe *f*
tread depth of tyre *(BE)*	Profiltiefe *f*
treasury	Fiskus *m*
trial balance	Saldenbilanz *f*
trinitrotoluene/TNT *sg*	Trinitrotoluol/TNT *nsg*
trip plan	Tourenplan *m*
trip report	Fahrtbericht *m*
trip report booklet	Fahrtenberichtsheft *n*

T

triple axle load	Dreifachachslast *f*
triple wall corrugated board	dreiwellige Wellpappe *f*
trolley	Laufkatze *f*
trolleybus	Oberleitungsbus/Obus *m*
	Oberleitungsomnibus/Obus *m*
Tropical Load Line/T	Tropenlademarke/T f
tropics *pl*	Tropen *pl*
troubleshooting	1. Störungsbeseitigung *f*
	2. Störungssuche *f*
truck *(AE)* (rail)	Drehgestell *n*
truck *(AE)* (road)	Laster *m*
	Lastkraftwagen/LKW *m*
	Lastwagen *m*
truck car *(AE)*	Drehgestellwagen *m*
truck crane	Autokran *m*
	Fahrzeugkran *m*
truck crane rental	Autokranvermietung *f*
truck crane work *sg*	Autokranarbeiten *fpl*
truck driver *(AE)*	Lastwagenfahrer *m*
	LKW-Fahrer *m*
truck loading crane *(AE)*	LKW-Ladekran *m*
truck mounted forklift *(AE)*	Mitnahmestapler *m* (LKW)
truck scales *pl (AE)*	Fahrzeugwaage *f*
	LKW-Waage *f*
truck stop	Autohof *m*
truck wash *(AE)*	LKW-Waschstraße *f*
truck-mounted crane	Autokran *m*
	Fahrzeugkran *m*
truckload	LKW-Ladung *f*
true airspeed/TAS	True Airspeed *f* (wahre Luftge-schwindigkeit)
trustworthy	vertrauenswürdig
tsunami	Tsunami f/*m*

T

tube trailer	Batterieauflieger *m*
tubular space frame (bus body)	Gitterrohrrahmen *m* (Aufbau Bus)
Tuesday	Dienstag *m*
tug (aircraft)	Flugzeugschlepper *m*
tugboat	Schlepper *m* (Schiff)
tunnel	Tunnel *m*
tunnel category	Tunnelkategorie *f*
tunnel restriction code	Tunnelbeschränkungscode/TBC *m*
turbocharger	Turbolader *m*
turn around, to	wenden (Fahrzeug)
turn signal *(AE)*	Blinker *m*
turnbuckles *pl*	Spannschlösser *npl*
turning assistant	Abbiegeassistent *m*
turning loop	Endschleife *f*
turnoff	Abzweigung *f*
turnover *(BE)*	Umsatz *m*
turnover frequency of capital	Umschlagshäufigkeit des Kapitals *f*
turnover tax advance return	Umsatzsteuervoranmeldung *f*
turntable	Drehscheibe *f*
turntable steering	Drehschemellenkung *f*
turpentine	Terpentin *m/n*
twenty foot equivalent unit/TEU	Zwanzig-Fuß-Äquivalente-Einheit/ TEU *f*
twin locks *pl*	Koppelschleuse *f* Kuppelschleuse *f*
twin pedal control	Doppelpedalsteuerung *f*
twin tires *pl (AE)*	Zwillingsbereifung *f*
twin tyres *pl (BE)*	Zwillingsbereifung *f*
twist lock	Drehverriegelung *f* Drehverschluss *m*
two-weekly period	Doppelwoche *f*

T

type	Art *f*
	Typ *m*
type A packaging	Typ A-Versandstück *n*
type B packaging	Typ B-Versandstück *n*
type C packaging	Typ C-Versandstück *n*
type of packaging	Verpackungstyp *m*
type of train	Zuggattung *f*
type plate	Typenschild *n*
tyre *(BE)*	Reifen *m*
tyre *(BE)* / tire *(AE)* run-flat system	Reifennotlaufsystem *n*
tyre *(BE)* / tire *(AE)* pressure control system	Reifendruckregelsystem *n*
tyre *(BE)* / tire *(AE)* pressure monitoring	Reifendrucküberwachung *f*
tyre chains *pl (BE)*	Schneekette *f*
tyre damage *(BE)*	Reifenschaden *m*
tyre fire *(BE)*	Reifenbrand *m*
tyre pressure *(BE)*	Reifendruck *m*
	Reifenluftdruck *m*
tyre pressure gauge *(BE)*	Reifendruckmesser *m*
	Reifenluftdruckmesser *m*
tyre tread depth gauge *(BE)*	Profiltiefenmesser *m*
tyre valve *(BE)*	Reifenventil *n*
tyre wear *(BE)*	Reifenverschleiß *m*

U

U

UIC country code	UIC-Ländercode *m*
UIC wagon number	UIC-Wagennummer *f*
ullage (tank)	Ullage *f* (Abstand Tankdecke Schiff bis Füllstand)
	Ullage *f* (Freiraum im Tankschiff)

ultra large bulk carrier/ULBC	extrem großer Massengutfrachter/ ULBC *m*
ultra large crude carrier/ULCC	extrem großer Tanker/ULCC *m* Riesentanker/ULCC *m*
ultra large ore carrier/ULOC	extrem großer Erzfrachter/ULOC *m*
UN number	UN-Nummer *f*
unaccompanied combined transport/UCT	unbegleiteter kombinierter Verkehr/ UKV *m*
unaccompanied minor (aviation)	alleinreisendes Kind *n* (Luftverkehr)
unauthorised use *(BE)*	unbefugte Benutzung *f*
unauthorized use *(AE)*	unbefugte Benutzung *f*
unavoidable event (e.g. war)	unabwendbares Ereignis *n* (z.B. Krieg)
uncertainty *sg*	Unsicherheit *f*
uncleaned	ungereinigt
uncleaned empty packaging	ungereinigte leere Verpackungen *fpl*
uncleaned empty tank	1. ungereinigter leerer Tank *m* 2. ungereinigter leerer Kessel- wagen *m*
unconfirmed	unbestätigt
unconfirmed L/C	unbestätigtes Akkreditiv *n*
unconfirmed letter of credit	unbestätigtes Akkreditiv *n*
unconscionable	sittenwidrig
unconscionable contract	sittenwidriger Vertrag *m*
uncouple, to	abkuppeln
under supervision (e.g. opening the customs seal)	unter Aufsicht *f* (z.B. öffnen der Zollplombe)
undercarriage *(BE)*	Fahrwerk *n* (Flugzeug)
underfloor hold	Unterflurfrachtraum *m*
underfloor vehicle	Unterflurfahrzeug *n*
underground car park *(BE)*	Tiefgarage *f*
underground parking lot *(AE)*	Tiefgarage *f*

U

underinsurance	Unterversicherung *f*
underinsured	unterversichert
underwriter	1. Zeichner *m* / zeichnungsberechtigter Mitarbeiter *m* 2. Versicherer *m*
underwriting	1. Zeichnung *f* 2. Versicherung *f*
underwriting limit	Zeichnungsgrenze *f*
undesirable risk	1. unerwünschtes Risiko *n* / unerwünschtes Wagnis *n* 2. ungünstiges Wagnis *n*
undisclosed assignment	stille Zession *f*
unemployment insurance	Arbeitslosenversicherung *f*
unfair	ungerecht
unfriendly	unfreundlich
ungrateful	undankbar
unhitch, to	absatteln
Uniform Customs and Practice for Documentary Credits/UCP *pl*	Einheitliche Richtlinien und Gebräuche für Dokumenten-Akkreditive/ERA *pl*
uniform distance table for international freight traffic (in rail traffic)/ DIUM *sg* (DIUM = Distancier International Uniforme Marchandise)	Internationaler Entfernungsanzeiger *m* (im Eisenbahnverkehr) / DIUM (DIUM = Distancier International Uniforme Marchandise)
Uniform Rules concerning Contracts of Use of Vehicles in International Rail Traffic/CUV *pl*	Einheitliche Rechtsvorschriften für Verträge über die Verwendung von Wagen im internationalen Eisenbahnverkehr/CUV *fpl*
Uniform Rules concerning the Contract for International Carriage of Passengers and Luggage by Rail/CIV *pl*	Einheitliche Rechtsvorschriften für den Vertrag über die internationale Eisenbahnbeförderung von Personen und Gepäck/CIV *fpl*

U

Uniform Rules concerning the Contract of International Carriage of Goods by Rail/CIM *pl*	Einheitliche Rechtsvorschriften für den Vertrag über die internationale Eisenbahnbeförderung von Gütern/CIM *fpl*
Uniform Rules concerning the Contract of Use of Infrastructure in International Rail Traffic/CUI *pl*	Einheitliche Rechtsvorschriften für den Vertrag über die Nutzung der Infrastruktur im internationalen Eisenbahnverkehr/CUI *fpl*
Uniform Rules concerning the Technical Admission of Railway Material used in International Traffic/ATMF *pl*	Einheitliche Rechtsvorschriften für die technische Zulassung von Eisenbahnmaterial, das im internationalen Verkehr verwendet wird/ATMF *fpl*
Uniform Rules concerning the Validation of Technical Standards and the Adoption of Uniform Technical Prescriptions applicable to Railway Material intended to be used in International Traffic/APTU *pl*	Einheitliche Rechtsvorschriften für die Verbindlicherklärung technischer Normen und für die Annahme einheitlicher technischer Vorschriften für Eisenbahnmaterial, das zur Verwendung im internationalen Verkehr bestimmt ist/APTU *fpl*
unilateral	einseitig
unilateral customs concessions *pl* (e.g. developing countries)	einseitige Zollvergünstigungen *fpl* (z.B. Entwicklungsländer)
uninsurable	nicht versicherbar nicht zu versichern unversicherbar
uninsurable risk	nicht versicherbares Risiko *n* nicht zu versicherndes Risiko *n* unversicherbares Risiko *n*
uninteresting	uninteressant
union (work)	Gewerkschaft *f*
Union Customs Code/UCC *sg*	Unionszollkodex/UZK *m*
Union Transit procedure *sg* (UTP)	Unionsversandverfahren *n* (UVV)
Unit Load Device/ULD	Ladeeinheit/ULD *f* (Luftfrachtpalette bzw. -container)

U

United Nations Convention on the Law of the Sea/UNCLOS	Seerechtsübereinkommen der Vereinten Nationen/SRÜ *n*
United Nations Convention Relating to the Status of Refugees/CRSR	Genfer Flüchtlingskonvention/GFK *f*
universal automatic identification system/UAIS	Automatisches Identifikations-system/AIS *n*
Universal Time Coordinated/UTC	koordinierte Weltzeit/UTC *f*
unleaded gasoline *(AE)*	bleifreies Benzin *n*
unleaded petrol *(BE)*	bleifreies Benzin *n*
unlimited	unbefristet
unload, to	1. abladen
	2. ausladen
	3. entladen
	4. löschen
unloading point	Abladeplatz *m*
	Abladestelle *f*
unloading point *sg* (inland navigation)	Löschstelle *f* (Binnenschifffahrt)
unmanned aerial vehicle/UAV	Drohne *f* (Luftverkehr)
unnecessary	nicht erforderlich
	unnötig
unreasonable	unvernünftig
unreliable	unzuverlässig
unsuccessful	erfolglos
uphill	bergauf
upper flight information region/UIR	oberes Fluginformationsgebiet *n*
upriver	flussaufwärts
upriver traffic	Bergverkehr *m*
upstream (ship)	flussaufwärts
upstream traffic (ship)	Bergverkehr *m*
uranium hexafluoride *sg*	Uranhexafluorid *nsg*
uranium *sg*	Uran *nsg*
urgent	dringend

U

used oil (e.g. drained from the engine of a vehicle)	Altöl *n*
user guide	Bedienungsanleitung *f* Gebrauchsanleitung *f*
user manual	Bedienungsanleitung *f* Gebrauchsanleitung *f*
utilization (*AE*) / utilisation (*BE*) (e.g. of the storage area)	Ausnutzung *f* (z.B. der Lagerfläche)
UVV vehicles *pl*	UVV Fahrzeuge *npl*

V

V-belt	Keilriemen *m*
V-ribbed belt	Keilrippenriemen *m*
vacation *(AE)*	Urlaub *m*
vacation destination travel *(AE)*	Ferienzielreisen *fpl*
Vacation Travel Ordinance *(AE)*	Ferienreiseverordnung/FerReiseV *f*
vaccination	Impfung *f*
vacuum	Unterdruck *m* Vakuum *n*
vacuum gauge	Vakuummeter *n*
vacuum lorry *(BE)*	Saugfahrzeug *n* Saugwagen *m*
vacuum servo *(BE)*	Bremskraftverstärker/BKV *m*
vacuum truck *(AE)*	Saugfahrzeug *n* Saugwagen *m*
vacuum valve	Unterdruckventil *n*
valuable	wertvoll
valuable goods *pl*	wertvolles Gut *n*
valuation principle	Bewertungsgrundsatz *m*
value	Wert *m*
value added tax/VAT	Mehrwertsteuer/MwSt *f* Umsatzsteuer/USt *f*

V

value chain	Wertschöpfungskette *f*
value changes *pl*	Wertveränderungen *fpl*
value of cargo	Wert der Ladung *m*
value of goods	Warenwert *m*
value scale method	Wertschlüssel *m*
value *sg* (e.g. of the stored goods)	Wert *m* (z.B. des Lagergutes)
value update	Wertfortschreibung *f*
value-added process	Wertschöpfungsprozess *m*
value-added service	Mehrwertdienst *m*
	Mehrwertdienstleistung *m*
valve	Ventil *n*
van	Lieferwagen *m*
van carrier	Portalhubstapelwagen *m*
	Portalhubwagen *m*
	Portalstapelwagen *m*
vapor *(AE)*	Dampf *m*
vapor pressure *(AE)*	Dampfdruck *m*
vapour *(BE)*	Dampf *m*
vapour pressure *(BE)*	Dampfdruck *m*
variable	variabel
variable costs *pl* (fin.)	variable Kosten *pl* (fin.)
variety calculation (fin.)	Sortenkalkulation *f* (fin.)
VDI guideline	VDI-Richtlinie *f*
vegetable	Gemüse *n*
vehicle	Fahrzeug *n*
vehicle body	Fahrzeugaufbau *m*
vehicle bound	Fahrzeuggebunden
vehicle center of gravity *(AE)*	Fahrzeugschwerpunkt *m*
vehicle centre of gravity *(BE)*	Fahrzeugschwerpunkt *m*
vehicle class	Fahrzeugklasse *f*
vehicle deployment planning	Fahrzeugeinsatzplanung *f*

V

vehicle dimensions *pl*	Fahrzeugabmessung *f*
	Fahrzeugmaße *f*
vehicle documents *pl*	Fahrzeugpapiere *npl*
vehicle electronics	Fahrzeugelektronik *f*
vehicle equipment	Fahrzeugausrüstung *f*
vehicle excise duty/VED (UK)	Kfz-Steuer *f*
	Kraftfahrzeugsteuer *f*
vehicle fire	Fahrzeugbrand *m*
vehicle fleet	Fuhrpark *m*
vehicle height	Fahrzeughöhe *f*
vehicle identification number/VIN	Fahrgestellnummer *f*
	Fahrzeug-Identifizierungsnummer/
	FIN *f*
vehicle inspection sticker	TÜV-Plakette *f*
vehicle interval warning system (coll.)	Abstandswarnsystem *n* (ugs.)
vehicle lighting	Fahrzeugbeleuchtung *f*
vehicle preparation	Fahrzeugvorbereitung *f*
Vehicle Registration Ordinance/ FZV	Fahrzeug-Zulassungsverordnung/ FZV *f*
Vehicle Registration Regulations *pl*	Fahrzeug-Zulassungsverordnung/ FZV *f*
vehicle type	Fahrzeugart *f*
vehicle weight	Fahrzeuggewicht *n*
vehicle width	Fahrzeugbreite *f*
vendor	1. Lieferant *m*
	2. Verkäufer *m*
vendor managed inventory/VMI	lieferantengesteuerter Bestand *m*
ventilated container	ventilierter Container *m*
vertical carousel	1. Paternosterregal *n*
	2. Vertikalumlauflager *n*
vertical integration	Fertigungstiefe *f*
vertical order picker	Vertikalkommissionierer *m*

V

vertical range of manufacture	Fertigungstiefe *f*
vertical rule of financing	vertikale Finanzierungsregel *f*
vertical-lift bridge	Hubbrücke *f*
vertigo *sg*	Schwindel *msg* (med.)
very high sea (sea state code 8)	sehr hohe See *f* (Sea State Code 8)
very large bulk carrier/VLBC	sehr großer Massengutfrachter/ VLBC *m*
very large crude carrier/VLCC	sehr großer Tanker/VLCC *m* Supertanker/VLCC *m*
very large ore carrier/VLOC	sehr großer Erzfrachter/VLOC *m*
very rough sea (sea state code 6)	sehr grobe See *f* (Sea State Code 6)
vessel	Schiff *n*
vessel bridge	Kesselbrücke *f*
vessel traffic service/VTS	Schiffsverkehrsdienst/VTS *m*
veterinary certificate	Veterinärbescheinigung *f* Veterinärzeugnis *n*
vibrations *pl*	Erschütterungen *fpl*
vignette (road tax)	Autobahnvignette *f* Vignette *f*
virus	Virus *m*
visa	Visum *n*
visibility	Sichtverhältnis *f*
visible	1. einsehbar 2. sichtbar
visual inspection	Sichtprüfung *f*
vocational school	Berufsschule *f*
vocational training	Berufsausbildung *f*
vocational training contract	Berufsausbildungsvertrag *m*
Volatile Corrosion Inhibitor/VCI	flüchtiger Korrosions-Verhinderer/ VCI *m*

V

voltage	Spannung *f*
volume kilogram *sg*	Volumenkilogramm *n*
voluntary insurance	freiwillige Versicherung *f*
voyage data recorder/VDR	Voyage Data Recorder/VDR *m*

W

wage payment obligation (fin.)	Lohnzahlungspflicht *f* (fin.)
wagon weighbridge *(BE)*	Gleiswaage *f*
wagonload *(BE)*	Wagenladung *f*
wagonload freight	Wagenladungsverkehr *m*
wagonload traffic	Wagenladungsverkehr *m*
waiver customer	Verzichtskunde *m*
waiver of recourse	Regressverzicht *m*
walking speed	Schrittgeschwindigkeit *f*
war	Krieg *m*
War Clause (DTV Cargo 2000/2011)	Kriegsklausel *f* (DTV-Güter 2000/2011)
war risk insurance	Kriegsrisikoversicherung *f*
war risk surcharge	Kriegsrisikozuschlag *m*
war surcharge	Kriegszuschlag *m*
War Weapons Control Act/KrWaff-KontrG	Kriegswaffenkontrollgesetz/ KrWaffKontrG *n*
warehouse	Lager *n* Lagerhalle *f* Lagerhaus *n*
warehouse address *sg*	Lageradresse *f*
warehouse bond	Lagerschein *m*
warehouse charge	Lagerentgelt *n*
warehouse charge warehousing fee	Lagergebühr *f*
warehouse equipment	Lagerausstattung *f*
warehouse insurance	Lagerversicherung *f*

W

warehouse keeper	Lagerhalter *m*
	Lagerverwalter *m*
warehouse logistics *pl*	Lagerlogistik *f*
warehouse logistics expert	Fachkraft für Lagerlogistik *f*
warehouse management	Lagerverwaltung *f*
warehouse number key *sg*	Lager-Nummernschlüssel *m*
warehouse operator	Fachlagerist *m*
warehouse performance *sg*	Lagerleistungen *fpl*
warehouse receipt	Lagerempfangsschein *m*
warehouse receipt certificate/form *sg*	Lager-Empfangsschein *m*
warehouse receipt/certificate *sg*	Lagerschein *m*
warehouse rent	Lagermiete *f*
warehouse services *pl*	Lagerleistungen *fpl*
warehouse warrant to a Named Person	Inhaberlagerschein *m*
warehouseman	Lagerarbeiter *m*
warehousing	1. Lagerhaltung *f*
	2. Lagerung *f*
	3. Lagerwesen *nsg*
	4. Einlagerung *f*
warehousing contract	Lagervertrag *m*
warehousing costs *pl*	Lagerhaltungskosten *pl*
	Lagerkosten *pl*
	Lagerungskosten *pl*
warehousing fee	Lagerentgelt *n*
warm	warm
warning flag	Signalfahne *f*
	Signalflagge *f*
	Warnfahne *f*
	Warnflagge *f*
warning light	Warnleuchte *f*
warning systems *pl*	Warnsysteme *npl*

W

warning triangle	Pannendreieck *n*
	Warndreieck *n*
warning vest	Warnweste *f*
Warsaw Convention/WC	Warschauer Abkommen/WAK/WA *n*
waste	Abfall *m*
waste oil (has not been used, but is found to be unsuitable for its originally intended purpose)	Altöl *n*
Waste Oil Ordinance	Altölverordnung/AltölV *f*
waste product	Abfallstoff *m*
waste transport	Abfalltransport *m*
water	Wasser *n*
water bridge	Kanalbrücke *f*
water clerk	Klarierungsagent *m*
water contamination	Wasserverunreinigung *f*
water crane (rail)	Wasserkran *m* (Eisenbahn)
water damage	Wasserschaden *m*
water gauge	Schauglas *n*
water hazard class	Wassergefährdungsklasse/WGK *f*
water ingress	Wassereinbruch *m*
water protection area/WSG	Wasserschutzgebiet/WSG *n*
water standpipe (rail)	Wasserkran *m* (Eisenbahn)
water vapor *(AE)*	Wasserdampf *m*
water vapour *(BE)*	Wasserdampf *m*
water-polluting cargo	wassergefährdende Ladung *f*
waterway junction	Wasserstraßenkreuz *n*
Waterways and Shipping Administration of the Federal Government	Wasser- und Schifffahrtsverwaltung des Bundes/WSV *f*
waterways and shipping directorate	Wasser- und Schifffahrtsdirektion/WSD *f*

W

waterways and shipping office	Wasser- und Schifffahrtsamt/WSA *n*
way station *(AE)*	Zwischenstation *f*
weak spot *(coll.)*	Achillesferse *f (ugs.)*
weapon	Waffe *f*
Weapons Act/WaffG	Waffengesetz/WaffG *n*
weather	Wetter *n*
weather, to (ship)	abwettern (Schiff)
weather conditions	Witterung *f*
weather forecast	Wettervorhersage *f*
web site	Web-Präsenz *f* Website *f*
Wednesday	Mittwoch *m*
week	Woche *f*
week after next, the *sg*	übernächste Woche
week before last, the *sg*	vorletzte Woche
weekend	Wochenende *n*
weekly	wöchentlich
weekly driving time	Wochenlenkzeit *f* wöchentliche Lenkzeit *f*
weighbridge	Fahrzeugwaage *f* LKW-Waage *f*
weight	Gewicht *n*
weight determination	Gewichtsermittlung *f*
weight force	Gewichtskraft *f*
weight level rule *sg* (air freight)	Gewichtsstufenregel *f* (Luftfracht)
weight rates *pl* (sea freight)	Gewichtsraten *fpl* (Seefracht)
weir	Stauwehr *n*
welfare state (pol.)	Sozialstaat *m* (pol.)
Well done!	Gut gemacht!
Wellington boot	Gummistiefel *m*

W

west	West
	Westen *m*
West Africa	Westafrika *n*
West Coast of the United States	Westküste der Vereinigten Staaten *f*
West Indies *pl*	Karibische Inseln *fpl*
	Westindische Inseln *fpl*
West-Pacific-States/WPS *pl*	West-Pazifik-Staaten/WPS *mpl*
westbound	westwärts
Western Africa	Westafrika *n*
wet	nass
wet lease	Miete eines Flugzeuges samt Personal, Wartung und Versicherung *f*
WGK 1	WGK 1 *f*
low hazard to waters	schwach wassergefährdend
WGK 2	WGK 2 *f*
hazard to waters	wassergefährdend
WGK 3	WGK 3 *f*
severe hazard to waters	stark wassergefährdend
wheel	Rad *n*
wheel brace *(BE)*	Drehkreuz *n*
	Kreuzschlüssel *m*
	Radkreuz *n*
wheel chock	1. Radvorleger *m* (Eisenbahn)
	2. Unterlegkeil *m* (z.B. LKW)
wheel house	Steuerhaus *m* (Binnenschiff)
wheel loader	Radlader *m*
wheel pairs *pl*	Radpaare *npl*
wheel wrench *(BE)*	Drehkreuz *n*
	Kreuzschlüssel *m*
	Radkreuz *n*
wheelbase	Achsabstand *m*
wheeled loader	Radlader *m*

W

wheels *pl*	Räder *npl*
white frost	weißer Frost *m*
white goods *pl*	weiße Ware *f*
white spirit	Terpentinersatz *msg* Waschbenzin *n*
white-collar worker *(coll.)*	Angestellter *m*
whole consignment	ganze Sendung *f*
wholesale	Großhandel *m*
Wholesale and Foreign Trade Management Assistant	1. Kaufmann für Groß- und Außen- handelsmanagement *m* 2. Kauffrau für Groß- und Außen- handelsmanagement *f*
wholesale and retail trade	Groß- und Einzelhandel *m*
wholesale warehouse *sg*	Großhandelslager *n*
wholesaler	Großhändler *m*
wholeturnover policy	Ausfuhr-Pauschal-Gewährleistung/ APG *f*
wholeturnover policy light	Ausfuhr-Pauschal-Gewährleistung light/APG-light *f*
wide	breit
wide body (air plane)	Großraumflugzeug *n*
wide-body aircraft	Großraumflugzeug *n*
width	Breite *f*
wilful deceit *(BE)*	arglistige Täuschung *f*
wilful deception *(BE)*	arglistige Täuschung *f*
willful deceit *(AE)*	arglistige Täuschung *f*
willful deception *(AE)*	arglistige Täuschung *f*
wind	Wind *m*
wind direction	Windrichtung *f*
windproof hand lamp	windsichere Handlampe *f*
windscreen *(BE)*	Frontscheibe *f* Windschutzscheibe *f*

W

windscreen wiper *(BE)*	Scheibenwischer *m*
windshield *(AE)*	Frontscheibe *f*
	Windschutzscheibe *f*
windshield washer fluid *(AE)*	Scheibenwaschwasser *n*
	Scheibenwischwasser *n*
windshield wiper *(AE)*	Scheibenwischer *m*
windshield wiper fluid *(AE)*	Scheibenwaschwasser *n*
	Scheibenwischwasser *n*
wine	Wein *m*
wing doors *pl*	Flügeltüren *fpl* (LKW)
winter diesel	Winterdiesel *m*
winter diesel fuel	Winterdiesel *m*
winter flight schedule	Winterflugplan *m*
Winter Load Line/W	Winterlademarke/W *f*
winter surcharge	Winterzuschlag *m*
winter timetable	1. Winterfahrplan *m* (Eisenbahn)
	2. Winterflugplan *m*
winter tire *(AE)*	Winterreifen *m*
winter tyre *(BE)*	Winterreifen *m*
winter tyre *(BE)* / tire *(AE)* requirement	Winterreifenpflicht *f*
winterized diesel *(AE)*	Winterdiesel *m*
wire	Draht *m*
wire mesh crate	Gitterbox *f*
withdrawal	1. Abhebung *f* (fin.) / Kontoabhebung *f*
	2. Rücktritt *m* (z.B. von einem Vertrag)
withdrawal from service discard state	Ablegereife *f*
within sight/eyeshot	in Sichtweite *f*
wood preservative	Holzschutzmittel *n*
wood treatment	Holzbehandlung *f*

W

woodchip carrier	Holzspänetransporter *m* (Schiff)
wooden barrel	Holzfass *n*
wooden box	Holzkiste *f*
wooden crate	Holzverschlag *m*
work accident	Arbeitsunfall *m*
work light	Arbeitsscheinwerfer *m*
worker	Arbeitnehmer *m*
workers' equipment	personelle Ausstattung *f*
working capital	Working Kapital *n*
working condition/relationship	Arbeitsverhältnis *n*
working day	Werktag *m* (in UK/USA keine Unterscheidung zum Arbeitstag)
working time	Arbeitszeit *f*
workplace delivery *sg*	Arbeitsplatzbelieferung *f*
Works Constitution Act/BetrVG	Betriebsverfassungsgesetz/ BetrVG *n*
works council	Betriebsrat *m*
workshop	Werkstatt *f*
workshop card	Werkstattkarte *f*
workshop directory	Werkstattverzeichnis *n*
World Customs Organization/WCO	Weltzollorganisation/WZO *f*
World Maritime University/WMU	Weltschifffahrtsuniversität/WMU f
world time	Weltzeit *f*
World Trade Organization/WTO	Welthandelsorganisation/WHO *f*
wrap, to	einwickeln
wreck	Schiffswrack *n* Wrack *n*
written agreement	schriftlicher Vertrag *m*
written confirmation of an order	schriftliche Auftragsbestätigung *f*
written customs declaration	schriftliche Zollanmeldung *f*
written employment contract	schriftlicher Arbeitsvertrag *m*

W

written order	schriftliche Beauftragung *f*
wrong-way driver	Falschfahrer *m*
	Geisterfahrer *m*
X goods	X-Güter *npl*
XYZ analysis	XYZ-Analyse *f*

Y

Y goods	Y-Güter *npl*
yard goods *pl*	Meterware *f*
yardmaster	Rangiermeister *m*
year	Jahr *n*
year after next, the *sg*	übernächstes Jahr
year before last, the *sg*	vorletztes Jahr
year of construction	Baujahr *n*
year of manufacture	Herstellungsjahr *n*
yellow fever *sg*	Gelbfieber *nsg*
yellow rotating beacon	gelbe Rundumleuchte *f*
yesterday	gestern
York-Antwerp-Rules/YAR *pl*	York-Antwerpener Regeln/YAR *fpl*
young	jung
Youth Employment Protection Act	Jugendarbeitsschutzgesetz/
	JArbSchG *n*

Z

Z goods	Z-Güter *npl*
zebra crossing *(BE)*	Fußgängerübergang *m*
	Fußgängerüberweg *m*
	Zebrastreifen *m*
zirconium	Zirconium *n*
	Zirkonium *n*

Z

Deutsch – Englisch

2+3-Regelung *f* (CEMT-Genehmigung)	2+3 regulation (CEMT permit)
20-Fuß Container/20' Container *m*	20 foot container/20' container
40-Fuß Container/40' Container *m*	40 foot container/40' container
44-Tonnen-Regelung *f* (im Vor- und Nachlauf des kombinierten Verkehrs)	44-ton regulation (pre- and on-carriage of combined transport)

A

A-Artikel *m*	A article *sg*
A-Güter *npl*	A goods
A.TR-Formular *n*	A.TR form
Abbiegeassistent *m*	turning assistant
Abblendlicht *n*	dipped-beam headlight *(BE)* low-beam headlight *(AE)*
Abbrand *m*	burn-up
Abbreviated Precision Approach Path Indicator/APAPI *n* (vereinfachte Form des PAPI (Präzisions-Anflug-Gleitwinkelbefeuerung))	Abbreviated Precision Approach Path Indicator/APAPI
ABC Pulverlöscher *m*	ABC powder extinguisher
ABC-Analyse *f*	ABC analysis
Abdeckfolie *f*	cover sheeting
Abend *m*	evening
Abfahrtsbahnhof *m*	departure station
Abfahrtsgleis *n*	departure platform *(BE)* departure track *(AE)*
Abfahrtskontrolle *f* (LKW oder Bus)	pre-departure check (truck/lorry or bus)
Abfahrtskontrolle *f* (Stapler)	check before driving (forklift)
Abfahrtszeit *f*	time of departure
Abfall *m*	waste

Abfallstoff *m*	waste product
Abfalltransport *m*	waste transport
abfertigen	dispatch, to
Abfertigungsschalter *m*	check-in counter check-in desk
Abfindung *f* (fin.)	compensation (fin.)
Abflug *m*	departure
Abflugbereich *m*	departure area
Abflughafen *m*	airport of departure
Abflugtermin *m*	departure date
Abflugzeit *f*	time of departure
Abfluss *m*	drain
Abgabebetrug *m*	customs fraud
Abgaben *fpl* (fin.)	charges *pl* (fin.)
Abgabenbefreiung *f* (fin.)	charge exemption (fin.)
abgabenfrei	duty-free
Abgangsland *n*	country of departure
Abgangsort *m*	place of departure
Abgangszollstelle *f*	customs office of departure
abgasarm	reduced-emission low-emission
Abgasgrenzwert *m*	exhaust emission threshold
Abgasnachbehandlung *f*	exhaust gas aftertreatment
Abgasrückführung/AGR *f*	Exhaust Gas Recirculation/EGR
Abgasuntersuchung/AU *f*	emissions test
abgehoben (Flugzeug)	airborne
abgelaufen	expired
abgesenkte Bordsteinkante *f*	curb cut *(AE)* dropped kerb *(BE)*
abgesetzt	set down disposed offset sold

Abheben *nsg* (Flugzeug)	take off
Abhebung *f* (fin.)	withdrawal
abholbereit	ready for collection
Abholung *f*	collection
Abkommen *n*	regulation
	convention
Abkommen über den Internationalen Eisenbahngüterverkehr/ SMGS *n*	Agreement on International Goods Transport by Rail/SMGS
Abkommen über die internationale Zivilluftfahrt *n*	Convention on International Civil Aviation
	Chicago Convention
abkuppeln	uncouple, to
abladen	unload, to
Abladeplatz *m*	unloading point
Ablader *m*	shipper
Abladestelle *f*	unloading point
ablaufen	lapse, to
ablaufendes Wasser *n*	ebb/ebb tide
ablegen	discard, to
Ablegereife *f*	withdrawal from service
	discard state
ablehnen	reject, to
ablehnend	1. refusing
	2. depreciating
Ablieferbeleg *m*	proof of delivery/POD
Ablieferung *f*	delivery
Ablieferungshindernis *n*	delivery disruption
Ablieferungsnachweis *m*	proof of delivery/POD
Abmessung *f*	dimension
Abmusterung *f*	leaving service
Abrechnung *f* (fin.)	settlement (fin.)

Abrollcontainer *m*	roll-off container
Abrollcontainer-Transportsystem/ ACTS *n*	roll-off container transport system/ ACTS
absatteln	detach, to
	unhitch, to
Absatz *m* (fin.)	sales *pl* (fin.)
Absatzlogistik *f*	sales area logistics
	set-down area logistics
Absatzmarkt *m*	sales market
Absaugvorrichtungen *f*	suction devices
Abschiebehaft *fsg*	detention pending deportation
Abschiebung *f*	deportation
Abschiebungshaft *fsg*	detention pending deportation
Abschlag *m* (Luftfracht)	reduction *sg*
abschleppen	tow, to
Abschlepphaken *m*	tow hook
Abschleppseil *n*	tow rope
Abschleppstange *f*	tow bar
Abschleppwagen *m*	breakdown lorry *(BE)*
	breakdown truck *(AE)*
	tow truck *(AE)*
Abschlussbuchungen *fpl*	annual closing entries *pl*
Abschlusskosten *pl*	acquisition costs *pl*
Abschlussprovision *f*	acquisition commission
Abschlusszwang *m*	obligation to contract
abschmieren	lubricate, to
Abschnittskontrolle *f* (Geschwindigkeit)	section control (speed)
Abschreibung *f* (fin.)	depreciation (fin.)
Abschreibungsmethoden *fpl*	depreciation methods *pl*
Absender *m*	consignor
	shipper

Absenderadresse *f*	return address
Absenderhaftung *f*	sender liability
Absenderpflicht *f*	sender obligation
absetzen (Last)	set down, to
Absetzmulde *f*	skip
Absicht *f*	intention
Absichtserklärung *f*	letter of intent/LOI
Absperrventil *n*	shut-off valve
Abstandswarnsystem *n* (ugs.)	vehicle interval warning system (coll.)
Abstellgleis *n*	holding siding siding stabling siding
Absturzstelle *f*	crash site
Abteil *n*	compartment
Abteilung *f*	department
Abteilungsergebnis *n*	department results *pl*
abteilungsfixe Kosten *pl*	departmental fixed costs *pl*
Abteilungsleiter *m*	head of department
Abteilwagen *m*	compartment car *(AE)* compartment coach *(BE)*
Abtretung *f*	assignment
Abweichung unter Gleitpfad im ILS-Anflug *f* (GPWS Mode 5)	deviation below glideslope (GPWS mode 5)
abwettern (Schiff)	weather, to (ship)
Abwicklung *f*	handling
Abwracken *n*	ship breaking
Abwrackwerft *f*	ship breaking yard
Abzugsfranchise *f*	deductible franchise
Abzweigbahnhof *m*	junction station
Abzweigstelle/Abzw *f*	branch-off point junction

Abzweigung *f*	turnoff
Aceton *nsg*	acetone *sg*
Achillesferse *f (ugs.)*	Achilles' heel *(coll.)*
	weak spot *(coll.)*
Achsabstand *m*	wheelbase
Achse *f*	axle
Achsenbruch *m*	broken axle
Achslast *f*	axle load
Achsschenkellenkung *f*	Ackermann steering
Achszahl *f*	number of axles
Achtung *fsg*	attention *sg*
ADAC HEMS Academy *f* (Helicopter Emergency Medical Service = Medizinischer Hubschrauber-Notfalldienst)	ADAC HEMS Academy (Helicopter Emergency Medical Service)
AdBlue *n* (® Verband der Automobilindustrie/VDA)	AdBlue (® Verband der Automobilindustrie/VDA) *(BE)* diesel exhaust fluid/DEF *(AE)*
Additive *fpl*	additives *pl*
ADR *n* (Europäisches Übereinkommen über die internationale Beförderung gefährlicher Güter auf der Straße)	ADR (European Agreement concerning the International Carriage of Dangerous Goods by Road)
ADR-Bescheinigung *f*	ADR certificate
Adresse *f*	address
Adressfeld *n*	address field
Advanced Surface Movement Guidance and Control System/A-SMGCS *n*	Advanced Surface Movement Guidance and Control System/A-SMGCS
Aerosol *n*	aerosol
AfA-Tabelle *f* (Abschreibungen für Anlagegüter)	depreciation chart
Affenfaust *f* (Knoten)	monkey's fist (knot)
Afrika *n*	Africa

Afrika südlich der Sahara *n*	Sub-Saharan Africa
Agent Coupon *m* (ausstellendes Büro)	agent coupon (agency issuing the ticket)
Agentur *f*	agency
aggressiv	aggressive
Agrarflugzeug *n*	agricultural aircraft crop duster
Ahming *f*	draft marks *pl (AE)* draught marks *pl (BE)*
ähnlich	similar
ahoi	ahoy
Aircraft Classification Number/ACN *f* (Lastwirkungsklassifikationszahl)	Aircraft Classification Number/ACN
Aircraft Communications Addressing and Reporting System/ ACARS *n*	Aircraft Communications Addressing and Reporting System/ ACARS
Airline Lounge *f*	airport lounge
Airport Surface Detection Equipment/ASDE *n*	Airport Surface Detection Equipment/ASDE
Airwayslot/ATC-Slot *m*	airwayslot/ATC-slot
Akkreditiv *n*	documentary letter of credit L/C letter of credit
AKP-Gruppe *f*	ACP countries African, Caribbean and Pacific Group of States
Akquisition *f*	acquisition
aktive Veredelung *f*	active refinement
Aktivität *f*	activity
Akzept *n*	acceptance accepted bill
Akzeptakkreditiv *n*	acceptance L/C acceptance letter of credit

akzeptierter Wechsel *m*	acceptance accepted bill
Alarm *m*	alarm
Alarmanlage *f*	alarm system
Alarmphase *f* (Luftverkehr)	alert phase (aviation)
Alarmplan *m* (Luftverkehr)	alerting schedule (aviation)
Alkohol *m*	alcohol
Alkoholverbot *n*	ban on alcohol
All Purpose Structured Eurocontrol Surveillance Information Exchange/ASTERIX *n* (EUROCONTROL) (Strukturierter Eurocontrol-Überwachungsinformationsaustausch für alle Zwecke)	All Purpose Structured Eurocontrol Surveillance Information Exchange/ASTERIX (EUROCONTROL)
All-in-Rate *f* (Luftfracht)	all-in rate *sg* (air freight)
alleinreisendes Kind *n* (Luftverkehr)	unaccompanied minor (aviation)
allen Widrigkeiten zum Trotz	against all odds
Allergien *f*	allergies *pl*
Allgefahrenversicherung *f*	all-risks insurance
Allgemeine Bedingungen für den Kraftverkehr/AKB *f*	General Conditions for Road Transport
allgemeine Beförderungsbedingungen *f*	General Conditions of Carriage
Allgemeine Deutsche Binnentransport-Versicherungsbedingungen/ADB *f*	General German Inland Transport Insurance Conditions
Allgemeine Deutsche Seeversicherungsbedingungen/ADS *fpl*	German General Rules of Marine Insurance/ADS *pl*
Allgemeine Deutsche Spediteurbedingungen/ADSp *fpl*	German Freight Forwarders' Standard Terms and Conditions/ADSp *pl*
Allgemeine Frachtraten *fpl* (Luftfracht)	general cargo rates/GCR *pl* (air freight)

allgemeine Geschäftsbedingungen/ AGB *fpl* — general terms and conditions of trade *pl*

allgemeine Handelsgüter *f* — general commercial goods *pl*

Allgemeine Leistungsbedingungen der DB Cargo AG/ALB *fpl* — General Terms and Conditions of DB Cargo AG/ALB *pl*

allgemeine Luftfahrt *f* — general aviation/GA

allgemeine Verwaltungskosten *pl* — general administration costs *pl* (fin.)

Allgemeiner Vertrag für die Verwendung von Güterwagen/ AVV *m* — General Contract of Use for Wagons/GCU

Allgemeines Eisenbahngesetz/AEG *n* — German General Railway Act/AEG

Allgemeines Präferenzsystem/ APS *n* — Generalised System of Preferences/GSP *(BE)* Generalized System of Preferences/GSP *(AE)*

Allianz *f* (Seeschifffahrt) — alliance (ocean shipping)

Allradantrieb *m* — all-wheel drive four-wheel drive

Allradlenkung *f* — all-wheel steering

Alpha-Schwingung *f* — short period (aircraft)

Alphastrahlung *f* — alpha radiation

alt — old

alternativer Antrieb *m* — alternative drive

Alternativstrecke *f* — alternative route

Altfahrzeug-Verordnung/Altfahr-zeugV *f* — End-of-Life Vehicle Ordinance

Altöl *n* — 1.
used oil (e.g. drained from the engine of a vehicle)
2.
waste oil (has not been used, but is found to be unsuitable for its originally intended purpose)

Altölverordnung/AltölV *f*	Waste Oil Ordinance
Aluminium *nsg*	aluminium *sg (BE)*
	aluminum *sg (AE)*
Aluminiumcontainer *m*	aluminium container *(BE)*
	aluminum container *(AE)*
am wenigsten entwickelte Länder/ LDC *npl*	Least Developed Countries/LDC *pl*
Ameise *f* (ugs.) (Flurförderzeug)	electric pallet jack
	electric pallet truck
Ammoniak *nsg*	ammonia *sg*
Ampel *f*	traffic light
Amphibienfahrzeug *n*	amphibious vehicle
	amphibian vehicle
Amphibienflugzeug *n*	amphibious aircraft
	amphibian aircraft
Amsterdam-Rotterdam-Antwerpen-Gent-Range/ARAG-Range *f*	Amsterdam-Rotterdam-Antwerp-Ghent-Range/ARAG-Range
Amsterdam-Rotterdam-Antwerpen-Range/ARA-Range *f*	Amsterdam-Rotterdam-Antwerp-Range/ARA-Range
Amtsplatz *m*	customs area
analoger Fahrtenschreiber *m*	analogue tachograph *(BE)*
	analog tachograph *(AE)*
Analyse *f*	analysis
analysieren	analyse, to *(BE)*
	analyze, to *(AE)*
anberaumt (zeitlich)	scheduled
anders	different
Anderskosten *pl*	other costs *pl*
Änderung *f*	modification
Änderungskündigung *f*	notice of change
Andreaskreuz *n*	railroad crossing sign *(AE)*
	railway crossing sign *(BE)*
Anerkennung eines Anspruchs *f*	acceptance of a claim

Anerkennung *f*	acceptance
Anfahrthilfe *f*	starting aid start-up aid starting-up aid
Anfahrtsbeschreibung *f*	directions *pl*
Anflug *m*	approach
Anforderung *f*	requirement
Anfrage *f*	enquiry *(BE)* inquiry *(AE)*
Angebot *n*	offer
Angebot *n* (ausführlich)	proposal
Angebot *n* (Kostenvoranschlag/ Preisangebot)	quotation
angebotene Beförderungsleistung/ PKO *f*	passenger kilometers offered/PKO *pl (AE)* passenger kilometres offered/PKO *pl (BE)* seat kilometers offered/SKO *pl* *(AE)* seat kilometres offered/SKO *pl* *(BE)*
angebotene Beförderungsleistung/ TKO *f*	ton-kilometers offered/TKO *pl (AE)* ton-kilometres offered/TKO *pl (BE)* ton-miles offered/TMO *pl*
angebotene Sitzkilometer/SKO *mpl*	passenger kilometers offered/PKO *pl (AE)* passenger kilometres offered/PKO *pl (BE)* seat kilometers offered/SKO *pl* *(AE)* seat kilometres offered/SKO *pl* *(BE)*
angebotene Sitzplatzkilometer/ASK *mpl*	available seat kilometers/ASK *pl* *(AE)* available seat kilometres/ASK *pl* *(BE)*

angebotene Sitzplatzmeilen/ASM *fpl*	available seat miles/ASM *pl*
angegeben	specified
angemessene Entschädigung *f*	adequate compensation reasonable compensation
Angestellter *m*	white-collar worker *(coll.)*
Anhalteweg *m*	stopping distance
Anhang *m*	annex
Anhängelast *f*	towing capacity
Anhänger *m*	trailer
Anhängerkupplung *f*	trailer coupling
Anhängerkupplung *f* (PKW)	tow bar *(BE)* tow hitch trailer hitch *(AE)*
anheben (Last)	lift, to
Ankerschienen *f* (Ladungssicherung fest im Fahrzeug installiert)	anchor rails (load securing permanently installed in the vehicle)
anklopfen (Tür)	knock, to (door)
Ankunftsbahnhof *m*	arrival station
Ankunftsbereich *m*	arrival area
Ankunftsgleis *n*	arrival platform *(BE)* arrival track *(AE)*
Ankunftszeit *f*	time of arrival
ankuppeln	couple, to
Anlage *f*	annex
Anlagendeckungsgrad 1 *m*	fixed asset coverage ratio 1
Anlagendeckungsgrad 2 *m*	fixed asset coverage ratio 2
Anlagenintensität *f*	investment intensity
Anlagenrendite *f*	return on investment/ROI
Anlasser *m* (Starter)	starter
Anlassschalter *m*	starting switch

Anlaufbedingungsverordnung/ AnlBV *f*	Internal Waters Entering Requirements Ordinance/AnlBV
Anlaufschwierigkeiten *fpl*	growing pains *pl*
Anlegeplatz *m*	mooring
Anleitung *f*	instruction
Anmelder *m* (Zoll)	declarant (customs)
Anmeldung eines Anspruchs *f*	filling of a claim
Annahme *f*	acceptance
anorganisch	inorganic
anormales Risiko *n*	abnormal risk
Anpralldämpfer *m*	crash cushion impact attenuator
Anrufbus *m*	on-call bus
Anschaffungsnebenkosten *pl*	additional purchase costs *pl*
Anschaffungspreisminderung *f*	purchase price reduction
Anschaffungswert *m*	acquisition value
Anschaffungszeitpunkt *m*	time of purchase date of acquisition
anschieben	bump-start, to push-start, to
anschlagen	sling, to
Anschlagmittel *n*	sling gear lifting means *pl*
Anschlagpunkt *m*	sling point anchor point
anschleppen	tow-start, to
Anschlussflug *m*	connecting flight onward flight
Anschlussgleis/AGL *n*	railroad siding *(AE)* railway siding *(BE)* siding
Anschlusszone *f*	contiguous zone
Anschrift *f*	address

Anschriftenfeld *n*	address field
Anspruch *m*	claim
Anspruchsabtretung *f*	assignment of a claim
Anspruchsberechtigter *m*	claimant
Anspruchsteller *m*	claimant
Anstellwinkel *m* (Flugzeug)	angle of attack/AOA (aircraft)
Anstellwinkelschwingung *f*	short period (aircraft)
anteilig (z.B. Verwaltungskosten des Speditionsbetriebes)	pro rata *sg* (e.g. administrative costs of the forwarding company) (fin.)
Antiblockiersystem/ABS *n*	anti-lock braking system/ABS
Antikollisionslicht/ACL *n* (Flugzeug)	anti-collision light/ACL (aircraft)
Antillen *pl*	Antilles *pl*
Antimakassar *m*	antimacassar
Antirutschmatte *f*	anti-slide mat anti-slip mat
Antirutschmatten *f*	anti-slip mats
Antriebsschlupfregelung/ASR *f*	Traction Control System/TCS
Antriebsstrang *m*	drive train
Anwalt *m*	attorney *(AE)*
Anwalt *m* (Oberbegriff)	lawyer
Anwalt *m* (obere Gerichte)	barrister *(BE)*
Anwalt *m* (untere Instanzen)	solicitor *(BE)*
Anweisungen *fpl* (GPWS Mode 6)	advisories *pl* (GPWS mode 6)
Anzahl *f*	quantity *sg*
Anzahlung *f*	deposit down payment
Anzeigepflicht *f*	duty of notification
Anzündmittel *n*	ignition device
Apostolischer Nuntius *m*	Apostolic Nuncio
Approach Lighting System/ALS *n* (Anflugbefeuerung)	approach lighting system/ALS

April *m*	April
Aquaplaning *n*	aquaplaning
Äquivalentdosis *f*	equivalent dose
äquivalente Fluggeschwindigkeit *f*	equivalent airspeed/EAS
Arabien *n*	Arabia
	Arabian Peninsula
	Arabian subcontinent
Arabische Halbinsel *f*	Arabia
	Arabian Peninsula
	Arabian subcontinent
Arbeiter *m*	blue-collar worker *(coll.)*
Arbeitgeber *m*	employer
Arbeitgeberverband der deutschen Binnenschifffahrt e.V./AdB *m*	Employers' Association of German Continental Navigators/AdB
Arbeitgeberverband *m*	employer's association
Arbeitnehmer *m*	employee
	worker
Arbeitsgemeinschaft Deutscher Verkehrsflughäfen e.V./ADV *f*	German Airport Association/ADV
Arbeitsgericht *n*	labour court *(BE)*
	labor court *(AE)*
Arbeitsgerichtsbarkeit *f*	employment jurisdiction
Arbeitskollege *m*	colleague
Arbeitslosenversicherung *f*	unemployment insurance
Arbeitsmedizin *f*	occupational medicine
arbeitsmedizinische Vorsorgeuntersuchung *f*	occupational health medical examination/OHME
Arbeitsplatzbelieferung *f*	workplace delivery *sg*
Arbeitsrecht *n*	labour law *(BE)*
	labor law *(AE)*
Arbeitsscheinwerfer *m*	work light
Arbeitssicherheit *f*	occupational safety

Arbeitstag *m*	business day
	working day
Arbeitsunfähigkeit/AU *f*	incapacity for work
Arbeitsunfall *m*	accident at work
	work accident
Arbeitsverhältnis *n*	employment
	working condition/relationship
Arbeitsvertrag *m*	employment contract
Arbeitszeit *f*	working time
Archiv *n*	archive
archivieren	archive, to
arge Not *f*	dire straits *pl*
Arglist *fsg*	fraudulent intent *sg*
	malice *sg*
arglistige Täuschung *f*	fraudulent misrepresentation
	malicious deceit
	wilful deceit *(BE)*
	wilful deception *(BE)*
	willful deceit *(AE)*
	willful deception *(AE)*
Argon *nsg*	argon *sg*
Arithmetischer Mittelwert *m*	arithmetic mean value *sg*
Ärmelkanaltunnel *m*	Channel Tunnel
arrogant	arrogant
Arsen *nsg*	arsenic *sg*
Art *f*	type
Artikel *m*	article
	item
Artikelnummer *f*	article number
Arzt *m*	doctor
Asbest *m*	asbestos
Aschenbecher *m*	ashtray
Asien *n*	Asia

ASOR	ASOR
ASOR-Fahrtenblatt *n*	ASOR trip sheet
ASOR-Fahrtenheft *n*	ASOR trip logbook
Asphalt *m*	asphalt
Asphalttanker *m*	asphalt carrier
Assistenzsystem *n*	assistance system
Asyl *n*	asylum
ATA-Verfahren *n*	ATA procedure
Atemschutz *m*	respiratory protection
Atemschutzmaske *f*	respirator mask
Äthen *nsg*	ethylene *sg*
Äthylen *nsg*	ethylene *sg*
Atomgesetz/AtG *n*	Atomic Energy Act *sg*
ätzend	corrosive
Ätznatron *nsg*	caustic soda *sg*
Audit Coupon *m* (Fluggesellschaft)	audit coupon (airline)
auf dem Wasser notlanden	ditch, to
auf eigene Rechnung	for own account
auf Grund laufen	ground, to
	run aground, to
auf tönernen Füßen stehen *(ugs.)*	built on sand, to be *(coll.)*
Aufbau der GuV nach § 275 Handelsgesetzbuch/HGB *m*	profit and loss construction § 275 HGB
Aufbauten *pl*	superstructure
aufbereitete Bilanz *f*	prepared balance
Aufbewahrung *f*	storage
Aufbringung *f* (Schiff)	capture (ship)
Auffahrunfall *m*	rear-end collision
auffordern	challenge, to
Aufgabe *f*	task
aufgegebenes Gepäck *nsg*	checked baggage *sg (AE)*
	checked luggage *sg (BE)*

Aufhebungsvertrag *m*	termination agreement
Aufliegelast *f*	fifth-wheel load
Auflieger *m*	semi-trailer
Aufmerksamkeitsassistent *m* (ugs.)	attention assist (coll.)
Aufnahmeschein *m* (Lager)	receipt bill *sg* (warehouse) acceptance certificate *sg* (warehouse)
Aufpreis *m*	additional charge extra charge surcharge
Aufruhr *m*	riot
aufsatteln	hitch, to
Aufsatzbretter *npl* (Ladungssicherung fest im Fahrzeug installiert)	attachment boards *pl* (load securing permanently installed in the vehicle)
Aufsatzrahmen für Paletten *m*	collar
aufschieben	delay, to
Aufschlag *m*	additional charge extra charge surcharge
Aufschub *m*	deferring
Aufschubkonto *n*	deferment account
Aufsetzpunkt *m* (Flughafen)	touchdown (airport)
Aufsetzrahmen für Paletten *m*	collar
Aufsetztank *m* (Fassungsraum von mehr als 450 Liter, ist für den Umschlag gebaut)	demountable tank *sg* (capacity of more than 450 litres (*BE*) liters (*AE*), built for transshipment) donning tank *sg* (capacity of more than 450 litres (*BE*) liters (*AE*), built for transshipment)
Aufsetzzone *f* (Flughafen)	touch down zone (airport)
auftanken (Flugzeug)	refuel, to
Auftausalz *n*	de-icing salt road salt

aufteilen	split, to
Auftrag *m*	order
Auftraggeber *m*	client
Auftragsabwicklung *f* (Logistik)	fulfillment (*AE*) / fulfilment (*BE*) (Logistics)
Auftragsbestätigung *f*	confirmation of order order acknowledgement *(BE)* order acknowledgment *(AE)* order confirmation
Aufwand *m*	expenditure expense
Aufwandsart *f* (Kraftstoffverbrauch, Verwaltungsaufwand, usw.)	expense type (fuel consumption, administration expense, etc.)
aufwandsgleiche Kosten *pl*	cash outlay costs *pl*
Aufwendungen *pl*	expenses *pl* expenditures *pl*
Auge *n*	eye
Augenreizung *f*	eye irritation
Augenschutz *m*	eye protection
Augenspüleinrichtung *f*	eye wash unit
Augenspülflasche *f*	eye wash bottle
August *m*	August
aus Übersee	overseas
Ausbesserungsarbeit *f*	repair work
Ausbesserungsschein *m* (Zoll)	repair certificate (customs)
Ausbildungsbetrieb *m*	training company
Ausbildungsordnung *f*	training regulations pl.
ausborgen	lend, to
Ausfahrsignal/Esig *n*	exit signal
Ausfall *m* (z.B. des Kühlaggregates im LKW)	failure (e.g. of the refrigeration unit in the lorry *(BE)*/truck *(AE)*)
Ausfallfracht *f*	dead freight
Ausflugfahrten *fpl* (Bus)	excursions *pl* (bus)

Ausfuhr *f*	export
Ausfuhr- und Abnehmerbescheinigung für Umsatzsteuerzwecke bei Ausfuhren im nicht kommerziellen Reiseverkehr *f*	export and customer certificate for sales-tax purposes in export in non-commercial travel
Ausfuhr-Pauschal-Gewährleistung light/APG-light *f*	wholeturnover policy light
Ausfuhr-Pauschal-Gewährleistung/ APG *f*	wholeturnover policy
Ausfuhrabfertigung *f*	export clearance
Ausfuhrabgabe *f*	export duty export tax
Ausfuhrabschöpfung *f*	export levy
Ausfuhranmeldung *f*	export declaration
Ausfuhrbürgschaft *f*	export guarantee
ausführender Frachtführer *m* (Unterfrachtführer)	exporting carrier (sub-carrier)
Ausführer *m*	exporter
Ausfuhrerklärung *f*	export declaration
Ausfuhrerstattung *f*	export refund
Ausfuhrgarantie *f*	export guarantee
Ausfuhrgenehmigung *f*	export licence *(BE)* export license *(AE)* export permit
Ausfuhrgewährleistung *f*	export guarantee
Ausfuhrkontrolle *f*	export control
Ausfuhrliste *f*	commerce control list/CCL *(AE)* export control list
Ausfuhrrisiko *n*	export risk
Ausfuhrverantwortlicher *m*	person responsible for exports
Ausfuhrverbot *n*	export ban
Ausfuhrverfahren *n*	export procedure
Ausfuhrzollschuld *f*	customs debt of exportation

Ausfuhrzollstelle *f*	export customs office
Ausgangsrechnung *f*	outgoing invoice
Ausgangszollstelle *f*	customs office of exit
ausgebucht	booked up fully booked
ausgelastete Passagierkilometer/ RPK *mpl*	revenue passenger kilometers/ RPK *pl (AE)* revenue passenger kilometres/ RPK *pl (BE)*
ausgelastete Passagiermeilen/RPM *fpl*	revenue passenger miles/RPM *pl*
ausgelaufen (Flüssigkeit)	leaked out
ausgelaufen (Vertrag, Lizenz)	expired
ausgezeichnet	excellent
Ausgleichszinsen *mpl*	compensatory interest
Ausgliederung *f*	outsourcing
Auskunft zur Güterliste/AzG *f*	information on the list of items
ausladen	unload, to
Auslagerung *f*	stock removal outplacement outsourcing
ausländische Zielgebiete *npl*	foreign destinations *pl*
Auslandsgenehmigungen *fpl*	foreign permits *pl*
Auslandshandelskammer/AHK *f*	German Chambers of Commerce Abroad/CCA
ausleihen	lend, to
ausliefern (Produkt)	ship, to
Auslieferschein *m* (Lager)	delivery bill / certificate *sg* (warehouse)
Auslieferungslager *n*	distribution center *(AE)* distribution centre *(BE)*
Ausnahmegenehmigung *f*	certificate of exemption

Ausnutzung *f* (z.b. der Lagerfläche)	utilization (*AE*) / utilisation (*BE*) (e.g. of the storage area)
ausrangieren	discard, to
ausscheiden	discard, to
Ausschließliche Wirtschaftszone/ AWZ *f*	exclusive economic zone/EEZ
Ausschluss *m*	exclusion
Ausschlussklausel *f*	exclusion clause
Australien *n*	Australia
auswählen	choose, to select, to
Ausweichbucht *f*	passing place
Ausweichflugplatz *m*	alternate airport
Ausweichstelle *f*	passing place
Ausweichstrecke *f*	alternative route
auswerten	analyse, to *(BE)* analyze, to *(AE)*
Auszubildender *m*	trainee
Außenwirtschaftsgesetz/AWG *n*	Foreign Trade and Payments Act/ AWG
Außenwirtschaftprüfung *f*	foreign trade audit
Außenwirtschaftsverordnung/AWV *f*	Foreign Trade and Payments Regulation/AWV
äußere Absperreinrichtung *f*	external shut-off device
äußere Beschaffenheit *f*	external condition *sg*
Aussichtsplattform *f* (z.b. Flughafen)	observation deck (e.g. airport)
aussondern	discard, to
Aussperrung *f*	lockout
Ausstellungsgebühr für den Luftfrachtbrief *f*	air waybill fee *sg*
Außenhandel *msg*	external trade foreign trade

Außenlandung *f*	off-field landing
Außenplanetengetriebe *n*	external planetary gear
Außenverpackung *f* (Gefahrgut)	outer packaging (dangerous goods)
außergewöhnlich	extraordinary
außergewöhnlich schwere See *f* (Sea State Code 9)	phenomenal sea (sea state code 9)
außerhalb der Bürozeit	outside office hours
außerhalb der Geschäftszeit	outside business hours
äußerlich erkennbare Mängel *mpl*	externally recognisable *(BE)* / recognizable *(AE)* defects *pl*
außerordentliche Kündigung *f*	extraordinary termination
außerorts	out of town
ausstellen (admin.)	issue, to
Aussteller *m* (admin.)	issuer
Ausstellungsdatum *n*	date of issue issue date
aussuchen	choose, to
Auto *n*	automobile car motor car passenger car (road) passenger vehicle
Autobahn *f*	freeway *(AE)* interstate highway *(AE)* motorway *(BE)*
Autobahnausfahrt *f*	freeway exit *(AE)* motorway exit *(BE)*
Autobahndreieck *n*	freeway triangle *(AE)* motorway triangle *(BE)*
Autobahnhypnose *f*	highway hypnosis driving without attention mode/ DWAM

A

318

Autobahnkreuz n	freeway interchange (AE) motorway junction (BE)
Autobahnrastanlage f	motorway service area/MSA (BE) rest area (AE)
Autobahnrasthof m	motorway service area/MSA (BE) rest area (AE)
Autobahnrastplatz m	motorway service area/MSA (BE) rest area (AE)
Autobahnraststätte f	motorway service area/MSA (BE) rest area (AE)
Autobahntrance f	highway hypnosis driving without attention mode/ DWAM
Autobahnvignette f	road tax vignette vignette (road tax)
Autobusanhänger m	bus trailer
Autohof m	truck stop travel center (AE) transport cafe (BE) lorry park (BE)
Autokran m	mobile crane truck crane truck-mounted crane
Autokranarbeiten fpl	truck crane work sg
Autokranvermietung f	truck crane rental
Autokühler m	radiator
Automatic Dependent Surveillance/ ADS n (Automatische (Bord)- Abhängige Überwachung)	Automatic Dependent Surveillance/ ADS
Automatic Terminal Information Service/ATIS m (Automatischer Terminal-Informationsdienst)	Automatic Terminal Information Service/ATIS
Automatikgetriebe n	automatic transmission
Automatikgetriebeöl n	automatic transmission fluid

automatische Bremse (Flugzeug)	autobrake (aircraft)
automatische Hakenkupplung *f*	automatic hook coupling
automatische Kennzeichener-fassung *f*	automatic license plate recognition/ALPR *(AE)* automatic number plate recognition/ANPR *(BE)*
automatische Lager- und Förder-systeme *npl*	automatic storage and conveyor systems *pl*
automatische Lagerregalsysteme *npl*	automatic storage shelving / rack systems *pl*
automatische Nummernschild-erkennung *f*	automatic license plate recognition/ALPR *(AE)*automatic number plate recognition/ANPR *(BE)*
automatische Sperrfunktion *f* (CMR)	automatic locking function (CMR)
Automatischer Blockierverhinderer/ABV *m*	automatic anti-lock braking system/ABS
Automatisches Identifikations-system/AIS *n*	automatic identification system/AIS universal automatic identification system/UAIS
automatisches Kleinteilelager/AKL *n*	automatic small parts warehouse miniload warehouse
Automatisches Senderidentifizie-rungssystem/ATIS *n*	automatic transmitter identification system/ATIS
Automatisiertes Tarif- und Lokales Zoll-Abwicklungs-System/ATLAS *n*	Automated Tariff and Local Customs Processing System
Automechaniker *m*	auto mechaniccar mechanic
Automobil *n*	automobile car motor car passenger car (road) passenger vehicle
Automobilia *npl*	automobilia *pl*
autonomes Fahren *n*	autonomous driving
Autopilot/ A/P *m*	autopilot

B

Autoradio *n*	car radio
Autoreisezug *m*	motorail
	motorail train
Autostopp *m*	hitch-hiking
Autotransporter *m* (Schiff)	car carrier
Autotransportwagen *m*	autorack
Autowaschstraße *f*	carwash
Autowerkstatt *f*	garage
Avalgarantie *f*	bid bond
	counter guarantee
Avis *m/n*	advice
avisierende Bank *f*	advising bank
	notifying bank
Azeton *nsg*	acetone *sg*
Azubi *m*	trainee

B

B-Artikel *m*	B article *sg*
B-Güter *npl*	B goods
Back-to-back-Luftfrachtbeförderung *f*	back-to-back air freight transport
Backwaren *fpl*	bakery products *pl*
Bagatellschaden *m*	minor damage
Baggerschiff *n*	dredger
Bahn *f* (Start- oder Landebahn)	runway/RWY
Bahnbetriebswerk/Bw *n*	depot (rail)
	rail yard
	railroad yard *(AE)*
	railway yard *(BE)*
bahneigen	railroad-owned *(AE)*
	railway-owned *(BE)*

B

Bahnfracht *f*	rail carriage
	rail freight
	railway freight *(BE)*
Bahnhof/Bf/Bhf *m*	station
	train station
	railroad station *(AE)*
	railway station *(BE)*
Bahnhofskategorie *f*	station category
Bahnselbstanschlussanlage/BASA *f*	automatic railway telephone system
Bahnstrecke *f*	railroad line *(AE)*
	railway line *(BE)*
Bahnstreik *m*	rail strike
Bahnübergang/BÜ *m*	railway crossing *(BE)*
	railroad crossing *(AE)*
	level crossing *(BE)*
Bakterie *f*	bacterium
Balkan *m*	Balkan Peninsula
	Balkans *pl*
Balkanhalbinsel *f*	Balkan Peninsula
	Balkans *pl*
Balken *m*	beam
Ballen *m*	bale
Baltikum *n*	Baltic countries *pl*
	Baltic states *pl*
baltische Staaten *mpl*	Baltic countries *pl*
	Baltic states *pl*
Bananenhubschrauber *m* (ugs.)	tandem rotor helicopter
Bandmaß *n*	measuring tape
	tape measure
Banjoachsen *fpl*	banjo axles pl
Bank *f*	bank
Bankbürgschaft *f*	bank guarantee
Bankfeiertag *m*	bank holiday *(BE)*

B

Bankgarantie f	bank guarantee
Bankkonto n	account
Bankscheck m	bank draft
	cashier's check (AE)
Banktratte f	bank draft
	banker's draft
Bannerschlepp m (Werbung)	banner towing (advertising)
Barcode m	Barcode
	bar code sg
Barcode-Label n	bar code label sg
Barcode-Leser m	bar code reader sg
Barcodelesegerät n	barcode reader
	barcode scanner
Barcodeleser m	barcode reader
	barcode scanner
Bargeld n	cash
Barzahlung f	cash
	cash payment
Base f (chem.)	base (chem.)
Basiszeit f (Zeit für organisatorische Tätigkeiten vor und nach der Kommissionierung)	base time sg (time for organisational activities before and after the picking)
Batterie f	battery
Batterieaufladegerät n	battery charger
Batterieauflieger m	tube trailer
Batteriefahrzeug n	battery vehicle
Batteriekapazität f	battery capacity
Batterieladegerät n	battery charger
Batteriepol m	battery pole
Batteriesäure f	battery acid
Batteriespannung f	battery voltage
Batterietrennschalter m	battery master switch
Batterieverordnung/BattV f	Battery Ordinance

B

bauartbestimmte Höchstgeschwindigkeit *f*	maximum design speed
Bauholz *n*	lumber timber
Baujahr *n*	year of construction
Baustellenwarnsystem *n*	construction site warning system
Bay *f* (Containerreihe in Querrichtung)	bay (container)
Bay-Row-Tier-System *n*	bay-row-tier system
Bayplan *m* (Containerstauplan)	bay plan
Bearbeitung *f* (Waren)	manipulation (processing)
Beckengurt *m*	lap belt
Becquerel/Bq *n*	becquerel/Bq
Bedarfsermittlung *f*	determination of requirements *pl*
bedarfsgesteuerte Materialbereitstellung *f*	demand-driven material provision
Bedarfshalt *m*	flag stop request stop
Bedarfsschifffahrt *f*	tramp shipping tramp trade
bedarfssynchrone Produktion/JIT *f*	Just-in-Time/JIT
bedecktes Fahrzeug *n*	sheeted vehicle
Bedienungsanleitung *f*	user guide user manual
Bedingung *f*	condition
Befähigungsschein nach § 20 Sprengstoffgesetz *m*	certificate to transport and handle explosives in accordance with § 20 of the Explosives Act
Befestigungsbeschläge für Container *mpl* (Ladungssicherung fest im Fahrzeug installiert)	fastening fittings for containers pl (load securing permanently installed in the vehicle)
befördern	dispatch, to ship, to

B

Beförderung *f*	carriage
	carrying
	forwarding
	haulage
	shipment
	transport
	transportation
Beförderung lebender Tiere *f*	carriage of livestock
Beförderung stehender Passagiere *f*	carriage of standing passengers
Beförderung unter ausschließlicher Verwendung *f*	exclusive use shipment
Beförderung von Gütern aller Art *f*	carriage of goods of all kind
Beförderungsauftrag *m*	transport order
Beförderungsbedingungen *fpl*	conditions of carriage *pl*
Beförderungseinheit *f*	cargo transport unit/CTU
Beförderungsentgelt *n* (fin.)	transport charge (fin.)
Beförderungsgenehmigung *f*	transport authorization
Beförderungshindernis *n*	transport disruption
Beförderungskategorie *f*	transport category
Beförderungsklasse *f* (Güter)	class of carriage
Beförderungspapier *n*	transport document
Beförderungspflicht *f*	obligation to carry
Beförderungsrecht *n*	Law of the Carriage of Goods
beförderungssicher	safe for transport
beförderungssichere Verladung *f*	transport-safe loading
Beförderungssicherheit *f*	transport safety
Beförderungstarif *m*	transport tariff
Befrachter *m*	shipper
befristeter Arbeitsvertrag *m*	fixed-term employment contract
Befugnis *f*	authorisation *(BE)*
	authorization *(AE)*
Befüller *m* (Person)	filler (person)

begast mit MB	fumigated with MB
	fumigated with methyl bromide
begast mit Methylbromid	fumigated with methyl bromide
	fumigated with MB
Begasung *f*	fumigation
begebbar	negotiable
begebbares Akkreditiv *n*	negotiable L/C
	negotiable letter of credit
begebbares FIATA-Durchkonnos-sement des kombinierten Trans-ports/FBL *n*	negotiable FIATA Multimodal Transport Bill of Lading/FBL
Begegnungsverkehr *m*	transshipment traffic
beglaubigte Abschrift *f* (z.B. von der Gemeinschaftslizenz)	certified copy (e.g. of the community licence *(BE)* / license *(AE)*)
begleitendes Verwaltungs-dokument/BVD *n*	accompanying administrative document
begleiteter kombinierter Verkehr/KV *m*	accompanied combined transport/ACT
begleiteter Verkehr *m* (KV)	accompanied combined transport/ACT
begleitetes Fahren *n*	accompanied driving
Begleitfahrzeug *n* (LKW)	escort vehicle
Begleitpapier *n*	accompanying document
Begleitwagen (Eisenbahn)	brake van *(BE)* caboose *(AE)* guard's van *(BE)*
begrenzte Menge/LQ *f*	limited quantity/LQ
Begrenzung der Haftung *f*	limitation of liability
Begründung eines Anspruchs *f*	substantiation of a claim
Begründung *f*	substantiation
Behälterfördersystem *n*	tote conveyor system
Behälterregal *n* (automatisch)	container rack *sg* (automatic)
beheizter Container *m*	heated container

B

bei der Arbeit	on the job
Beifahrer *m* (LKW/Bus)	co-driver (in lorry/truck or bus)
Beiladung *f*	additional cargo
	additional load
Beistandsakkreditiv *n*	standby L/C
	standby letter of credit
Beitragsbemessungsgrenze *f* (fin.)	contribution assessment ceiling (fin.)
Beiwagen *m*	sidecar
bekannter Versender *m*	known consignor
	known shipper
Beladen *n*	loading
belaufen auf, sich	amount to, to
beleglose Kommissionierung *f*	paperless picking
Beleuchtung *f*	lighting
Beleuchtungseinrichtung *f*	lighting device
Bellyfracht *f* (Luftverkehr)	belly freight (air transport)
Benelux	Benelux
	Benelux countries *pl*
Beneluxländer *npl*	Benelux
	Benelux countries *pl*
Beneluxstaaten *mpl*	Benelux
	Benelux countries *pl*
Benzin *n*	gas *(AE)*
	gasoline *(AE)*
	petrol *(BE)*
Benzinmotor *m*	gasoline engine *(AE)*
	petrol engine *(BE)*
beraten	advise, to
berechnen (fin.)	charge, to
Bereederung *f*	operating the ship
	ship management
Bereich intern *m*	internal area
Bereitschaftszeit *f*	standby time

bereitstellen	available, to make
Berg *m*	mountain
bergab	downhill
bergauf	uphill
Bergelohn *m*	salvage fee
Bergung *f* (Schiff)	marine salvage
	maritime salvage
Bergungs- und Beseitigungsklausel *f* (DTV-Güter 2000/2011)	Salvage and Debris Removal Clause (DTV Cargo 2000/2011)
Bergungsfass *n*	recovery drum
Bergverkehr *m*	upriver traffic
	upstream traffic (ship)
Berstgefahr *f*	danger of bursting
	risk of bursting
Berufsausbildung *f*	vocational training
Berufsausbildungsvertrag *m*	vocational training contract
Berufsgenossenschaft *f* (BG)	employer's liability insurance association
Berufsgenossenschaft für Transport und Verkehrswirtschaft *f*	German Social Accident Insurance Institution for the transport industry
Berufsgenossenschaft Handel und Warendistribution/BGHW *f*	German Social Accident Insurance Institution for the trade and distribution industry/BGHW
Berufsgenossenschaft Rohstoffe und chemische Industrie/BG RCI *f*	German Social Accident Insurance Institution for the raw materials and chemical industry/BG RCI
Berufskraftfahrer *m*	professional driver
Berufskraftfahrer-Qualifikation *f*	professional driver qualification
Berufskraftfahrer-Qualifikationsgesetz/BKrFQG *n*	Professional Driver Qualification Act
Berufsschule *f*	vocational school
Berufsverkehr *m*	commuter traffic
beschädigte Fracht *f*	damaged cargo
beschädigte Ladung *f*	damaged cargo

B

B

beschädigtes Versandstück *n*	damaged package
beschafft	procured *sg* acquired *sg* purchased *sg*
Beschaffung *f*	procurement *sg* acquisition *sg* purchasing *sg*
Beschaffungslogistik *f*	procurement logistics
Beschaffungsmarkt *m*	procurement market
Beschaffungsstrategie *f*	procurement strategy *sg*
beschäftigt	busy
Beschäftigungspflicht *f*	employment obligation
Beschäftigungsverbot *n*	employment prohibition
bescheiden	modest
Beschickungszone *f* (Kommissionierung)	loading zone *sg* (order picking)
Beschilderung *f*	signage
Beschlagnahme *f*	confiscation
Beschlagnahmeklausel *f* (DTV-Güter 2000/2011)	Confiscation Clause (DTV Cargo 2000/2011)
Beschlagnahmung *f*	confiscation
beschleunigte Grundqualifikation *f*	accelerated basic qualification (German qualification for commercial bus and truck drivers)
Beschleunigungsspur *f*	acceleration lane
Beschleunigungsstreifen *m*	acceleration lane
Beschleunigungswiderstand *m*	acceleration resistance
Beschränkt gültiges Betriebs-zeugnis für Funker/ROC *n* (Berufsschifffahrt)	restricted operator's certificate/ROC
Beschränkt gültiges Funkbetriebs-zeugnis/SRC *n* (Sportschifffahrt)	short range certificate/SRC

beschützen	protect, to
Beschwerde *f*	complaint
Beschwerdegrund *m*	reason for complaint
Besen *m*	broom
Besetzung *f* (z.b. KOM)	occupation manning (e.g. bus and coach)
Besondere Bedingungen für die laufende Versicherung von Ausstellungen und Messen *fpl* (DTV-Güter 2000/2011)	Special Terms and Conditions for the Open Policy of Goods at Exhibitions and Trade Fairs *pl* (DTV Cargo 2000/2011)
Besondere Bedingungen für die Versicherung von Umzugsgut *fpl* (DTV-Güter 2000/2011)	Special Terms and Conditions for the Insurance of Removal Goods *pl* (DTV Cargo 2000/2011)
besondere Handelsgüter *npl*	special commercial goods
besondere Havarie *f*	particular average / P/A
besonders	especially specially
besonders gefährdete Handelsgüter *npl*	particularly vulnerable commercial goods
Bestandsaufnahme machen	take inventory, to *(AE)* take stock, to *(BE)*
Bestandseinheit *f*	stock keeping unit/SKU
Bestandskonto *n*	stock account
Bestandskontrolle *f*	inventory control stock control
Bestandsrechnung *f*	calculation of inventory calculation of stock
Bestandsverzeichnis *n*	inventory sheet
bestätigt	confirmed
bestätigtes Akkreditiv *n*	confirmed L/C confirmed letter of credit
Bestechungsgeld *n*	bribe
Bestellmenge *f*	order quantity *sg*

B

B

Bestellung *f*	order
Bestimmung *f* (Ort/Ziel)	destination
Bestimmungen für die laufende Versicherung *fpl* (DTV-Güter 2000/2011)	Open Policy (DTV Cargo 2000/2011)
Bestimmungsbahnhof *m*	station of destination
Bestimmungsflughafen *m*	airport of destination
bestimmungsgemäße Verwendung *f*	intended use
Bestimmungshafen *m*	port of destination
Bestimmungsland *n*	country of destination
Bestimmungslandprinzip *nsg*	destination principle *sg*
Bestimmungsort *m*	place of destination
bestreiten	challenge, to
Betastrahlung *f*	beta radiation
Beteiligten-Identifikations-Nummer/ BIN *f*	participant identification number/ BIN
Betonschutzwand *f*	concrete safety barrier concrete step barrier
Betriebs- und Beförderungspflicht *f*	duty to operate and transport
Betriebsabrechnungsbogen *m* (einstufig)	expense distribution sheet
Betriebsanweisung *f*	operating instructions *pl*
Betriebsaufwand *m* (betriebliche Aufwendungen)	operating expense
betriebsbedingte Kündigung *f*	termination for operational reasons
Betriebsbremsanlage *f*	service braking system
Betriebsbremse *f*	service brake
Betriebsbuchhaltung *f* (fin.)	company accounting (fin.)
Betriebsdauer *f*	operating time
betriebseigene Revision *f*	internal audit internal auditing
Betriebsergebnis *n*	operating results *pl*

Betriebserlaubnis *f*	operating licence *(BE)*
	operating license *(AE)*
betriebsfremde Revision *f*	external audit
	external auditing
Betriebsgelände *n*	company premises *pl*
	premises *pl*
Betriebsgenehmigung *f*	operating licence *(BE)*
	operating license *(AE)*
Betriebshaftpflichtversicherung/	public liability insurance
BHV *f*	
Betriebshof *m*	bus depot
	bus garage
Betriebshof *m* (Eisenbahn)	depot (rail)
	rail yard
	railroad yard *(AE)*
	railway yard *(BE)*
Betriebsinhaber *m*	proprietor
Betriebsmittel *npl*	operating resources *pl*
Betriebsnummer *f*	fleet number
Betriebsordnung für Kraftfahrunter-	Operational Regulations of
nehmen/BOKraft *f*	Undertakings engaged in Road
	Passenger Transport services
Betriebsprüfung *f*	audit
	auditing
	external audit
	external auditing
Betriebsrat *m*	works council
betriebssicher	safe to operate
betriebssichere Verladung *f*	safe loading
Betriebssicherheit *f*	operating safety
	operational safety
Betriebssicherheitsverordnung/	Ordinance on Industrial Safety and
BetrSichV *f*	Health/BetrSichV
Betriebsstoff *m*	operating supplies *pl*

B

Betriebsstunde *f*	operating hour
Betriebsvereinbarung *f*	company agreement
Betriebsverfassungsgesetz/BetrVG *n*	Works Constitution Act/BetrVG
Betriebswerk/Bw *n*	depot (rail) rail yard railroad yard *(AE)* railway yard *(BE)*
betriebswirtschaftliche Auswertung/ BWA *f*	business assessment
betriebswirtschaftliche Grundlagen *fpl*	business management principles *pl*
Betriebszeit *f*	operating time
Betriebszweck *m*	operational purpose
Betrug *m*	fraud
Bevollmächtigung *f*	authorisation *(BE)* authorization *(AE)*
bevorzugte Luftfracht *f*	priority air freight
bewegliche Brücke *f*	moveable bridge
Bewegungs- und Schutzkosten- klausel *f* (DTV-Güter 2000/2011)	Cost of Relocation and Protection of Property Clause (DTV Cargo 2000/2011)
Beweislast *f*	burden of proof
Beweislastumkehr *f*	reversal of the burden of proof
Beweisurkunde *f*	record *sg*
Bewertungsgrundsatz *m*	valuation principle
Bezettelung *f*	labelling *(BE)* labeling *(AE)*
Bezirksdirektion *f*	general agency
Bezirkskontrollstelle *f (Luftverkehr)*	Area Control Center/ACC Air Route Traffic Control Center/ ARTCC *(AE)*
BG Verkehr *f*	German Social Accident Insurance Institution for the transport industry

Bier *n* — beer

Bietungsgarantie *f* — bid bond

Bilanzaufbau *m* — structure of balance sheet

Bilanzauswertung *f* — balance sheet evaluation

Bilanzgliederung *f* — balance sheet classification

Bilanzierungsgrundsatz *m* — accounting principle

Bilanzverdichtung *f* — balance compaction

bilaterale Genehmigung *f* — bilateral authorisation *(BE)*
bilateral authorization *(AE)*

Billigairline *f* — budget airline
budget carrier
discount airline
discount carrier
low-cost airline
low-cost carrier
no-frills airline
no-frills carrier

Billigflieger *m* — budget airline
budget carrier
discount airline
discount carrier
low-cost airline
low-cost carrier
no-frills airline
no-frills carrier

Billigfluggesellschaft *f* — budget airline
budget carrier
discount airline
discount carrier
low-cost airline
low-cost carrier
no-frills airline
no-frills carrier

Billing and Settlement Plan/BSP *m* (Ab- und Verrechnungsplan) — Billing and Settlement Plan/BSP

Binnencontainer *m* — inland container

Binnengewässer *n* — internal waters *pl*

B

B

Binnenhafen *m*	inland port
Binnenmarkt *m*	internal market
Binnenmeer *n*	inland sea
Binnenschiff *n*	inland vessel
	barge
Binnenschiffer *m*	inland waterway carrier
Binnenschifffahrt *f*	inland waterway transport
Binnenschifffahrtsfunk *m*	radiotelephone service on inland waterways
Binnenschifffahrtsgesetz/BinSchG *n*	German Inland Waterways Act
Binnenschifffahrtsstraßen-Ordnung/ BinSchStrO *f*	German Inland Waterways Regulations/BinSchStrO *pl*
Binnenwasserstraße *f*	inland waterway
Binnenzollstelle *f*	inland customs office
Biodiesel *msg*	biodiesel *sg*
biologische Grenzwerte *mpl*	biological limit values *pl*
biologischer Stoff *m*	biological substance
biometrischer Reisepass *m*	biometric passport
Bitumen *n*	bitumen
Bitumentanker *m*	asphalt carrier
Blaulicht *n*	blue light
Blausäure *fsg*	hydrocyanic acid *sg*
	prussic acid *sg*
Blechschaden *m*	car body damage
	fender bender *(AE) (coll.)*
Blei *nsg*	lead *sg*
bleifreies Benzin *n*	unleaded gasoline *(AE)*
	unleaded petrol *(BE)*
blinder Passagier *m*	stowaway
Blindflansch *m*	blind flange
	blank flange
Blindflug *m*	instrument flight

B

Blinker *m*	indicator *(BE)*
	turn signal *(AE)*
Blitz *m*	lightning
Blitzlichtpulver *n*	flash powder
Blitzschaden *m*	lightning damage
Blocklager *n*	block storage *sg*
	block warehouse *sg*
Blume *f*	flower
Blutalkoholkonzentration/BAK *f*	blood alcohol concentration/BAC
	blood alcohol content/BAC
Blutalkoholspiegel *m*	blood alcohol level
Board of Airline Representatives in Germany e.V./BARIG *n*	Board of Airline Representatives in Germany e.V./BARIG
Boden *m*	floor
Bodenfunkstelle *f*	aeronautical ground station
Bodenlagerung *f*	floor storage
Bodenlängsträger *m*	bottom side rail
Bodenpersonal *nsg*	ground crew
	ground staff
Bodenquerträger *m*	bottom crossbeam
Bodenventil *n*	bottom valve
Bodenverkehr *m* (Flughafen)	ground traffic (airport)
Bodenverunreinigung *f*	soil contamination
Bohle *f*	plank
Bonner Palettentausch *m* (mit Rücklieferungspflicht)	Bonn Pallet Exchange
Bordbuch *n* (Binnenschiff)	logbook
Bordempfangsschein *m*	mate's receipt
Bordkonnossement *n*	shipped B/L
	shipped bill of lading
Bordstein *m*	curb *(AE)*
	curbstone *(AE)*
	kerb *(BE)*
	kerbstone *(BE)*

336

B

Bordsteinkante *f*	curbside *(AE)*
	kerbside *(BE)*
Bordwand *f* (LKW)	board wall
borgen	borrow, to
Botschaft *f* (Landesvertretung)	embassy
Botschaft *f* (Nachricht)	message
Botschafter *m*	ambassador
Boykott *m*	boycott
Boykotterklärung *f*	boycott declaration
Brace Position *f* (Unfall/Notlandung)	brace position
	crash position
	(accident/emergency landing)
Brand *m*	fire
Brandfluchthaube *f*	smoke hood
brandfördernd	oxidising
Brandgas *n*	fire gas
Brandgefahr *f*	fire hazard
Brandklasse *f*	fire class
Brandmeldeanlage/BMA *f*	fire alarm system
Brandmelder *m*	fire alarm device
Brandschaden *m*	fire damage
	fire loss
Brandschutzzeichen *n*	fire protection sign
Branntweinmonopolgesetz/	German Spirits Monopoly Act/
BranntwMonG *n*	BranntwMonG
braune Ware *f*	brown goods *pl*
breit	wide
Breite *f*	width
Breitenkreise *mpl* (geographisch)	latitude circles *pl* (geographical)
Bremische Häfen *mpl*	Bremen ports *pl*
(Bremen/Bremerhaven)	(Bremen/Bremerhaven)
Bremsanlage *f*	braking system

B

Bremsassistent/BAS *m*	emergency brake assist/EBA
Bremse *f*	brake
Bremserwagen *m*	brake van *(BE)*
	caboose *(AE)*
	guard's van *(BE)*
Bremsfading *n*	brake fading
Bremsflüssigkeit *f*	brake fluid
Bremsklotz *m*	brake pad
Bremskraftverstärker/BKV *m*	brake booster *(AE)*
	vacuum servo *(BE)*
Bremsleuchte *f*	brake lightstop lamp
Bremslicht *n*	brake lightstop lamp
Bremspedal *n*	brake pedal
Bremsscheibe *f*	brake disc *(BE)*
	brake disk *(AE)*
Bremsspur *f*	skid marks *pl*
Bremssysteme *npl*	braking systems *pl*
Bremsvorgang *m*	braking process
Bremsweg *m*	braking distance
Bremswellen *fpl*	brake shafts *pl*
Brille *f*	glasses *pl*
Britische Inseln *fpl*	British Isles *pl*
Bruchschaden *m*	breakage
Brücke *f*	bridge
Brückenfahrer *m*	container crane operator
	gantry crane operator
Brückenkran *m*	overhead crane *sg*
Brückenkranführer *m*	container crane operator
	gantry crane operator
brutto für netto	gross for net
Bruttogewicht *n*	gross weight
Bruttoraumzahl/BRZ *f*	gross tonnage/GT

B

Bruttoregistertonne/BRT *f*	gross register tonnage/GRT
Bruttoumsatz *m*	gross sales *pl (AE)*
	gross turnover *(BE)*
Buch *n*	book
buchen	book, to
Buchführung *f*	bookkeeping
Buchungssatz *m*	entry
Buchwert *m*	book value
Budapester Übereinkommen über den Vertrag über die Güterbeförderung in der Binnenschifffahrt/CMNI *n*	Budapest Convention on the Contract for the Carriage of Goods by Inland Waterway/CMNI
Bug *m* (Flugzeug)	nose
Bündel *n*	bundle
	bale
Bündelung *f* (z.b. von Warenströmen)	combining (e.g. of goods flows)
Bundesamt für Güterverkehr/BAG *n*	Federal Office for Goods Transport/BAG
Bundesamt für Logistik und Mobilität/BALM *n*	Federal Office for Logistics and Mobility
Bundesamt für Migration und Flüchtlinge/BAMF *n*	Federal Office for Migration and Refugees/BAMF
Bundesamt für Seeschifffahrt und Hydrographie/BSH *n*	Federal Maritime and Hydrographic Agency/BSH
Bundesamt für Strahlenschutz/BfS *n*	Federal Office for Radiation Protection/BfS
Bundesamt für Wirtschaft und Ausfuhrkontrolle/BAFA *n*	Federal Office of Economics and Export Control/BAFA
Bundesanstalt für Landwirtschaft und Ernährung/BLE *f*	Federal Office for Agriculture and Food/BLE
Bundesanstalt für Materialforschung und -prüfung/BAM *f*	Federal Institute for Materials Research and Testing/BAM

Bundesanstalt für Straßenwesen/ BaSt *f*	Federal Highway Research Institute/BaSt
Bundesanzeiger/BAnz *m*	German Federal Gazette/BAnz
Bundesautobahnen/BAB *fpl*	federal motorways *pl (BE)* federal highways *pl (AE)*
Bundesbahn-Zentralamt/BZA *n*	Bundesbahn Central Office
Bundesfachgruppe Schwertransporte und Kranarbeiten/BSK *f*	German Federal Working Group Heavy Haulage and Crane Work/ BSK
Bundesfernstraßenmautgesetz/ BFStrMG *n*	Federal Motorway Toll Act *(BE)* Federal Highway Toll Act *(AE)*
Bundesgesetzblatt/BGBl *n*	German Federal Law Gazette/ BGBl
Bundeskartellamt *n*	Federal Cartel Office
Bundesministerium der Finanzen/ BMF *n*	Federal Ministry of Finance/BMF
Bundesministerium für Umwelt, Naturschutz und Reaktorsicherheit *n*	Federal Ministry for the Environment, Nature Conservation and Nuclear Safety
Bundesministerium für Verkehr, Bau und Stadtentwicklung/BMVBS *n*	Federal Ministry of Transport, Building and Urban Development/ BMVBS
Bundesmonopolverwaltung für Branntwein/BfB *f*	Federal Spirits Monopoly Administration for Spirits/BfB
Bundesnetzagentur für Elektrizität, Gas, Telekommunikation, Post und Eisenbahnen/BNetzA *f*	Federal Network Agency for Electricity, Gas, Telecommunications, Posts and Railway/BNetzA
Bundesstelle für Flugunfalluntersuchung/BFU *f*	German Federal Bureau of Aircraft Accident Investigation/BFU
Bundesstelle für Seeunfalluntersuchung/BSU *f*	Federal Bureau of Maritime Casualty Investigation/BSU
Bundessteuerblatt/BStBl *n*	German Federal Tax Gazette/ BStBl

B

B

Bundesstraße *f*	A road *(BE)*
	federal highway *(AE)*
	interstate road *(AE)*
Bundesstraßen *fpl*	federal roads *pl*
Bundesurlaubsgesetz/BurlG *n*	Federal Holiday Act *(BE)*
	Federal Vacation Act *(AE)*
Bundesverband der deutschen	Federal Association of German
Binnenschifffahrt e.v./BDB *m*	Inland Navigation/BDB
Bundesverband der Deutschen	German Airline Association/BDF
Fluggesellschaften/BDF *m*	
Bundesverband des Deutschen	Federal Association of German
Güterfernverkehrs/BDF *m*	Long-Distance Freight Transport
Bundesverband Güterkraftverkehr,	Federal Association of Road
Logistik und Entsorgung e.v./BGL	Haulage, Logistics and Disposal/
m	BGL
Bundeswasserstraße *f*	federal waterway
Bundeswasserstraßengesetz/	Federal Waterway Act/WaStrG
WaStrG *n*	
Bundeszentralamt für Steuern/BZSt	Federal Central Tax Office/BZSt
n	
Bundeszollverwaltung *f*	Federal Customs Service
Bunkerboot *n*	bunker boat
Bunkerlager *n*	bunker
bunkern	bunker, to
Bunkeröl *n*	bunker oil
Bunkerzuschlag/BAF *m*	bunker adjustment factor/BAF
Bürge *m*	guarantor
	surety
Bürgerkrieg *m*	civil war
Bürgersteig *m*	pavement *(BE)*
	sidewalk *(AE)*
Bürgschaft *f*	guarantee
	surety

Bürgschaftsvertrag *m*	contract of surety
	guarantee agreement
Bürozeit *f*	office hours *pl*
Bus *m*	bus
	omnibus
Busanhänger *m*	bus trailer
Busbahnhof *m*	bus station
Busdepot *n*	bus depot
	bus garage
Busfahrer *m*	bus driver
Bushaltestelle *f*	bus stop
Business to Business/B2B *n*	Business to Business/B2B
Business to Consumer/B2C *n*	Business to Consumer/B2C
Büsingen	Büsingen
Buskapstein *m*	profiled kerbstone
Busverbindung *f*	bus connection
Bußgeld *n*	fine
Bußgeldverfahren *n* (fin.)	fines procedure (fin.)
Butan *nsg*	butane *sg*

C

C-Artikel *m*	C article *sg*
C-Güter *npl*	C goods
C-ITS *n* (Cooperative Intelligent Transport Systems)	c-its C-ITS (Cooperative Intelligent Transport Systems)
Cabrio *n*	convertible
Cabriolet *n*	convertible
Calciumcarbid *n*	calcium carbide
CAN-Bus-Technologie *f*	CAN bus technology
Cargo Aircraft Only/CAO	cargo aircraft only/CAO
Carnet A.T.A-Verfahren *n*	Carnet ATA procedure

Carnet TIR *n*	TIR carnet
Carnet TIR-Verfahren *n*	Carnet TIR procedure
Carport *m*	carport
Carrier Identification Plate/CIP *m* (Kennungsplatte der Fluggesellschaft)	Carrier Identification Plate/CIP
Carsharing *nsg*	car sharing
Cashflow *m*	cash flow
Cashflowrate *f*	cash flow rate
Castorbehälter *m*	Castor cask
CB-Funk *m* (Jedermannfunk)	Citizens' Band Radio (amateur radio)
Celsius *n*	Celsius
CEMT-Genehmigung *f*	CEMT permit
CEMT-Mitgliedstaaten *mpl*	CEMT member states *pl*
CFR Kosten und Fracht ... benannter Bestimmungshafen	CFR Cost and Freight ... named port of destination
Chance *f*	chance
chaotische Lagerhaltung *f* (Freiplatzprinzip)	chaotic storage chaotic warehousing
chaotische Lagerorganisation *f*	chaotic warehouse organization (AE) / organisation (BE)
Charterflug *m*	charter flight
Charterflugzeug *n*	charter aircraft
Chartervertrag *m*	charter contract charter party
Chassis *n*	chassis
Chef *m*	head (leader)
Chemieindustrie *fsg*	chemical industry
Chemiewirtschaft *fsg*	chemical industry
Chemikalie *f*	chemical
Chemikalienbindemittel *n*	chemical binder

Chemikalienbinder *m*	chemical binder
chemische Industrie *fsg*	chemical industry
chemisches Gewerbe *nsg*	chemical industry
CHEP Palette *f*	CHEP pallet
Chicagoer Abkommen *n*	Convention on International Civil Aviation Chicago Convention
Chlor *nsg*	chlorine *sg*
Chlorbleiche *f*	chlorine bleach
CIF Kosten, Versicherung und Fracht ... benannter Bestimmungshafen	CIF Cost, Insurance and Freight ... named port of destination
CIP Frachtfrei versichert ... benannter Bestimmungsort	CIP carriage, insurance paid to ... named destination
City-Logistik *f*	city logistics
Civil Air Navigation Services Organization/CANSO *f*	Civil Air Navigation Services Organization/CANSO
CMR *f* (Internationale Vereinbarung über Beförderungsverträge auf Straßen)	CMR (Convention on the Contract for the International Carriage of Goods by Road)
CMR-Frachtbrief *m*	CMR consignment note
CO_2-Fußabdruck *m*	CO_2 footprint carbon footprint *sg*
CO_2-neutrale Logistik *f*	CO_2-neutral logistics
Codeshare-Abkommen *n* (Code-Teilung)	codeshare agreement
Coltainer *m*	collapsible container
Common Rail	common rail
computergestützte Lagerverwaltung *f*	computerized warehouse management
ConRo-Schiff *n* (Roll-on/Roll-off und Container)	ConRo-ship (roll-on/roll-off and container)
Container *m* (nach BDF Norm)	container (according to BDF standard)

C

C

Container Security Initiative/CSI *f*	Container Security Initiative/CSI
Container- und Palettenraten *fpl*	container and pallet rates *pl*
Container-Anlieferungsgebühr *f* (Seefracht)	positioning charge (sea freight)
Container-Identifizierungssystem/ CIS *n*	container identification system/CIS
Containerabmessungen *fpl*	container dimensions *pl*
Containerbrücke *f*	container crane
Containerfrachtstation/CFS *f*	container freight station/CFS
Containerisierung *f*	containerisation *(BE)* containerization *(AE)*
Containerpackstation/CFS *f*	container freight station/CFS
Containerpackzertifikat *n*	container packing certificate
Containerrevolution *f*	container revolution
Containerschiff *n*	container ship container vessel
Containerschweiß *m*	container sweat
Containerstandgebühr für verspätete Leercontainerrück- lieferung *f*	detention
Containerstapler *m*	reach stacker
Containerterminal/CT *m/n*	container terminal/CT
Containerverkehr *m*	container traffic
Controllinginstrument *n*	controlling instrument
Controllingstrategie *f*	controlling strategy
Copilot *m*	first officer/FO (aircraft)
CPT	CPT
Frachtfrei ... benannter Bestim- mungsort	carriage paid to ... named desti- nation
Crashtest *m*	crash test

Cross Docking *n* (Verfahren das die Warenflussprozesse beschleunigt, in dem die Güter nicht gelagert werden, sondern vom Wareneingang direkt zum Warenausgang befördert werden)

cross docking (process that speeds up the flow of goods by removing the storage part of the supply chain)

CSC-Plakette *f* (CSC Saftey Approval = gültiges Sicherheits-Zulassungsschild für Container)

CSC badge *sg* (CSC Safety Approval = valid safety approval plate for containers)

CSC-Plakette *f* (Container Safety Convention (Sicherheitsüberein-kommen für Container))

CSC plate (Container Safety Convention)

CTU-Packrichtlinien *f* (für die Beladung von Containern, Wechselbehälter im kombinierten Verkehr z.B. von Binnengewässern zur See (CTU=Cargo Transport Unit))

CTU packing guidelines *pl* (for the loading of containers, swap bodies in combined transport, e.g. from inland waterways to sea (CTU = Cargo Transport Unit))

D

D

Dach *n*	roof
Dachquerträger *m*	front top end rail
Dachspriegel *m*	roof bow
Dachverkleidung *f*	roof panel
DAF	DAF
Geliefert Grenze ... benannter Ort	delivered at frontier ... named place of delivery
Dampf *m*	vapor *(AE)*
	vapour *(BE)*
	steam
Dampfdruck *m*	vapor pressure *(AE)*
	vapour pressure *(BE)*
Dampflok *f*	steam locomotive
Dampflokomotive *f*	steam locomotive
Dämpfung *f*	damping
dankbar	grateful

D

DAP	DAP
Geliefert an Ort ... benannter Bestimmungsort	delivered at place ... named destination
DAT	DAT
Geliefert an Terminal ... benanntes Terminal	delivered at terminal ... named terminal
Datenlogger *m*	data logger
Datowechsel *m* (nach Ausstellung)	after-date bill / bill after date
Datum *n*	date
Dauerbremsanlage *f*	retarder
Dauerbremse *f*	permanent brake
Dauerlager *n*	long-term warehouse *sg*
DDP	DDP
Geliefert verzollt ... benannter Bestimmungsort	delivered duty paid ... named place of destination
DDU	DDU
Geliefert unverzollt ... benannter Bestimmungsort	delivered duty unpaid ... named place of destination
Debitorenziel *n*	debtor days *pl*
Decklast *f*	deck cargo
Decksaufbauten *pl*	superstructure
Decksmann *m*	deckhand
Deckungsbeitrag je Abteilung *m*	contribution margin per department
Deckungsbeitrag je Auftrag *m*	contribution margin per order
Deckungsbeitrag *m* (absolut)	absolute contribution margin
Deckungsbeitrag *m* (relativ)	relative contribution margin
Deckungsbeitragsanalyse *f*	contribution margin analysis
Deckungslücke *f*	coverage gap
Deckungslücke *f* (fin.)	shortfall
Deckungszusage *f* (mündlich)	confirmation of cover
Deckungszusage *f* (schriftlich)	cover note
Deflagration *f*	deflagration

Deichsel *f*	drawbar
Deichselanhänger *m*	drawbar trailer
deichselgesteuerter Mitgeh-Gabel-Hubwagen *m*	drawbar-controlled walk-behind pallet truck *sg*
Deklaration des Verladers für den Transport von gefährlichen Gütern/ FIATA SDT *f*	Shippers Declaration for the Transport of Dangerous Goods/ FIATA SDT
Dekontamination *f*	decontamination
Dekontaminierung *f*	decontamination
Dennebaum *m* (Binnenschiff)	hatch coaming
Depot *n* (Bus)	bus depot bus garage
Depot *n* (Eisenbahn)	depot (rail) rail yard railroad yard *(AE)* railway yard *(BE)*
DEQ Geliefert ab Kai ... benannter Bestimmungshafen	DEQ delivered ex quay ... named port of delivery
der Anforderung entsprechen	meet the requirement, to
Der Speditions-, Logistik- und Lagerversicherungsschein/SLVS *m*	the forwarding, logistics and storage insurance certificate
DES Geliefert ab Schiff ... benannter Bestimmungshafen	DES delivered ex ship ... named port of delivery
Detail *n*	detail
Detention-Gebühren / Container-Standgebühren *fpl* (Seefracht)	detention charges (sea freight)
Detonation *f*	detonation
Deutsche Flugsicherung GmbH/ DFS *f*	German Air Traffic Control/DFS
Deutsche Gesellschaft zur Rettung Schiffbrüchiger/DGzRS *f*	German Maritime Search and Rescue Service/DGzRS
Deutsche Industrienorm/DIN *f*	German Industrial Standard/DIN

D

D

Deutsche Lebens-Rettungs-Gesell-schaft e.v./DLRG *f*	German Lifeguard Association/DLRG
Deutscher Speditions- und Logistik-verband e.v./DSLV *m*	Association of German Freight Forwarders and Logistics Operators/DSLV
Deutscher Wetterdienst/DWD *m*	German Weather Service/DWD
Deutsches Institut für Normung *n*	German Institute for Standardization
Deviationsversicherung *f*	deviation insurance
Deviaton *f* (Schiff)	deviation (ship)
Dezember *m*	December
Diagonalzurrverfahren *n*	diagonal lashing method
Diagrammscheibe *f*	tachograph chart tachograph disc *(BE)* tachograph disk *(AE)*
dicht auffahren	tailgate, to
Dichtungsring *m*	sealing washer
dick (Gegenstand)	thick
Diebstahl *m*	theft
Diebstahlwarnsystem *n*	theft warning system
Dienstag *m*	Tuesday
Dienstleister *m*	service provider
Dienstleistungsberuf *m*	service profession
Dienstleistungsbetrieb *m*	service company
Dienstwagen *m* (Eisenbahn)	brake van *(BE)* caboose *(AE)* guard's van *(BE)*
diese Woche	this week
Diesel *m*	diesel diesel fuel
Dieselkraftstoff *m*	diesel diesel fuel
Diesellok *f*	diesel locomotive

Diesellokomotive *f*	diesel locomotive
Dieselmotor *m*	diesel engine
Dieselpartikelfilter *m*	diesel particulate filter
Dieselrußpartikelfilter *m*	diesel particulate filter
Dieseltriebwagen *m*	diesel railcar
Dieseltriebzug *m*	diesel multiple unit/DMU
diesen Monat	this month
dieses Jahr	this year
Differentialsperre *f*	differential lock
Differenzialgetriebe *n*	differential gear
digitale Routenplanung *f*	digital route planning
digitaler Fahrtenschreiber *m*	digital tachograph
digitaler Tachograph *m*	digital tachograph
digitales Kontrollgerät *n*	digital tachograph
Digitales Wartungs- und Reparatur-management *n*	digital maintenance and repair management
Diplomat *m*	diplomat
Diplomatengepäck *nsg*	diplomatic bag *(BE)* diplomatic pouch *(AE)*
Diplomatenpass *m*	diplomatic passport
Diplomatenpost *fsg*	diplomatic bag *(BE)* diplomatic pouch *(AE)*
diplomatisches Corps/CD *n*	diplomatic corps/CD
Direktbelieferung *f*	direct store delivery/DSD
direkte Filialbelieferung *f*	direct store delivery/DSD
direkte Steuer *f*	direct tax
Direktflug *m*	direct flight
Direkttransport *m*	direct transport
Direktumschlag *m*	direct transshipment
Direktverkehr *m*	direct traffic
Direktversicherer *m*	direct insurer
Direktversicherung *f*	direct insurance

D

Direktzurrung *f*	direct lashing
Dispache *f*	general-average statement
Dispacheur *m*	general average adjuster
Displayverpackung *f*	display package
Disponent *m*	dispatcher
Distanz *f*	distance
Distributionslager *n*	distribution warehouse
Distributionslogistik *f*	distribution logistics *pl*
Distributionslogistik-Konzept *n*	distribution logistics concept *sg*
Distributionszentrum *n*	distribution center *(AE)* distribution centre *(BE)*
Dokument *n*	document
Dokumentation *f*	documentation
Dokumente gegen Akzept / D/A *npl*	documents against acceptance / D/A *pl*
Dokumente gegen Zahlung / D/P *npl*	documents against payment / D/P *pl*
Dokumentenakkreditiv *n*	documentary letter of credit L/C letter of credit
dokumentieren	document, to
Domdeckel *m*	dome cover
Domdeckeldichtung *f*	dome cover seal
Donau River Information Services/ DoRIS *pl*	Danube River Information Services/DoRIS *pl*
Donnerstag *m*	Thursday
Doppelachslast *f*	double axle load
Doppeldeckbus *m*	double decker double-decker bus
Doppeldecker *m* (Bus)	double decker double-decker bus
Doppeldeckerbus *m*	double decker double-decker bus

Doppelgelenkbus *m*	bi-articulated bus
	double-articulated bus
Doppelhüllentanker *m*	double-hull tanker
Doppelkupplung *f*	double coupling
Doppelpedalsteuerung *f*	twin pedal control
Doppelstock-Containertragwagen *m*	double-stack car *(AE)*
Doppelstock-LKW *m*	double-decker lorry *(BE)*
	double-decker truck *(AE)*
Doppelstockbus *m*	double decker
	double-decker bus
Doppelstockwagen *m*	double-decker coach *(BE)* (rail)
	bilevel car *(AE)*
	double-deck carriage *(BE)*
doppelte Staatsangehörigkeit *f*	dual citizenship
Doppelversicherung *f*	double insurance
Doppelwoche *f*	two-weekly period
Dosimeter *n*	dosimeter
Dosisgrenzwert *m*	dose limit
Dosisleistung *f*	dose rate
DPU	DPU
Geliefert benannter Ort entladen	delivered at place unloaded
Draht *m*	wire
Dreck *msg*	dirt *sg*
dreckig	dirty
Drehbrücke *f*	swing bridge
Drehgestell *n*	bogie *(BE)*
	truck *(AE)* (rail)
Drehgestellwagen *m*	bogie wagon *(BE)*
	truck car *(AE)*
Drehkran *m*	slewing crane *sg*

D

D

Drehkreuz *n*	lug wrench *(AE)*
	wheel brace *(BE)*
	wheel wrench *(BE)*
Drehmomentkennlinie *f*	torque characteristic
Drehscheibe *f*	turntable
Drehschemellenkung *f*	turntable steering
Drehstapelbehälter *m*	rotary stacking container
Drehverriegelung *f*	twist lock
Drehverschluss *m*	twist lock
Drehzahlmesser *m*	rev counter
Dreifachachslast *f*	triple axle load
dreiwellige Wellpappe *f*	triple wall corrugated board
dringend	urgent
Drittlandsware *f*	third country product
Drittstaat *m*	third country
Drittstaatengenehmigung *f*	third country authorisation *(BE)* / authorization *(AE)*
Droge *f*	drug
Drohne *f* (Luftverkehr)	unmanned aerial vehicle/UAV drone (aviation)
Druck *m*	pressure
druckempfindlich	pressure-sensitive
Druckfass *n*	pressure drum
Druckluft *fsg*	compressed air *sg*
Druckluftbremse *f*	compressed air brake
Druckregler *m*	pressure regulator
DTV - Allgemeine Deutsche Seeschiffsversicherungs-bedingungen 2009/ DTV-ADS 2009 *fpl*	DTV - German Standard Terms and Conditions of Insurance for Ocean-Going Vessels 2009/ DTV-ADS 2009 *pl*
DTV Güterversicherungs-bedingungen 2000/2011 *fpl*	DTV Cargo 2000/2011 DTV Cargo Insurance Conditions 2000/2011 *pl*

DTV-Güter 2000/2011 *fpl*	DTV Cargo 2000/2011 DTV Cargo Insurance Conditions 2000/2011 *pl*
DTV-Güter-Versicherungsbedin- gungen 2008 *fpl*	DTV Cargo Insurance Conditions 2008 *pl*
DTV-Güterversicherungsbedin- gungen *fpl*	DTV Cargo Insurance Conditions *pl*
Dual-Use-Gut *n*	dual-use good dual-use item
Dual-Use-Ware *f*	dual-use good dual-use item
Duales System *n* (Ausbildung)	dual system (training)
dunkle (z.B. Räume)	dark (e.g. rooms)
dünn	thin
durchbohrt	perforated
Durchfahrregal *n*	drive-through racking drive-through rack *sg*
Durchfahrt *f*	passage
Durchfrachtkonnossement *n*	through B/L through bill of lading
Durchfuhr *f*	transit
Durchgangsbahnhof *m*	through station
Durchgangsland *n*	transit country
durchgehender Riss *m*	through-crack
Durchkonnossement *n*	through B/L through bill of lading
Durchlader *m* (LKW)	through-loading trailer
Durchlagerung *f*	cross docking
Durchlaufgeschwindigkeit *f* (z.B. von Lagergut)	throughput speed (e.g. of stored goods)
Durchlauflager/DLL *n*	flow storage system
Durchlaufregal *n*	flow rack
durchlöchert	perforated

D

Durchmesser *m*	diameter
Durchschlag *m*	copy
durchschnittlicher Lagerbestand *m* (Kennzahl)	average stock level *sg* (key figure)
Durchtriebsachse *f*	drive-through axle
Dusche *f*	shower
Duty-free-Laden *m*	duty-free shop
dynamische Bereitstellung *f*	dynamic provision

E

E-Commerce *n*	E-Commerce *sg*
Ebbe *f*	ebb
Ebbe und Flut *f*	ebb and flow
Echtzeit-Überwachung *f*	real-time monitoring
Eckbeschlag *m*	corner casting
Eckpfosten *m*	corner post
Edelgas *n*	noble gas
Edelstahl *m*	stainless steel
Edscha-Verdeck *n*	Edscha sliding roof
EDV-gestütztes Versandverfahren/ NCTS *n*	New Computerized Transit System/NCTS
Effekt *m*	effect
effektiv	effective
Effektivität *fsg*	effectiveness
Efficient Replenishment (ER)	efficient replenishment (ER)
effizient	efficient
Effizienter Warennachschub *m*	efficient replenishment (ER)
Effizienz *f*	efficiency
eFreight-Programm *n*	eFreight program
EG-Konformitätserklärung *f*	EC declaration of conformity
EG-Verordnung *f*	EC Regulation
EG-Vorschrift *f*	EC Regulation

egozentrisch	egocentric
ehrbarer Kaufmann *m*	honourable businessman *(BE)* honorable businessman *(AE)*
ehrlich	honest
eigenartig	strange
Eigenfertigung *f*	in-house production make-or-buy
Eigenkapitalquote *f*	equity ratio
Eigenkapitalrentabilität/EKR *f*	return on equity/ROE
Eigenlager *n*	own warehouse
Eigenüberwachung *f*	self-monitoring
Eigenversicherung *f*	self-insurance
Eilfracht *f*	express goods *pl*
Eimer *m*	bucket pail
ein Dokument übergeben	surrender a document, to
ein Gutachten erstellen	furnish an opinion, to
ein Preisangebot machen	quote, to
einatmen	inhale, to
Einbahnstraße *f*	one-way street
einen Container beladen	stuff a container, to
einen Container entladen	strip a container, to
einen Flug buchen	book a flight, to
einen Flug stornieren	cancel a flight, to
einen Flug streichen	cancel a flight, to
einen Flug umbuchen	rebook a flight, to
einfach (mühelos)	easy
einfache Rechnung *f*	clean payment
Einfachspiel *n*	single cycle
Einfahrregal *n*	drive-in racking drive-in rack *sg*

E

Einfahrsignal/Asig *n*	entry signal *(BE)* home signal *(AE)*
einfetten	grease, to
Einflüsse *mpl* (z.b. Streik)	influences *pl* (e.g. strike)
Einfuhr *f*	import
Einfuhrabfertigung *f*	import clearance
Einfuhrabgabe *f*	import duty import tax
Einfuhrabschöpfung *f*	import levy
Einfuhranmeldung *f*	import declaration
Einfuhrbeschränkung *f*	import restriction
Einführer *m*	importer
Einfuhrgenehmigung *f*	import licence *(BE)* import license *(AE)* import permit
Einfuhrkontrolle *f*	import control
Einfuhrumsatzsteuer/EUSt *f*	import sales tax
Einfuhrverbot *n*	import ban
Einfuhrverfahren *n*	import procedure
Einfuhrzollschuld *f*	customs debt of importation
Eingangskontrolle *f*	incoming goods inspection *sg*
Eingangsrechnung *f*	incoming invoice purchase invoice
Eingeschränkte Deckung *f* (DTV-Güter 2000/2011)	Limited Cover (DTV Cargo 2000/2011)
einhalten (befolgen)	comply with, to
Einheitliche Rechtsvorschriften für den Vertrag über die internationale Eisenbahnbeförderung von Personen und Gepäck/CIV *fpl*	Uniform Rules concerning the Contract for International Carriage of Passengers and Luggage by Rail/CIV *pl*
Einheitliche Rechtsvorschriften für den Vertrag über die internationale Eisenbahnbeförderung von Gütern/CIM *fpl*	Uniform Rules concerning the Contract of International Carriage of Goods by Rail/CIM *pl*

Einheitliche Rechtsvorschriften
für den Vertrag über die Nutzung
der Infrastruktur im internationalen
Eisenbahnverkehr/CUI *fpl*

Uniform Rules concerning the
Contract of Use of Infrastructure in
International Rail Traffic/CUI *pl*

Einheitliche Rechtsvorschriften
für die technische Zulassung von
Eisenbahnmaterial, das im internationalen Verkehr verwendet wird/
ATMF *fpl*

Uniform Rules concerning the
Technical Admission of Railway
Material used in International
Traffic/ATMF *pl*

Einheitliche Rechtsvorschriften
für die Verbindlicherklärung
technischer Normen und für die
Annahme einheitlicher technischer
Vorschriften für Eisenbahnmaterial,
das zur Verwendung im internationalen Verkehr bestimmt ist/APTU
fpl

Uniform Rules concerning the
Validation of Technical Standards
and the Adoption of Uniform
Technical Prescriptions applicable
to Railway Material intended to be
used in International Traffic/APTU
pl

Einheitliche Rechtsvorschriften für
Verträge über die Verwendung von
Wagen im internationalen Eisen-
bahnverkehr/CUV *fpl*

Uniform Rules concerning
Contracts of Use of Vehicles in
International Rail Traffic/CUV *pl*

Einheitliche Richtlinien und
Gebräuche für Dokumenten-Akkre-
ditive/ERA *pl*

Uniform Customs and Practice for
Documentary Credits/UCP *pl*

einheitliche Zollanmeldung *f*

standardised *(BE)* / standardized
(AE) customs declaration

einheitlicher Steuersatz *m*

flat rate tax

Einheitspapier *n*

single administrative document

Einheitssteuer *f*

flat rate tax

Einheitswährung *f*

single currency

Einhüllentanker *m*

single-hull tanker

Einkammertank *m*

single compartment tank

Einkauf *m* (Abteilung)

purchasing (department)

Einkaufsabteilung *f*

purchasing department

Einkaufsbedingungen *fpl*

purchasing conditions *pl*

E

E

Einkaufszentrum *n*	shopping centre *(BE)* center *(AE)* *sg*
Einkommen *n*	income
Einlagerer *m*	depositor
Einlagerung *f*	storage warehousing
Einmalhandschuh *m*	medical glove
einpacken	pack, to
Einreisebestimmungen *fpl*	entry regulations *pl*
Eins-zu-Eins-Regel *f*	one-to-one rule
Einsatzzeit *f*	operating time
Einschlussklauseln *fpl*	inclusion clauses *pl*
Einschreiben mit Rückschein *n*	registered letter with acknowledgement of receipt registered letter with advice of delivery
Einschreiben *n*	registered letter
Einschubregal *n*	push-back rack slide-in rack *sg*
einsehbar	visible
einseitig	unilateral
einseitige Zollvergünstigungen *fpl* (z.B. Entwicklungsländer)	unilateral customs concessions *pl* (e.g. developing countries)
Einsenkungsmarke *f*	draft mark *(AE)* draught mark *(BE)*
Einsparung *f*	savings *pl*
Einspritztechnik *f*	injection technology
Einspritzverfahren *n*	injection process
einstweilige Erlaubnis *f*	provisional authorisation *(BE)* / authorization *(AE)*

einwandfrei (z.b. die Beschaffenheit des Gutes)	flawless (e.g. the condition of the goods) faultless (e.g. the condition of the goods) perfect (e.g. the condition of the goods)
Einwegpalette *f*	one-way pallet
Einwegsystem *n*	disposable system
Einwegverpackung *f*	disposable packaging non-returnable packaging *(BE)* nonreturnable packaging *(AE)* one-way packaging
Einweiser *m* (z.b. Kran, LKW)	banksman
einwellige Wellpappe *f*	single wall corrugated board
einwickeln	wrap, to
Einzelachslast *f*	single axle load
Einzelbewertung *f*	individual evaluation
Einzelfahrtgenehmigung *f* (ugs.)	single trip permit (coll.)
Einzelhandel *msg*	retail trade retail *sg*
Einzelhandelsgeschäft *n*	retail store *sg*
Einzelheit *f*	detail
Einzelkosten *pl*	direct costs *pl*
Einzelpolice *f*	individual policy
Einzelquellenbeschaffung *f*	single sourcing
Einzelradaufhängung *f*	independent suspension
Einzelsendung *f*	retail consignment single shipment
Einzelunternehmen *n*	sole proprietorship
Einzelwagenverkehr *m*	single freight car transport
Einzugsermächtigung *f*	direct debit authorisation *(BE)* direct debit authorization *(AE)*
Eis *nsg*	ice *sg*

E

Eisberg *m*	iceberg
Eisbergmodell *n* (Kommunikation)	iceberg model (communication)
Eisbrecher *m*	icebreaker
Eisenbahn *f*	railroad *(AE)* railway *(BE)* rail
Eisenbahn-Bundesamt/EBA *n*	Federal Railway Authority
Eisenbahnbrücke *f*	rail bridge railroad bridge *(AE)* railway bridge *(BE)*
Eisenbahnergewerkschaft *f*	rail union
Eisenbahnfähre *f*	railroad ferry *(AE)* railway ferry *(BE)* train ferry
Eisenbahnfrachtbrief *m*	railroad bill of lading *(AE)* railway consignment note *(BE)*
Eisenbahngesellschaft *f*	railroad company *(AE)* railway company *(BE)*
Eisenbahngüterverkehr *m*	freight rail transport
Eisenbahninfrastruktur *f*	railroad infrastructure *(AE)* railway infrastructure *(BE)*
Eisenbahninfrastrukturunter- nehmen/EIU *n*	rail infrastructure company/RIC
Eisenbahnknotenpunkt *m*	rail junction railroad hub *(AE)* railroad junction *(AE)* railway hub *(BE)* railway junction *(BE)*
Eisenbahnladeprofil *n*	rail loading profile
Eisenbahnnetz *n*	rail network railroad network *(AE)* railway network *(BE)*
Eisenbahnstrecke *f*	railroad line *(AE)* railway line *(BE)*

Eisenbahntunnel *m*	rail tunnel railroad tunnel *(AE)* railway tunnel *(BE)* train tunnel
Eisenbahnverbindung *f*	rail connection railroad connection *(AE)* railway connection *(BE)*
Eisenbahnverkehrsunternehmen/ EVU *n*	rail transport company railway undertaking *(BE)*
Eisenbahnviadukt *m/n*	railroad viaduct *(AE)* railway viaduct *(BE)*
Eisenbahnwagen *m* (Güter)	railway wagon *(BE)* railroad car *(AE)*
Eisenbahnwaggon *m* (Güter)	railway wagon *(BE)* railroad car *(AE)*
eiserner Bestand *m*	safety stock minimum stock base stock
Eisklasse *f*	ice class
Eisscholle *f*	ice floe
Eiszuschlag *m*	ice surcharge
Elchtest *m* (ugs.)	elk test *(coll.)* moose test *(coll.)*
elektrisch	electric
elektrisch betriebenes Lastenrad *n*	e-Cargobike
elektrische Achsen *fpl*	electric axles *pl*
elektrische Anlage *f*	electric system
elektrische Lenkung *f*	electric steering
elektrische Niederflurachse *f*	electric low-floor axle
Elektro- und Elektronikgesetz/ ElektroG *n*	Electrical and Electronics Act
Elektro-Hochhubwagen *m*	stacker
Elektro-Niederhubwagen *m*	electric pallet jack electric pallet truck

E

Elektroantrieb *m*	electric drive
Elektroauto *n*	electric car
Elektrofahrrad *n*	electric bicycle
Elektrofahrzeug *n*	electric vehicle/EV
Elektrohängebahn/EHB *f*	electric monorail system *sg* electric trolley conveyor
elektronisch gesteuerte Hochleistungsverteilwagen *mpl*	electronically controlled high-performance distribution carts *pl*
elektronische Datensteuerung *f*	electronic data control
Elektronische Datenverarbeitung/ EDV *f*	electronic data processing/EDP
Elektronische Einspritzregelung/ EDC *f*	electronic injection control
Elektronische Gefahrgutdeklaration/ eDGD *f*	electronic dangerous goods declaration/EDGD
Elektronische House Manifest/eHM *n*	electronic house manifest/EHM
Elektronische Navigationskarte für Binnenschifffahrtsstraßen *f*	inland electronic navigational chart/IENC
Elektronische Sicherheitserklärung für den Versand/eCSD *m*	electronic consignment security declaration/ECSD
elektronischer Bundesanzeiger/ eBAnZ *m*	electronic German Federal Gazette/eBAnZ
elektronischer Luftfrachtbrief/eAWB *m*	electronic air waybill/eAWB
elektronischer Marktplatz/EMP *m*	electronic market place e-marketplace
Elektronischer Zolltarif/EZT *msg*	electronic customs tariff *sg*
elektronisches Beförderungsdokument *n* (bei der Luft- oder Seebeförderung)	electronic transport document *sg* (for air or sea transport)
Elektronisches Handelsregister *n*	electronic trade register
Elektronisches Stabilitätsprogramm/ESP *n*	dynamic stability control/DSC electronic stability control/ESC electronic stability program/ESP

E

elektronisches Stellwerk *n*	electronic interlocking
elektronisches Teil *n*	electronic part
Elektronisches Wasserstraßen-Informationssystem/ELWIS *n*	Electronic Waterways Information System/ELWIS
elektrostatische Aufladung *f*	electrostatic charge
elektrostatische Entladung *f*	electrostatic discharge/ESD
Elektrotriebzug *m*	electric multiple unit/EMU electric railcar
Elementarrisiko *n*	natural hazard
elliptischer Tank *m*	elliptical tank oval tank
Emergency Response Intervention Card	emergency response intervention card/ERI-card
Emissionen *fpl*	emissions pl
emissionsarm	reduced-emission low-emission
Emissionsklasse *f*	emission class
empfangen	receipt, to
Empfänger *m*	consignee
Empfängeradresse *f*	receiving address
Empfangsbestätigung *f*	acknowledgement of receipt
Empfangshafen *m*	port of entry
Empfangskontrolle *f*	receipt inspection *sg*
Empfangsspediteur *m*	receiving forwarding agent
empfindlich	sensitive
empfindliche Ware *f*	sensitive goods *pl*
Emulsion *f*	emulsion
Endhaltestelle *f* (Bus)	terminus
Endschleife *f*	balloon loop turning loop reversing loop
Endstation *f*	final stop
Energiekosten *pl*	energy costs *pl* (fin.)

E

ENI-Nummer *f*	ENI-number
Einheitliche Europäische Schiffs-nummer (European Number of Identification)	European Number of Identification
Enklave *f*	enclave
Entgasen *n*	degassing
entgegen allen Erwartungen	against all odds *pl*
Entgelt *n* (fin.)	remuneration (fin.)
Entgeltfortzahlungsgesetz *n* (fin.)	Continued Remuneration Act (fin.)
Entgleisung *f*	derailment
Entkopplungspunkt *m*	order penetration point decoupling point
Entladehafen *m*	port of discharge
entladen	unload, to
Entleerungsventil *n*	drain valve
Entnahmehäufigkeit *f* (z.B. aus dem Regal)	removal rate *sg* (e.g. from the shelf)
Entschädigung *f*	compensation
Entschädigungssatz *m*	rate of compensation
Entsorgung *f*	disposal (waste)
Entsorgungslogistik *f*	disposal logistics *pl*
entspannt	relaxed
entsprechen (z.B. Bedingungen)	comply with, to
Entstehung eines Anspruchs *f*	accrual of a claim
Entstehung *f* (Anspruch)	accrual
Entstehungsbrand *m*	incipient fire
Entwicklungsländer ohne Meerzugang/LLDC *npl*	Landlocked Developing Countries/ LLDC *pl*
Entwicklungszentrum für Schiffs-technik und Transportsysteme e.V. *n*	Development Centre for Ship Technology and Transport Systems
Entwurf *m*	draft (fin.)
entzündlich	flammable

EORI-Nummer *f*	Economic Operators Registration and Identification number EORI-number
Erbgut *n*	inherited property
Erbgutschädigung *f*	inheritance compensation
Erdgas *n*	natural gas
Erdgasauto *n*	natural gas vehicle/NGV
Erdgasfahrzeug *n*	natural gas vehicle/NGV
Erdöl *n*	petroleum
erfolglos	unsuccessful
erfolgreich	successful
Erfolgskonto *n*	profit and loss account
Erfolgsrechnung *f*	profit and loss account income statement
erfolgswirtschaftliche Kennzahlen *fpl*	performance ratio
erforderlich	necessary
Erfrierung *f*	frostbite
erfüllen	comply with, to
Erfüllungsort *m*	place of fulfillment *(AE)* place of fulfilment *(BE)*
Ergänzung *f*	supplement
Ergebnis der Abgrenzung *n*	result of accrual
Ergebnisverwendung *f*	appropriation of profits
erhöhtes Risiko *n*	abnormal risk
ERI-Card	emergency response intervention card ERI-card
erlöschen	lapse, to
ermäßigter Steuersatz *m*	reduced tax rate
Ermüdung *f*	fatigue
Ernährung *f*	nutrition

E

ernst	serious
ernste Verletzung *f*	severe injury
eröffnende Bank *f*	opening bank
Ersatz *m*	surrogate
Ersatz von Aufwendungen *m*	reimbursement of expenses (fin.)
Ersatzreifen *m*	spare tire *(AE)*
	spare tyre *(BE)*
Ersatzteil *n*	spare part
Erschütterungen *fpl*	vibrations *pl*
Ersparnis *f*	savings *pl*
Erstausrüster *m*	original equipment manufacturer/ OEM
Erste Hilfe *f*	first aid
Erste-Hilfe-Material *n*	first aid material
Erster Offizier *m* (Flugzeug)	first officer/FO (aircraft)
Erstickungsgefahr *f*	danger of suffocation
Ertrag *m*	earnings *pl*
Ertragskraft *f*	earnings power
erwärmter Stoff *m*	elevated temperature substance
erweiterte Deckung *f*	extended coverage
erweiterter Versicherungsschutz *m*	extended coverage
Erz/Öl-Frachtschiff *n*	ore-oil carrier / O/O-carrier
Erzfrachter *m*	ore carrier
Erzwagen *m*	mineral wagon *(BE)*
	ore car *(AE)*
	ore wagon *(BE)*
Etage *f*	floor
Etagenlager *n*	multi-level warehouse *sg*
Ethen *nsg*	ethylene *sg*
Etikett *n*	label
Etikettendrucker *m*	label printer

E

Etikettierung *f*	labeling *(AE)*
	labelling *(BE)*
Etyhlen *nsg*	ethylene *sg*
EU-/EWR-Gemeinschaftsgenehmi-gungen *fpl*	EU/EEA community authorisations *pl (BE)* /authorizations *pl (AE)*
EU-Fahrgastrechte-Kraftomnibus-Gesetz/EU-FahrgRBusG *n*	EU Bus and Coach Passenger Rights Act
EU-Lizenz *f*	Community authorisation *(BE)*
	Community authorization *(AE)*
EU-Reifenlabel *n*	EU tyre label *(BE)*
	EU tire label *(AE)*
EU-Typengenehmigungsrecht *n*	EU Type Approval Law
Europa *n*	Europe
Europäische Agentur für die Sicherheit des Seeverkehrs/EMSA *f*	European Maritime Safety Agency/EMSA
Europäische Agentur für Flugsi-cherheit/EASA *f*	European Aviation Safety Agency/EASA
Europäische Artikelnummer/EAN *f*	European Article Number/EAN
Europäische Eisenbahnagentur *f*	European Railway Agency/ERA
Europäische Freihandelsasso-ziation/EFTA *f*	European Free Trade Association/EFTA
Europäische Gemeinschaft/EG *f*	European Community/EC
Europäische Union/EU *f*	European Union/EU
Europäische Verkehrsminister-konferenz/CEMT *f*	European Conference of Ministers of Transport/ECMT
Europäische Zivilluftfahrt-Konferenz/ECAC *f*	European Civil Aviation Confe-rence/ECAC
Europäischen Union/EU *f* (pol.)	European Union/EU (pol.)
Europäischer Konvergenz- und Durchführungsplan/ECIP *m*	European Convergence and Implementation Plan/ECIP
Europäischer Wirtschaftsraum/EWR *m*	European Economic Area/EEA

E

E

europäisches Distributionszentrum *n*	European distribution center/EDC *(AE)* European distribution centre/EDC *(BE)*
Europäisches Übereinkommen über die Arbeit des im internationalen Straßenverkehr beschäftigten Fahrpersonals/AETR *n*	European Agreement Concerning the Work of Crews of Vehicles Engaged in International Road Transport/AETR
Europäisches Übereinkommen über die Beförderung gefährlicher Güter auf der Straße/ADR *n*	European Agreement concerning the International Carriage of Dangerous Goods by Road/ADR
Europäisches Übereinkommen über die Beförderung gefährlicher Güter auf dem Rhein/ADNR *n*	European Agreement concerning the International Carriage of Dangerous Goods on the Rhine/ADNR
Europäisches Übereinkommen über die internationale Beförderung gefährlicher Güter auf Binnenwasserstraßen/ADN *n*	European Agreement concerning the International Carriage of Dangerous Goods by Inland Waterways/ADN
Europäisches Verbindungskomitee des Speditons- und Lagerei-Gewerbes/CLECAT *n*	European Organisation for Forwarding and Logistics/CLECAT
europäisches Zentrallager *n*	European distribution center/EDC *(AE)* European distribution centre/EDC *(BE)*
Europalette *f*	euro pallet
Europastraße *f*	E-route European route
Europastraßen *fpl*	European roads *pl*
European Business Aviation Association/EBAA *f* *(Europäischer Fachverband der Geschäftsluftfahrt)*	European Business Aviation Association/EBAA

European Cockpit Association/
ECA *f* (Europäischer Dachverband
der Berufsverbände und Gewerk-
schaften der Piloten und Fluginge-
nieure)

European Cockpit Association/
ECA

European Number of Identification *f*
Einheitliche Europäische Schiffs-
nummer
(European Number of Identification)

ENI-number
European Number of Identification

European Organisation for
the Safety of Air Navigation/
EUROCONTROL *f*
(Europäische Organisation zur
Sicherung der Luftfahrt)

European Organisation for
the Safety of Air Navigation/
EUROCONTROL

E

Eurotunnel *m*

Channel Tunnel

Eurovignette *f*

Eurovignette

Eurozone *fsg*

euro zone *sg*

EWR-Staaten *mpl* (pol.)

EEA states *pl* (pol.)

ex-geschützt

explosion-proof

ex-geschützter Motor *m*

explosion-proof engine
explosion-proof motor

ex-geschützter Stapler *m*

explosion-proof forklift
explosion-proof forklift truck

Ex/II Fahrzeug *n*

Ex/II vehicle

Ex/III Fahrzeug *n*

Ex/III vehicle

Exemplar *n*

copy

Exklave *f*

exclave

Expertise *f*

expertise

Explosion *f*

explosion

explosionsfähig

explosive

explosionsfähige Atmosphäre *f*

explosive atmosphere

Explosionsgefahr *f*

danger of explosion
explosion hazard

explosionsgefährdet

explosive

explosionsgeschützt	explosion-proof
explosionsgeschützter Motor *m*	explosion-proof engine
	explosion-proof motor
explosionsgeschützter Stapler *m*	explosion-proof forklift
	explosion-proof forklift truck
Explosivstoff *m*	explosive
	explosive material
Exportrisiko *n*	export risk
Exportschutzversicherung *f*	export contingency insurance
Expositionszeit *f*	exposure time
Expressdienst *m*	express service
Expressdienstleister *m*	express service provider
extern	external
externe Revision *f*	external audit
	external auditing
externer Kunde *m*	external customer
externes gemeinsames Versand-verfahren *n* (T1-Verfahren)	external common transit procedure (T1 procedure)
externes und internes Rechnungs-wesen *n*	external and internal accounting
externes Unionsversandverfahren *n* (T1-Verfahren)	external union transit procedure *sg* (T1 procedure)
Exterritorialität *f*	extraterritoriality
Extrahandel *msg*	external trade
extrem großer Erzfrachter/ULOC *m*	ultra large ore carrier/ULOC
extrem großer Massengutfrachter/ULBC *m*	ultra large bulk carrier/ULBC
extrem großer Tanker/ULCC *m*	ultra large crude carrier/ULCC
EXW	EXW
ab Werk ... benannter Ort der Lieferung	ex works ... named place of delivery

E

F

F-Schlepp *m*	aerotowing
Fabrik *f*	factory
Fabrikationsrisikodeckung *f*	manufacturing risk cover
Fachbodenregal *n*	shelving rack *sg*
Fachbodenregale *npl*	shelving racks *pl*
Fachkenntnis *f*	expertise
Fachkraft für Hafenlogistik *f*	specialist for port logistics
	port logistics expert
Fachkraft für Lagerlogistik *f*	speciallist for wahrehouse logistics
	warehouse logistics expert
Fachlagerist *m*	warehouse operator
Fachlast *f*	shelf load
Fahrbahnmarkierung *f*	road marking
Fahrbahnverhältnisse *npl*	road conditions *pl*
Fahrdienstleiter/Fdl *m*	movements inspector
Fahrdynamikregelung/FDR *f*	driving dynamics regulation
Fähre *f*	ferry
Fahreignungsregister/FAER *n*	driving aptitude register
Fähren *fpl*	ferries *pl*
Fahren per Anhalter *n*	hitch-hiking
Fahrenheit *n*	Fahrenheit
Fahrerflucht *fsg*	hit and run offence *(BE)*
	hit and run offense *(AE)*
Fahrerinformationssystem/FIS *n*	driver information system
Fahrerkabine *f*	driver's cab
Fahrerkarte *f*	driver card
Fahrerlaubnis *f*	driving licence *(BE)*
	driver's license *(AE)*
Fahrerlaubnisverordnung/FeV *f*	driver's licence regulation *(BE)*
	driver's license regulation *(AE)*

F

Fahrerloses Transportfahrzeug/ FTF *n*	automated guided vehicle/AGV automatic guided vehicle/AGV
Fahrerloses Transportsystem/FTS *n*	automatic guided vehicle system/ AGVS
Fahrerqualifikation *f*	driver qualification *sg*
Fahrerrückhaltesystem *n*	driver restraint system
Fahrerschutzdach *n*	overhead guard
Fahrersitz *m*	driver's seat
Fahrgastbeförderung *f*	carriage of passengers
Fahrgastbetreuung *f*	passenger assistance
Fahrgäste *mpl*	passengers *pl*
Fahrgastinformationssystem/FIS *n*	passenger information system
Fahrgemeinschaft *f*	carpool ride-sharing
Fahrgestell *n*	chassis
Fahrgestellnummer *f*	vehicle identification number/VIN
Fahrhinweis *m*	driving instruction
Fahrkarte *f*	ticket
Fahrkartenautomat *m*	ticket machine ticket vending machine/TVM
Fahrkartenkontrolleur *m*	ticket inspector
Fahrkartenschalter *m*	ticket office
Fahrkorb *m*	elevator car
fahrlässig	careless
fahrlässiges Fahren *nsg*	careless driving
Fahrlässigkeit *f*	negligence *sg*
Fahrlehrer *m*	driving instructor
Fahrphysik *f*	driving physics
Fahrplan *m*	schedule timetable
Fahrplantrasse *f*	train path
Fahrrad mit Hilfsmotor *n*	motorized bicycle

F

Fahrrad *n*	bicycle
Fahrradstraße *f*	bicycle street
Fahrradweg *m*	bike lane *(AE)*
	bike path *(AE)*
	cycle lane *(BE)*
	cycle track *(BE)*
Fahrrinnen-Informationssystem/ ARGO *n*	Advanced River Navigation System/ARGO
Fahrschule *f*	driving school
Fahrsicherheitstraining *n*	driver safety training
Fahrsicherheitszentrum *n*	driving safety center *(AE)*
	driving safety centre *(BE)*
Fahrspur *f*	lane
Fahrstreifen *m*	lane
Fahrtbericht *m*	trip report
Fahrtenberichtsheft *n*	trip report booklet
Fahrtenbuch *n* (Binnenschiff)	logbook
Fahrtenschreiber *m*	tachograph
Fahrtüchtigkeit *f*	fitness to drive
Fahrtunterbrechung *f*	driving interruption
Fahrtverlauf *m*	route
Fahrtzielanzeiger *m* (S-Bahn/Bus)	destination display
Fahrverbot *n*	driving ban
Fahrwegbestimmung *f*	determination of the route
Fahrwerk *n*	chassis
Fahrwerk *n* (Flugzeug)	landing gear *(AE)*
	undercarriage *(BE)*
Fahrwiderstand *m*	driving resistance
Fahrzeug mit Überlänge *n*	long vehicle
Fahrzeug *n*	vehicle

F

Fahrzeug-Identifizierungsnummer/ FIN *f*

vehicle identification number/VIN

Fahrzeug-Zulassungsverordnung/ FZV *f*

Vehicle Registration Ordinance/ FZV
Vehicle Registration Regulations *pl*

Fahrzeugabmessung *f*

vehicle dimensions *pl*

Fahrzeugart *f*

vehicle type

Fahrzeugaufbau *m*

vehicle body

Fahrzeugausrüstung *f*

vehicle equipment

Fahrzeugbeleuchtung *f*

automotive lighting
vehicle lighting

Fahrzeugbrand *m*

vehicle fire

Fahrzeugbreite *f*

vehicle width

Fahrzeugbrief *m*

licence certificate part II *(BE)*
license certificate part II *(AE)*

Fahrzeugeinsatzplanung *f*

vehicle deployment planning

Fahrzeugelektronik *f*

vehicle electronics

Fahrzeuggebunden

vehicle bound

Fahrzeuggewicht *n*

vehicle weight

Fahrzeughöhe *f*

vehicle height

Fahrzeugklasse *f*

vehicle class

Fahrzeugkran *m*

mobile crane
truck crane
truck-mounted crane

Fahrzeugmaße *f*

vehicle dimensions *pl*

Fahrzeugpapiere *npl*

vehicle documents *pl*

Fahrzeugschein *m*

licence certificate part I *(BE)*
license certificate part I *(AE)*

Fahrzeugschwerpunkt *m*

center of gravity of the vehicle *(AE)*
centre of gravity of the vehicle *(BE)*
vehicle center of gravity *(AE)*
vehicle centre of gravity *(BE)*

Fahrzeugvorbereitung *f*

vehicle preparation

Fahrzeugwaage *f*	truck scales *pl (AE)* weighbridge
fällig (Frist)	due
Fälligkeit *f*	maturity
Fälligkeitstag *m*	maturity date
Fallklappensorter *m*	split-tray sorter
Fallrohr *n* (Stetigförderer)	downpipe *sg* (continuous conveyor)
Falschaussage *f*	false statement
falsche uneidliche Aussage *f*	false statement
Falschfahrer *m*	wrong-way driver
Faltbrücke *f*	folding bridge
Faltschachtel *f*	folded box folding box
Fangmaul *n*	coupling jaw
FAS Frei Längsseite Schiff ... benannter Verschiffungshafen	FAS free alongside ship ... named port of shipment
Fass *n*	barrel
Fastzusammenstoß *m* (Flugzeug)	airmiss
faul	lazy
Faustachsen *fpl*	stub axles *pl*
Fautfracht *f*	dead freight
Fax *m/n*	fax
Faxnummer *f*	fax number
FCA Frei Frachtführer ... benannter Ort der Lieferung	FCA free carrier ... named place of delivery
Februar *m*	February
Federung *f*	suspension
Feederschiff *n*	feeder ship feeder vessel
Fehlerbeschreibung *f*	defect description

F

F

Fehlerquote *f* (Kennzahl)	error rate *sg* (key figure)
Fehlfracht *f*	dead freight
Fehlmenge *f*	shortage
Fehlmenge *f* (Bestand)	shortfall
Fehlverladung *f*	misloading
Feiertag *m*	holiday
feiner Riss *m*	hairline crack
Feinkost *fsg*	delicacies *pl*
Feinstblechverpackung *f*	light-gauge metal packaging
Feldlast *f*	bay load
Ferienreiseverordnung/FerReiseV *f*	Holiday Travel Ordinance *(BE)*
	Vacation Travel Ordinance *(AE)*
Ferienzielreisen *fpl*	holiday destination travel *(BE)*
	vacation destination travel *(AE)*
Ferner Osten *m*	Far East
Fernlicht *n*	full-beam headlight *(BE)*
	high-beam headlight *(AE)*
Fernlinienverkehr *m*	long-distance travel
Fernost	Far East
Fernscheinwerfer *m*	full-beam headlight *(BE)*
	high-beam headlight *(AE)*
	full-beam headlamp *(BE)*
	high-beam headlamp *(AE)*
Fernüberwachung *f*	remote monitoring
Fertigung *f*	manufacture
	production
Fertigungstiefe *f*	in-house production depth
	vertical integration
	vertical range of manufacture
fest	tight
festgelegt	specified
festgesetzt (zeitlich)	scheduled
Festlagerplatz *m* (Festplatzprinzip)	fixed storage bin

Festmacher *m* (Leine)	mooring line
Festnahme *f*	arrest
Festplatzsystem *n*	fixed bin system
Festpreis *m*	fixed price
Feststellbremse *f*	hand brake *(BE)*
	emergency brake *(AE)* (road)
Feststoffbrand *m*	solid fire
festverbundener Tank *m*	fixed tank
Fettbrand *m*	fat fire
Fettpresse *f*	grease gun
	lubrication gun
Feuchtigkeit *fsg*	moisture *sg*
feuchtigkeitsbeständig	moisture-proof
feuchtigkeitsempfindlich	moisture-sensitive
feuchtigkeitsresistent	moisture-proof
	moisture-resistant
Feuer *n*	fire
Feueralarm *m*	fire alarm
Feuerlöschdecke *f*	fire blanket
Feuerlöscher *m*	fire extinguisher
Feuerlöscherprüfung *f*	fire extinguisher testing
Feuermelder *m*	fire alarm device
Feuerversicherung *f*	fire insurance
Feuerwehr *f*	fire brigade *(BE)*
	fire department *(AE)*
Feuerwehrauto *n*	fire engine
	fire truck *(AE)*
Feuerwehrwagen *m*	fire engine
	fire truck *(AE)*
Feuerwerkskörper *m*	firework
FIATA Lagerschein/FWR *m*	FIATA Warehouse Receipt/FWR

F

FIATA-Speditionsauftrag/FFI *m*	FIATA Forwarding Instructions/ FFI *pl*
Fibertrommel *f*	fiber drum
FIFO und LIFO- Bewertung *f*	FIFO and LIFO assessment
Filiale *f*	branch
Finanzbuchhaltung *f* (fin)	financial accounting (fin)
Finanzen *pl*	finances *pl*
finanzieller Verlust *m*	financial loss
Finanzkreditdeckung *f*	buyer credit cover
Finanzstruktur *f*	financial structure
finanzwirtschaftliche Kennzahlen *fpl*	financial ratio
Fingerabdruck *m*	finger print
Firmenstammdaten *pl*	corporate master data company master data

F

Fisch *m*	fish
Fiskalvertreter *m*	fiscal representative
Fiskalvertretung *f*	fiscal representation
Fiskus *m*	treasury
fixe Kosten *npl* (fin.)	fixed costs *pl* (fin.)
Fixkosten *pl*	fixed costs *pl*
Fixkostenblock *m*	fixed costs block
Fixlagerplatz *m* (Festplatzprinzip)	fixed storage bin
Fixpreis *m*	fixed price
Flächennavigation/RNAV *fsg*	Area Navigation/RNAV *sg* (originally Random Navigation)
Flachlager *n*	flat warehouse *sg*
Flachpalette *f*	flat pallet
Flachwagen *m*	flat wagon *(BE)* flatcar *(AE)*
Flagcarrier *m* (nationale Fluggesellschaft)	flag carrier
Flagge *f*	flag

Flaggenzertifikat *n*	flag certificate
Flammendurchschlagsicherung *f*	flame arrester flame trap
Flammpunkt *m*	flash point
Flaschenbündel *n*	cylinder bundle
Flaschenhalterung *f*	cylinder rack
Flat Rack Container *m*	flat rack container flat rack
Flat Rack *n*	flat rack container flat rack
fleißig	diligent
Fleisch *nsg*	meat *sg*
Fleischerzeugnisse *npl*	meat products *pl*
Fleischwaren *fpl*	meat products *pl*
Fliehkraft *f*	centrifugal force
Fließband *n*	assembly line
Fließbandfertigung *f*	assembly line production
Fließlager *n*	flow storage system
Flottenmanagement *n*	fleet management
Fluchtfilter *m*	escape filter
Fluchthaube *f*	smoke hood
flüchtiger Korrosions-Verhinderer/ VCI *m*	Volatile Corrosion Inhibitor/VCI
Flüchtling *m*	refugee
Flugberatungsdienst/AIS *m*	Aeronautical Information Service/ AIS
Flügeltüren *fpl* (LKW)	wing doors *pl*
Flugfeldlöschfahrzeug/FLF *n*	airport crash tender airport fire appliance
Flugfeldtankwagen *m*	aircraft refueller
Flugfeldüberwachungsradar *m/n*	surface movement radar/SMR
Flugfläche *f*	flight level/FL
Fluggerätmechaniker *m*	aircraft mechanic

F

F

Fluggesellschaft *f*	airline airline company carrier
Flughafen *m*	airport
Flughafenfeuerwehr *f*	airport fire brigade *(BE)* airport fire department *(AE)*
Flughafenkontrollturm *m*	airport traffic control tower/TWR aerodrome control tower/TWR
Flughafenkoordination Deutschland/FHKD *f*	Airport Coordination Germany/ FHKD
Flughafen-Lounge *f*	airport lounge
Flughafensicherheit *f*	airport security
Flughafenslot *m*	airport slot
Flughafenterminal *m/n*	airport terminal
Fluginformationsdienst/FIS *m*	Flight Information Service/FIS
Fluginformationsgebiet *n* (unteres)	flight information region/FIR
Flugingenieur *m*	flight engineer
Flugkapitän *m*	flight captain
Fluglärmgesetz/FluglärmG *n*	Aircraft Noise Act/FluglärmG
Fluglotse *m*	air traffic controller/ATCO
Flugnavigation *fsg*	air navigation *sg*
Flugnummer *f*	flight number
Flugplan *m* (Fluggesellschaft)	schedule timetable
Flugplan *m* (Pilot)	flight plan (pilot)
Flugplanung *f*	flight planning
Flugplatz *m*	aerodrome *(BE)* airdrome *(AE)*
Flugplatzverkehrszone *f*	Aerodrome Traffic Zone/ATZ
Flugschreiber *m*	black box (aircraft) flight recorder
Flugsicherheitsbegleiter *m*	air marshal sky marshal

Flugsicherung *f*	air traffic control
Flugsicherungsakademie *f*	Air Navigation Services Academy
Flugsicht *f*	flight visibility
Flugstrecke *f*	flight length
Flugunfähigkeit *f* (Flugzeug)	Aircraft on Ground/AOG
Flugverbotszone *f*	no-fly zone/NFZ
	no-flight zone/NFZ
Flugverkehrskontrolle/FVK *f*	air traffic control/ATC
Flugverkehrsmanagement *n*	Air Traffic Management/ATM
Flugzeit *f*	flight time
Flugzeug *n*	plane
	airplane *(AE)*
	aeroplane *(BE)*
Flugzeugabfertiger *m*	aircraft handler
Flugzeugabfertigung *f*	aircraft ground handling
Flugzeugbesatzung *f*	aircrew
Flugzeugenteisung *f*	de-icing (aircraft)
Flugzeugentführer *m*	hijacker
Flugzeugentführung *f*	hijacking
	skyjacking
Flugzeugmechaniker *m*	aircraft mechanic
Flugzeugrumpf *m*	fuselage
Flugzeugschlepp *m*	aerotowing
Flugzeugschlepper *m*	aircraft tug
	aircraft tractor
	pusher (aircraft)
	tug (aircraft)
Flugzeugwartung *f*	aircraft maintenance
Flugziel *n*	destination
Flurförderfahrzeug *n*	industrial truck *sg*
Flurförderzeug *n*	industrial truck
Fluss-Seeschiff *n*	sea-river coaster

F

F

flussabwärts	downriver downstream (ship)
flussaufwärts	upriver upstream (ship)
flüssige Güter *npl*	liquid goods *pl*
Flüssigerdgas/LNG *nsg*	liquified natural gas/LNG *sg (AE)* liquefied natural gas/LNG *sg (BE)*
flüssiges Aluminium *nsg*	liquid aluminium *sg (BE)* liquid aluminum *sg (AE)*
Flüssiggas/LPG *nsg*	liquified petroleum gas/LPG *sg (AE)* liquefied petroleum gas/LPG *sg (BE)*
Flüssigkeit *f*	liquid
Flüssigkeitsbrand *m*	liquid fire
Flüssigsprengstoff *m*	liquid explosive
Flusssäure *fsg*	hydrofluoric acid *sg*
Flussschifffahrt *f*	river navigation *sg*
Flussufer *n*	riverbank
Flut *f*	flood
Flut *f* (Tide)	flow
Fly-by-Wire/FBW *n*	fly-by-wire/FBW
FOB	FOB
Frei an Bord ... benannter Verschiffungshafen	free on board ... named port of shipment
Folgelieferung *f*	subsequent delivery
Folgeschaden *m*	consequential damage consequential loss
Folgeschadenversicherung *f*	consequential loss insurance
Förderanlage *f*	conveyor system
Förderband *n*	conveyor belt
Fördermittel *n* (Gerät)	conveyor
Forderung	claim

Forderungen aus Lieferung und Leistung *fpl*	accounts receivable *pl*
Forderungen *fpl*	accounts receivable *pl*
Forderungsabtretung *f*	assignment of a claim
Forderungsintensität *f*	intensity of receivables
Formaldehyd *msg/nsg*	formaldehyde *sg*
formlose Mitteilung *f*	informal notification
formlose Zollanmeldung *f*	informal entry
Formschluss *m*	form closure
Fortbildung *f*	training
Fowlerklappe *f*	Fowler flap
Fracht *f*	freight
Frachtbrief *m*	consignment note
Frachtbriefdoppel *n*	duplicate of the consignment note duplicate of the waybill
Frachtdiebstahl *m*	cargo theft
Frachtenbörse *f*	freight exchange
Frachtfluggesellschaft *f*	cargo airline airfreight carrier
Frachtflugzeug *n*	air freighter cargo aircraft cargo plane
Frachtführer *m*	carrier hauler *(AE)* haulier *(BE)*
Frachtführerhaftung *f*	carrier's liability
Frachtführerkonto *n*	carrier account
Frachthubschrauber *m*	cargo helicopter
frachtpflichtiges Gewicht *n*	chargeable weight
Frachtpolice der Transportversicherung *f*	freight policy
Frachtrate *f*	cargo rate freight rate

F

Frachtraum *m* (Schiff)	hold (ship)
	cargo hold (ship)
Frachtschiffreise *f*	freighter travel
Frachtstundung *f*	deferred freight payment
Frachttabelle *f*	freight table
Frachttonne/FRT *f*	freight ton
Frachtvermittler *m* (ugs.)	freight broker (coll.)
Frachtvertrag *m*	contract of carriage
	freight contract
Frachtzahler *m*	freight payer
Frachtzahlung *f*	payment of freight charges
Fragebogen *m*	questionnaire
Franchiseklausel *f*	franchise clause
französische Überseegebiete *npl* (DOM-TOM)	French Overseas Departments and Territories *pl* (DOM-TOM)
frei Bordsteinkante	free curbside *(AE)*
	free kerbside *(BE)*
frei Grenze	free border
frei Haus	delivered free
	free delivery
frei löschen	Free Out/FO
frei verladen	Free In/FI
frei verladen (stauen nicht geregelt) - löschen nach Liner Terms	Free In - Liner Out/FILO
frei verladen und löschen	Free In and Out/FIO
frei verladen, löschen und stauen	Free In, Out and Stowed/FIOS
frei verladen, löschen und trimmen (ausbalancieren des Schiffes)	Free In - Free Out and Trimmed/ FIOT
frei verladen, löschen, laschen, sichern und blocken	Free In - Free Out, Lashed, Secured and Dunnaged/FIO LSD
frei von Umschlagskosten und Hafenkosten im Lade- und Lösch- hafen	Net Terms/N.T.

F

Freibord *m*	freeboard
Freibordmarke *f*	freeboard line load line Plimsoll line Plimsoll mark
Freibordzeugnis *n*	load line certificate
Freifläche *f* (Flughafen)	clearway/CWY (airport)
freigestellte Menge/EQ *f*	excepted quantity/EQ
freigestelltes Versandstück *n*	excepted packaging
Freihafen *m*	Free Port
Freihandelszone *f*	Export Processing Zone/EPZ Foreign-trade Zone/FTZ *(AE)* Free Economic Zone Free Trade Zone/FTZ Free Zone/FZ free trade area
Freiheiten der Luft *fpl*	Freedoms of the Air *pl*
Freiladegleis *n*	team track
Freilager *n* (räumlich)	open depot open-air warehouse *sg*
Freiplatzsystem *n* (Freiplatzprinzip)	chaotic storage chaotic warehousing
Freistellung *f* (z.B. von Gütern)	release (e.g. of goods)
Freistellungs-Verordnung/FrStllgV *f*	Exemption Ordinance
Freitag *m*	Friday
freiwillige Versicherung *f*	voluntary insurance
Freizone *f*	Foreign-trade Zone/FTZ *(AE)* Free Economic Zone Free Trade Zone/FTZ Free Zone/FZ
Freizonenlager *n*	free zone warehouse *sg*
Fremdbezug *m*	external procurement third-party procurement
Fremdenverkehr *msg*	tourism

F

F

Fremdkapitaldeckung *f*	debt capital coverage
Fremdkapitalquote *f*	debt ratio
Fremdlager *n*	contract warehouse
	external warehouse
freundlich	friendly
Frischdienste *mpl*	fresh produce services *pl*
Frischwasser-Lademarke/F *f*	Fresh Water Mark/F
Frist *f*	deadline
Fristablauf *m*	deadline
fristlose Kündigung *f*	termination without notice
Frontantrieb *m*	front-wheel drive
Frontlenkerfahrzeug *n*	front-wheel drive vehicle
Frontscheibe *f*	windscreen *(BE)*
	windshield *(AE)*
Frontscheinwerfer *m*	dipped-beam headlight *(BE)*
	low-beam headlight *(AE)*
	dipped-beam headlamp *(BE)*
	low-beam headlamp *(AE)*
Frontschutzbügel *m*	bullbar
Frostschutzmittel *n*	antifreeze
frühe Morgenstunden *fpl*	small hours *pl*
Frühstückspause *f*	morning break
Führerhaus *n*	driver's cab
Führerschein *m*	driving licence *(BE)*
	driver's license *(AE)*
Führerscheinrecht *n*	driving licence law *(BE)*
	driver's license law *(AE)*
Fuhrpark *m*	vehicle fleet
Fuhrparkleiter *m*	fleet manager
Fuhrparkmanagement *n*	fleet management
Full Data Block/FDB-Modus *m*	full data block/FDB-mode
Fülldruck *m*	filling pressure
Füllgeschwindigkeit *f*	filling speed

Füllgrad *m*	degree of filling
Füllmaterial *n*	filling material
Füllmittel *n*	filling agent
Füllstand *m*	filling level
Füllstoff *m* (Verpackung)	filler (packaging)
Funkerkennung/RFID *f*	radio-frequency identification/RFID
Funkgerät *n*	radio
Funktion *f*	function *sg* role *sg*
Funktionsprüfung *f*	functional testing
Fürsorgepflicht *f*	duty of care
Fußgänger *m*	pedestrian
Fußgängerübergang *m*	crosswalk *(AE)* pedestrian crossing zebra crossing *(BE)*
Fußgängerüberweg *m*	crosswalk *(AE)* pedestrian crossing zebra crossing *(BE)*
Fußgängerzone *f*	pedestrian area pedestrian zone
Fußmatte *f*	floor mat
Fußweg *m*	footpath
Futter *n*	animal feed fodder
Futtermittel *n*	animal feed fodder
Futtermitteltransport *m*	feed transportation
Future Air Navigation System/ FANS *n* (System für die Luftnavigation der Zukunft)	Future Air Navigation System/ FANS

F

G

Gabelstapler *m*	fork lifter
	forklift
	forklift truck
Gabelstaplerfahrer *m*	forklift driver
	forklift operator
Gabelstaplerschein *m*	forklift licence *(BE)*
	forklift license *(AE)*
Gabelstaplertasche *f*	forklift pocket
Gabelträger *m*	fork carriage
	fork carrier
Gabelverlängerung *f*	fork extender
	fork extension
Gabelzinken *m*	forklift tine
	forklift fork
Gammastrahlung *fsg*	gamma radiation
ganze Sendung *f*	whole consignment
Ganzjahresreifen *m*	all-season tire *(AE)*
	all-season tyre *(BE)*
Ganzkörperscanner *m*	full-body scanner
Ganzladung *f*	full load
Ganzzug *m*	block train
Garage *f*	garage
Garagentor *n*	garage door
Garantie *f*	guarantee
Gardinenplane *f*	curtain side tarpaulin
Gardinenplanenauflieger *m*	curtainsider
	tautliner (® Boalloy Industries Ltd.)
Garnier *n*	dunnage
Garniermaterial *n*	dunnage
Garnierung *f*	dunnage
Gas *n*	gas
Gasbrand *m*	gas fire

Gascontainer mit mehreren Elementen/MEGC *m*	multi element gas container/MEGC
Gasflasche *f*	gas cylinder
Gaskartusche *f*	gas cartridge
Gasmelder *m*	gas detector
Gaspatrone *f*	gas cartridge
Gaspedal *n*	gas pedal *(AE)* accelerator pedal *(BE)*
Gaspendelung *f*	gas displacement
Gasvergiftung *f*	gas poisoning
Gattungseintragung *f*	generic entry
Gattungszeichen *n*	classification mark
Gebiet mit Flugbeschränkungen *n*	restricted airspace
Gebietsspediteur *m*	area contract freight forwarder regional freight forwarder
Gebotszeichen *n*	mandatory sign
Gebräuche *mpl*	mores *pl* customs *pl* (conventions)
Gebrauchsanleitung *f*	user guide user manual
Gebrauchsgüter *npl*	commodities *pl* consumer goods *pl*
gebrochener Verkehr *m*	combined transportation evaluation
Gebühr *f*	charge fee
Gebühr in Zeiten der Spitzennach-frage *f* (PSS) (Seefracht)	Peak Season Surcharge/PSS (sea freight)
gedeckter Güterwagen *m*	box car *(AE)* covered goods wagon *(BE)* goods van *(BE)*
gedecktes Fahrzeug *n*	closed vehicle
Gefährdungshaftung *f*	absolute liability
Gefahrenbereich *m*	danger zone
Gefahrendiamant *m*	hazard diamond *(AE)*

G

Gefahrengebiet *n*	danger area
Gefahrensymbol *n*	hazard symbol
Gefahrenübergang *m*	transfer of risk
Gefahrgut *n* (Beförderung)	dangerous goods *pl* hazardous material /HAZMAT
Gefahrgut-Ausnahmeverordnung/ GGAV *f*	Regulation on Exemptions of the Provisions on Dangerous Goods Transport/GGAV
Gefahrgutausrüstung *f*	hazardous goods equipment
Gefahrgutbeauftragtenverordnung/ GbV *f*	Dangerous Goods Advisor Ordinance/DGAO
Gefahrgutbeauftragter/Gb *m*	dangerous goods safety advisor/ DGSA
Gefahrgutbeförderungsgesetz/ GGBefG *n*	Act on the Transportation of Dangerous Goods/GGBefG
Gefahrguterklärung *f*	dangerous goods declaration/DGD
Gefahrgutfahrer *m*	dangerous goods driver hazardous materials driver
Gefahrgutkennzeichnung für gefährliche Güter im internationalen Seeschiffsverkehr *f*/IMDG-Code *m*	International Maritime Dangerous Goods Code/IMDG-Code
Gefahrgutklasse *f*	dangerous goods class
Gefahrgutlager *n*	hazardous goods store *(BE)* dangerous goods warehouse *sg (BE)* hazardous materials warehouse *sg (AE)*
Gefahrguttransport *m*	transport of dangerous goods transportation of dangerous goods
Gefahrgutverordnung See/GGVSee *f*	Ordinance on the Transport of Dangerous Goods by Sea/ GGVSee
Gefahrgutverordnung Straße, Eisenbahn und Binnenschifffahrt/ GGVSEB *f*	Ordinance on the Transport of Dangerous Goods by Road, Rail and Inland Waterways/GGVSEB

G

Gefahrgutzuschlag *m* (Handling von Gefahrgut)	DGR check fee *sg*
gefährlich	dangerous hazardous
gefährliche Fracht *f*	dangerous cargo
gefährliche Güter *npl*	dangerous goods
gefährliche Ladung *f*	dangerous cargo
gefährlicher Abfall *m*	hazardous waste
gefährliches Gut mit hohem Gefahrenpotential *n*	high consequence dangerous goods *pl*
Gefahrstoff *m*	dangerous substance hazardous substance
Gefahrstoffliste *f*	hazardous substances list
Gefahrstoffverordnung/GefStoffV *f*	Hazardous Substances Ordinance/GefStoffV
Gefahrzettel *m*	hazard label
Gefrierbrand *msg*	freezer burn *sg*
Gefriervorrichtungen *fpl*	freezing devices/equipment/freezers
gefütterte Versandtasche *f*	jiffy bag
gegen alle Schwierigkeiten	against all odds *pl*
Gegengewicht *n*	counterweight
Gegengewichtsgabelstapler *m*	counterbalance forklift
Gegengewichtsstapler *m*	counterbalance trucks *pl*
Gegenverkehr *m*	oncoming traffic
Gehörschutz *m*	ear protection
Geigerzähler *m*	Geiger counter
Geisterbahnhof *m*	ghost station
Geisterfahrer *m*	wrong-way driver
Geländefahrrad *n*	mountain bike/MTB
Geländewagen *m*	off-road vehicle
gelbe Doppellinie *f* (Halteverbot in UK)	double yellow lines *pl* (in UK)

G

gelbe Rundumleuchte *f*	yellow rotating beacon
Gelbfieber *nsg*	yellow fever *sg*
Gelegenheitsverkehr *m*	occasional carriage
Gelenkbus *m*	articulated bus
	bendy bus *(BE)*
Gelenke *fpl* (technisch)	joints *pl* (technical)
Gelenkwagen *m* (Bus)	articulated bus
	bendy bus *(BE)*
Gelenkwellen *fpl*	cardan shafts *pl*
Gelenkzug/GLZ *m* (Bus)	articulated bus
	bendy bus *(BE)*
Geltungsbereich *m*	scope
Gemeindestraßen *fpl*	municipal roads *pl*
Gemeinkosten *pl*	overhead expenses *pl*
Gemeinsame Ermittlungsgruppe *f*	joint investigation team
gemeinsamer Zolltarif *m*	common customs tariff/CCT
gemeinsames Versandverfahren/ gemVV/gV *n*	community transit procedure
gemeinschaftliche Havarie *f*	general average / G/A
gemeinschaftliches Versand- verfahren/gVV *n*	common transit procedure
Gemeinschaftslizenz *f*	Community authorisation *(BE)* Community authorization *(AE)*
Gemeinschaftsware *f*	Community goods *pl* Community product
Gemüse *n*	vegetable
genau	exact precise
Genehmigung *f* (Konzession)	authorisation *(BE)* / authorization *(AE)* (concession)
genehmigungspflichtige Ausfuhr *f* (z.B. bei Rüstungsgüter)	export subject to authorisation *(BE)* / authorization *(AE)* (e.g. for armaments)
Generalkonsulat *n*	consulate general

Generalpolice *f*	general policy open policy blanket policy
Generalvertreter *m*	general agent
Generalvertretung *f*	general agency
Genfer Flüchtlingskonvention/GFK *f*	United Nations Convention Relating to the Status of Refugees/ CRSR
Genussmitteltransport *m*	transport of luxury goods
Gepäck *nsg*	baggage *sg (AE)* luggage *sg (BE)*
Gepäckversicherung *f*	baggage insurance *(AE)* luggage insurance *(BE)*
Gepäckwagen *m* (Eisenbahn)	baggage car *(AE)* luggage van *(BE)*
Gepäckwagen *m* (Kofferkuli)	baggage cart *(AE)* luggage trolley *(BE)*
Gepflogenheiten *fpl*	mores *pl* customs *pl* (conventions)
geplant	scheduled
gepolsterte Verpackung *f*	padded packaging
gepolsterte Versandtasche *f*	jiffy bag
geprüfte Fachwirtin für Güter-verkehr und Logistik *f*	Certified Specialist in Freight Transport and Logistics
geprüfte Meisterin Kraftverkehr *f*	Certified Master Craftswoman, Road Transport *(BE)* Certified Foreman for Road Transport *(AE)*
geprüfter Fachwirt für Güterverkehr und Logistik *m*	Certified Specialist in Freight Transport and Logistics
geprüfter Meister Kraftverkehr *m*	Certified Master, Road Transport *(BE)* Certified Foreman for Road Transport *(AE)*

G

Geräte- und Produktsicherheits-gesetz/GPSG *n*	Equipment and Product Safety Act/GPSG
geräuscharm	low-noise
gerecht	fair
gereinigt	cleaned
Gericht *n*	court
Gerichtsstand *m*	place of jurisdiction
geringe Mengen *fpl* (Gefahrgut bis zu 1000 kg/l oder 1000 Punkte)	small quantities *pl* (dangerous goods up to 1000 kg/litres *(BE)*/ liters *(AE)* or 1000 points)
geringe spezifische Aktivität/LSA *f*	low specific activity/LSA
geringwertige Wirtschaftsgüter *npl* (fin.)	low-value assets *pl* (fin.)
geringwertige Wirtschaftsgüter/ GWG *npl*	low value assets *pl*
German Business Aviation Association e.V./GBAA *f*	German Business Aviation Association e.V./GBAA
Geruch *m*	odor *(AE)* odour *(BE)*
geruchsabgebend	odor-releasing *(AE)* odour-releasing *(BE)*
geruchsaufnehmend	odor-absorbing *(AE)* odour-absorbing *(BE)*
Geruchseinwirkung *f*	exposure *sg* to odors (AE), odours (BE)
geruchsneutral	odor-free *(AE)* odour-free *(BE)*
Gesamtaktivität *f*	total activity
Gesamtkapitalrentabilität/GKR *f*	Return on Investment/ROI
Gesamtprozesskosten *pl*	total process costs *pl* (fin.)
Gesamtrentabilität *f*	overall profitability
gesamtschuldnerisch (Haftung)	joint and several (liability)
Gesamttragfähigkeit *f*	total carrying capacity
Gesamttransportkennzahl *f*	total transport index

G

Gesamtverband der Deutschen Versicherungswirtschaft e.v./GDV *m*	German Insurance Association/ GDV
Geschäft *n*	shop store
Geschäftsbeziehung *f*	business relationship
Geschäftsflugverkehr *m*	business aviation
Geschäftsführer *m*	managing director
geschäftsmäßig	business-like
Geschäftsräume *mpl*	business premises *pl* office premises *pl* premises *pl*
Geschäftsreise *f*	business trip
Geschäftsreisender *m*	business traveler *(AE)* business traveller *(BE)*
Geschäftszeit *f*	business hours *pl*
geschätzt	roughly
geschlossene Anlagen *fpl*	closed systems *pl*
geschlossene Ladung *f*	full load
geschlossene Lager *n*	closed warehouse *sg*
geschlossene Ortschaft *f*	built-up area
geschlossene Verpackung *f*	closed packaging
geschlossener Lieferwagen *m*	box van
Geschoss *n*	bullet
Geschwindigkeit *f*	speed
Geschwindigkeitsbegrenzer *m*	speed limiter
Geschwindigkeitsbegrenzung *f*	speed limit
Geschwindigkeitsregelanlage/GRA *f*	cruise control
Gesetz *n* (allgemein)	law
Gesetz *n* (einzelnes)	act
Gesetz über die Beförderung gefährlicher Güter/GGBefG *n*	Act on the Transportation of Dangerous Goods/GGBefG

G

gesetzliche Krankenversicherung *f*	statutory health insurance
gesetzliche Sozialversicherung *f*	statutory social insurance
gesetzliche und betriebliche Vorschriften zum Umgang mit Betriebs- und Hilfsstoffen *fpl*	statutory and company regulations on the handling of operating and auxiliary materials *pl*
gesetzliche Vorschrift *f*	statutory regulation
Gesichtsschutz *m*	face protection
gesonderte Lagerung *f*	separate storage
Gesprächsführung *f*	negotiation
Gestellung *f*	presentation to customs
Gestellungsverzeichnis *n* (Zoll)	presentation list *sg* (customs)
gestern	yesterday
gestundete Fracht *f*	respited freight
gestundete Zahlung *f*	deferred payment
gesundheitliche Folgen *fpl*	health consequences *pl*
Getränk *n*	drink
Getreide *n*	grain *sg*
Getriebe *n* (Nutzfahrzeug)	transmission (commercial vehicle)
Getriebeöl *n*	transmission oil
Gewerbeabfallverordnung/ GewAbfV *f*	Commercial Waste Ordinance
Gewerbesteuer *f* (fin.)	trade tax *sg* (fin.)
gewerbliche Ausbildung *f*	industrial education industrial training
gewerblicher Güterkraftverkehr *m*	commercial road haulage
gewerblicher Lagerhalter *m*	commercial stockist *sg*
Gewerkschaft *f*	trade union
Gewicht *n*	weight
Gewichtsermittlung *f*	weight determination
Gewichtskraft *f*	weight force
Gewichtsraten *fpl* (Seefracht)	weight rates *pl* (sea freight)
Gewichtsstufenregel *f* (Luftfracht)	weight level rule *sg* (air freight)

G

Gewinn- und Verlustrechnung/GuV *f*	income statement *(AE)* profit and loss account *(BE)*
Gewinn- und Verlustvortrag *m*	retained earnings and accumulated losses *pl*
Gewinnmaximierung *f* (fin.)	profit maximisation *(BE)*/maximization *(AE) sg*
Gewinnrücklagen *fpl*	retained earnings *pl*
Gewitter *n*	thunderstorm
Gezeit *f*	tide
Gezeitenkalender *m*	tide chart tide table
Gezeitentabelle *f*	tide chart tide table
Gezeitentafel *f*	tide chart tide table
Gezeitenwelle *f*	tidal bore
gezogener Wechsel *m*	draft (fin.) drawn bill of exchange
GGVS Abfalltransporte *mpl*	Hazardous Goods Ordinance – Road (GGVS) Waste Transportation
Gift *n*	poison toxin
giftig	toxic
Giftmüll *msg*	hazardous waste
Gitterbox *f*	wire mesh crate
Gitterboxpalette *f*	stillage
Gitterrohrrahmen *m* (Aufbau Bus)	tubular space frame (bus body)
Glas *n*	glass
glasfaserverstärkter Kunststoff/GFK *m*	glass fibre-reinforced plastic/GRP
glatte See *f* (Sea State Code 0)	calm glassy sea (sea state code 0)
Glatteis *nsg*	black ice *sg*

G

Gleisanschluss/Gla *m*	railroad siding *(AE)*
	railway siding *(BE)*
	siding
Gleisbau *m*	railroad construction *(AE)*
	railway construction *(BE)*
Gleiswaage *f*	freight car scales *pl (AE)*
	track scales *pl*
	wagon weighbridge *(BE)*
Gleitreibung *f*	sliding friction
Gliederbus *m*	articulated bus
	bendy bus *(BE)*
Gliedermaßstab *m*	folding rule
Gliedertaxe *f*	dismemberment schedule
Gliederzug *m*	drawbar combination
Globale Beschaffung *f*	global sourcing
globales Navigationssatelliten-system/GNSS *n*	global navigation satellite system/GNSS
globales Navigationssatelliten-system/GPS *n*	global positioning system/GPS
glorreiche Zeiten *fpl*	glory days *pl*
Goldene Bilanzregel *f*	Golden Rule (accounting)
Goldene Halbinsel *f*	Malay Peninsula
	Thai-Malay Peninsula
Gooseneck-Tunnel *m*	gooseneck tunnel
GPS *n* (Global Positioning System)	GPS (Global Positioning System)
GPS-Tempomat *m* (ugs.)	GPS cruise control (coll.)
Grad *m*	degree
Granit *m*	granite
Gräting *f*	grating
Graupel *f*	graupel
	sleet
Greifhöhe *f*	picking height
Greifstapler *m*	reach stacker

G

Greifzeit *f* (Zeit für die Entnahme bzw. Pickzeit)	gripping time *sg* (time for removal or picking time)
Grenzbahnhof *m*	border station
Grenze *f*	border
Grenzfluss *m*	border river
Grenzgebiet *n*	frontier
Grenzland *n*	frontier
grenzüberschreitende Verbringung *f*	cross-border shipment transboundary shipment
grenzüberschreitender Güterkraftverkehr *m*	cross-border road haulage
grenzüberschreitender Verkehr *m*	cross-border traffic
grenzüberschreitender Werkverkehr *m*	cross-border private haulage
Grenzwerteliste *f*	limit value list
Grenzzollstelle *f* (Ausgangszollstelle)	border customs office (customs office of exit)
Griesel *msg*	snow grains *pl*
grob	roughly
grob fahrlässig	grossly negligent
grobe See *f* (Sea State Code 5)	rough sea (sea state code 5)
groß	1. big 2. large 3. tall (height)
Groß- und Einzelhandel *m*	wholesale and retail trade
Großcontainer *m* (Fassungsraum von mehr als 3 Kubikmeter)	large containers *pl* (capacity of more than 3 m³)
Große Antillen *pl*	Greater Antilles *pl*
Größe *f*	size
große Havarie *f*	general average / G/A
großer Schaden *m*	major damage
Großhandel *m*	wholesale
Großhandelslager *n*	wholesale warehouse *sg*

G

Großhändler *m*	wholesaler
Großhändler oder Hersteller der rackjobbing betreibt	rack jobber
Großpackmittel/IBC *n*	intermediate bulk container/IBC
Großquelle *f*	large radioactive source
Großraum- und Schwertransporte *mpl*	oversized and heavy goods transport
Großraumflugzeug *n*	wide-body aircraft wide body (air plane)
Großraumtransport *m*	oversized transport
Großraumtransporte *mpl*	large volume transport
Großverpackung *f* (Gefahrgut)	large packaging (dangerous goods)
Großzettel *m*	placard
Grundbuch *n*	daybook
Grundkosten *pl*	base costs *pl*
Grundqualifikation *f*	basic qualification
Grundsätze der Einlagerung *f*	storage principles *pl*
Grundsätze der ordnungsgemäßen Buchführung *fpl*	principles of proper bookkeeping *pl*
Grundsteuer *f* (fin.)	property tax *sg* (fin.)
Grüne Karte e.V. *f*	green card incorporated society
grüne Versicherungskarte *f*	green insurance card
grüne Welle *f*	green wave
Gruppe der afrikanischen, karibischen und pazifischen Staaten *f*	ACP countries African, Caribbean and Pacific Group of States
Gruppenbewertung *f*	group valuation
Gruppengetriebe *n*	group gear
Gully *m/n*	storm drain storm sewer *(AE)* drain
Gummihandschuh *m*	rubber glove

G

Gummimatte *f*	rubber mat
Gummistiefel *m*	rubber boot Wellington boot
Gurt *m*	seat belt safety belt
Gurtaufroller für Zurrgurte *m* (ugs.)	belt retractor for lashing straps
Gurtboxen für Zurrgurte *fpl* (ugs.)	belt boxes for lashing straps *pl* (coll.)
Gurtförderer *m* (z.b. das Kassenband im Supermarkt)	belt conveyors *pl* (e.g. the checkout belt in supermarkets (BE) grocery stores (AE))
Gurtmaß *n*	length and girth combined
Gurtstraffer *m*	seat belt pretensioner
Gurtwarner *m* (ugs.)	belt warning device (coll.)
gut	good
gut einsehbar	clearly visible highly visible
Gut gemacht!	Well done!
Gut *n*	goods *pl*
gut sichtbar	clearly visible highly visible
Gutachten *n*	expertise
Gutachter *m*	expert
gute Arbeit leisten	do a good job, to
gute Manieren *fpl*	good manners *pl*
gute Nachricht *f*	good news *pl*
Gütegemeinschaft Paletten e.V./ EPAL *f* (deutsches Nationalkomitee der EPAL)	European Pallet Association/EPAL
Güterbahnhof/Gbf *m*	freight depot *(AE)* goods station *(BE)* freight station *(AE)* goods yard *(BE)*

G

Güterbeförderung *f*	carriage of goods forwarding of goods
Güterfolgeschäden *mpl*	consequential damage to goods
Güterfolgeschadenklausel *f* (DTV-Güter 2000/2011)	Consequential Losses Clause (DTV Cargo 2000/2011)
Güterklasse *f*	goods class
Güterkraftverkehrsgesetz/GüKG *n*	Road Haulage Act
Güterkreislauf *m*	goods cycle/circulation *sg*
Güterlogistik *f*	goods logistics
Gütermotorschiff/GMS *n*	self-propelled barge
Güterschaden *m*	damage to goods
Güterschadenshaftpflichtversi- cherung *f*	freight damage liability insurance
Güterschuppen *m*	freight shed goods shed
Gütertransport in Deutschland *m*	freight transportation in Germany
Güterverkehr *m*	goods traffic freight traffic
Güterverkehrszentrum/GVZ *n*	freight village/FV
Güterversicherung *f*	cargo insurance
Güterverteilzentren GVZ *npl*	goods distribution centers (AE), centres (BE) *pl*
Güterwagen *m*	railway wagon *(BE)* railroad car *(AE)* freight car *(AE)* goods wagon *(BE)*
Güterwaggon *m*	railway wagon *(BE)* railroad car *(AE)* freight car *(AE)* goods wagon *(BE)*
Güterzug *m*	freight train goods train

G

Güterzugbegleitwagen *m*	brake van *(BE)* caboose *(AE)* guard's van *(BE)*
gutschreiben	credit, to
Gutschrift *f*	credit note
Guyanas *pl*	Guyanas *pl* Guianas *pl*

H

Haager Protokoll/HP *nsg*	Hague Protocol/HP *sg*
Haager Regeln/HR *fpl*	Hague Rules/HR *pl*
Haarnadelkurve *f*	hairpin bend hairpin turn
Hafen *m*	harbor *(AE)* harbour *(BE)* port
Hafenarbeiter *m*	dock worker docker longshoreman *(AE)*
Hafenbahn *f*	harbour railway *(BE)* port railway harbor railroad *(AE)*
Hafengebühr im Verschiffungs- hafen *f* (PCO) (Seefracht)	port charges origin/PCO (sea freight)
Hafenlager *n*	port warehouse *sg*
Hafenstaatkontrolle *f*	port state control/PSC
Haftbarhaltung *f*	notice of liability
Haftetikett *n*	adhesive label
Haftpflichtversicherung *f* (allgemein)	liability insurance (general)
Haftreibung *f*	static friction
Haftung des Frachtführers *f*	carrier's liability
Haftung *f*	liability

H

Haftungsausschluss *m*	exclusion of liability
Haftungsausschlussklausel *f*	non-liability clause *sg*
Haftungshöchstgrenze *f*	maximum liability limit
Haftungskorridor *m*	liability corridor
Haftungsprinzip *n*	principle of liability
Hagel *msg*	hail
Hagelschlag *m*	hailstorm
Haken *m*	hook
Halbwertszeit *f*	half-life
Halt auf Verlangen *m*	flag stop
	request stop
Haltekelle *f*	traffic paddle
Haltestelleneinrichtungen *fpl*	stop facilities *pl*
Halteverbot *n*	no stopping and standing
Halteverbotszone *f*	no stopping and standing zone
Hamburg-Antwerpen-Range/	Hamburg-Antwerp-Range/
HA-Range *f* (Hamburg/Bremen/	HA-Range (Hamburg/Bremen/
Bremerhaven/Rotterdam/	Bremerhaven/Rotterdam/Antwerp)
Antwerpen)	North Range (Hamburg/Bremen/
	Bremerhaven/Rotterdam/Antwerp)
Hamburg-Le Havre-Range/	Hamburg-Le Havre-Range/
HH-Range *f* (Häfen zwischen	HH-Range (ports between
Hamburg und Le-Havre)	Hamburg and Le Havre)
Hamburger Regeln *fpl*	Hamburg Rules *pl*
Hamburger Verdeck *n*	Hamburg covering
Handbesen *m*	hand brush
Handbremse *f*	hand brake *(BE)*
	emergency brake *(AE)* (road)
Handelsbedingungen *fpl*	trade terms *pl*
Handelsflagge *f*	civil ensign
	merchant ensign
	merchant flag

H

Handelsflotte *f*	mercantile marine mercantile fleet merchant fleet merchant marine *(AE)* merchant navy *(BE)*
Handelsgesetzbuch/HGB *n*	Commercial Code
Handelsmarine *f*	mercantile marine mercantile fleet merchant fleet merchant marine *(AE)* merchant navy *(BE)*
Handelsregister *n*	register of companies commercial register
Handelsschiff *n*	merchant vessel
Handelsware *f*	commodity merchandise
Handfeger *m*	hand brush
Handgabelhubwagen *m*	hand pallet truck *sg*
Handgepäck *nsg*	carry-on baggage *sg (AE)* carry-on luggage *sg (BE)* hand baggage *sg (AE)* hand luggage *sg (BE)*
Handhubwagen *m*	hand pallet truck pallet truck pallet jack
Handkarren *m*	handcart
Handlingkosten *pl*	handling charge handling costs *pl*
Handschaufel *f*	hand-shovel
Handwagen *m*	handcart
Handwerksbetrieb *m*	craft business
Handy *n*	cell phone *(AE)* cellular phone *(AE)* mobile phone *(BE)*
Handynummer *f*	cell phone number *(AE)* mobile phone number *(BE)*

H

Hangar *m*	hangar
hängende Last *f*	hanging load
Hängerzug *m*	drawbar combination
Hängeversand *m*	hanging garment distribution
hanseatischer Kaufmann *m*	honourable businessman *(BE)* honorable businessman *(AE)*
Harmonisiertes System zur Bezeichnung und Codierung von Waren/HS *n*	Harmonised Commodity Description and Coding System/ HS *(BE)* Harmonized Commodity Description and Coding System/ HS *(AE)*
hart (Konsistenz)	hard (consistency)
Haubenfahrzeug *n*	hooded vehicle
Hauptbuch *n*	general ledger
Hauptgefahr *f*	main hazard
Hauptgeschäftsstelle *f*	headquarter
Hauptkostenstelle *f*	direct cost center *(AE)* direct cost centre *(BE)*
Hauptlauf *m*	main carriage
Hauptluftfrachtbrief *m*	master air waybill/MAWB
Hauptscheinwerfer *m*	dipped-beam headlight *(BE)* low-beam headlight *(AE)* dipped-beam headlamp *(BE)* low-beam headlamp *(AE)*
Hauptstrecke *f*	main route primary route
Hauptuntersuchung/HU *f*	main inspection
Hauptverkehrszeit/HVZ *f*	rush hour
Hauptverpflichteter *m*	principal
Hauptzollamt *n*	main customs office
Haus-Haus-Verkehr *m*	door-to-door delivery door-to-door transport

H

Haus-zu-Haus-Klausel *f*	door-to-door clause
Hausbank *f*	principal bank
Hausflagge *f*	house flag
Hausluftfrachtbrief *m*	house air waybill/HAWB
Hausnummer *f*	house number street number
Hauszustellung *f*	home delivery *sg*
Haut *f*	skin
Hauterkrankung *f*	skin disease
Hautkontakt *m*	skin contact
Hautverätzung *f*	skin burn
Havarie *f*	average/AV accident
Havarie grosse *f*	general average / G/A
Havarie-Grosse-Verpflichtungs- schein *m*	general average bond
Havarie-Verpflichtungsschein *m*	general average bond
Havarieklausel *fsg*	average clause *sg* general average clause *sg*
Havariekommissar *m*	general average adjuster
Havarieverteilung *f*	adjustment of average
Hebebühne *f*	tail lift
Hebezeug *n*	hoisting equipment lifting equipment
Heckantrieb *m*	rear-engine with rear-wheel drive
Heckbeleuchtung *f*	rear lighting
Heckklappe *f*	tailgate (vehicle)
Hecktür *f* (LKW)	rear door
Hecktür *f* (PKW)	tailgate (vehicle)
Heimatberührung *f*	home touch
Heiratsgut *n*	marriage property
heiß	hot

H

Heizöl *n*	heating oil
helfen	help, to
Helgoland	Heligoland
Helikopter *m*	chopper (coll.)
	helicopter
Heliport *m*	heliport
Helium *nsg*	helium *sg*
herausfordern	challenge, to
Herausgabepflicht *f*	duty to surrender *sg*
	obligation to surrender *sg*
Herbizid *n*	herbicide
Hermesdeckung *f*	Hermes cover
Hersteller *m*	manufacturer
	producer
Herstellkosten *pl*	manufacturing costs *pl*
Herstellungsjahr *n*	year of manufacture
Heu *nsg*	hay *sg*
heute	today
hilfsbereit	helpful
Hilfskostenstelle *f* (allgemein)	indirect cost center *(AE)* (general)
	indirect cost centre *(BE)* (general)
Hilfskostenstelle *f* (besondere)	indirect cost center *(AE)* (special)
	indirect cost centre *(BE)* (special)
Hilfskostenstelle *f* (Vorkosten)	indirect cost center *(AE)* (initial costs)
	indirect cost centre *(BE)* (initial costs)
Hilfsmittel *n*	aid
Hilfsstoff *m*	auxiliary material
hinfällig werden	lapse, to
hinten	back, at the
	back
hinter dem Zeitplan	behind schedule

H

Hinterachse *f*	rear axle
Hinterachsen *fpl* (LKW)	rear axles pl (lorry – *BE*, truck – *AE*)
Hinterachsgetriebe *n*	rear axle transmission
hintere Unterfahrschutz *m*	rear underride guard
Hinterradantrieb *m*	rear-wheel drive
Hitze *fsg*	heat *sg*
hitzebehandelt	heat-treated
hochentzündlich	highly flammable
Hochhubwagen *m*	high lift truck *sg*
Hochregal *n*	high shelf *sg* high rack *sg* high bay *sg*
Hochregallager/HRL *n*	high bay warehouse
Hochregalstapler *m*	high rack stacker
Hochseeschifffahrt *f*	deep sea shipping
Hochseeschlepper *m*	oceangoing tug
Höchstabfluggewicht/MTOW *n*	maximum take off weight/MTOW
höchstes herein - zuerst hinaus/ HIFO (nach dem Preis)	highest in - first out/HIFO
Höchstgeschwindigkeit *f*	maximum speed
Höchstwertprinzip *n*	highest value principle
Hochtechnologie *f*	high technology high tech
Hochtechnologieprodukt *n*	high-technology product high-tech product
Hochwasser *n*	flood
Hochwasser *n* (Tide)	high tide
Hochwasseralarm *m*	flood alert
Hochwassermarke *f*	high water mark
Hochwasserschutz *m*	flood control flood protection

H

höflich	polite
Höhe f	height
Hohe See f (räumlich)	international waters pl
hohe See f (Sea State Code 7)	high sea (sea state code 7)
Höhe/Ebene f (im Regal)	height/level sg (on the shelf)
hoheitliche Stelle f	sovereign body
Hoheitsgewässer npl	territorial waters pl
Höhenposition im Regal f	height position sg on the shelf
höhere Gewalt f	act of God
höherer Standardcontainer m	high-cube-container
Hohlladung f	hollow charge
	shaped charge
Holz-Frischwasser-Lademarke/LF f	Lumber, Fresh/LF
Holz-Sommerlademarke/LS f	Lumber Summer/LS
Holz-Tropen-Frischwasser-Lademarke/LTF f	Lumber, Tropical, Fresh/LTF
Holz-Tropenlademarke/LT f	Lumber Tropical/LT
Holz-Winter-Nordatlantik-Lademarke/LWNA f	Lumber, Winter, North Atlantic/LWNA
Holz-Winterlademarke/LW f	Lumber Winter/LW
Holzbehandlung f	wood treatment
Holzfass n	wooden barrel
Holzfreibord n	lumber freeboard
Holzkiste f	wooden box
Holzschutzmittel n	wood preservative
Holzspänetransporter m (Schiff)	woodchip carrier
Holzverschlag m	wooden crate
Honorarkonsul m	honorary consul
Honorarkonsulat n	honorary consulate
horizontale Finanzierungsregel f	horizontal rule of financing
Horizontalkommissionierer m	horizontal order picker

H

Hubbrücke *f*	lift bridge
	vertical-lift bridge
Hubgerüst *n* (Gabelstapler)	forklift mast
Hubhöhe *f*	lift height
	lifting height
Hubsattelkupplung *f*	lifting cradle coupling
Hubschrauberlandeplatz *m*	heliport
Hubschrauberpilot *m*	helicopter pilot
Hubwagen *m*	hand pallet truck
	pallet truck
	pallet jack
Hubzylinder *m*	lift cylinder
	lifting cylinder
Huckepackverkehr *m*	piggyback traffic
Huckepackwagen *m*	piggyback car
Hügel *m*	hill
humorvoll	humorous
Hupe *f*	horn
Hybridelektrofahrzeug *n*	hybrid electric vehicle/HEV
Hybridfahrzeug *n*	hybrid vehicle
Hydraulikflüssigkeit *f*	hydraulic fluid
Hydraulikmotor *m*	hydraulic motor
Hydrauliköl *n*	hydraulic oil
Hydrauliksystem *n*	hydraulic system
Hydraulikventil *n*	hydraulic valve
Hydraulikzylinder *m*	hydraulic cylinder
hydraulisch	hydraulic
hydraulische Lenkung *f*	hydraulic steering
Hydraulische, pneumatische und elektrische Bremssysteme *npl*	hydraulic, pneumatic and electric braking systems *pl*
Hydromotor *m*	hydraulic motor

H

hydrostatischer Vorderachsantrieb *m*	hydrostatic front axle drive
Hygieneanforderung *f*	hygiene requirement *sg*
hypergoler Treibstoff *m*	hypergolic propellant
hypergolischer Treibstoff *m*	hypergolic propellant
Hypoidachse *f*	hypoid axle

I

IATA-Agent *m*	IATA agent
IATA-Code *m* (Fluggesellschaft)	IATA airline code (2-letter)
IATA-Code *m* (Flughafen)	IATA airport code IATA location identifier IATA station code IATA Three Letter Code
IATA-Flughafencode *m*	IATA airport code IATA location identifier IATA station code IATA Three Letter Code
IATA-Flugzeugtypencode *m*	IATA aircraft type code
IATA-Gefahrgutvorschriften/ IATA-DGR *fpl*	IATA Dangerous Goods Regulations/IATA-DGR *pl*
Iberische Halbinsel *f*	Iberian Peninsula
ICAO-Code *m* (Fluggesellschaft)	ICAO airline designator (3-letter)
ICAO-Code *m* (Flughafen)	ICAO airport code (4-letter) ICAO location indicator (4-letter)
ICAO-Flugzeugtypencode *m*	ICAO aircraft type code
ICC-Klauseln *fpl* (International Cargo Clauses)	ICC clauses *pl* (International Cargo Clauses)
Identität der Sendung *f*	identity of the consignment
illoyal	disloyal
im Zeitplan	on schedule
imaginärer Gewinn *m*	anticipated profit imaginary profit

IMO-Nummer *f*	IMO number IMO ship identification number
IMO-Schiffsidentifikationsnummer *f*	IMO number IMO ship identification number
IMO-Schiffsidentifizierungsnummer *f*	IMO number IMO ship identification number
Impfung *f*	vaccination
Import-Servicegebühr *f* (ISF) (Seefracht)	import service fee/ISF (sea freight)
Importbeschränkungen *fpl*	import restrictions *pl*
Importkontigente *npl*	import contingents *pl*
Imprägnierung *f*	impregnation
in Sichtweite *f*	within sight/eyeshot
in Übersee	overseas
in zweiter Reihe parken	double-park, to
Incoterms *fpl*	Incoterms *pl* International Commercial Terms *pl*
indirekte Steuer *f*	indirect tax
Indischer Archipel *m*	East Indies *pl* Indo-Australian Archipelago Indonesian Archipelago Malay Archipelago
Indischer Subkontinent *m*	Indian subcontinent
Indonesischer Archipel *m*	East Indies *pl* Indo-Australian Archipelago Indonesian Archipelago Malay Archipelago
Indossament *n* (z.B. beim Order-lagerschein)	endorsement *sg* (e.g. on order warehouse receipt)
Indossant *m*	endorser
Indossatar *m*	endorsee
Induktionsschleife *f*	induction loop
Industrie *f*	industry

I

Industrie- und Handelskammer/ IHK *f*	Chamber of Industry and Commerce/CIC
Industriebetrieb *m*	industrial company
Industriegleis *n*	industrial track
industrielle Kontraktlogistik *f*	industrial contract logistics
industrielles Gas *n*	industrial gas technical gas
Industriepalette *f*	industrial pallet
Industrieverpackung IP-I *f*	industrial packaging IP-1
Industrieverpackung IP-II *f*	industrial packaging IP-2
Industrieverpackung IP-III *f*	industrial packaging IP-3
Inertgas *n*	inert gas
Information *f*	information *sg*
Informations- und Kommunikationsgeräte *npl*	information and communication devices *pl*
Informationsfluss *m*	information flow
Informationsgeräte *npl*	information devices *pl*
Informationslogistik *f*	information logistics
informieren	inform, to
Inhaber *m*	owner
Inhabergebunden (ugs.)	owner-operated (coll.)
Inhaberkonnossement *n*	bearer B/L bearer bill of lading
Inhaberlagerschein *m*	warehouse warrant to a Named Person bearer storage receipt bearer warehouse receipt sg bearer warehouse warrant *sg*
Inhaltsverzeichnis *n*	table of contents
Initialen *fpl*	initials *pl*
Initialsprengstoff *m*	primary explosive
Inkassoauftrag *m*	collection order
Inkassobank *f*	collecting bank

Inkassogebühr *f*	collection fee
inkonsequent	inconsistent
Inkorporation *f*	incorporation
Innenreinigung f	interior cleaning
Innenrevision *f*	internal audit
	internal auditing
Innenstadt *f*	city centre *(BE)* center *(AE) sg*
Innenverpackung *f* (Gefahrgut)	inner packaging (dangerous goods)
innere Absperreinrichtung *f*	internal shut-off device
innere Unruhen *fpl*	civil commotions *pl*
Innergemeinschaftliche Handelsstatistik *fsg*	intra-Community trade statistics *pl* Intrastat *sg*
innergemeinschaftliche Lieferung *f*	intra-Community supply of goods
innergemeinschaftlicher Handel *msg*	intra-Community trade
innerorts	in city limits
insbesondere	especially
Insektizid *n*	insecticide
integer sein	have integrity, to
Integralfranchise *f* (Versicherung zahlt erst ab einer bestimmten Schadenshöhe)	absolute franchise non-deductible franchise
integrierte elektrische Achse f	integrated electric axle
integrierter Fahrtrainer m	integrated driving trainer
Integrierter Tarif der Europäischen Gemeinschaften/TARIC *m*	Integrated tariff of the European Communities/TARIC
Integrität *fsg*	integrity
Intelligent Headlamp Control/ICH	Intelligent Headlamp Control/ICH
Intensivtransporthubschrauber/ITH *m*	intensive care helicopter
Interbus-Fahrtenblatt *n*	interbus trip sheet
Intercooler *m*	intercooler

I

interessant	interesting
Interessenwahrung f	safeguarding interests
Interieur n	interior
intermediate fuel oil/IFO n (Marine Diesel mit größeren Anteilen an Schweröl)	intermediate fuel oil/IFO
intermodaler Verkehr m	intermodal transport
intern	internal
International Business Aviation Council/IBAC m	International Business Aviation Council/IBAC
International Cargo Clauses/ICC	International Cargo Clauses/ICC
International Commercial Terms	International Commercial Terms
international empfohlener Transit-korridor/IRTC m	International Recommended Transit Corridor/IRTC
International Federation of Air Traffic Controllers' Associations/ IFATCA f (Internationaler Berufs-verband der Fluglotsen)	International Federation of Air Traffic Controllers' Associations/ IFATCA
International Ice Patrol/IIP f (Internationale Eispatrouille)	International Ice Patrol/IIP
Internationale Atomenergie-Organi-sation/IAEO f	International Atomic Energy Agency/IAEA
Internationale Flug-Transport-Vereinigung/IATA f	International Air Transport Association/IATA
Internationale Föderation der Spediteurorganisationen/FIATA f	International Federation of Freight Forwarders Associations/FIATA
Internationale Handelskammer/ ICC f	International Chamber of Commerce/ICC
Internationale Handelsklauseln fpl	Incoterms pl International Commercial Terms pl
internationale Kontonummer/IBAN f	International Bank Account Number/IBAN
Internationale kriminalpolizeiliche Organisation/IKPO f	International Criminal Police Organization/ICPO Interpol/ICPO

I

Internationale Organisation für Normung/ISO *f*	International Organization for Standardization/ISO
Internationale Regeln von 1972 zur Verhütung von Zusammenstößen auf See *pl*	International Regulations for Preventing Collisions at Sea, 1972/ COLREGs *pl*
Internationale Seeschifffahrts-Organisation/IMO *f*	International Maritime Organization/IMO
Internationale Seezeichenver-einigung/IALA *f*	International Association of Marine Aids to Navigation and Lighthouse Authorities/IALA
Internationale Straßentransport-union/IRU *f*	International Road and Transport Union/IRU
Internationale Vereinigung der Gesellschaften für den Kombinierten Verkehr Schiene-Straße/ UIRR *f*	International Union of combined Road-Rail transport companies/ UIRR
Internationale Verlade- und Transportbedingungen für die Binnen-schifffahrt/IVTB *fpl*	International Conditions of Loading and Transportation/ICLT *pl*
Internationale Versicherungskarte für Kraftverkehr *f* (ugs. grüne Versicherungskarte)	international motor insurance card (coll. green insurance card)
Internationale Zivilluftfahrtorgani-sation/ICAO *f*	International Civil Aviation Organization/IACO
Internationaler Code für die Gefahrenabwehr auf Schiffen und in Hafenanlagen/ISPS-Code *m*	International Ship and Port Facility Security Code/ISPS-Code
Internationaler Eisenbahnverband/ UIC *m*	International Union of Railways/ UIC
Internationaler Entfernungsanzeiger *m* (im Eisenbahnverkehr) /DIUM (DIUM = Distancier International Uniforme Marchandise)	uniform distance table for international freight traffic (in rail traffic)/ DIUM *sg* (DIUM = Distancier International Uniforme Marchandise)
internationaler Fahrzeugschein *m*	international certificate for motor vehicles/ICMV
internationaler Flughafen *m*	international airport

internationaler Führerschein *m*	international driving licence *(BE)* / driver's license *(AE)*
Internationaler Rat der Chemieverbände/ICCA *m*	International Council of Chemical Associations/ICCA
Internationaler Seegerichtshof/ ISGH *m*	International Tribunal for the Law of the Sea/ITLOS
Internationaler Standard für Pflanzenschutzmaßnahmen/ISPM *m*	International Standard of Phytosanitary Measures/ISPM
internationales Flaggenalphabet *n*	international maritime signal flags
internationales Führerscheinrecht *n*	international driving licence law *(BE)* international driver's license law *(AE)*
Internationales Pflanzenschutzübereinkommen/IPPC *n*	International Plant Protection Convention/IPPC
Internationales Schifffahrtsbüro/ IMB *n* (Piraterie)	International Maritime Bureau/IMB (piracy)
internationales Signalbuch/ INTERCO *n*	International Code of Signals/ICS/ INTERCO
Internationales Übereinkommen für die Gefahrenabwehr auf Schiffen und Hafenanlagen/ISPS *n*	International Ship and Port Facility Security Code/ISPS
Internationales Übereinkommen über sichere Container/CSC *n*	International Convention for Safe Containers/CSC
Internationales Übereinkommen zum Schutz des menschlichen Lebens auf See/SOLAS *n*	International Convention for the Safety of Life at Sea/SOLAS
Internationales Übereinkommen zur Verhütung der Meeresverschmutzung durch Schiffe/ MARPOL *n*	International Convention for the Prevention of Pollution from Ships/ MARPOL
interne Revision *f*	internal audit internal auditing
interner Kunde *m*	internal customer

I

internes gemeinsames Versandverfahren *n* (T2-Verfahren)	internal common transit procedure (T2 procedure)
internes gemeinschaftliches Versandverfahren *n* (T2-Verfahren)	internal community transit procedure (T2 procedure)
internes Unionsversandverfahren *n* (T2-Verfahren)	internal union transit procedure *sg* (T2 procedure)
Interpol/IKPO *f*	International Criminal Police Organization/ICPO Interpol/ICPO
Intersection *f* (Knotenpunkt im Luftverkehr)	intersection (aviation)
Intrahandel *msg* (EU)	intra-European Union trade
Intralogistik *f*	intralogistics
Intrastat *fsg*	intra-Community trade statistics *pl* Intrastat *sg*
Invalidität *f*	disability
Invaliditätsgrad *m*	degree of disability
Inventar *n*	inventory stock (BE)
Inventur *f*	inventory
Inventur machen	take inventory, to *(AE)* take stock, to *(BE)*
Inventurverfahren *n*	stocktaking procedure
ionisierende Strahlung *f*	ionizing radiation
ISO-Währungscode *m*	ISO currency code
Isoliercontainer *m*	insulated container
Isotopenklausel *f* (DTV-Güter 2000/2011)	Radioactive Isotopes Clause (DTV Cargo 2000/2011)

J

Jahr *n*	year
Jahresabschlussbuchung *f*	annual financial statement
Jahresinventur *f*	annual inventory

jährlich	annual
jährliche Betriebsprüfung *f*	annual audit
Januar *m*	January
Jet *m*	jet
	jet aircraft
Jetlag *m*	jetlag
JOLODA Verladesystem *n* (® Joloda International Ltd.)	JOLODA loading system (® Joloda International Ltd.)
Journal *n*	daybook
Jugendarbeitsschutzgesetz/ JArbSchG *n*	Youth Employment Protection Act
Juli *m*	July
jung	young
Jungfernflug *m*	maiden flight
Juni *m*	June
Just in Sequence (reihenfolge-synchron)	just-in-sequence (synchronized in sequence)
Just in Time (termingerecht)	just-in-time (on schedule)

K

Kabel *n*	cable
Kabotage *fsg*	cabotage *sg*
Kabotageverkehr *m*	cabotage traffic
Kadmium *nsg*	cadmium *sg*
Kaffee *m*	coffee
Kai *m*	quay
Kaiempfangsschein *m*	dock receipt / D/R
Kaimauer *f*	quay wall
Kaizen-Prinzip *n*	Kaizen principle *sg*
Kakao *m*	cocoa
Kalender *m*	calendar

K

Kalilauge *f*	potash lye caustic potash
Kalium *nsg*	potassium *sg*
kalkulatorische Abschreibung *f*	imputed depreciation
kalkulatorische Miete *f*	imputed rent
kalkulatorische Wagnisse *npl*	imputed risks *pl*
kalkulatorische Zinsen *mpl*	imputed interest
kalkulatorischer Unternehmerlohn *m*	imputed entrepreneurial salary
kalkulieren	calculate, to
kalt	cold
Kälteprüfstrom *m*	cold test current
Kaltreiniger *m*	cold cleaner
Kalziumkarbid *n*	calcium carbide
Kampagne *f*	campaign
Kanal *m* (künstlich)	canal
Kanal *m* (natürlich)	channel
Kanalabdeckung *f*	drain seal
Kanalbrücke *f*	canal bridge navigable aqueduct water bridge
Kanaltunnel *m* (Binnenschiff)	canal tunnel
Kanaltunnel *m* (GB-F)	Channel Tunnel
Kanaren *pl*	Canary Islands *pl*
Kanarische Inseln *fpl*	Canary Islands *pl*
Kanban-System *n*	kanban system
Kanister *m*	jerry can
Kantenschoner *m*	corner protector edge protector
Kantholz *n*	squared timber

K

Kanzelwagen *m*	observation car *(AE)*
	observation carriage *(BE)*
	observation coach *(BE)*
Kapitaleinlage *f*	capital contribution
Kapitalfluss *m* (fin.)	capital flow *sg*
	cash flow
Kapitalgesellschaft *f* (fin.)	corporation (fin.)
Kapitalkonto *n* (Passivkonto)	capital account (passive account)
Kapitän *m*	sea captain
	shipmaster
Kardanwelle *f*	cardan shaft
Karibik *f*	Caribbean
Karibikforum der AKP-Staaten/	Caribbean Forum of African,
CARIFORUM *n*	Caribbean and Pacific States/
	CARIFORUM
Karibische Gemeinschaft/	Caribbean Community and
CARICOM *f*	Common Market/CARICOM
Karibische Inseln *fpl*	West Indies *pl*
Kartonage *f*	cardboard packaging
Kartonschachtel *f*	cardboard box
Kaskoversicherung *f*	comprehensive insurance
Kassettenlager *n* (automatisch)	cassette storage (automatic)
Kat *m (ugs.)*	catalytic converter
	cat *(coll.)*
Katalysator *m*	catalytic converter
	cat *(coll.)*
kaufen	buy, to
	purchase, to
Kauffrau für Groß- und Außenhan-delsmanagement *f*	Wholesale and Foreign Trade Management Assistant

K

Kauffrau für Spedition und Logistik-dienstleistung *f*	Freight Forwarding and Logistics Services Management Assistant Forwarding and Logistics Services clerk Forwarding and Logistics Services Merchant Forwarding and Logistics Services Assistant Forwarding and Logistics Services Agent Freight Forwarding and Logistics Agent *(AE)*
Kaufkraft *f* (fin.)	purchasing power (fin.)
Kaufmann für Groß- und Außen-handelsmanagement *m*	Wholesale and Foreign Trade Management Assistant
Kaufmann für Spedition und Logistikdienstleistung *m*	Freight Forwarding and Logistics Services Management Assistant Forwarding and Logistics Services clerk Forwarding and Logistics Services Merchant Forwarding and Logistics Services Assistant Forwarding and Logistics Services Agent Freight Forwarding and Logistics Agent *(AE)*
Kaufmann für Versicherungen und Finanzen *m*	insurance and financial services broker
kaufmännische Ausbildung *f*	commercial education business management trasining
Kaufvertrag *m* (fin.)	purchase contract (fin.)
Kaukasien *n* (Kaukasus)	Caucasia Caucasus
Kausalität *f*	causality
Kaution *f*	bail
Kavalierstart *m*	racing start

K

Kehrblech *n*	dustpan
Kehrschaufel *f*	dustpan
Keilriemen *m*	V-belt
	fan belt
Keilrippenriemen *m*	V-ribbed belt
	poly-V-belt
	serpentine belt
keine Nachricht ist eine gute Nachricht *(ugs.)*	no news is good news *pl (coll.)*
keine Wertangabe	no value declared/NVD
Kemlerzahl *f*	Kemler number
Kennzahlen der Finanzstruktur *fpl*	financial structure indicators *pl*
Kennzahlen der Kapitalstruktur *fpl*	capital structure indicators *pl*
Kennzahlen der Liquidität *fpl*	liquidity indicators *pl*
Kennzahlen zur Vermögenslage *fpl*	net asset indicators *pl*
Kennzeichnung *f*	labelling *(BE)*
	labeling *(AE)*
Kentern *n*	capsizing
KEP-Dienst *m*	CEP service
	courier express parcels service
Kernbrennstoff *m*	nuclear fuel
Kernkompetenz *f*	core competence
Kerosin *n*	jet fuel
Kesselbrücke *f*	vessel bridge
Kesselwagen *m*	tank car *(AE)*
	tank wagon *(BE)*
Kette *f*	chain
Kettenförderer *m* (bei schweren Lasten im Einsatz, z.B. bei Erzen)	chain conveyor *sg* (used for heavy loads, e.g. ores)
Kfz-Elektriker *m*	auto electriciancar electrician
Kfz-Haftpflicht *f* (ugs.)	motor vehicle liability insurance
Kfz-Haftpflichtversicherung *f*	motor vehicle liability insurance

K

Kfz-Kennzeichen *n* (Nummer)	license plate number *(AE)*
	registration number *(BE)*
Kfz-Kennzeichen *n* (Schild)	license plate *(AE)*
	license tag *(AE)*
	number plate *(BE)*
	registration plate *(BE)*
Kfz-Mechaniker *m*	auto mechaniccar mechanic
Kfz-Mechatroniker *m*	automotive mechatronics engineer
Kfz-Steuer *f*	road tax
	vehicle excise duty/VED (UK)
Kfz-Werkstatt *f*	garage
Kies *m*	gravel
kilometerabhängige Maut *f*	kilometre-dependent toll *(BE)*
	kilometer-dependent toll *(AE)*
Kilometrierung *f*	chainage
Kilowatt/kW *n*	kilowatt/kW
Kinderkrankheiten *fpl* (fig.)	growing pains *pl* (fig.)
Kipper *m*	dump truck *(AE)*
	dumper truck *(BE)*
Kippgefahr *f*	tilting danger
Kippindikator *m*	tilt indicator
Kippkante *f*	tilting edge
Kippnase *f* (Flugzeug)	droop leading edge flap
	droop nose (aircraft)
Kippschalensorter *m*	tilt-tray sorter
Kippsicherheit *f*	tipping safety
Kippventil *n*	tilt valve
Kippwagen *m*	side dump car *(AE)*
	tipper wagon *(BE)*
Klagebegründung *f*	complaint *(AE)*
	statement of claim *(BE)*
Kläger *m*	claimant

K

Klageschrift *f*	complaint *(AE)*
	statement of claim *(BE)*
Klappbrücke *f*	bascule bridge
	drawbridge
Klarierung *f*	clearance
Klarierungsagent *m*	water clerk
Klasse 1 *f*	class 1
Explosive Stoffe und Gegenstände	Explosive substances and articles
mit Explosivstoffen	
Klasse 1.1 *f*	class 1.1
Stoffe und Gegenstände, die	Substances and articles having a
massenexplosionsfähig sind	mass explosion hazard
Klasse 1.2 *f*	class 1.2
Stoffe und Gegenstände, die die	Substances and articles having a
Gefahr der Bildung von Splittern,	projection hazard but not a mass
Spreng- und Wurfstücken	explosion hazard
ausweisen, aber nicht massen-	
explosionsfähig sind	
Klasse 1.3 *f*	class 1.3
Stoffe und Gegenstände, die eine	Substances and articles having
Feuergefahr besitzen und die	a fire hazard and either a minor
entweder eine geringe Gefahr	blast hazard or a minor projection
durch Luftdruck oder eine geringe	hazard or both, but not a mass
Gefahr durch Splitter, Spreng- und	explosion hazard
Wurfstücke oder durch beide	
aufweisen, aber nicht massen-	
explosionsfähig sind	
Klasse 1.4 *f*	class 1.4
Stoffe und Gegenstände, die	Substances and articles having a
im Falle der Entzündung oder	minor explosion hazard beyond the
Zündung während der Beförderung	package in the event of ignition or
nur eine geringe Explosionsgefahr	initiation during transport
aufweisen, die Auswirkungen	
bleiben auf das Versandstück	
beschränkt	

K

Klasse 1.5 *f*
Sehr unempfindliche Stoffe, die
massenexplosionsfähig sind

class 1.5
Very insensitive substances having
a mass explosion hazard

Klasse 1.6 *f*
Extrem unempfindliche Gegenstände, die nicht massenexplosionsfähig sind

class 1.6
Extremely insensitive articles
which do not have a mass
explosion hazard

Klasse 2.1 *f*
Entzündbare Gase

class 2.1
Flammable gases

Klasse 2.2 *f*
Nicht entzündbare, nicht giftige
Gase

class 2.2
Non-flammable and non-toxic
gases

Klasse 2.3 *f*
Giftige Gase

class 2.3
Toxic gases

Klasse 3 *f*
Entzündbare flüssige Stoffe

class 3
Flammable liquids

Klasse 4.1 *f*
Entzündbare feste Stoffe, selbst-
zersetzliche Stoffe und desensi-
bilisierte explosive Stoffe

class 4.1
Flammable solids, self-reactive
substances and desensitised
explosives

Klasse 4.2 *f*
Selbstentzündliche Stoffe

class 4.2
Substances liable to spontaneous
combustion

Klasse 4.3 *f*
Stoffe, die in Berührung mit Wasser
entzündliche Gase bilden

class 4.3
Substances which, in contact with
water, emit flammable gases

Klasse 5.1 *f*
Entzündend (oxidierend) wirkende
Stoffe

class 5.1
Oxidizing substances

Klasse 5.2 *f*
Organische Peroxide

class 5.2
Organic peroxides

Klasse 6.1 *f*
Giftige Stoffe

class 6.1
Toxic substances

Klasse 6.2 *f*
Ansteckungsgefährliche Stoffe

class 6.2
Infectious substances

K

Klasse 7A *f*	class 7A
Radioaktive Stoffe Kategorie I – weiß	Radioactive materials category I – white
Klasse 7B *f*	class 7B
Radioaktive Stoffe Kategorie II – gelb	Radioactive materials category II – yellow
Klasse 7C *f*	class 7C
Radioaktive Stoffe Kategorie III – gelb	Radioactive materials category III – yellow
Klasse 7E *f*	class 7E
Spaltbare Stoffe der Klasse 7	Fissile materials of class 7
Klasse 8 *f*	class 8
Ätzende Stoffe	corrosive substances
Klasse 9 *f*	class 9
Verschiedene gefährliche Stoffe und Gegenstände	Miscellaneous dangerous substances and articles
Klasse der gefährlichen Güter *f*	dangerous goods class
Klassifikations- und Altersklausel *f* (DTV-Güter 2000/2011)	Classification and Age Clause (DTV Cargo 2000/2011)
Klassifizierung *f*	classification *sg*
Klassifizierungscode *m*	classification code
Klauen-Schaltgetriebe *n*	claw gearbox
Klausel, bei der der Verfrachter sich zur Verladung, Entladung und Ladungssicherung und -entsicherung verpflichtet (Vom Moment, ab dem die Ladung am Schiffshaken im Ladehafen hängt bis zum Moment, an dem die Ladung ausgeladen am Schiffhaken über der Pier im Löschhafen hängt)	Liner Terms Hook/Hook / LTHH *pl*
Klausel, die den Verfrachter zu sämtlichen Umschlagskosten verpflichtet *f*	gross terms/G.T. *pl*
Klauseln der Seeversicherung/ICC *fpl*	Institute Cargo Clauses/ICC *pl*

K

Klebeband *n*	adhesive tape
klein	small
	little
Kleincontainer *m* (Fassungsraum von mindestens 1 Kubikmeter und höchsten 3 Kubikmeter)	small containers *pl* (capacity of at least 1 m³ and a maximum of 3 m³)
Kleine Antillen *pl*	Lesser Antilles *pl*
kleine Havarie *f*	petty average
kleine Verletzung *f*	minor injury
kleines Fass *n*	keg
Kleinflugzeug *n*	light aircraft
Kleinigkeiten *fpl*	odds and ends *pl (coll.)*
Kleintransporter mit offener Ladefläche *m*	pickup truck
Kleinwasserzuschlag/KWZ *m*	low water surcharge
Klemmbalken *m*	clamping beam
Klemmbrett *n*	clipboard
Klemmbretter *npl*	clipboards *pl*
Klimaanlage *f*	air conditioner
	air conditioning
klinischer Abfall *m*	clinical waste
klug	intelligent
Knallgas *n*	detonating gas
	oxyhydrogen
Knallkapsel *f*	detonator *(BE)*
	torpedo *(AE)* (rail)
Knappheit *f* (z.B. von Güter)	scarcity (e.g. of goods)
Knickarmkran *m* (z.B. LKW-Ladekran)	knuckle boom crane
Koffer *m*	suitcase
Kofferaufbau *m*	box body
Kofferraumzustellung f	car boot *(BE)* trunk *(AE)* delivery
Koffertank *m*	box-shaped tank

K

Kohle *f*	coal
Kohlendioxid *n*	carbon dioxide
Kohlenstoffdioxid *n*	carbon dioxide
Kollege *m*	colleague
Kollisionskurs *m* (Luftverkehr)	collision course (aviation)
Kollisionsverhütungsregeln/KVR *fpl*	International Regulations for Preventing Collisions at Sea, 1972/ COLREGs *pl*
Kollo *n*	package
Kölner Palettentausch *m* (mit Doppeltausch)	Cologne Pallet Exchange
Kolonne *f*	convoy
Kombinationsfilter *m*	combination filter
Kombinationsverpackung *f* (Innengefäß mit einer Außenverpackung die zusammengehören und nicht trennbar voneinander sind / Gefahrgut)	combination packaging (inner container with outer packaging that belong together and cannot be separated / dangerous goods)
Kombinationsverpackung *f*	composite packaging
Kombinierte Nomenklatur/KN *f*	combined nomenclature/CN
kombinierter Verkehr/KV *m*	combined transport/CT
kombiniertes Transportkonnossement *n*	combined transport B/L combined transport bill of lading
Kombiverkehr *m*	combined transport
Kombüse *f*	galley
Komfortelektronik *f*	comfort electronics
Komfortsitz *m*	comfort seat
Kommissionierauftrag *m*	picking order *sg*
Kommissionierautomat *m*	picking machine *sg*
Kommissionierer *m* (Gerät)	order picker
Kommissionierer *m* (Person)	order picker
Kommissionierfehler *m*	picking error *sg*

K

Kommissioniergänge *mpl* (in der Regel ohne Staplerbetrieb)	picking aisles *pl* (usually without forklift operation)
Kommissionierkosten je Auftrag *pl* (Kennzahl)	picking costs *pl* per order (key figure)
Kommissionierkosten *pl*	order picking costs *pl*
Kommissionierlager *n*	order picking warehouse picking warehouse *sg*
Kommissionierleistung *f*	picking performance *sg*
Kommissionierliste *f*	picking list
Kommissioniermethode *f*	order picking method
Kommissionierroboter *m*	picking robot *sg*
Kommissionierstapler *m*	order picking forklift picking truck *sg*
Kommissionierung *f*	order picking *sg*
Kommissionierungsanlagen *fpl*	order picking systems *pl*
Kommissionierzeit *f*	picking time *sg*
Kommissionierzeit je Auftrag *f* (Kennzahl)	picking time per order *sg* (key figure)
Kommissionslager *n*	consignment warehouse *sg*
Kommunikation *f*	communication *sg*
Kommunikationsgerät *n*	communication device
Kommunikationsprobleme *npl*	communication problems *pl*
Kompetenz *f*	expertise
Kondominium *n*	condominium (pol.)
Konfektionierung *f*	packaging
Konferenzgebiet *n*	Traffic Conference Area
Konfliktbewältigung *f*	conflict management
Konfliktvermeidung *f*	conflict avoidance
Königszapfen *m*	king pin
konkludentes Handeln *n*	implied action
Konnossement *n*	B/L bill of lading

K

Konnossementsklausel *f*	bill of lading clause
konsequent	consistent
Konsignationslager *n* (Verteillager)	consignment warehouse *sg*
	consignment stock
	consignment store
Konsortium *n* (Seeschifffahrt)	consortium (ocean shipping)
Konsul *m*	consul
Konsulat *n*	consulate
Konsulats- und Mustervorschriften/ KuM *fpl*	Consular and Import Documentation Requirements/KuM *pl*
Konsulatserklärung *f*	consular declaration
Konsulatsfaktura *f*	consular invoice
Konsumgüter-Kontraktlogistik *f*	consumer goods contract logistics
Kontaktdaten *pl*	contact details *pl*
Kontaktlinse *f*	contact lens
Kontamination *f*	contamination
Kontaminierung *f*	contamination
Kontenklasse *f*	acount class
	account category
Kontierungsstempel *m*	accounting stamp
Kontingent *n*	quota
kontingentiert (ugs.)	contingent (coll.)
Kontoabhebung *f*	withdrawal
Kontonummer *f*	account number
Kontorflagge *f*	house flag
Kontrahierungszwang *m*	obligation to contract
Kontraktlogistik *f*	contract logistics *pl*
Kontrolle der Warenströme *f*	control of the flow of goods
Kontrollgerät *n*	control device
Kontrollkarte *f*	control card
Kontrollstreifen *m* (Fluglotse)	strips *pl* (air traffic controller)
Kontrolltemperatur *f*	control temperature

K

Kontrollturm *m* (Flughafen)	airport traffic control tower/TWR aerodrome control tower/TWR
Kontrolluhr *f*	punch clock time clock
Kontrollzone/CTR *f* (Luftverkehr)	control zone/CTR (aviation)
Konventionalstrafe *f*	contract penalty contractual penalty
Konvoi *m*	convoy
Konzession *f*	concession
Konzessionäre *mpl*	concessionaires *pl*
koordinierte Weltzeit/UTC *f*	Universal Time Coordinated/UTC Coordinated Universal Time/UTC
Kopfbahnhof *m*	terminus
Kopframpe *f*	end-loading platform end-loading ramp
Kopfschmerz *m*	headache
Kopie *f*	copy
Koppelschleuse *f*	twin locks *pl*
Koppelverband *m* (Motorschiff und Leichter)	side-by-side formation (motorised vessel and barge)
Korbflasche *f*	demijohn
körnig	grainy
Körperscanner *m*	full-body scanner
korrodiert	corroded
Kosmetik *fsg*	cosmetics *pl*
Kosten für Bürogeräte *pl*	costs for office equipment *pl* (fin.)
Kosten für Büromaterial *pl*	costs for office supplies *pl* (fin.)
Kosten für Datenkommunikation *pl*	costs for data communication *pl* (fin.)
Kosten für Entsorgung *pl*	costs for disposal *pl* (fin.)
Kosten *pl*	expenditure expense

K

Kosten zur Sicherung des Lagergebäudes *pl*	costs for securing the warehouse building *pl* (fin.)
Kostenart *f*	cost type
Kostenartentrennung *f* (fin)	cost element separation (fin)
Kostenbewusstsein *n*	cost awareness
Kostenblock *m*	costs block
Kostenentwicklung *f*	cost developement
Kostenermittlungsproblem *n* (fin.)	cost determination problem (fin.)
Kostenkalkulation *f* (fin.)	cost calculation (fin.)
kostenrechnerische Korrektur *f*	cost-accounting correction
Kostenrechnung *f* (fin.)	cost accounting (fin.)
Kostenstelle *f*	cost centre *(BE)* cost center *(AE)*
Kostenstelle *f* (Einzelkosten)	cost centre direct costs *(BE)* cost center direct costs *(AE)*
Kostenstelle *f* (Gemeinkosten)	cost centre overhead costs *(BE)* cost center overhead costs *(AE)*
Kostenstellenrechnung *f*	cost centre accounting *(BE)* cost center accounting *(AE)*
Kostenstruktur *f*	cost structure
Kostenträger *m*	cost unit
Kostenübergang *m*	transfer of costs
Kostenumlage *f*	cost allocation
Kostenvergleich *m*	cost comparison
Kostenverursachung *f*	cost causation
Kraftfahrstraßen *fpl*	motorways pl *(BE)* highways pl *(AE)*
Kraftfahrzeug/Kfz *n*	motor vehicle
Kraftfahrzeugsteuer *f*	road tax vehicle excise duty/VED (UK)
Kraftomnibus/KOM *m*	bus omnibus bus and coach

K

Kraftrad *n*	motorbike motorcycle
Kraftstoffanlage *f*	fuel system
Kraftstofffilter *m*	fuel filter
Kraftverkehrsmeister/-in *m/f*	Master Craftsman/Craftswoman for motorised *(BE)*/ motorized *(AE)* transport
Kraftwagen *m*	automobile car motor car passenger car (road) passenger vehicle
Kragarmregal *n*	cantilever rack
Kran *m*	crane
Kranarbeiten *fpl*	crane work *sg*
Kranführer *m*	crane driver crane operator
Kranführerschein *m*	crane driver licence *(BE)* crane driver's license *(AE)* crane operator licence *(BE)* crane operator's license *(AE)*
Kranhubschrauber *m*	skycrane
Krankenhaus *n*	hospital
Krankentransportwagen/KTW *m*	ambulance
Krankenversicherung *f*	health insurance
Krankenwagen *m*	ambulance
Krankheit *f*	illness
Krantechnik *f* (unbegleiteter Verkehr)	crane technology (unaccompanied transport)
Kranwagen *m*	breakdown crane *(BE)* crane car *(AE)* railroad crane
Krebserkrankung *f*	cancer
Kreditor *m*	creditor

K

Kreditorenziel *n*	creditor days
Kreditrating *n*	credit rating
Kreisel *m*	roundabout *(BE)* traffic circle *(AE)*
Kreislaufwirtschaft- und Abfallgesetz/KrW-/AbfG *n*	Recycling and Waste Management Act Closed Substance Cycle and Waste Management Act/KrW-/AbfG
Kreislaufwirtschaftsgesetz/KrWG *n*	Recycling Act
Kreisstraßen *fpl*	county roads *pl*
Kreisverkehr *m*	roundabout *(BE)* traffic circle *(AE)*
Kreuzschlüssel *m*	lug wrench *(AE)* wheel brace *(BE)* wheel wrench *(BE)*
Krieg *m*	war
Kriegsklausel *f* (DTV-Güter 2000/2011)	War Clause (DTV Cargo 2000/2011)
Kriegsrisikoversicherung *f*	war risk insurance
Kriegsrisikozuschlag *m*	war risk surcharge
Kriegswaffenkontrollgesetz/KrWaffKontrG *n*	War Weapons Control Act/KrWaffKontrG
Kriegswerkzeugklausel *f* (DTV-Güter 2000/2011)	Derelict Weapons of War Clause (DTV Cargo 2000/2011)
Kriegszuschlag *m*	war surcharge
Kriminalrecht *n*	criminal law
Krimskrams *msg (ugs.)*	odds and ends *pl (coll.)*
Kritikalität *f*	criticality
Kritikalitätssicherheitskennzahl/CSI *f*	criticality safety index/CSI
Kryobehälter *m*	cryogenic container
Kubatur *f*	cubage cubature

K

Kuhfänger *m* (Straße)	bullbar
Kühl- und Gefrierhaus *n*	cold storage and freezer warehouse *sg*
Kühlaggregat *n*	cooling unit refrigeration unit
Kühlanhänger *m*	refrigerated trailer
Kühlauflieger *m*	refrigerated trailer
Kühlcontainer *m*	reefer (container) refrigerated container
Kühlfahrzeug *n*	refrigerated lorry *(BE)* refrigerated truck *(AE)*
Kühlflüssigkeit *f*	coolant
Kühlhaus *n*	cold store
Kühlkette *f*	cold chain refrigerated chain
Kühlmittel *n*	coolant
Kühlschiff *n*	reefer ship refrigerator ship
Kühlung *f*	cooling
Kühlvorrichtungen *fpl*	cooling devices/equipment
Kühlwagen *m* (Eisenbahn)	reefer car *(AE)* refrigerated wagon *(BE)* refrigerator car *(AE)* refrigerator wagon *(BE)*
Kühlwagen *m* (LKW)	refrigerated lorry *(BE)* refrigerated truck *(AE)*
Kühlware *f*	chilled goods *pl*
kumulierter Deckungsbeitrag *m*	accumulated contribution margin
Kunde *m*	client customer
Kundenbetreuung *f*	customer care customer service
Kundenkonto *n*	account
Kundennähe *f*	customer proximity *sg*

K

Kündigung *f*	dismissal
Kündigungsrecht *n*	right of termination/cancellation
Kündigungsschutzgesetz/KSchG *n*	Dismissal Protection Act
Kunststoff *m*	plastic
Kunststoffumreifungsband *n*	plastic strapping
Kupfer *nsg*	copper *sg*
Kuppelschleuse *f*	twin locks *pl*
Kupplung *f* (Nutzfahrzeug)	clutch (commercial vehicle)
Kupplung *f* (Eisenbahn)	coupling
Kupplung *f* (zum Befüllen/Löschen)	coupling
Kupplungsauge *n*	drawbar eye
Kupplungsbolzen *m*	coupling pin
Kupplungspedal *n*	clutch pedal
Kurier *m*	courier
Kurier-Express und Paketdienst *m*	CEP service
	courier express parcels service
Kurierdienst *m*	courier service
Kurve *f*	bend
Kurvenverhalten *m*	cornering ability
kurzfristig	short-term
kurzfristige Erfolgsrechnung *f*	short-term income statement
Kurzstreckenflug *m*	short-distance flight
	short-haul flight
Kurzstreckenflugzeug *n*	short-haul aircraft
	short-range aircraft
Kurzstreckenseeverkehr *m*	short sea shipping
Kurzzeitgenehmigung *f*	short-term approval
Küstenhandel *msg*	short sea shipping
Küstenverkehrszone *f*	inshore traffic zone
Küstenwache *f*	coastguard

K

L

Ladebordwand *f*	tail lift
Ladebühne *f*	loading ramp
	loading platform
Ladeeinheit/LE *f*	loading unit
Ladeeinheit/ULD *f* (Luftfrachtpalette bzw. -container)	Unit Load Device/ULD
Ladefähigkeit *f*	load capacity
Ladefähigkeit *f* (Seeschiff)	tons deadweight cargo carrying capacity/tdwcc
Ladefläche *f*	cargo area
	loading area
Ladefrist *f*	loading period
Ladegestelle *f*	loading racks *pl*
Ladehilfen *fpl*	loading aids *pl*
Ladehilfsmittel/LHM *n*	loading device
	loading equipment
Ladehölzer *npl*	loading timbers *pl*
Ladekabel *n*	charging cable
	charger cable
Ladeklappe *f*	loading flap
Ladekontrollleuchte *f*	battery charge indicator
Ladeliste *f*	loading list
Ladeluftkühlung *f*	intercooling
Lademaßüberschreitung *f*	exceeding the loading gauge
Lademeter/LDM *m*	loading meter *(AE)*
	loading metre *(BE)*
Lademulden *fpl* (Ladungssicherung fest im Fahrzeug installiert)	loading troughs *pl* (load securing permanently installed in the vehicle)
Laden *m*	shop
	store

L

laden und löschen nach Liner Terms	Full Liner Terms/FLT pl
Laden und Löschen von Stückgut ohne Hafenunterstützung *n*	Lift on/Lift off / Lo/Lo
laden und stauen nach Liner Terms - frei löschen	Liner In - Free Out/LIFO
Ladeplan *m*	loading plan
Laderampe *f*	loading ramp
Laderaum *m* (Schiff)	cargo hold (ship) hold (ship)
Ladeschluss *m*	closing for cargo
Ladestation *f*	charging station
Ladetätigkeit *f*	loading activity
Ladevorgang *m*	charging
Ladezeit *f*	loading time
Ladezone *f*	loading area
Ladung *f*	cargo
Ladungsbrand *m*	cargo fire
Ladungsdiebstahl *m*	cargo theft
Ladungskontrolle *f*	cargo control
Ladungskontrolleur *m*	tallyman
Ladungsoffizier *m*	cargo officer
Ladungssicherung *f*	cargo securing load securing
Ladungssicherungsmittel *n*	cargo securing equipment load securing equipment
Ladungsverzeichnis *n* (Warenmanifest)	list of cargo (goods manifest)
Ladungsverzeichnis *n*	manifest
Lager *n*	store warehouse
Lager-Empfangsschein *m*	warehouse receipt certificate/form *sg*

L

Lager-Nummernschlüssel *m*	warehouse number key *sg*
Lageradresse *f*	storage address *sg*
	warehouse address *sg*
Lagerarbeiter *m*	warehouseman
	storekeeper
Lagerausstattung *f*	warehouse equipment
Lagerbereich *m*	storage area
Lagerbestand *m*	stock *(BE)*
	stock on hand *(BE)*
	inventory (AE)
	stock level *sg*
Lagerdauer *f*	storage period
Lagereinrichtung *f*	storage facility *sg*
Lagerempfangsschein *m*	warehouse receipt
Lagerentgelt *n*	storage charge
	storage fee
	warehouse charge
	warehousing fee
Lagergebühr *f*	storage charge
	storage fee
	warehouse charge warehousing
	fee
Lagergestell *n*	storage rack
Lagergut *n*	stored goods
Lagerhalle *f*	warehouse
Lagerhalter *m*	warehouse keeper
	storekeeper
	stockist
Lagerhaltung *f*	stock keeping
	storage
	storekeeping
	warehousing
Lagerhaltungskosten *pl*	costs of storage *pl*
	inventory costs *pl*
	storage costs *pl*
	warehousing costs *pl*

L

Lagerhaus *n*	warehouse
Lagerkosten *pl*	costs of storage *pl*
	inventory costs *pl*
	storage costs *pl*
	warehousing costs *pl*
Lagerleistungen *fpl*	storage services *pl*
	storage performance *sg*
	warehouse services *pl*
	warehouse performance *sg*
Lagerlogistik *f*	warehouse logistics *pl*
	storage logistics
Lagermiete *f*	warehouse rent
Lagerplatz *m*	storage area *sg*
	bin location *sg*
Lagerraum *m*	stockroom
	storage room *sg*
Lagerräume *mpl*	storage rooms *pl*
Lagerregal *n*	storage rack
Lagerreichweite *f* (Kennzahl)	day of sales in inventories (DSI)
	(key figure)
	stock turnover (key figure) (fin.)
Lagerrisiko *n*	storage risk
Lagerschein *m*	warehouse receipt/certificate *sg*
	warehouse bond
Lagersysteme *npl*	storage systems *pl*
Lagerumschlag *m*	inventory turnover
	stock turnover
	stockturn
Lagerumschlagshäufigkeit *f* (Kennzahl)	inventory/stock turnover rate *sg* (key figure)
Lagerung *f*	storage
	warehousing

L

Lagerungskosten *pl*	costs of storage *pl* inventory costs *pl* storage costs *pl* warehousing costs *pl*
Lagerversicherung *f*	warehouse insurance
Lagervertrag *m*	storage contract warehousing contract
Lagerverwalter *m*	warehouse keeper
Lagerverwaltung *f*	warehouse management
Lagerwesen *nsg*	warehousing
Lagerzone *f*	storage area
LAHSO *n* (kurze Landung machen)	Land and Hold Short Operations/ LAHSO *pl*
Landeanflug *m*	landing approach/APCH
Landebahn *f*	runway/RWY
Landebahnkennung *f*	runway designator
Landeerlaubnis *f*	landing permit
Landefreigabe *f*	landing clearance
Landegebühr *f*	landing charge landing fee
Landesstraße *f*	B road *(BE)* state road *(AE)*
Landesstraßen *fpl*	national roads *pl*
Landstraße *f*	B road *(BE)* state road *(AE)*
Landung *f*	landing
Landungsbrücke *f*	pier
landwirtschaftlicher Betrieb *m*	agricultural operation
Lang-Lkw *m* (Fahrzeugkombination bis 25,25m Gesamtlänge)	long lorry *(BE)* / truck *(AE)* (vehicle combination up to 25.25m total length)
Länge *f*	length
Länge über Puffer/LüP *f*	length over buffers

L

Längenkreise *mpl* (geografisch)	longitudinal circles *pl* (geographical)
Längenzuschlag *m*	long length additional
langfristig	long-term
langsam	slow
Langsamdreher *m*	slow mover
	slow-moving consumer goods/ SMCG *pl*
Längsposition im Regal *f*	longitudinal position sg on the shelf
Langstreckenflug *m*	long-distance flight
	long-haul flight
Langstreckenflugzeug *n*	long-haul aircraft
	long-range aircraft
langweilig	boring
Lärmarmzertifikat *n*	low noise certificate
Lärmpegel *m*	noise level
Lärmschutzwand *f*	noise barrier
Lärmzertifikat *n*	noise certificate
laschen	lash, to
Lastaufnahmemittel *n*	load handling device
Lastenaufzug *m*	freight elevator *(AE)*
	goods lift *(BE)*
Lastenfallschirm *m*	cargo parachute
Lastenrad *n*	cargo bike *sg*
Laster *m*	lorry *(BE)*
	truck *(AE)* (road)
Lastgrenze *f*	load limit
Lastkette *f*	load chain
Lastkraftwagen/LKW *m*	lorry *(BE)*
	truck *(AE)* (road)
Lastlauf *m* (Motor)	running under load (engine)
Lastschrift *f*	direct debit
Lastschutzgitter *n*	load backrest

L

Lastschwerpunkt *m*	load center *(AE)*
	load centre *(BE)*
Lastschwerpunktabstand *m*	load center distance *(AE)*
	load centre distance *(BE)*
Lastverteilungsplan *m*	load distribution plan
Lastwagen *m*	lorry *(BE)*
	truck *(AE)* (road)
Lastwagenfahrer *m*	lorry driver *(BE)*
	truck driver *(AE)*
Lateinamerika *n*	Latin America
Lattenkiste *f*	crate
Latzhose *f*	dungarees *pl (BE)*
	bib overalls *pl (AE)*
laufende Police *f*	general policy
	open policy
Laufkatze *f*	trolley
Lauge *f*	lye
laut	loud
Leasingdeckung *f*	leasing cover
lebende Pflanzen *fpl*	living plants *pl*
	live plants *pl*
lebende Tiere *npl*	living animals *pl*
	live animals *pl*
Lebensmittel *n*	foodstuff
Lebensmitteltransportbehälter-verordnung/LMTV *f*	Food Transport Container Regulation
Leck *n* (Schiff)	leak (ship)
Leckage *f*	leakage
Leder *n*	leather
Lederwaren *fpl*	leather goods *pl*
leer	empty
Leercontainer *m*	empty
leere Batterie *f*	discharged battery

L

Leerfahrt *f*	light running
	empty run
Leerflug *m*	empty legs flight
	empty legs *pl* (aircraft)
Leergut *n*	empties *pl*
Leerlauf *m* (Motor)	engine idle
	neutral (gear)
Leerlaufdrehzahl *f*	idle speed
	idling speed
Leerpalette *f*	empty pallet
Lehrgeld zahlen *(ugs.)*	learn the hard way, to *(coll.)*
Lehrling *m*	trainee
Leibesvisitation *f*	body search
Leibesvisitation *f* (einschließlich Körperöffnungen)	body cavity search
leicht (Gewicht)	light (weight)
leicht (mühelos)	easy
leicht bewegte See *f* (Sea State Code 3)	slight sea (sea state code 3)
leichter Schaden *m*	light damage
Leichtflugzeug *n*	light aircraft
Leihwagen *m*	hired car *(BE)*
	rental car *(AE)*
leise	quiet
Leistungsabhängige Schwerverkehrsabgabe/LSVA *f*	performance-related heavy vehicle charge
Leistungsdeckung *f* (Ausfuhr)	export credit cover for service providers
Leistungskennlinie *f*	performance characteristic
Leistungsklassen *fpl*	performance classes *pl*
Leistungsort *m*	place of fulfillment *(AE)*
	place of fulfilment *(BE)*
leitender Ingenieur/LI *m*	chief engineer

L

Leiterrahmen *m*	ladder frame
Leitpfosten *m*	delineator
Leitplanke *f*	crash barrier
	guardrail *(AE)*
Lenk- und Ruhezeiten *fpl*	driving time and rest periods *pl*
Lenkachse *f*	steering axle
Lenkgeometrie *f*	steering geometry
Lenkgetriebe *n*	steering gear
Lenkleitsysteme *npl*	steering control systems *pl*
Lenksäule *f*	steering column
Lenkung *f*	steering
Lenkungsspiel *n*	steering play
Lenkzeit Doppelwoche *f*	driving time double week
Lenkzeit *f*	driving time
Lenkzeitüberschreitung *f*	driving time exceeded
Lenkzeitunterbrechung *f*	break period
letzte Woche	last week
letzter Monat	last month
letztes Jahr	last year
Leverage-Effekt *m*	leverage effect
Lichtassistent *m*	light assistant
Lichteinwirkung *f*	exposure *sg* to light
lichtgeschützte Verpackung *f*	light-protected packaging
Lichtmaschine *f*	alternator
	dynamo
Lichtsignalanlage/LSA *f*	traffic light
Lichtzeichenanlage/LZA *f*	traffic light
Lieferant *m*	supplier
	vendor
Lieferantenerklärung *f*	supplier's declaration
lieferantengesteuerter Bestand *m*	supplier managed inventory/SMI
	vendor managed inventory/VMI

L

Lieferantenkreditdeckung *f*	supplier credit cover
Lieferbedingungen *fpl*	delivery terms *pl*
Lieferbereitschaftgrad *m*	service level *sg*
Lieferfrist *f*	delivery deadline
Lieferfristüberschreitung *f*	delivery time exceeded
Lieferkette *f*	supply chain
Lieferkettenmanagement/SCM *n*	supply chain management/SCM
Lieferkettensorgfaltspflichten-gesetz/LkSG *n*	German Supply Chain Duty of Care Act/LkSG
Lieferschein *m*	delivery note
Lieferverzug *msg*	delay in delivery
Lieferwagen *m*	van
Lieferwert *m*	delivery value
Lieferzeit *f*	delivery time
Lieferzeitpunkt *m*	delivery date
Lieferzeitraum *m*	delivery period
Liegegeld *n* (Schiff)	demurrage
Liegeplatz *m*	berth
Liegewagen *m*	couchette car *(AE)* couchette coach *(BE)*
Liftachse *f*	lift axle
Liftachsen *fpl*	lift axles pl
Limited Data Block/LDB-Mode *m*	limited data block/LDB-mode
Linie *f*	route
Linienagent *m*	liner agent
Linienbedarfsverkehr *m* (ÖPNV)	regular on-demand services *pl* (local public transport)
Linienbündel *n* (ÖPNV)	routes group (local public transport)
Linienflug *f*	regular flight scheduled flight
Linienkonferenz *f*	liner conference shipping conference

L

Liniennummer *f*	route number
Linienschifffahrt *f*	liner shipping
Linientaufe *f*	crossing-the-line ceremony
	line-crossing ceremony
Linienverkehr *m*	regular service
linker	left
linkere	left
linkeres	left
links	left
	left, on the
Linksverkehr *m*	left-hand traffic
Liquidität *f*	liquidity
Liquidität 1 *f*	first degree liquidity
Liquidität 1. und 2. Grades *f*	first and second degree liquidity
Liquidität 2 *f*	second degree liquidity
Liste der Betriebsuntersagungen für den Luftraum der Europäischen Union *f* (Schwarze Liste)	list of air carriers banned in the European Union (blacklist)
Lithium *nsg*	lithium *sg*
LKW-Fahrer *m*	lorry driver *(BE)*
	truck driver *(AE)*
LKW-Ladekran *m*	lorry mounted crane *(BE)*
	truck loading crane *(AE)*
LKW-Ladung *f*	truckload
LKW-Waage *f*	truck scales *pl (AE)*
	weighbridge
LKW-Waschstraße *f*	lorry wash *(BE)*
	truck wash *(AE)*
Load Control *f* (Ladesteuerung) (Flugzeug)	load control (aircraft)
Load Controller *m* (Flugzeug)	load control agent (aircraft)
Load Monitoring-System/LMS *n*	load monitoring system/LMS

L

Loadsheet *n*	loadsheet
	load and trim sheet
Local Vehicle Network (LVN)	*local vehicle network (LVN)*
(befindet sich in der Entwicklung)	*(currently under development)*
LOFO-Verfahren *n* (Günstigster	Lofo – lowest in , first out
Eingang – Erster Ausgang)	
Logbuch *n* (Seeschiff)	logbook
Logger *m*	data logger
Logistik *f*	logistics *pl*
Logistikdienstleister *m*	logistics service provider
Logistikkette *f*	logistics chain
Logistikkosten *pl*	logistics costs *pl* (fin.)
Logistikpartnerschaft *f*	logistics partnership *sg*
Logistikrisiken *npl*	logistics risks *pl*
Logistikvertrag *m*	logistics contract/agreement *sg*
Lohnzahlungspflicht *f* (fin.)	wage payment obligation (fin.)
Lok *f*	locomotive/engine (rail)
Lokale Beschaffung *f*	local sourcing
Lokführer *m*	engine driver *(BE)*
	locomotive engineer *(AE)*
	train driver *(BE)*
Lokomotive *f*	locomotive/engine (rail)
Lokomotivführer *m*	engine driver *(BE)*
	locomotive engineer *(AE)*
	train driver *(BE)*
Lokschuppen *m*	engine shed
LoLo-Schiff *n* (lift-on/lift-off)	LoLo-ship (lift-on/lift-off)
Londoner Börse *f* (fin.)	London Stock Exchange (fin.)
LoPax-Schiff *n* (lift-on/lift-off und	LoPax-ship (lift-on/lift-off and
Passagiere)	passenger)
Löschboot *n*	fireboat
Löschdecke *f*	fire blanket
löschen	unload, to

L

Löschflugzeug *n*	firefighting aircraft
Löschhafen *m*	port of discharge destination
Löschhubschrauber *m*	firefighting helicopter
Löschstelle *f* (Binnenschifffahrt)	unloading point *sg* (inland navigation)
lose Schüttung *f*	bulk
loyal	loyal
Luft *fsg*	air *sg*
Luftbrücke *f* (Logistik)	airlift (logistics)
Luftdruckkontrolle *f*	air pressure check
Lüfter *m*	fan
Luftfahrt *f*	aviation
Luftfahrt-Bundesamt/LBA *n*	Federal Aviation Office/LBA
Luftfahrt-Bundesamt/LBA *n*	Federal Aviation Office/LBA
Luftfahrtdrehkreuz *n*	aviation hub
Luftfahrtgesellschaft *f*	airline airline company
Luftfahrthandbuch *n*	Aeronautical Information Publication/AIP
Luftfahrthindernis *n*	air traffic obstacle
Luftfahrtkarte *f*	aeronautical chart
Luftfahrtkaskoversicherung *f*	aviation hull insurance
Luftfahrtrecht *n*	aviation law
Luftfahrzeug-Instandhaltung *f*	aircraft maintenance, repair and overhaul/MRO
Luftfahrzeugkennzeichen *n* (Nummer)	aircraft registration number tail number (aircraft)
Luftfeuchte *fsg*	air moisture *sg* humidity
Luftfeuchtigkeit *fsg*	air moisture *sg* humidity
Luftfilter *m*	air filter

L

Luftflotte *f*	air fleet
Luftfracht *f*	air cargo
	air freight
Luftfrachtagent *m*	air broker
Luftfrachtbrief/AWB *m*	Air Waybill/AWB
Luftfrachtcontainer/ULD *m*	air cargo container/ULD
	air freight container/ULD
Luftfrachtersatzverkehr *m*	road feeder service/RFS
Luftfrachtpalette/ULD *f*	air cargo pallet/ULD
	air freight pallet/ULD
Luftfrachtspediteur *m*	air freight forwarder
Luftfrachtspedition *f*	air freight forwarding
Luftfrachttarif *m*	air freight tariff
Luftfrachttarif/TACT *m*	The Air Cargo Tariff/TACT
Lufthansa Flight Training GmbH/ LFT *f*	Lufthansa Flight Training GmbH/ LFT
Lufthoheit *f*	air sovereignty
Luftkorridor *m*	air corridor
Luftpirat *m*	hijacker
Luftpiraterie *f*	hijacking
	skyjacking
Luftpolsterfolie *f*	bubble wrap
Luftpost *fsg*	airmail
Luftraum *m*	airspace
Luftraumbeobachter *m*	airspace observer
Luftrecht *n*	aviation law
Luftsack *m*	airbag
Luftseite *f* (Flughafen)	airside (airport)
Luftsicherheit *f*	air safety
Luftsicherheitsbegleiter *m*	air marshal
	sky marshal
Luftsicherheitsgesetz/LuftSiG *n*	Aviation Security Act/LuftSiG
Luftsperrgebiet *n*	prohibited airspace

L

Luftstraße/AWY *f*	airway/AWY
Luftstraßen-Sicherheitsflughöhe *f*	minimum terrain clearance altitude/ MTCA
Lufttaxi *n*	air taxi
Lufttrockner *m*	air dryer
Luftverkehrs-Ordnung/LuftVO *f*	German Air Traffic Regulations/ LuftVO *pl*
Luftverkehrsabgabe *f*	aviation tax
Luftverkehrsgesetz/LuftVG *n*	Air Traffic Act/LuftVG
Luftverkehrsrecht *n*	aviation law
Luftverkehrssteuergesetz/LuftVStG *n*	Aviation Tax Act/LuftVStG
Luftverladbarkeit *f*	airportability (as internal load)
Luftverlastbarkeit *f*	airportability (as external load)
Luftwiderstand *m*	air resistance

M

Mafia *f*	mafia
Maghreb *msg*	Maghreb *sg*
Magnesium *nsg*	magnesium *sg*
Mai *m*	May
Make-or-Buy-Entscheidung *f* / Entscheidung über Eigenfertigung oder Fremdbezug *f*	make-or-buy (MOB)
Makler *m*	broker
Malaien-Halbinsel *f*	Malay Peninsula Thai-Malay Peninsula
Malaiische Halbinsel *f*	Malay Peninsula Thai-Malay Peninsula
Malaiischer Archipel *m*	East Indies *pl* Indo-Australian Archipelago Indonesian Archipelago Malay Archipelago

Malaria *fsg*	malaria *sg*
Mandant *m*	client
Mängelanzeige *f*	notice of defects
Mängelrügefristen *fpl* (ugs.)	defect notices *pl* (coll.)
Manieren *fpl*	manners *pl*
Manifest *n*	manifest
Manko *n*	deficit
Mann-über-Bord-Manöver/MOB *n*	man overboard rescue turn
Mann-zur-Ware/MzW	man to goods
Mannheimer Akte *f*	Mannheim Convention Revised Convention for Rhine Navigation
Mannloch *n*	manhole
Manometer *n*	manometer pressure gauge
manövrieren	maneuver, to *(AE)* manoeuvre, to *(BE)*
Marge *f*	margin
Marge *f*	margin
Marinedieselöl/MDO *n*	marine diesel oil/MDO marine gas oil/MGO
Markenpiraterie *f*	brand piracy
markieren	mark, to
Markierung *f*	mark marking
Markierung *f* (z.B. der Packstücke)	marking *sg* (e.g. of the packages)
Marktfahrten *fpl*	market trips *pl*
Marktmacht *f*	market power *sg*
Marktordnung *f*	market organisation *(BE)* market organization *(AE)* market regulations *pl*
Marktordnungswaren *fpl*	market regulation goods *pl*
Marktpreis *m*	market price

Marktwert *m*	market value
Marktzugangsverordnung/MZV *f*	Market Access Regulation/MAR
März *m*	March
Massenfertigung *f*	mass production
Massengut *n*	bulk cargo
Massengüter *npl*	bulk goods *pl*
Massengutfrachter *m*	bulk carrier
Massenkarambolage *f*	multiple vehicle collision
Massenkraft *f*	mass force
Massenproduktion *f*	mass production
mäßig bewegte See *f* (Sea State Code 4)	moderate sea (sea state code 4)
Maß für Liefertreue *n* (Kennzahl)	measure *sg* of delivery reliability (key figure)
Maß-/Gewichtsraten *fpl* (M/G) (Seefracht)	dimensional/weight rates *pl* (DIM) (sea freight)
Maßband *n*	measuring tape tape measure
Maßraten *fpl* (Seefracht)	dimensional rates *pl* (sea freight)
Maschine *f*	machine
Materialfluss *m*	material flow
Maulkupplung *f*	bolt coupling
Maut *f*	toll
Mautbefreiung *f*	toll exemption
Mauterhebung *f*	toll collection
Mautgerät *n*	toll device
Mautkosten *fpl* (fin.)	toll costs *pl* (fin.)
Mautschuldner *m* (fin.)	toll debtor (fin.)
Mautsystem *n*	toll system
maximale Aktivität *f*	maximum activity
maximale Breite *f*	maximum width
Maximalprinzip *n*	maximum principle

mechanisch	mechanical
Medikament *n*	medicine
Meer *n*	sea
Meerwasser *n*	seawater
Mehl *n*	flour
mehrfache Staatsangehörigkeit *f*	multiple citizenship
mehrfache Staatsbürgerschaft *f*	multiple citizenship
Mehrfahrerbetrieb *m*	multi-manning multi-driver operation
Mehrkammertank *m*	multi-compartment tank
Mehrkreisschutzventil *n*	multi-circuit protection valve
Mehrlieferung *f*	excess delivery
Mehrscheibenkupplung *f*	multi-disc clutch
mehrseitig	multilateral
mehrstufiger Betriebsabrechnungs- bogen *m*	multi-state cost distribution sheet
mehrstufiger Verkehr *m*	multi-level transportation
Mehrwegpalette *f*	reusable pallet
Mehrwegsystem *n*	reusable system
Mehrwegverpackung *f*	returnable packaging reusable packaging
Mehrwertdienst *m*	value-added service
Mehrwertdienstleistung *m*	value-added service
Mehrwertsteuer/MwSt *f*	value added tax/VAT
Meineid *m*	perjury
Melanesien *nsg*	Melanesia
Melde- und Informationssystem Binnenschifffahrt/MIB *n*	Message and Information System for Inland Navigation
Meldeadresse *f* (Binnenschifffahrt)	reporting address *sg* (inland navigation)
Meldebestand *m*	recorder level recorder point

Meldepflicht *f*	mandatory reporting
Meldetag *m* (Binnenschifffahrt)	reporting date *sg* (inland navigation)
Mengenrabatt *m* (fin.)	bulk discount *sg* quantity discount *sg*
Mengenrabattraten *fpl* (Luftfracht)	quantity rates *pl* (air freight)
Mengenschlüssel *m*	scale method
Menschen mit Behinderungen *mpl*	people with disabilities *pl*
Menschenhandel *msg*	human trafficking
Menschenschmuggel *msg*	human smuggling people smuggling
Merkblätter *npl*	information sheets *pl*
merkwürdig	strange
Messe *f* (Ausstellung)	fair
Messehalle *f*	exhibition hall
Messer *n*	knife
Messezentrum *n*	exhibition centre
Messung *f*	measurement
Messwert *m*	measurement
Metallbrand *m*	metal fire
Metallfass *n*	metal drum
Metallhydrid-Speichersystem *n*	metal hydride storage system
Meterstab *m*	folding rule
Meterware *f*	yard goods *pl*
Methan *nsg*	methane *sg*
Methanol *nsg*	methanol *sg*
Methylbromid/MB *n*	methyl bromide/MB
Micro-Hub *m*	micro-hub *sg*
Miete eines Flugzeuges ohne Personal *f*	dry lease

Miete eines Flugzeuges samt Personal, Wartung und Versicherung *f*	wet lease
Miete für fremde Geräte *f*	rent for third-party equipment (fin.)
Miete für fremde Lagerbüroräume *f*	rent for third-party warehouse office space (fin.)
Miete für Fremdhallen *f*	rent for third-party halls (fin.)
mieten	rent, to
Mietwagen *m* (Selbstfahrer)	rental car *(AE)* hired car *(BE)*
Mikronesien *n*	Micronesia
Milch *fsg*	milk *sg*
Militärfahrzeug *n*	military vehicle
militärische Lastenklasse *f*	military load classfication/MLC
Minderlieferung *f*	short delivery
Mindestabstand *m*	minimum distance
Mindestbestand *m*	safety stock minimum stock base stock
Mindestfracht *f*	minimum charge
Mindestfrachtrate *f* (Luftracht)	minimum charges *pl* (air freight)
Mindestgewicht *n* (Luftfracht)	minimum weight *sg* (air freight)
Mindestmotorleistung *f*	minimum engine power
Mine *f*	mine
mineralisch	mineral
Minimalprinzip *n*	minimum principle
Mischladefahrzeug *n*	mobile explosives manufacturing unit/MEMU
Mischpalette *f*	mixed pallet
mit etwas in Konflikt stehen	odds with something, to be at
mit jemandem uneinig sein	odds with somebody, to be at
mit sich selbst uneins sein	odds with oneself, to be at

Mitgliedschaft *f*	membership
Mitnahmestapler *m* (LKW)	lorry mounted forklift *(BE)*
	truck mounted forklift *(AE)*
Mittag *m*	noon
Mittagspause *f*	lunch break
Mitteilungspflicht *f*	duty to report *sg*
	obligation to report *sg*
	duty to notify *sg*
	obligation to notify *sg*
Mittelamerika *n*	Middle America
Mitteleuropa *n*	Central Europe
Mitteleuropäische Zeit/MEZ *f*	Central European Time/CET
Mittelherkunft *f*	source of funds
Mittellinie *f* (Flughafen)	center line (airport)
Mittellinie *f* (Straße)	center line *(AE)* (road)
	centre line *(BE)* (road)
Mittelmeerraum *msg*	Mediterranean Basin *sg*
	Mediterranean region *sg*
Mittelstreckenflug *m*	medium-distance flight
	medium-haul flight
Mittelstreckenflugzeug *n*	medium-haul aircraft
	medium-range aircraft
Mittelverwendung *f*	application of funds
mitten in der Pampa *(ugs.)*	in the middle of nowhere *(coll.)*
mitten in der Walachei *(ugs.)*	in the middle of nowhere *(coll.)*
mittlere Greenwich-Zeit/MGZ *f*	Greenwich Mean Time/GMT
Mittlerer Osten *m*	Middle East
	Mideast
Mittwoch *m*	Wednesday
mitversichern	co-insure, to
MLC-Klasse *f*	military load classfication/MLC
Möbelaufzug *m*	furniture elevator *(AE)*
	furniture lift *(BE)*

Möbellift *m*	furniture elevator *(AE)*
	furniture lift *(BE)*
mobile Bürstenwaschanlage *f*	mobile brush washer
Mobile Einheit zur Herstellung von explosiven Stoffen oder Gegenständen mit Explosivstoff/MEMU *f*	mobile explosives manufacturing unit/MEMU
mobiler Barcodeterminal mit Bündelfunkkommunikation *m*	mobile bar code terminal sg with trunked radio communication
mobilitätseingeschränkte Fahrgäste *mpl*	passengers *pl* with reduced mobility
Mobilnummer *f*	cell phone number *(AE)*
	mobile phone number *(BE)*
Mobiltelefon *n*	cell phone *(AE)*
	cellular phone *(AE)*
	mobile phone *(BE)*
Mobiltelefonnummer *f*	cell phone number *(AE)*
	mobile phone number *(BE)*
Modifikation *f*	modification
Modulare Beschaffung *f*	modular sourcing
Mofa *n*	moped
Mokick *n*	moped with a kick starter
Monat *m*	month
monatlich	monthly
Monsterwelle *f*	freak wave
	rogue wave
Monsun *m*	monsoon
Monsunregen *m*	monsoon rain
Montag *m*	Monday
Montage *f*	installation
Montagearbeit *f*	installation work
Montrealer Übereinkommen/MÜ *n*	Montreal Convention
Moped *n*	moped
morgen	tomorrow
Morgen *m*	morning

Motel *n*	motel
Motor abstellen	stop the engine, to
Motor *m*	engine
Motoraufbau *m*	engine structure
Motorbrand *m*	engine fire
Motordrehzahl *f*	engine speed
	motor speed
Motorhaube *f*	bonnet *(BE)*
	hood *(AE)*
Motorkennlinien *f*	engine characteristics *pl*
Motorlebensdauer *f*	life of the engine
Motormanagement *n*	engine management
Motoröl *n*	engine oil
Motorrad *n*	motorbike
	motorcycle
Motorradgespann *n*	motorcycle combination
Motorradhelm *m*	motorcycle helmet
	crash helmet (motorcycle)
Motorraum *m*	engine compartment
Motorroller *m*	scooter
Motorschaden *m*	engine damage
Motorschmierung *f*	engine lubrication
Motorsteuerung *f*	engine control
Mountainbike/MTB *n*	mountain bike/MTB
müde	tired
Müdigkeitswarner *m*	fatigue warning system
Mulde *f*	skip
Muldencontainer *m*	skip
Muldenkipper *m*	dump truck *(AE)*
	dumper truck *(BE)*
Multi-Hub *m*	multi-hub *sg*
Multifunktionslenkrad *n*	multifunction steering wheel

N

multilaterale Genehmigung *f* (CEMT-Genehmigung)	multilateral approval (CEMT approval)
Multimodaler Verkehr *m*	multi-modal traffic multi-modal transport
mündliche Zollanmeldung *f*	oral customs declaration
Muscheldiagramm *n*	shell diagram
Muster *n*	sample
Mustersendung *f*	sample consignment sample shipment

N

Nabe und Speiche *f*	hub and spoke
Nabe-Speiche-System *n*	hub and spoke system
nach Wert	ad valorem
Nachfragerisiken *npl*	demand risks *pl*
Nachhaltigkeit *f*	sustainability *sg*
Nachlauf *m*	on-carriage
Nachlieferung *f*	subsequent delivery
Nachmittag *m*	afternoon
Nachnahme *f*	cash on delivery/COD
Nachnahmesendung *f*	cash on delivery parcel cash on delivery package
Nachnamebetrag *m* (fin.)	amount to BE collected (fin.)
Nachricht *f*	news *pl*
Nachschaltgruppe *f*	downstream group transmission
nachschneiden von Reifen	recutting tyres *(BE)* / tires *(AE)*
Nachsichtakkreditiv *n*	deferred payment letter of credit deferred L/C
Nachsichtwechsel *m*	after sight bill
nächste Woche	next week
nächster Monat	next month

N

nächstes Jahr	next year
Nacht *f*	night
Nachtflug *m*	red-eye flight
Nachtflugqualifikation *f*	night flying qualification
Nachtflugverbot *n*	ban on night flights
nachträgliche Verfügung *f*	subsequent order
nachträgliche Weisung *f*	subsequent instruction
Nachtragspolice *f*	additional policy
Nachtsichtassistent *m*	night vision assistant
Nachtsprung *m* (im Begegnungs-verkehr)	overnight delivery (in transs-hipment traffic)
Nachtsprung *msg*	overnight transport
Nachtzug *m*	night train overnight train
Nachuntersuchung *f* (med.)	check-up
nachversichern	reinsure, to
Naher Osten *m*	Near East
Nahrungsmitteltransport *m*	food transportation
Nahverkehrsbereich *m* (Luftverkehr)	terminal control area/TCA *(AE)* terminal manoeuvring area/TMA *(BE)*
Nahverkehrspläne *mpl*	local traffic plans *pl*
Namenskonnossement *n*	named B/L named bill of lading straight B/L straight bill of lading
Namenslagerschein *m*	non-negotiable warehouse receipt registered warehouse receipt/certificate *sg*
Nämlichkeit *f*	identity of goods
Nämlichkeitssicherung *f*	identification
nass	wet
nationales Kulturgut *n*	national treasure

N

Natrium *nsg*	sodium *sg*
Natronlauge *f*	soda lye
nautische Meile/NM *f*	nautical mile/NM
nautisches Verschulden *nsg*	nautical fault
Navigation *fsg*	navigation *sg*
Navigational Telex/NAVTEX *m/n*	navigational telex/NAVTEX
Navigationssystem *n*	navigation system
Nebel *m*	fog
Nebelbank *f*	fog bank
Nebelscheinwerfer *m*	fog light
Nebelschlussleuchte *f*	rear fog light
Nebenbahn *f*	branch line
Nebenbahnstrecke *f*	branch line
Nebengefahr *f*	subsidiary risk
Nebenleistung *f*	accessorial service
Nebenstrecke *f*	secondary route
negoziierbar	negotiable
negoziierbares Akkreditiv *n*	negotiable L/C
	negotiable letter of credit
Nennkapazität *f*	nominal capacity
Nennspannung *f*	nominal voltage
Nenntragfähigkeit *f*	rated lifting capacity
	rated loading capacity
nervös	nervous
Nettoexplosivstoffmasse/NEM *f*	net explosive content/NEC
	net explosive quantity/NEQ
	net explosive weight/NEW
Nettogewicht *n*	net weight
Nettorate *f*	net rate *sg*
Nettoraumzahl/NRZ *f*	net tonnage/NT
Nettoumsatz *m*	net sales *pl (AE)*
	net turnover *(BE)*

N

Netz *n* (Ladungssicherung)	net (load securing)
Netz *n*	net
Netzwerkcarrier *m*	network carrier
neu verpacken	repackage, to
neugierig	curious
neutrales Ergebnis *n*	non-operating result
Neuwert *m*	replacement value
Newtonmeter/Nm *m/n*	newton metre/Nm *(BE)* newton meter/Nm *(AE)*
NHM-Nummer *f* (NHM = Nomen-clature Harmonisée Marchandises (Harmonisiertes Güterverzeichnis der zu befördernden Waren im Eisenbahnverkehr))	NHM number *sg* (NHM = Nomen-clature Harmonisée Marchandises (Harmonized Commodity Code for goods to be carried by rail))
nicht am Lager	out of stock
nicht anderweitig genannt/N.A.G.	not otherwise specified/N.O.S.
nicht begebbar	non-negotiable
nicht begebbares FIATA-Trans-portdokument des kombinierten Transports/FWB *n*	non-negotiable FIATA Multimodal Transport Waybill/FWB
nicht brennbar	non-flammable
nicht erforderlich	unnecessary
nicht erkennbare Mängel *mpl*	non-recognisable *(BE)* / non-recog-nizable *(AE)* defects pl
nicht lieferbar	out of stock
nicht negoziierbar	non-negotiable
nicht präferenzielle Ursprungsrecht *n*	non-preferential right of origin
nicht versicherbar	non-insurable uninsurable
nicht versicherbare Handelsgüter *npl*	non-insurable commercial goods
nicht versicherbares Risiko *n*	uninsurable risk

nicht vorrätig	out of stock
nicht zu versichern	uninsurable
nicht zu versicherndes Risiko *n*	uninsurable risk
Nichterhebungsverfahren *n*	suspension system
Nichtgemeinschaftsware *f*	non-community goods
nichtpräferenzieller Ursprung *m*	non-preferential origin
nichts für ungut (ugs.)	no hard feelings *pl* (coll.)
Nichtzahlung *f*	non-payment *(BE)* nonpayment *(AE)*
Nickel *nsg*	nickel *sg*
Niederbordwagen *m*	low-side car *(AE)* low-sided gondola *(AE)* low-sided wagon
Niederflurbus *m*	low-floor bus
Niederflurtechnik *f*	low-floor technology
Niederflurwagen *m*	low-loader wagon low-floor wagon
Niederstwertprinzip *n*	principle of the lower of cost or market
niederzurren	lash down, to
Niederzurrverfahren *n*	lashing down procedure
niedrigstes herein - zuerst hinaus/ LOFO (nach dem Preis)	lowest in - fist out/LOFO
Niedrigwasser *n*	low water
Niedrigwasser *n* (Tide)	low tide
Niedrigwasserzuschlag *m*	low water surcharge
Niesel *m*	drizzle
Nieselregen *m*	drizzle
Nitroglycerin/NG *nsg*	nitroglycerin/NG *sg*
Nitroglyzerin/NG *nsg*	nitroglycerin/NG *sg*
Nocke *f*	cam
Nockenhalterung *f*	cam keeper

Nonstopflug *m*	non-stop flight
Nord	north
Nordafrika *n*	North Africa Northern Africa
Nordamerika *n*	North America
Norden *m*	north
Nordeuropa *n*	Northern Europe
Nordrange *f* (Hamburg/Bremen/ Bremerhaven/Rotterdam/ Antwerpen)	Hamburg-Antwerp-Range/ HA-Range (Hamburg/Bremen/ Bremerhaven/Rotterdam/Antwerp) North Range (Hamburg/Bremen/ Bremerhaven/Rotterdam/Antwerp)
Norm *f*	standard
normale Sattelkupplung *f*	normal fifth wheel coupling
Normalrate *f* (Luftfracht)	normal rate *sg* (air freight)
North Atlantic Tracks *mpl* (Linien- flugrouten über den Atlantik)	North Atlantic Tracks *pl*
Notar *m*	notary
Notarzt *m*	emergency physician
Notarztwagen/NAW *m*	emergency ambulance
Notausgang *m*	emergency exit
Notbremsassistent *m*	emergency brake assist
Notfallfluchtmaske *f*	emergency escape mask
Notfallspur *f*	emergency escape ramp runaway truck lane runaway truck ramp
Notfalltemperatur *f*	emergency temperature
Nothammer *m*	emergency hammer
Notlandung *f*	emergency landing
Notlaufsystem *n*	run-flat system
Notschlepper *m*	emergency tow vessel/ETV emergency towing vessel/ETV

N

Notverkauf *m*	distress sale
	fire sale *(coll.)*
	emergency sale
	bailout (fin.)
notwendig	necessary
November *m*	November
nuklear	nuclear
Nuklid *n*	nuclide
Nummer der Versandeinheit *f* (SSCC)	serial shipping container code/ SSCC
Nummer zur Registrierung und Identifizierung von Wirtschafts- beteiligten *f*	Economic Operators Registration and Identification number EORI-number
Nummernschild *n*	license plate *(AE)*
	license tag *(AE)*
	number plate *(BE)*
	registration plate *(BE)*
Nutzfahrzeug/NFZ *n*	commercial vehicle
Nutzfahrzeugwaschanlage *f*	commercial vehicle washing system
Nutzlast *f*	payload
NVE-Code *m* (Nummer der Versandeinheit-Code)	shipping unit number *sg* (NVE)
Nylonband *n*	nylon tape

O

oben	top, on the
oben offener Container *m*	open top container
Obenbefüllung *f*	top loading
oberes Fluginformationsgebiet *n*	upper flight information region/UIR
oberflächenkontaminierte Gegen- stände/SCO *mpl*	surface contaminated objects/SCO *pl*
oberflächlich	superficial

Oberleitungsbus/Obus *m*	trolleybus
Oberleitungsomnibus/Obus *m*	trolleybus
oberster	top
oberstere	top
obersteres	top
Obhut *fsg*	custody
Obhutshaftung *f*	custodial liability
Obliegenheitsverletzung *f*	breach of obligation
Obst *nsg*	fruit
offene Flamme *f*	naked flame
offene Police *f*	general policy
	open policy
Offene-Posten-Liste *f*	open items list
offener Güterwagen *m*	gondola *(AE)*
	open wagon *(BE)*
offenes Fahrzeug *n*	open vehicle
offenes Licht *n*	naked light
offenes Zolllager/OZL *n*	open customs warehouse
öffentliche Hand *fsg*	public authorities *pl*
öffentliche Urkunde *f*	public document
öffentlicher Personennahverkehr/ ÖPNV *m*	local public transport
öffentliches Zolllager *n*	public customs warehouse
öffnen (z.B. ein Versandstück)	open, to (e.g. a package)
Öffnungszeit *f*	business hours *pl*
Ohrenschützer *fpl*	ear protection
Ohrenstöpsel *m*	ear plug
Ohrstöpsel *m*	ear plug
ökologische Nachhaltigkeit *f*	ecological sustainability *sg*
Ökopunktesystem *n*	ecopoint system
Oktanzahl *f*	octane number
	octane rating

0

O

Oktober *m*	October
Öl *n*	oil
Öl/Massengut/Erz-Frachter *m*	ore-bulk-oil carrier/OBO-carrier
Ölbadluftfilter *m*	oil bath air filter
Ölembargo *n*	oil embargo
Ölfilter *m*	oil filter
Ölkühler *m*	oil cooler
Ölpeilstab *m*	oil dipstick
Ölspur *f*	oil on road
Öltanker *m*	oil tanker petroleum tanker
Ölwechsel *m*	oil change
Ombudsmann *m*	ombudsman
Omnibus *m*	bus omnibus
Omnibusanhänger *m*	bus trailer
On-Board Unit/OBU *f*	on-board unit/OBU
Onlinehandel *m*	online trade *sg*
Open-Skies-Abkommen *n*	Open Skies Agreement
Operational Flight Information Service/OFIS *m*	Operational Flight Information Service/OFIS
ÖPNV-Nahverkehrspläne *npl*	local public transport plans *pl*
optimale Bestellmenge *f*	optimum order quantity *sg*
orangefarbene Gefahrentafel *f*	orange plate
Orderklausel *f*	order clause
Orderkonnossement *n*	order B/L order bill of lading
Orderlagerschein *m*	negotiable warehouse receipt order warehouse receipt/certificate *sg*
Ordnung *f*	orderliness *sg*

Ordnung für die internationale Eisenbahnbeförderung gefährlicher Güter/RID *f*	Regulations concerning the International Carriage of Dangerous Goods by Rail/RID *pl*
Ordnung für die internationale Eisenbahnbeförderung von Containern/RICo *f*	Regulations concerning the International Carriage of Containers by Rail/RICo *pl*
Ordnung für die internationale Eisenbahnbeförderung von Expressgut/RIEx *f*	Regulations concerning the International Carriage of Express Parcels by Rail/RIEx *pl*
Ordnung für die internationale Eisenbahnbeförderung von Privatwagen/RIP *f*	Regulations concerning the International Haulage of Private Owners' Wagons by Rail/RIP *pl*
Organisation für die Zusammenarbeit der Eisenbahnen/OSShD/OSJD *f*	Organization for Cooperation of Railways/OSShD/OSJD
Organisationsverschulden *nsg*	organisational fault *(BE)* organizational fault *(AE)*
organisch	organic
organisieren	organise, to *(BE)* organize, to *(AE)*
organisierte Kriminalität *fsg*	organised crime *sg (BE)* organized crime *sg (AE)*
organisierter Schmuggel *msg*	organised smuggling *(BE)* organized smuggling *(AE)*
Original *n*	original
Originalhersteller *m*	original equipment manufacturer/ OEM
Ort der Produktion *m*	place of production *sg*
Ort des Absatzes *m*	place of sale (fin.)
Ort des Verbringens *m*	place of introduction
Ort *m*	place
ortsbeweglicher Tank *m*	portable tank
Ortsumgehung *f*	bypass (road)
Ost	east

0

Ostafrika *n*	East Africa
	Eastern Africa
Osten *m*	east
Osteuropa *n*	Eastern Europe
Ostindischer Archipel *m*	East Indies *pl*
	Indo-Australian Archipelago
	Indonesian Archipelago
	Malay Archipelago
Ostküste der Vereinigten Staaten *f*	East Coast of the United States
	Eastern Seaboard of the United
	States
ostwärts	eastbound
Ottomotor *m*	petrol engine *(BE)*
	gasoline engine *(AE)*
Outsider *m* (Seeschifffahrt)	outsider (ocean shipping)
Outsourcing *n*	outsourcing
Ovaltank *m*	elliptical tank
	oval tank
Overhead-Kosten *pl*	overhead costs *pl*
Overpanamax-Klasse *f* (Durchfahrt Panamakanal nicht möglich)	Post-Panamax class
	Post-Panmax class
	over-Panamax class
	Super-Panamax class
	(passage Panama Canal not
	possible)
Oxidationskatalysator *m*	oxidation catalytic converter
Ozean *m*	ocean
Ozeandampfer *m*	ocean liner
Ozeanien *nsg*	Oceania

P

Packbandabroller *m*	tape gun
Packgut *n*	packaged good

P

Packhilfsmittel *n*	packaging aid
Packmittel *n*	packaging
Packstoff *m*	packaging material
Packwagen *m*	baggage car *(AE)* luggage van *(BE)*
Paket *n*	parcel
Paketbox *f*	parcel box *sg*
Paketdienst *m*	parcel service
Paketdrohne *f*	parcel drone *sg*
Paketpolice *f*	package policy
Paketroboter *m*	parcel robot *sg*
Paketshop *m*	parcel shop *sg*
Paketstation *f*	parcel station *sg*
Palette *f*	pallet
Paletten-Hochregallager *n* (automatisch)	pallet high bay warehouse *sg* (automatic)
Palettenbreite *f*	pallet width
palettenbreiter Container *m*	pallet wide container
Palettenpool *m*	pallet pool
Palettenrahmen *m*	pallet frame
Palettenregal *n*	pallet rack
Palettenverlademaschinen *fpl*	pallet loading machines *pl*
Palettierung *f*	palletising *(BE)* palletizing *(AE)*
Panamakanal *m*	Panama Canal
Panamax-Klasse *f* (Durchfahrt Panamakanal möglich)	Panamax class (passage Panama Canal possible)
PanMax-Klasse *f* (Durchfahrt Panamakanal möglich)	PanMax class (passage Panama Canal possible)
Panne *f*	breakdown
Pannendienst *m*	breakdown service *(BE)* roadside assistance *(AE)*

P

P

Pannendreieck *n*	breakdown triangle warning triangle
Pannenhilfe *f*	breakdown service *(BE)* roadside assistance *(AE)*
Panoramawagen *m*	dome car *(AE)*
Papier *n*	paper
Papiere *npl* (z.B. Ausweis)	papers *pl* (e.g. passport)
Papiergebühr für den Luftfrachtbrief *f*	paper AWB-fee
Pappkarton *m (ugs.)*	cardboard box
Paraffin *n*	paraffin
Parken *n*	parking
Parkhaus *n*	multi-storey car park *(BE)* parking garage *(AE)*
Parkleitsystem *n*	parking guidance system
Parkplatz *m*	car park *(BE)* parking lot *(AE)*
Parkscheibe *f*	parking disc *(BE)* parking disk *(AE)* (unknown in the USA)
Parkschein *m*	parking ticket
Parkscheinautomat *m*	pay and display machine
Parkuhr *f*	parking meter
Parkverbot *n*	no parking
Parkverbotszone *f*	no-parking zone
Partenreederei *f*	shipowning partnership
Partikelfilter *m*	particle filter
Partikulier *m*	barge owner
Passage *f*	passage
Passagier *m*	passenger
Passagierliste *f*	passenger list passenger manifest

Passbild *n*	passport photograph
	passport photo
passive Veredelung *f*	passive refinement
Passivierung der Zahllast *f*	booking amount payable as a liability
Passstraße *f*	mountain pass road
Patagonien *n*	Patagonia
Paternosterregal *n*	vertical carousel
Patientenprobe *f*	patient sample
Pauschalfracht *f*	lump sum freight
Pauschalpolice *f*	blanket policy
Pavement Classification Number/ PCN *f* (Tragfähigkeitsklassifikationszahl)	Pavement Classification Number/ PCN
Pedalgummi *n*	pedal lining
Peilung *f*	bearing (navigation)
Pendelachse *f*	swing axle
Pendelzug *m*	commuter train
	shuttle train
perforiert	perforated
permanente Inventur *f*	continuous inventory
permanenter Allradantrieb *m*	permanent all-wheel drive
	permanent four-wheel drive
Peroxid *n*	peroxide
Personalausweis *m*	ID card
	identity card
Personalkosten *pl*	staff costs *pl* (fin.)
personelle Ausstattung *f*	workers' equipment
Personenbeförderung *f*	passenger transport
Personenbeförderungsgesetz/ PBefG *n*	Passenger Transportation Act
Personendosimeter *n*	personal dosimeter
Personendosis *f*	personal dose

P

Personengesellschaft *f*	partnership
Personenkraftwagen/PKW *m*	automobile car motor car passenger car (road) passenger vehicle
Personenschaden *m*	personal injury
Personenverkehr *m*	passenger traffic
persönliche Schutzausrüstung/PSA *f*	personal protective equipment/ PPE
Pestizid *n*	pesticide
Pfandrecht *n*	lien
Pfeffer *m*	pepper
Pfeifentabak *m*	pipe tobacco
Pferdestärke/PS *f*	horsepower/hp
Pflege *f*	care
Pflegeversicherung *f*	nursing care insurance
Pflichten *fpl*	duties *pl* tasks *pl* obligations *pl*
Pflichten des Arbeitgebers *fpl*	obligations of the employer *pl*
Pflichtmitgliedschaft *f*	compulsory membership
Phase Rot *f* (St. Gotthard/St. Bernardino)	red phase (St. Gotthard/St. Bernardino)
Phenol *nsg*	phenol *sg*
Phosphor *msg*	phosphorus *sg*
physikalische Grundlagen *fpl*	physical basics *pl*
physischer Ortswechsel *m*	physical relocation *sg*
phytosanitäres Zeugnis *n*	phytosanitary certificate
Pick-by-Barcode-Kommissionierung *f* (Kommissionierung mittels Barcode-Scannen)	Pick by Barcode

Pick-by-Light-Kommissionierung *f* (Kommissionierung mit Licht-Anzeige)	Pick by Light
Pick-by-RFID-Kommissionierung *f* (Kommissionierung mit RFID)	Pick by RFID
Pick-by-Vision-Kommissionierung *f* (Kommissionierung mit Datenbrille)	Pick by Vision
Pick-by-Voice-Kommissionierung *f* (sprachgestützte Kommissionierung)	Pick by Voice
Pier *f/m* (zusätzliche Schiffsanlegestelle)	pier
Pilot *m* (Luftverkehr)	pilot (aviation)
Pilotenlizenz *f*	pilot's licence *(BE)* pilot's license *(AE)*
Piratenflagge *f*	Jolly Roger
Piraterie *f*	piracy
Piste *f* (Start- oder Landebahn)	runway/RWY
PKW-Anhänger *m*	car trailer
Planabfahrt *f*	scheduled departure
Plane *f*	tarpaulin
Planen *n*	plan, to
planmäßig	scheduled
planmäßige Abflugzeit *m*	scheduled time of departure/STD
planmäßige Ankunftszeit *m* (Flugzeug)	scheduled time of arrival/STA
Plastiksprengstoff *m*	plastic explosive
Plattform *f*	platform (container) platform container
Plattform-Container *m*	platform (container) platform container

P

Plimsoll-Marke *f*	freeboard line load line Plimsoll line Plimsoll mark
Plombe *f*	seal
Plombennummer *f*	seal number
Plutonium *nsg*	plutonium *sg*
Plywood-Container *m*	plywood container
Pneu *m*	airdome
pneumatisch	pneumatic
Polderblindheit *fsg (ugs.)*	highway hypnosis driving without attention mode/ DWAM
politische Unruhen *fpl*	political unrest
Polizei *f*	police
Polizeikelle *f*	traffic paddle
Polizeikontrolle *f*	police check
Polizeiwagen *m*	police car
Poller *m* (Hafen)	bollard (mooring) mooring bollard
Polynesien *nsg*	Polynesia
Polynesisches Dreieck *nsg*	Polynesian Triangle *sg*
Pool *m* (Seeschifffahrt)	pool (ocean shipping)
Pool-Gitterbox *f*	pool grid box
Poolpalette *f*	pool pallet
Portalhubstapelwagen *m*	straddle carrier van carrier
Portalhubwagen *m*	straddle carrier van carrier
Portalkran *m*	gantry crane
Portalstapelwagen *m*	straddle carrier van carrier
Position *f* (z.B. eines Schiffes)	position

P

Postpanamax-Klasse *f* (Durchfahrt Panamakanal nicht möglich)	Post-Panamax class Post-Panmax class over-Panamax class Super-Panamax class (passage Panama Canal not possible)
Postpanmax-Klasse *f* (Durchfahrt Panamakanal nicht möglich)	Post-Panamax class Post-Panmax class over-Panamax class Super-Panamax class (passage Panama Canal not possible)
Postschiff *n*	mailboat
Präferenz *f*	preference
Präferenzabkommen *n*	preferential agreement
präferenzielle Ursprungsrecht *n*	preferential right of origin
präferenzieller Ursprung *m*	preferential origin
Präferenznachweis *m*	preference certificate
Präferenzportal *n*	preference portal
Praktikant *m*	trainee
Prallkissen *n*	airbag
Prallwände *fpl* (Ladungssicherung fest im Fahrzeug installiert)	baffle plates *pl* (load securing permanently installed in the vehicle)
Prämie *f*	premium
präzise	precise
Preis *m*	price
Preis pro 100kg *m*	price per 100kg *sg* (fin.)
Preis pro Packstück *m*	price per package *sg* (fin.)
Preis pro Palette *m*	price per pallet *sg* (fin.)
Preis pro qm *m*	price per m2 *sg* (fin.)
Preisauszeichnung *f*	price labeling *(AE)* price labelling *(BE)*
Preisuntergrenze *f* (kurzfristig)	short-term lowest price limit

P

P

Preisuntergrenze *f* (langfristig)	long-term lowest price limit
primäres Recycling *n*	primary recycling
Primärverpackung *f*	primary packaging
Priorität eines Anspruchs *f*	priority of a claim
Priorität *f*	priority
Pritschenwagen *m*	platform lorry *(BE)*
	platform truck *(AE)*
privat finanzierte Strecke *f*	privately financed route
Privatbahn *f*	private railroad *(AE)*
	private railway *(BE)*
privater Gleisanschluss *m*	private siding
privates Zolllager *n*	private customs warehouse
Privatgleisanschluss *m*	private siding
Privatgüterwagen *m*	private owner wagon
Privatrecht *n*	private law
Probe *f* (z.B. Zoll)	sample
Problem *n*	problem
Produktbearbeitung *f*	product processing
Produktbeschaffenheit *f*	product quality *sg*
Produktentsorgung *f*	product disposal
Produktfälschung *f*	product piracy
	product counterfeiting
Produktion *f*	manufacture
	production
Produktionsbedingungen *f*	production conditions *pl*
Produktionskosten *pl*	production costs *pl* (fin.)
Produktionslogistik *f*	production logistics
Produktionsstraße *f*	production line
Produktivität der Versandab-wicklung *f* (Kennzahl)	productivity of dispatch processing (key figure)
Produktpiraterie *f*	product piracy
	product counterfeiting
Produktprüfung *f*	product testing

Produktrecycling *n*	product recycling
Produktsicherheitsgesetz/ProdSG *n*	Product Safety Act/ProdSG
produziert	produced *sg*
Profiltiefe *f*	tread depth of tire *(AE)*
	tread depth of tyre *(BE)*
Profiltiefenmesser *m*	tire tread depth gauge *(AE)*
	tyre tread depth gauge *(BE)*
Profitcenter *n*	profit centre *(BE)*
	profit center *(AE)*
Proforma-Rechnung *f*	pro forma invoice
	proforma invoice
Projekt *n*	project
Projektleiter *m*	project manager
Projektlogistik *f*	project logistics *pl*
Projektspedition *f*	project forwarding
prompt kritisch	prompt critical
Propan *nsg*	propane *sg*
Protektionismus *msg*	protectionism *sg*
Provision *f*	commission
Prozessrisiken *npl*	process risks *pl*
Prüfbuch *n*	inspection book
prüfen (z.B. der Räder)	check, to (e.g. the wheels)
Prüffrist *f*	test period
Prüfpflicht *f* (z.B. bei Regalanlagen)	obligation *sg* to inspect (e.g. for shelving systems)
Prüfplakette *f*	test badge
Prüfziffer *f*	check digit
Pufferbestand *m*	buffer stock
Pufferlager *n*	buffer stock *sg*
	buffer warehouse *sg*
Pulver *n*	powder
Pulverlöscher *m*	powder extinguisher

P

Pumpe-Düse-Einheit/PDE *f*	pump-nozzle unit
Pumpe-Leitung-Düse/PLD *f*	pump-line-nozzle
pünktlich	punctually on time
Punktsystem *n*	point system
Pyrenäenhalbinsel *f*	Iberian Peninsula
Pyrotechnik *f*	pyrotechnics
pyrotechnischer Gegenstand *m*	pyrotechnic article
pyrotechnischer Satz *m*	pyrotechnic composition

Q

QM-Handbuch/QMH *n*	QM-manual quality management manual
Quad *n*	all terrain vehicle/ATV quad
qualifiziertes Verschulden *nsg*	qualified fault
Qualität *f*	quality
Qualitätsaudit *n*	quality audit
Qualitätsbeauftragter *m*	quality officer quality representative
Qualitätsmanagement-Handbuch/ QMH	QM-manual quality management manual
Qualitätsmanagement/QM *n*	quality management/QM
Qualitätsmanagementsystem/QMS *n*	quality management system/QMS
Qualitätssicherung/QS *f*	quality assurance / Q/A
Qualitätszertifikat *n*	quality certificate
Quarantäne *f*	quarantine
Quarantänebestimmungen *fpl*	quarantine regulations *pl*
Quartalsabschluss *m*	quarterly financial statement
Quecksilber *nsg*	mercury *sg*
Quelle *f*	source *sg*

Quergurtsorter *m*	crossbelt sorter
quittieren	receipt, to
Quittung *f*	acknowledgement
Quote *f*	quota

R

Rad *n*	wheel
Radarfalle *f*	speed trap
Radarpistole *f*	radar gun
Radarwarnanlage *f*	radar detector
Radarwarner *m*	radar detector
Räder *npl*	wheels *pl*
Radio *n*	radio
radioaktiv	radioactive
radioaktive Strahlung *f*	nuclear radiation radioactive radiation
radioaktiver Abfall *m*	radioactive waste
radioaktiver Stoff *m*	radioactive substance
Radiofrequenz-Identifikation/RFID *f*	radio-frequency identification/RFID
Radionuklid *n*	radionuclide
Radius *m*	radius
Radkreuz *n*	lug wrench *(AE)* wheel brace *(BE)* wheel wrench *(BE)*
Radlader *m*	wheel loader wheeled loader
Radpaare *npl*	wheel pairs *pl*
Radvorleger *m* (Eisenbahn)	wheel chock
Radweg *m*	bike lane *(AE)* bike path *(AE)* cycle lane *(BE)* cycle track *(BE)*

R

Rahmen *m*	frame
Rahmenbedingungen *fpl*	General Conditions *pl*
Rahmenkreditdeckung *f*	framework credit cover
Ramp Agent *m*	ramp agent
Rampe *f*	loading ramp
Rampenanfahrhilfe *f*	ramp traction aid
Rangegruppe *f* (ugs.)	range group (coll.)
Rangier-, Berge- und Abschlepp-kupplung *f*	manoeuvring *(BE)* / maneuvering *(AE)*, recovery and towing coupling
Rangierassistent *m* (befindet sich in der Entwicklung)	manoeuvring *(BE)* / maneuvering *(AE)* assistant (currently under development)
Rangierbahnhof *m*	marshaling yard *(AE)* marshalling yard *(BE)* switch yard *(AE)* switching yard *(AE)*
rangieren	shunt, to *(BE)* switch, to *(AE)*
Rangiermeister *m*	yardmaster
Ranking *n*	ranking
Rate *f*	rate
Raub *m*	robbery
Rauch *msg*	smoke *sg*
Rauchen *nsg*	smoking
Rauchgasvergiftung *f*	smoke poisoning
Rauchmelder *m*	smoke detector
Rauchverbot *n*	smoking ban
Rauchvergiftung *f*	smoke poisoning
Rauminhalt *m*	cubage cubature
räumliche Ausstattung *f*	spatial equipment
räumliche Distanz *f*	spatial distance *sg*

R

Raumlüftung *f*	room ventilation
Raumnutzung *f*	space utilisation
Raumnutzungsgrad *m*	space utilisation ratio
Räumte *f*	stowage factor
Raumüberbrückung *f*	bridging distance/space constraints
Raumüberwindung *f*	overcoming spatial constraints
Raupenkran *m*	crawler crane
Raureif *msg*	hoarfrost
Reaktionsweg *m*	reaction path
Rechnungseingang *m*	invoice receipt
Rechnungswesen *n*	accounting
Rechte *npl*	rights *pl*
rechter	right
rechtere	right
rechteres	right
rechts	right
	right, on the
Rechtsanwalt *m*	attorney *(AE)*
Rechtsanwalt *m* (Oberbegriff)	lawyer
Rechtsanwalt *m* (obere Gerichte)	barrister *(BE)*
Rechtsanwalt *m* (untere Instanzen)	solicitor *(BE)*
Rechtscharakter *m*	legal character *sg*
Rechtsgrundlage *f*	legal basis
Rechtsrahmen *m*	legal framework
Rechtsreferent *m*	solicitor *(AE)*
Rechtsverkehr *m*	right-hand traffic
Rechtsvorschrift *f*	legal regulation
rechtzeitig	in time
Recyclinglogistik *f*	recycling logistics
Reede *f*	roadstead
Reeder *m*	shipowner

R

Reeder ohne Schiff/NVOCC *m*	non vessel operating common carrier/NVOCC
Reederei *f*	shipping company
Regal *n*	shelf *sg* rack *sg*
Regalbediengerät/RBG *n*	automated storage and retrieval system/ASRS / AS/RS rack feeder stacker crane/STC storage and retrieval machine/SRS storage and retrieval system/SRS
Regalfach *n*	shelf
Regalförderzeuge *npl* (RFZ)	storage and retrieval vehicles *pl*
Regalgang *m*	shelf aisle
Regalpflege *f*	rack jobbing
Regalpfleger *m*	rack jobber
Regalsysteme *npl*	shelving systems *pl* rack systems *pl*
Regalzeile *f*	shelf row *sg*
Regen *m*	rain
Regionale Vereinbarung über den Binnenschifffahrtsfunk *f*	Regional Arrangement concerning the Radiotelephone Service on Inland Waterways/RAINWAT
regionales Distributionszentrum *n*	regional distribution center/RDC *(AE)* regional distribution centre/RDC *(BE)*
regionales Zentrallager *n*	regional distribution center/RDC *(AE)* regional distribution centre/RDC *(BE)*
Regionallager *n*	regional warehouse
Regionen in äußerster Randlange/ OMR *fpl*	Outermost Regions/OMR *pl*
Registratur *f*	registry

reglementierter Beauftragter *m*	regulated agent
Regress *m*	recourse
Regressverzicht *m*	waiver of recourse
Regulierung *f*	adjustment
Reibkraft *f*	frictional force
Reibungskupplung *f*	friction clutch
Reifen *m*	tire *(AE)* tyre *(BE)*
Reifenbrand *m*	tire fire *(AE)* tyre fire *(BE)*
Reifendruck *m*	tire pressure *(AE)* tyre pressure *(BE)*
Reifendruckmesser *m*	tire pressure gauge *(AE)* tyre pressure gauge *(BE)*
Reifendruckregelsystem *n*	tyre *(BE)* / tire *(AE)* pressure control system
Reifendrucküberwachung *f*	tyre *(BE)* / tire *(AE)* pressure monitoring
Reifenluftdruck *m*	tire pressure *(AE)* tyre pressure *(BE)*
Reifenluftdruckmesser *m*	tire pressure gauge *(AE)* tyre pressure gauge *(BE)*
Reifennotlaufsystem *n*	tyre *(BE)* / tire *(AE)* run-flat system
Reifenpanne *f*	flat tyre *(BE)* / tire *(AE)*
Reifenschaden *m*	tire damage *(AE)* tyre damage *(BE)*
Reifenventil *n*	tire valve *(AE)* tyre valve *(BE)*
Reifenverschleiß *m*	tire wear *(AE)* tyre wear *(BE)*
Reihenfolge *f* (z.B. der Auslagerung)	sequence *sg* (e.g. of removal from storage)
reihenfolgesynchrone Produktion/ JIS *f*	Just-in-Sequence/JIS

R

R

Reihenlagerung *f*	line storage
reine Lagerhaltung *f*	single-item storage *sg*
reine Zahlung *f*	clean payment
reiner Vermögensschaden *m*	pure financial loss
reines Konnossement *n*	clean B/L clean bill of lading
Reingewicht *n*	net weight
Reingewinn *m*	net profit
Reinigung *f*	cleaning
Reinigungskosten *pl*	cleaning costs *pl* (fin.)
Reinverlust *m*	net loss
Reise *f*	journey
Reiseausweis für Flüchtlinge *m*	1951 Convention travel document/ refugee travel document
Reiseausweis für Staatenlose *m*	1954 Convention travel document
Reisebüro *n*	travel agency
Reisebus *m*	coach *(BE)* (bus) motor coach *(BE)* bus (travel) long-distance bus *(AE)*
Reisebus-Parkleitsystem *f*	coach parking guidance system
Reisegepäckversicherung *f*	luggage insurance *(BE)* baggage insurance *(AE)*
Reiseleiter *m*	tour guide
Reiseleitung *f*	tour guidance
Reisemittler *m*	travel agent
Reisender *m*	traveler *(AE)* traveller *(BE)*
Reisepass *m*	passport
Reiserücktrittskostenversicherung *f*	travel cancellation insurance *(BE)* travel cancelation insurance *(AE)*
Reiserücktrittsversicherung *f*	travel cancellation insurance *(BE)* travel cancelation insurance *(AE)*

Reiseveranstalter *m*	tour operator
Reisevermittler *m*	travel agent
Reizung *f*	irritation
Rejected Take-off/RTO *m* (Start-abbruch)	rejected take-off/RTO
Reklamation *f*	claim
	complaint
Reklamationsfrist *f*	complaint period
	period of complaints
rekonditionierte Verpackung *f*	reconditioned packaging
Rektakonnossement *n*	named B/L
	named bill of lading
	straight B/L
	straight bill of lading
Rektalagerschein *m*	non-negotiable warehouse receipt
	registered warehouse receipt/
	certificate *sg*
Reling *f*	rail
	railing
Rennrad *n*	racing bicycle
Rentabilität *f*	profitability
Rentenversicherung *f*	pension insurance
Reparatur *f*	repair
Reparaturkosten *pl*	repair costs *pl* (fin.)
Reparaturwerft *f*	ship repair yard
reparieren	repair, to
Reservekanister *m*	spare canister
Reserverad *n*	spare tire *(AE)*
	spare tyre *(BE)*
Restposten *m*	remaining stock
Restwert *m*	residual value
	salvage value
Retoure *f*	returns *pl*

R

Retourenabwicklung *f*	returns processing
Retourenlieferung *f*	return delivery
	return shipment
Rettungsdecke *f*	space blanket
	emergency blanket
Rettungshammer *m*	emergency hammer
Rettungshubschrauber *m*	rescue helicopter
Rettungsleiter *f*	rescue ladder
Rettungswagen/RTW *m*	ambulance
Rettungszeichen *n*	emergency sign
	escape sign
Rettungszeichen *n*	emergency sign
	escape sign
Return-on-Investment *n*	return on investment/ROI
Reuefracht *f*	dead freight
Revers *m/n*	letter of indemnity/LOI
Reversiereinrichtung *f* (ugs.)	reversing device (coll.)
Revidierte Rheinschifffahrtsakte *f*	Mannheim Convention
	Revised Convention for Rhine
	Navigation
Revision *f*	revision
Revisor *m*	auditor
revolvierende Finanzkreditdeckung *f*	revolving buyer credit cover
revolvierende Lieferantenkreditdeckung *f*	revolving supplier credit cover
revolvierendes Akkreditiv *n*	revolving L/C
	revolving letter of credit
Rhein-See-Schiff *n*	sea-river coaster
Rheinschifffahrt *f*	Rhine navigation *sg*
Rheinschifffahrtsgericht *n*	court for navigation on the Rhine
Richter *m*	judge
Richtgeschwindigkeit *f*	recommended speed limit

R

Richtlinie *f*	directive
	guideline
Richtlinien für Großraum- und Schwertransporte/RGST *fpl*	Guidelines *pl* for Oversized and Heavy Transport
Riesentanker/ULCC *m*	ultra large crude carrier/ULCC
Ringlokschuppen *m*	roundhouse
Risiko *n*	risk
Risikoklasse *f*	risk class
Riss *m*	crack
Rohergebnis *n*	gross profit
Rohgewicht *n*	gross weight
Rohrleitung *f*	pipeline
Rollbahn *f*	taxiway
Rollbehälter *m*	roll container
Rollcontainer *m*	roll container
Rollenbahn *f* (z.B. Sortieranlagen)	roller conveyor sg (e.g. sorting systems)
rollende Landstraße/RoLa *f*	rolling road
Roller *m*	scooter
Rollfähre *f*	reaction ferry (with overhead cable)
Rollkarte *f*	cartage note
Rollreibung *f*	rolling friction
Rolltechnik *f* (unbegleiteter Verkehr)	rolling technology (unaccompanied transport)
Rollwiderstand *m*	rolling resistance
RoLo-Schiff *n* (roll-on/roll-off und lift-on/lift-off)	RoLo-ship (roll-on/roll-off and lift-on/lift-off)
RoPax-Schiff *n* (roll-on/roll-off und Passagiere)	RoPax-ship (roll-on/roll-off and passenger)
RoRo-Schiff *n* (roll-on/roll-off)	RoRo ship (roll-on/roll-off)
Rost *m*	rust

R

rostfrei	stainless
Rostlaube *f (ugs.)*	rust bucket *(coll.)* (vehicle) old banger *(BE) (coll.)* (car)
Rostmühle *f (ugs.)*	rust bucket *(coll.)* (vehicle) old banger *(BE) (coll.)* (car)
Rote Liste *fsg*	Red List *sg*
rote Ware *f*	red goods *pl*
Routenplaner *m*	route planner
Routenplanung *f*	route planning
Row *f* (Containerreihe in Längsrichtung)	row
Rückerstattung *f*	refund
Rückfahrscheinwerfer *m*	back-up light *(AE)* reversing light *(BE)*
Rückfahrvideosystem *n*	reversing video system
Rückgabe *f* (z.B. von dem Lagerschein)	return *sg* (e.g. of the warehouse receipt)
Rückhaltesystem *n*	restraint system
Rückkehrgebot *n*	return command
Rücklagen *fpl*	reserves *pl* (financial)
Rücklieferung *f*	redelivery return delivery return shipment
Rückraumüberwachung f (z.B. beim Andocken an einer Rampe)	*rear area monitoring (e.g. when docking at a ramp)*
Rücksendung *f*	return consignment
Rückstände *mpl*	residues *pl*
Rückstellung *f*	accrual
Rückstellungen *fpl*	provisions *pl* (fin.)
Rücktritt *m* (z.B. von einem Vertrag)	withdrawal (e.g. from a contract)
Rücktrittsrecht *n*	right of withdrawal

R

Rückversicherer *m*	reinsurer
rückversichern	reinsure, to
Rückversicherung *f*	reinsurance
Rückwandtür *f* (LKW)	rear wall door
rückwärts	backwards *(BE)* backward *(AE)*
rückwärts fahren	reverse, to
Rufnummer des mobilen Seefunk-dienstes/MMSI *f*	maritime mobile service identity/MMSI
Ruhezeit *f*	rest period break time
ruhige See *f* (Sea State Code 1)	calm rippled sea (sea state code 1)
Ruhrgebiet *n*	Ruhr area
runderneuerter Reifen *m*	remold tire *(AE)* remould tyre *(BE)* remolded tire *(AE)* remouldet tyre *(BE)* retread tire *(AE)* retread tyre *(BE)* retreaded tire *(AE)* retreaded tyre *(BE)*
Rundtank *m*	cylindrical tank
Rundungsregel *f* (Luftfracht)	rounding rule *sg* (air freight)
Runge *f*	stanchion stake
Rungen *fpl* (Ladungssicherung fest im Fahrzeug installiert)	stanchions *pl* (load securing permanently installed in the vehicle)
Rungenpalette *f*	post pallet
Rungenverlängerung *f* (Ladungssi-cherung fest im Fahrzeug installiert)	stanchion extension (load securing permanently installed in the vehicle)
Rungenwagen *m*	stake car *(AE)*

R

Rüstzeit *f*	set-up time
Rutschen *fpl* (z.B. Sortieranlagen in der KEP-Branche)	chutes *pl* (e.g. sorting systems in the CEP industry)

S

Sabotage *f*	sabotage
Sachkonto *n*	nominal account
Sachkundiger *m*	competent person
Sachschaden *m*	material damage
sachverständige Stelle *f*	competent body
Sachverständigengutachten *n*	expert opinion
Sachverständiger der Versicherung *m*	claim adjuster
Sachverständiger *m*	expert
Sack *m*	sack
Sackbahnhof *m*	terminus
Sackgleis *n*	dead-end track
Sackgut *n*	bagged cargo
Sackkarre *f*	dolly *(AE)* (tool) hand truck *(AE)* sack barrow sack truck *(BE)*
Sackware *f*	bagged cargo
Safe *m/n*	safe
SafeSeaNet/SSN *n* (EU/Norwegen/Island)	SafeSeaNet/SSN (EU/Norway/Iceland)
Saisoneinflüsse *mpl*	seasonal influences *pl*
Saisonpreise *mpl* (fin.)	seasonal prices *pl*
Salamitaktik *f* (ugs.)	salami tactics *pl* (coll.)
Saldenbilanz *f*	trial balance
saldieren	balance, to
Salpetersäure *fsg*	nitric acid *sg*

S

salvatorische Klausel *f*	severability clause
Salz *n*	salt
Salzsäure *f*	hydrochloric acid
Salzwasser *n*	salt water
Sammelgut *n*	consolidated cargo groupage freight
Sammelgut-Kooperation *f*	groupage co-operation
Sammelgutverkehr *m*	groupage traffic
Sammelkonnossement *n*	consolidated B/L consolidated bill of lading groupage B/L groupage bill of lading
Sammelladung *f*	consolidation groupage consignment
Sammelladungsverkehr *m*	groupage traffic
Sammellagerung *f*	collective storage
Samstag *m*	Saturday
Sand *m*	sand
Sandwich-Palette *f*	sandwich-pallet
Sanktionsklausel *f* (DTV-Güter 2000/2011)	Sanctions Clause (DTV Cargo 2000/2011)
Sattelauflieger *m*	semi-trailer
Sattelbus *m*	articulated trailer bus trailer bus
Sattelkipper *m*	tipper trailer
Sattelkupplung *f*	fifth wheel coupling
Sattelkupplung mit Verschiebeein-richtung *f*	fifth wheel coupling with sliding device
Sattelomnibus *m*	articulated trailer bus trailer bus
Sattelzug *m*	articulated lorry *(BE)* semi-trailer truck *(AE)*

S

Sattelzugmaschine *f*	road tractor tractor unit
Sattelzugomnibus *m*	articulated trailer bus trailer bus
sauber	clean
Sauberkeit *f*	cleanliness *sg*
Sauerstoff *msg*	oxygen *sg*
Saugausleger *m*	suction boom
Saugfahrzeug *n*	vacuum lorry *(BE)* vacuum truck *(AE)*
Saugwagen *m*	vacuum lorry *(BE)* vacuum truck *(AE)*
Säure *f*	acid
säurebeständig	acid-proof acid-resistant
Säuredichte *f*	acid density
säurefrei	acid-free
säureresistent	acid-proof acid-resistant
Scan-Punkt *m* (Logistik)	scan point *sg* (logistics)
Schaden *m*	loss
Schadenanzeige *f*	damage report
Schadenersatz für Folgeschaden *m*	compensation for consequential loss
Schadenersatz *m*	compensation for damages (fin.)
Schadensanzeige *f*	notice of claim notice of loss
Schadensereignis *n*	damage incident
Schadensersatz *m*	compensation damages *pl*
Schadensersatzanspruch *m*	claim for damages
Schadensersatzklage *f*	action for damages

S

Schadensfall *m*	case of damage
	case of loss
	damage event
	damage case
Schadensfeststellung *f*	claims assessment
Schadensprotokoll *n*	damage protocol
	damage report
Schadensregulierer *m*	general average adjuster
	claim adjuster
Schadensregulierung *f*	adjustment of a claim
Schädlinge *mpl*	pests *pl*
schadstoffarm	reduced-emission
	low-emission
Schadstoffausstoß *m*	exhaust emission
	pollutant emission
Schallpegel *m*	decibel level
	sound level
Schaltgetriebe *n*	manual gearbox
	manual transmission
Schalthebel *m*	gear selector
	gearshift lever
	gear stick
Schaltknauf *m*	gear knob
	gear lever knob
Schaltknüppel *m*	gear selector
	gearshift lever
	gear stick
scharfkantig	sharp-edged
Scharnier *n*	hinge
Schaublatt *n*	record sheet
Schaufel *f*	shovel
Schauglas *n*	sight glass
	water gauge
Schaum *m*	foam

S

Schaumlöscher *m*	foam extinguisher
Scheck *m*	check *(AE)*
	cheque *(BE)*
Scheibenbremse *f*	disc *(BE)* / disk *(AE)* brake
Scheibenreinigungsanlage *f*	disc *(BE)* / disk *(AE)* cleaning system
Scheibenwaschwasser *n*	screen wash *(BE)*
	windshield washer fluid *(AE)*
	windshield wiper fluid *(AE)*
Scheibenwischer *m*	windscreen wiper *(BE)*
	windshield wiper *(AE)*
Scheibenwischwasser *n*	screen wash *(BE)*
	windshield washer fluid *(AE)*
	windshield wiper fluid *(AE)*
Scheinwerfer *m*	headlight/headlamp
Scheinwerferglas *n*	headlight glass/headlamp glass
Schengener Abkommen *n*	Schengen Agreement
Schengenraum *msg*	Schengen area *sg*
Schere *f*	scissors *pl*
Schiebeboden *m*	moving floor
Schiebeplanenauflieger *m*	curtainsider
	tautliner (® Boalloy Industries Ltd.)
Schieberadgetriebe *n*	sliding wheel gear
Schieferöl *n*	shale oil
Schienendrehkran *m*	breakdown crane *(BE)*
	crane car *(AE)*
	railroad crane
Schienengüterverkehr *m*	freight rail transport
Schienenkorridor *m*	rail corridor
Schienennetz *n*	rail network
	railroad network *(AE)*
	railway network *(BE)*
Schienenverkehr *m*	rail traffic

S

Schiff *n*	ship
	vessel
Schifffahrtstunnel *m*	canal tunnel
Schiffsbauch *m*	cargo hold (ship)
	hold (ship)
Schiffsbefestiger *m*	boatman
Schiffsbesatzung *f*	crew
schiffsbuchender Verfrachter/	non vessel operating common
NVOCC *m*	carrier/NVOCC
Schiffsdiesel/MDO *m*	marine diesel oil/MDO
	marine gas oil/MGO
Schiffsevakuierungssystem/MES *n*	marine evacuation system/MES
Schiffsfriedhof *m*	ship cemetery
	ship graveyard
Schiffsführer *m* (Binnenschiff)	master of the vessel
Schiffshebewerk *n*	lift lock
	ship lift
Schiffsregister *n*	register of shipping
Schiffsreparatur *f*	ship repair
Schiffsrumpf *m*	hull
Schiffstaufe *f*	ship's christening
Schiffstunnel *m*	canal tunnel
Schiffsverkehrsdienst/VTS *m*	vessel traffic service/VTS
Schiffswrack *n*	shipwreck
	wreck
schimmelig	moldy *(AE)*
	mouldy *(BE)*
Schippe *f*	shovel
Schlagloch *n*	pothole
Schlagseite *f*	list
schlampiger Arbeiter *m*	careless worker
Schlauch *m*	hose

S

schlecht	bad
schlechte Arbeit *f*	poor work
schlechte Manieren *fpl*	bad manners *pl*
schlechte Nachricht *f*	bad news *pl*
Schleimhaut *f*	mucous membrane
Schleimhautreizung *f*	irritation of the mucous membrane
schleppen	tow, to
Schlepper *m* (Schiff)	tugboat
Schlepper *m* (Straße)	tow tractor
	towing tractor
Schleppkahn *m*	towed barge
Schleppschiff *n*	towboat
Schleppverband *m*	towed convoy
Schleudergefahr *f*	risk of skidding
Schleuse *f*	lock
Schleusenanlage *f*	lockage
Schleusengebühr *f*	lock due
	lockage (toll)
Schleusenkammer *f*	lock chamber
Schleusentor *n*	lock gate
Schleusentreppe *f*	lock staircase
Schleusenwärter *m*	lock keeper
Schleusung *f* (Schiff)	lockage
Schlussbestandskonto *n*	closing stock account
Schlussbilanz *f*	closing balance
	final balance
Schlüssel *m*	key
schlüssiges Handeln *n*	conclusive action
Schmalgangstapler *m*	narrow aisle forklift
	narrow-aisle forklift trucks *pl*
Schmalrumpf- bzw. Standardrumpf-flugzeug *n*	narrow body (air plane)

(left margin) **S**

Schmerzensgeld *n*	smart money *(AE)*
schmieren	grease, to
Schmierfett *n*	grease
Schmiergeld *n*	bribe
Schmierpresse *f*	grease gun
	lubrication gun
Schmierstoff *m*	lubricant
Schmuggel *msg*	smuggling
Schmutz *msg*	dirt *sg*
schmutzempfindlich	dirt-sensitive
schmutzig	dirty
Schnee *msg*	snow *sg*
Schneefall *m*	snowfall
Schneefräse *f*	snow blower
	snow thrower
Schneeglätte *fsg*	hard-packed snow *sg*
Schneekette *f*	snow chains *pl*
	tire chains *pl (AE)*
	tyre chains *pl (BE)*
Schneematsch *msg*	slush *sg*
Schneepflug *m*	snow plow *(AE)*
	snow plough *(BE)*
Schneeschleuder *f*	snow blower
	snow thrower
Schneeverwehung *f*	snow drift
schnell	fast
Schnelldreher *m*	fast mover
	fast-moving consumer goods/
	FMCG *pl*
Schnellläufer *m*	order picker
Schnickschnack *msg (ugs.)* (Ausstattung Auto)	bells and whistles *pl (coll.)* (car equipment)
Schnittmenge *f* (Luftfracht)	intersection *sg* (air freight)

S

Schnittstelle *f*	interface
Schnittstellenkontrolle *f*	interface control
Schnittstellenlagerplatz *m*	interim storage bin
Schrägzurren *n*	transverse lashing
Schränke *mpl*	cabinets *pl*
schriftliche Auftragsbestätigung *f*	written confirmation of an order
schriftliche Beauftragung *f*	written order
schriftliche Weisungen *fpl*	instructions in writing *pl*
schriftliche Zollanmeldung *f*	written customs declaration
schriftlicher Arbeitsvertrag *m*	written employment contract
schriftlicher Vertrag *m*	contract in writing
	written agreement
Schrittgeschwindigkeit *f*	walking speed
Schrott *m*	scrap
	scrap metal
Schrottwert *m*	scrap value
Schrumpffolie *f*	shrink film
	shrink wrap
Schrumpfmaschine *f*	shrinking machine
Schrumpfverpackungsmaschine *f*	shrink-wrapping machine
Schubboden *m*	moving floor
Schubboot *n*	push boat
	push tug
	pusher tug
Schubleichter *m*	push barge
Schubmaststapler *m*	reach truck
Schubschiff *n*	push boat
	push tug
	pusher tug
Schubverband *m* (Schubboot und Leichter)	push tow
	pushed convoy
	pushing unit
Schulbus *m*	school bus

S

Schuld *f* (Zahlungsverpflichtung)	debt
Schülerbeförderung *f*	school transport
Schülerlotse *m*	crossing guard *(AE)*
	school crossing patrol officer *(BE)*
Schülerverkehr *m*	school traffic
Schulschiff *n*	school boat (inland vessel)
Schüppe *f*	shovel
Schüttgut *n*	dry bulk
	dry bulk cargo
Schüttgutcontainer *m*	bulk container
	dry-bulk container
Schüttgutfrachter *m*	bulk carrier
Schuttmulde *f*	skip
Schutz- und Konditionsdifferenz- versicherungsklausel *f* (DTV-Güter 2000/2011)	Contingency and DIC Insurance Clause (DTV Cargo 2000/2011)
Schutzausrüstung *f*	protective equipment
Schutzbrille *f*	safety glasses *pl*
	goggles *pl*
schützen	protect, to
Schutzhandschuh *m*	protective glove
Schutzhandschuhe *f*	protective gloves
Schutzhelm *m*	hard hat
Schutzhelm *m* (Motorrad)	motorcycle helmet
	crash helmet (motorcycle)
Schutzhüllen *fpl*	protective covers *pl*
Schutzkleidung *f*	protective clothing
Schutzmaßnahmen *fpl* (z.B. für Güter)	protective measures *pl* (e.g. for goods)
Schutzplanke *f*	crash barrier
	guardrail *(AE)*
Schutzrecht *n*	property right
Schutzschuhe *f*	protective footwear

S

schwach bewegte See *f* (Sea State Code 2)	smooth sea with wavelets (sea state code 2)
Schwallblech *n*	baffle plate
Schwallwand *f*	baffle plate
Schwamm drüber (ugs.)	no hard feelings *pl* (coll.)
Schwarzafrika *n*	Sub-Saharan Africa
Schwarzarbeit *f*	moonlighting
schwarze Ware *f*	black market goods *pl*
schwarzer Frost *m* (Vereisung der Schiffsaufbauten durch Nebel und/oder Nieselregen durch Süßwasser)	black frost
Schwarzes Meer *n*	Black Sea
Schwarzpulver *nsg*	black powder *sg*
Schwebebrücke *f*	aerial transfer bridge ferry bridge transporter bridge
Schwefel *msg*	sulfur *sg (AE)* sulphur *sg (BE)*
Schwefelarme Treibstoffzuschlag *m* (LSF) (Seefracht)	Low Sulfur (*AE*) / Sulphur (*BE*) Fee/LSF (sea freight)
Schwefelarme Zuschlag *m* (LSS) (Seefracht)	Low Sulfur (*AE*) / Sulphur (*BE*) Surcharge/LSS (sea freight)
Schwefeldioxid *n*	sulfur dioxide *(AE)* sulphur dioxide *(BE)*
Schwefelsäure *f*	sulfuric acid *(AE)* sulphuric acid *(BE)*
Schwelbrand *m*	smoldering fire *(AE)* smouldering fire *(BE)*
Schwemmgut *n*	marine debris marine litter flotsam
schwer	difficult hard

S

schwer (Gewicht)	heavy
schwere Verätzung *f*	severe chemical burn
schwere Verletzung *f*	severe injury
schwere Zeiten *fpl*	dire straits *pl*
Schwergewichtszuschlag *m*	heavy lift surcharge
Schwergut *n*	heavy cargo
	heavy lift
Schwergutbaum *m*	heavy lift derrick
Schwergutzuschlag *m* (HLC) (Seefracht)	heavy lift charge/HLC (sea freight)
Schwerlastregal *n*	heavy duty shelving
Schwerlastwagen *m*	heavy goods vehicle
Schweröl *n*	heavy fuel oil/HFO
	marine fuel oil/MFO
Schweröltank *m*	fuel oil bunker
Schwerpunkt *m*	center of gravity *(AE)*
	centre of gravity *(BE)*
Schwerpunktlage *f*	centre *(BE)* / center *(AE)* of gravity
Schwerpunktverlagerung *f*	shift of center of gravity *(AE)*
	shift of centre of gravity *(BE)*
Schwertransport *m*	heavy haulage
	heavy transport
schwierig	difficult
	hard
Schwimmbagger *m*	dredger
schwimmende Landstraße *f*	floating motorway
Schwimmkran *m*	floating crane
	pontoon crane
Schwindel *msg* (med.)	vertigo *sg*
Schwingachse *f*	swing axle
Schwund *msg*	shrinkage
Seebrücke *f*	pier

S

Seefracht *f*	ocean freight sea freight
Seefrachtbrief *m*	sea waybill
Seefrachtvertrag *m*	contract of affreightment sea freight contract
Seegang *msg*	swell
Seegangsskala *f*	sea state code
Seegüterkontrolleur *m*	tallyman
Seehafenspedition *f*	sea freight forwarding agency
Seehandel *msg*	maritime trade *sg*
Seekarte *f*	nautical chart
seekrank	seasick
Seelenverkäufer *m*	coffin ship floating death trap
Seemann *m*	mariner sailor seaman
Seemannsamt *n*	shipping office
Seemeile/SM *f*	sea mile/SM
Seenot *fsg*	distress at sea
Seenotfunkbake/EPIRB *f*	emergency position-indicating radio beacon/EPIRB
Seenotkreuzer/SK *m*	rescue cruiser
Seenotrettungskreuzer/SRK *m*	rescue cruiser
Seenotrettungssender/EPIRB *m*	emergency position-indicating radio beacon/EPIRB
Seenotsignal *n*	distress signal
Seeprotest *m*	sea protest
Seerecht *n*	maritime law
Seerechtsübereinkommen der Vereinten Nationen/SRÜ *n*	United Nations Convention on the Law of the Sea/UNCLOS
Seeschifffahrt *f*	ocean shipping

S

Seetransportversicherung *f*	marine insurance ocean marine insurance
Seetüchtigkeit *f*	seaworthiness
Seewasserstraße *f*	maritime waterway/marine waterway
Seeweg *m*	passage
Seewetterbericht *m*	shipping forecast
Seewetterdienst *m*	marine weather service
sehr grobe See *f* (Sea State Code 6)	very rough sea (sea state code 6)
sehr großer Erzfrachter/VLOC *m*	very large ore carrier/VLOC
sehr großer Massengutfrachter/VLBC *m*	very large bulk carrier/VLBC
sehr großer Tanker/VLCC *m*	very large crude carrier/VLCC
sehr hohe See *f* (Sea State Code 8)	very high sea (sea state code 8)
Seife *f*	soap
Seil *n*	rope
Seite *f*	side
Seitenbeladung *f*	side loading
Seitenbeleuchtung *f*	side lighting
Seitenentladung *f*	side unloading
Seitenführungskraft *f*	cornering force
Seitenrampe *f*	side-loading platform side-loading ramp
Seitenschieber *m*	side shift
Seitenspiegel *m*	side bow
Seitenstapler *m*	side loader
Seitenstreifen *fpl*	1. kerb *(BE)* curb *(AE)* 2. emergency lane
Seitenstreifen *m*	hard shoulder shoulder (road)

S

Seitenwagen *m*	sidecar
Seitenwand *f*	side wall
Seitenwind *m*	crosswind
seitlich offener Container *m*	open side container
seitlicher Unterfahrschutz *m*	side underride guard
sekundäres Recycling *n*	secondary recycling
Sekundärverpackung *f*	secondary packaging
Sekundenschlaf *m*	micro sleep
Selbstbehalt *m*	deductible *(AE)*
	excess *(BE)*
	franchise
	retention
Selbstbeteiligung *f*	deductible *(AE)*
	excess *(BE)*
	franchise
	retention
Selbsteintritt *m*	self-contracting
Selbstentladewagen *m*	self-unloading hopper car *(AE)*
	self-unloading hopper wagon *(BE)*
selbstfahrende Arbeitsmaschine *f*	self-propelled working machine
selbstfahrender Modultransporter/ SPMT *m*	self-propelled modular transporter/ SPMT
Selbstfinanzierung *f*	self-financing
	auto-financing
selbstklebendes Etikett *n*	adhesive label
Selbstkosten *pl*	primary costs *pl*
	prime costs *pl*
Selbstkostenpreis *m*	cost price
selbstschuldnerische Bürgschaft *f*	absolute suretyship
selbststehendes Warnzeichen *n*	self-standing warning sign
Selbstversicherung *f*	self-insurance
Selektive Katalytische Reduktion/ SCR *f*	selective catalytic reduction/SCR

S

Selen *nsg*	selenium *sg*
seltsam	strange
Semtex *n* (® Explosia a.s.)	Semtex (® Explosia a.s.)
Sendung *f*	consignment shipment
Sendungsverfolgung *f*	tracking and tracing
Senkbrücke *f*	submersible bridge
Senke *f*	sink *sg* dip *sg*
September *m*	September
Seriennummer *f*	serial number
Servolenkung *f*	power steering
Sibirien *n*	Siberia
sicherer Drittstaat *m*	safe third country
Sicherheits-Zulassungsschild *n*	safety approval plate
Sicherheitsanhängerkupplung *f*	safety trailer coupling
Sicherheitsausstattung *f*	safety equipment
Sicherheitsbestand *m*	safety stock minimum stock base stock
Sicherheitsdatenblatt *n* (bei der Lagerung von Gefahrstoffen)	safety data sheet *sg* (for the storage of hazardous substances)
Sicherheitseinrichtung *f*	safety device
Sicherheitselektronik *f*	safety electronics
Sicherheitsgebühr *f* (Luftfracht)	security surcharge/SC *sg*
Sicherheitsgurt *m*	seat belt safety belt
Sicherheitslandung *f*	precautionary landing
Sicherheitsleistung *f* (Zollbetrag) (fin.)	security deposit (customs amount) (fin.)
Sicherheitslösung *f*	safety solution
Sicherheitsmangel *m*	safety deficiency

S

Sicherheitsplan *m*	security plan
Sicherheitsprüfung *f*	safety check
Sicherheitssattelkupplung *f*	safety fifth wheel coupling
Sicherheitsschuh *m*	protective shoe
	safety shoe
Sicherheitssystem *n*	safety system
	security system
Sicherheitstraining/SHT *n*	driver safety training
Sicherheitsventil *n*	safety valve
Sicherheitsvorschrift *f*	safety regulation
	security regulation
Sicherheitszeichen *n*	safety sign
Sicherungsdruck *m*	safety pressure
Sicherungskraft *f*	securing force
Sichtakkreditiv *n*	sight L/C
	sight letter of credit
sichtbar	visible
Sichtprüfung *f*	visual inspection
Sichttratte *f*	sight draft
Sichtverhältnis *f*	visibility
Sichtwechsel *m*	sight draft
Siedepunkt *m*	boiling point
Siegelnummer *f*	seal number
Sievert/Sv *n*	sievert/Sv
Signal *n*	signal
Signalfahne *f*	signal flag
	warning flag
Signalflagge *f*	signal flag
	warning flag
Signalmunition *f*	signal ammunition
Signalversagen *n*	signal failure
Silo *m/n*	silo

Siloanhänger *m*	silo trailer
Siloauflieger *m*	silo trailer
Silofahrzeug *n*	silo lorry *(BE)*
	silo truck *(AE)*
	silo vehicle *(BE)*
Silowagen *m*	silo wagon
sinken	sink, to
Sirene *f*	siren
Sitten *fpl*	mores *pl*
	customs *pl* (conventions)
sittenwidrig	contra bonos mores
	unconscionable
sittenwidriger Vertrag *m*	agreement contra bonos mores
	unconscionable contract
Sitzgurt *m*	safety belt
	seat belt
Sitzversteller *m*	seat adjuster
Sitzverstellung *f*	seat adjustment
Skaleneffekt *m*	economies of scale *pl*
Skandinavien *n*	Scandinavia
Skibox *f* (Bus)	skibox (bus)
Skonto *m/n*	discount
Skontosatz *m*	cash discount rate
Slot *m* (Zeitnische im Luftverkehr)	slot (aviation)
Sofortrabatt *m*	immediate rebate
Solarzelle *f*	solar cell
Sommerfahrplan *m* (Eisenbahn)	summer timetable
Sommerflugplan *m*	summer flight schedule
	summer timetable
Sommerreifen *m*	normal tire *(AE)*
	normal tyre *(BE)*
	summer tire *(AE)*
	summer tyre *(BE)*

S

Sonar *n*	sound navigation and ranging/ sonar
Sonderabfall *m*	hazardous waste
Sonderangebote *npl*	special offers *pl*
Sonderausrüstung *f*	special equipment
Sonderflughafen *m*	special airport
Sondergenehmigung *f*	special permit
Sonderlandeplatz *m*	special airfield
Sondermaut *f*	special toll
Sondermüll *msg*	hazardous waste
Sonderverkehre *mpl*	special transportation
Sonderwirtschaftszone *f*	special economic area special economic zone/SEZ
Sonderziehungsrecht/SZR *n*	special drawing right/SDR
Sonne *f*	sun
Sonnenaufgang *m*	sunrise
Sonnenbrille *f*	sunglasses *pl*
Sonneneinstrahlung *f*	solar radiation
Sonnenuntergang *m*	sunset sundown
Sonntag *m*	Sunday
Sonntagsarbeit *f*	Sunday work
sorgfältig	careful diligent
Sorgfaltspflicht *f*	duty of care *sg*
Sortenkalkulation *f* (fin.)	variety calculation (fin.)
Sourcingkonzept *n*	sourcing concept *sg*
Soziale Marktwirtschaft *f* (fin.)	social market economy (fin.)
Sozialkunde *f*	social studies
Sozialstaat *m* (pol.)	welfare state (pol.)
Sozialversicherung *f*	social security
Sozialversicherungssystem *n*	social security system

S

spaltbar	fissile
Spannbrett *n*	stretching frame
Spanngurt *m*	lashing strap
Spannschlösser *npl*	turnbuckles *pl*
Spannung *f*	1. tension
	stress
	2. voltage
Spediteur *m*	forwarder
	freight forwarder
	hauler *(AE)*
	haulier *(BE)*
Spediteur-Güterversicherung *f*	freight forwarder cargo insurance
Spediteur-Transportbescheinigung/ FCT *f*	Forwarders Certificate of Transport/FCT
Spediteur-Transportversicherung *f*	freight forwarder transport insurance
Spediteur-Übernahme-bescheinigung/FCR *f*	Forwarders Certificate of Receipt/ FCR
Spediteurhaftung *f*	forwarder's liability
Spediteurkonnossement *n*	house B/L
	house bill of lading
Spedition *f*	forwarding agency
	freight forwarding agency
	hauler *(AE)*
	haulier *(BE)*
Speditionsauftrag *m*	forwarding order
Speditionskaufmann *m*	forwarding agent
Speditionsversicherung *f*	forwarding insurance
Speditionsvertrag *m*	forwarding contract
Speicher *m*	storage
Spekulation *f*	speculation *sg*
Sperrgut *n*	bulky goods *pl*
Sperrholzboden *m*	plywood floor

S

Sperrholzcontainer *m*	plywood container
sperrig	bulky
Sperrigkeit *f*	bulkiness *sg*
Sperrvermerk *m*	blocking notice
Spezialcontainer *m*	special container
Spezialkarte *f*	special card
Speziallager *n*	special warehouse
Spezialraten *fpl* (Luftfracht)	specific commodity rates *pl*/SCR (air freight)
Spezialtarif *m*	special rate
speziell	especially specially
spezielle Güter *npl*	special goods
Spikereifen *m*	spike tyre *(BE)* studded tire *(AE)* studded tyre *(BE)*
Spirituose *f*	spirit
spitz	pointed
Splitgruppe *f* (ugs.)	split group (coll.)
Sport Utility Vehicle/SUV *m/n* (Geländelimousine)	sport utility vehicle/SUV
Spraydose *f*	aerosol can
Sprenggelatine *fsg*	blasting gelatin *sg* gelignite *sg*
Sprenggummi *msg/nsg*	blasting gelatin *sg* gelignite *sg*
Sprengkapsel *f*	blasting cap
Sprengladung *f*	explosive charge
Sprengschnur *f*	detonating cord
Sprengstoff *m*	explosive
Sprengstoffgesetz/SprengG *n*	Explosives Act/SprengG
Sprengwirkung *f*	explosive effect

S

spritzwasserdicht	spray-tight
Sprühdose *f*	aerosol can
Spülhände *fpl (ugs.)*	dishpan hands *pl (coll.)*
Spurassistent *m*	lane departure warning system/ LDW
Spurbus *m*	guided bus
Spurhalteassistent *m*	lane departure warning system/ LDW
Spurrille *f*	rut
Spurrinne *f*	rut
Spurverlassungswarnung *f* (ugs.)	lane departure warning system LDWS
Spurwechselassistent *m*	lane change assistant
staatenlos	stateless
Staatsanwalt *m*	prosecutor
Staatskasse *f*	state treasury
Staatsstraße *f* (Bayern/Sachsen)	B road *(BE)* state road *(AE)*
Stadtbus *m*	city bus public bus transit bus *(AE)*
städtische Logistik *f*	municipal logistics
Stadtlinienbus *m*	city bus public bus transit bus *(AE)*
Stadtrand *m*	outskirts
Staffelkonto *n*	balanced account
Staffelung *f* (Luftverkehr)	separation (aviation)
Stahlband *n*	steel strapping
Stahlboden *m*	steel floor
Stahlcontainer *m*	steel container
Stammkapital *n*	nominal capital corpus

S

Stammkunde *m*	regular customer
standardisierter Fragebogen *m*	standardised questionnaire *(BE)*
	standardized questionnaire *(AE)*
Standfestigkeit *f*	stability
Standgeld *n* (LKW)	demurrage
Standheizung *f*	parking heater *(BE)*
	block heater *(AE)*
Standklimaanlage *f*	engine-independent air conditioner
Standort *m* (z.B. des Lagers)	location *sg* (e.g. of the warehouse)
Standort *m*	position
Standsicherheit *fsg*	steadiness
	stability
Standspur *f*	hard shoulder
	shoulder (road)
Standstreifen *m*	hard shoulder
	shoulder (road)
Stange *f*	rod
Stapel *m*	stack
Stapelbuchung *f*	batch posting
Stapelhöhe *f*	stacking height
Stapelkran *m*	stacking crane *sg*
Stapellast *f*	stacking load
stapeln	stack, to
Stapelstauchdruck *m*	stacking crush pressure
Stapler *m*	fork lifter
	forklift
	forklift truck
Staplerfahrer *m*	forklift driver
	forklift operator
Staplerschein *m*	forklift licence *(BE)*
	forklift license *(AE)*
Starrachse *f*	rigid axle
Starrdeichselanhänger *m*	rigid drawbar trailer

S

Startbahn *f*	runway/RWY
startbereit	ready for take-off
Starterbatterie *f*	starter battery
Starterlaubnis *f* (Fliegen)	clearance for take-off
Startfreigabe *f*	clearance for take-off
Startgebühr *f*	take-off charge take-off fee
Starthilfe *f*	starting aid start-up aid starting-up aid
Starthilfekabel *n*	jumper cables *pl (AE)* jump leads *pl (BE)*
Startkabel *n*	jumper cables *pl (AE)* jump leads *pl (BE)*
startklar	ready for take-off
Startleistung *f* (Flugzeug)	take-off performance/TOP
stationäre Lagerregalsysteme *npl*	stationary storage shelving *pl* stationary rack systems *pl*
Stationspreissystem/SPS *n*	station charging system
statische Bereitstellung *f*	static provision
Statusmeldung *f*	status message *sg*
Stau *m*	traffic congestion traffic jam
Stauassistent *m*	traffic jam assistant
Staub *m*	dust
staubempfindlich	dust-sensitive
Staubexplosion *f*	dust explosion
staubig	dusty
Stauer *m*	longshoreman *(AE)* stevedore *(BE)*
Stauerei *f*	stevedoring company
Stauerin *f*	longshoreman *(AE)* stevedore *(BE)*

S

Staufaktor *m*	stowage factor
Stauplan *m*	stowage plan
Stausack *m*	dunnage bag
Staustufe *f*	barrage
Stauverlust *m*	stowage loss
Stauwehr *n*	weir
Stechkarre *f*	dolly *(AE)* (tool)
	hand truck *(AE)*
	sack barrow
	sack truck *(BE)*
Stechuhr *f*	punch clock
	time clock
stehendes Gut *n*	standing rigging
Steige *f*	crate
Steige *f* (Obst)	fruit crate
Steiger *m* (Binnenschiff)	floating jetty
Steigungswiderstand *m*	slope resistance
Stempeluhr *f*	punch clock
	time clock
Stetigförderer *m*	continuous conveyor
Steuer *f*	tax
Steuerbefreiung *f*	tax exemption
steuerfrei	tax-free
Steuergebiet *n*	tax territory
Steuerhaus *m* (Binnenschiff)	wheel house
	pilot house *(AE)*
Steuerkette *f*	timing chain
Steuermannsquittung *f*	mate's receipt
Steuern *fpl* (fin.)	Taxes *pl* (fin.)
Steuerriemen *m*	timing belt
Steuersatz *m*	tax rate

S

Steuerstundung *f*	tax deferment
	tax deferral
Steuerungsrisiken *npl*	control risks *pl*
Steuerwagen *m*	cab car *(AE)*
	control car
	driving trailer
Stichproben *fpl*	random samples *pl*
Stichtagsinventur *f*	annual inventory
Stickstoff *msg*	nitrogen *sg*
stille Zession *f*	undisclosed assignment
stiller Ozean *m*	Pacific Ocean
Stilllegung *f* (Betrieb)	closure
Stimmenrecorder *m* (Flugzeug)	cockpit voice recorder/CVR
Stirnwand *f*	bulkhead (partition)
Stirnwandstärkungen *fpl* (Ladungs-sicherung fest im Fahrzeug installiert)	bulkhead reinforcements *pl* (load securing permanently installed in the vehicle)
Stornobuchung *f*	negative booking
Stornogebühr *f*	cancellation fee
Störung *f*	fault
Störungsbeseitigung *f*	troubleshooting
Störungssuche *f*	troubleshooting
Stoßdämpfer *m*	damper *(AE)*
	shock absorber *(BE)*
Stoßindikator *m*	impact indicator *sg*
Stoßstange *f*	bumper (vehicle)
Stoßzeit *f*	rush hour
Strafrecht *n*	criminal law
Strahlenbelastung *f*	radiation exposure
Strahlendosis *f*	radiation dose
Strahlenexposition *f*	radiation exposure
Strahlenschutz *m*	radiation protection

S

Strahlenschutzbeauftragter/SSB *m*	radiation protection officer
Strahlenschutzgrundsatz *m*	radiation protection principle
Strahlenschutzverantwortlicher/ SSV *m*	radiation protection supervisor
Strahlenschutzverordnung/StrlSchV *f*	Radiation Protection Ordinance/ StrlSchV
stramm	tight
Strandgut *n*	flotsam (floating wreckage of a ship or its cargo) jetsam (part of a ship, its equipment or its cargo that was jettisoned in time of distress and that sunk or stranded)
Strandung *f*	beaching (boat) grounding stranding (ship)
Straßburger Übereinkommen über die Beschränkung der Haftung in der Binnenschiffahrt/CLNI *n*	Strasbourg Convention on Limitation of Liability in Inland Navigation/CLNI
Straße *f*	road street
Straße von Gibraltar *f*	Strait of Gibraltar
Straßenablauf *m*	storm drain storm sewer *(AE)* drain
Straßenarbeiten *fpl*	road works *pl*
Straßenbahn *f*	streetcar *(AE)* tram *(BE)*
Straßenbaufinanzierungsgesetz/ StrFinG *n*	Road Construction Financing Act
Straßenbeleuchtung *f*	street lamp street light
Straßenbenutzungsgebühren *fpl*	road usage fees *pl*
Straßenbesen *m*	street broom

S

Straßengraben *m*	roadside ditch ditch
Straßengüterverkehr *m*	road transport
Straßenkarte *f*	road map
Straßenkarten *fpl*	road maps *pl*
Straßenkreuzung *f*	crossroads *pl (BE)* intersection *(AE)* road junction *(BE)*
Straßenlärm *m*	roadway noise
Straßenlaterne *f*	street lamp street light
Straßenname *m*	street name
Straßennamensschild *n*	street sign
Straßenschild *n*	street sign
Straßensperre *f* (ungeplant z.b. nach Unfall)	road block
Straßensperrung *f* (geplant)	road closure
Straßenverkehrs-Zulassungs- Ordnung/StVZO *f*	German Road Traffic Licensing Regulations/StVZO *pl*
Straßenverkehrsamt *n*	road traffic authority
Straßenverkehrsbehörde *f*	road traffic authority
Straßenverkehrsgesetz/StVG *n*	Road Traffic Act
Straßenverkehrslärm *m*	roadway noise
Straßenverkehrsordnung/StVO *f*	German Road Traffic Regulations/ StVO *pl* Road Traffic Regulations *pl*
Straßenverkehrsrecht *n*	road traffic law
Straßenverkehrszulassungs- ordnung/StVZO *f*	Road Traffic Registration Ordinance
Straßenzug *m* (LKW mit mehr als einem Anhänger, z.B. in Australien, Israel)	road train
Strecke *f*	route

S

Streckengeschäft *n*	drop shipment/drop-shipping
Streckenhandel *m*	drop shipment/drop-shipping
Streckennetz *n*	rail network
	railroad network *(AE)*
	railway network *(BE)*
Streckenschild *n*	route sign
Streifenwagen *m*	police car
Streik *m*	strike
Streik- und Aufruhrklausel *f*	Strikes, Riots and Civil Commo-
(DTV-Güter 2000/2011)	tions Clause (DTV Cargo
	2000/2011)
stretchen	stretch wrap, to
Stretchverpackung *f*	stretch packaging
Streufahrzeug *n*	gritting vehicle
Streugut *n*	grit
Streusalz *n*	de-icing salt
	road salt
Strichcode *m*	Barcode
	bar code *sg*
Stroh *nsg*	straw sg
Strontium *nsg*	strontium *sg*
Strukturbilanz *f*	structural balance
Stückgut *n*	break bulk
	break bulk cargo
	general cargo
Stückgutfrachter *m*	general cargo vessel
Sturm *m*	storm
Sturmflut *f*	storm surge
	storm tide
Sturmschaden *m*	storm damage
Sturzhelm *m* (ugs.) (Motorrad)	motorcycle helmet
	crash helmet (motorcycle)
Stützlast *f*	drawbar load

S

Stützvorrichtung *f* (Auflieger)	support device (semi-trailer)
Styropor *nsg* (® BASF)	Styrofoam *sg* (® Dow Chemical Company)
Subrogation *f*	subrogation
subsaharisches Afrika *n*	Sub-Saharan Africa
Substanz *f*	substance
Subtropen *pl*	subtropics *pl*
Subunternehmer *m*	subcontractor
suchen	search, to
Süd	south
Südamerika *n*	South America
Süden *m*	south
Südeuropa *n*	Southern Europe
südliches Afrika *n*	Southern Africa
Südostasiatischer Archipel *m*	East Indies *pl* Indo-Australian Archipelago Indonesian Archipelago Malay Archipelago
Südostasien *n*	Southeast Asia Southeastern Asia
Südosteuropa/SOE *n*	Southeast Europe Southeastern Europe
Südsee *fsg*	South Seas *pl* South Pacific South Sea
Sueskanal *m*	Suez Canal
Suezkanal *m*	Suez Canal
Suezmax-Klasse *f* (Durchfahrt Suezkanal möglich)	Suezmax class (passage Suez Canal possible)
Sulfuryldifluorid *n*	sulfuryl fluoride sulphuryl fluoride
Sulfurylfluorid *n*	sulfuryl fluoride sulphuryl fluoride

S

summarische Anmeldung *f*	summary declaration
Summenbilanz *f*	total balance
	aggregated balance
Superbreitreifen/Super-Single *m*	super wide tyres *(BE)* / tires *(AE)* / super single
Supercargo *m* (Ladungsexperte/ Stauberater)	supercargo
Supertanker/VLCC *m*	very large crude carrier/VLCC
Surrogat *n*	surrogate
Süßwasser *n*	fresh water
SWIFT-Adresse/SWIFT-BIC *f*	SWIFT Bank Identifier Code/ SWIFT-BIC
Synchrongetriebe *n*	synchronised *(BE)* / synchronized *(AE)* gearbox
systematische Lagerplatzordnung *f*	systematic storage bin organization (AE) / organisation (BE) *sg*
systematisches Nummernsystem *n*	systematic numbering system
Systemverkehr *m*	scheduled cargo traffic

T

T-Konto *n*	T-account
Tabak *m*	tobacco
Tabelle *f*	table
Tablar *n*	tray
Tablarlager *n* (automatisch)	tray storage (automatic) tray warehouse (automatic)
Tacho *m/n (ugs.)*	speedometer
Tachograf *n*	tachograph
Tachomanipulation *f*	clocking *(BE)* odometer fraud
Tachometer *m/n*	speedometer

Tachoscheibe *f*	tachograph chart tachograph disc *(BE)* tachograph disk *(AE)*
Tag *m*	day
tagesaktueller Wert *m*	daily value
Tagesfahrten *fpl*	daily trips *pl*
Tageslenkzeit *f*	daily driving time
Tagesruhezeit *f*	daily rest period
Tagfahrleuchten *fpl*	daytime driving lights *pl*
Tagfahrlicht *n*	daytime running light
täglich	daily
tägliche Lenkzeit *f*	daily driving time
tägliche Ruhezeit *f*	daily rest time
Talsperre *f*	dam
Talverkehr *m*	downriver traffic downstream traffic (ship)
Tandemanhänger *m*	tandem trailer
Tank- und Siloreinigung *f*	tank and silo cleaning
Tankcodierung *f*	tank code
Tankcontainer *m*	tank container
tanken	refuel, to
Tanker *m*	tanker tankship
Tanklager *n*	fuel depot fuel storage tank farm
Tanklastwagen *m*	tank lorry *(BE)* tank truck *(AE)*
Tankmotorschiff/TMS *n*	self-propelled tanker
Tankreinigung *f*	tank cleaning
Tanksäule *f*	gas pump *(AE)* petrol pump *(BE)*

T

T

Tankschiff n	tanker
	tankship
Tankstelle f	filling station
	gas station (AE)
	petrol station (BE)
Tankwart m	filling station attendant
	gas station attendant (AE)
	petrol station attendant (BE)
Tara f	tare
Tarif m	tariff
Tarifierung f	insurance rating
Tarifmerkmal n	tariff criteria
Tarifrecht Personenverkehr m	collective bargaining law for passenger transport
Tarifstruktur f (fin.)	tariff structure sg
Tarifvertrag m	collective agreement
Tarnkappenschiff n	stealth ship
Taschenlampe f	electric torch (BE)
	flashlight (AE)
Taschenlampe f	electric torch (BE)
	flashlight (AE)
tatsächlich erbrachte Beförderungsleistung/PKT f	passenger kilometers transported/PKT pl (AE)
	passenger kilometres transported/PKT pl (BE)
tatsächlich erbrachte Beförderungsleistung/TKT f	ton kilometres transported/TKT pl (BE)
	ton-kilometers transported/TKT pl (AE)
	ton-miles transported/TMT pl
tatsächliche Abflugzeit f	actual time of departure/ATD
tatsächliche Ankunftszeit f (Flugzeug)	actual time of arrival/ATA
tatsächliche Startzeit f	actual time of departure/ATD

tatsächliches Gewicht *n*	actual weight
Tausalz *n*	de-icing salt road salt
Tauschhandel *m*	barter
tausend	thousand
Taxi *m/n*	cab taxi taxicab
Teamleiter *m*	team leader
technische Ausstattung *f*	technical equipment
technische Daten *fpl*	technical data *pl*
technische Einrichtung *f*	technical equipment
technische Reserve *f*	technical reserve
technische Schutzmaßnahmen *fpl*	technical protective measures *pl*
technischer Defekt *m*	technical defect
technisches Gas *n*	industrial gas technical gas
Tee *m*	tea
teilautonomes Fahren *n*	semi-autonomous driving
Teilbeförderung *f*	partial transportation
Teilcharter *f/m*	partial charter
Teilembargo *n*	partial embargo
Teilinvalidität *f*	partial disability
Teilkasko *f*	partial coverage insurance
Teilkaskoversicherung *f*	partial coverage insurance
Teilkonnossement *n*	partial B/L partial bill of lading
Teilkostenrechnung *f*	marginal costing
Teilladung *f*	part load
Teilladungsverkehr *m*	partial load transport
Teillastkennlinien *fpl*	partial load characteristics *pl*
Teilsendung *f*	partial shipment

T

teilsynthetisch	semi-synthetic
Teilverlust *m*	partial loss
teilweise Rückerstattung *f*	partial refund
Telefax *m/n*	fax
Telefaxnummer *f*	fax number
Telefon *n*	phone
	telephone
Telefonnummer *f*	phone number
	telephone number
Telematik *fsg*	telematics *pl*
Telematiksystem *n*	telematics system
Telemetrie *fsg*	telemetry *sg*
Teleskopkran *m*	telescopic crane
Temperatur *f*	temperature
temperaturgeführte Transporte *mpl*	temperature-controlled transportation
Temperaturüberwachung *f*	temperature monitoring
Tempolimit *n*	speed limit
Tempomat *m* (® Daimler AG)	cruise control
Tenderlok *f*	tank engine
	tank locomotive
Tenderlokomotive *f*	tank engine
	tank locomotive
Tennebaum *m* (Binnenschiff)	hatch coaming
Teppich *m*	carpet
Teppichdorn *m*	carpet carrying ram
Termin *m*	deadline
Terpentin *m/n*	turpentine
Terpentinersatz *msg*	white spirit
Terrorismus *msg*	terrorism *sg*
Textilien *fpl*	textiles *pl*
	soft goods *pl*

T

Theaterfahrten *fpl*	theatre *(BE)* / theater *(AE)* trips *pl*
Tide *f*	tide
Tidehochwasser *n*	high tide
Tideniedrigwasser *n*	low tide
Tidenkalender *m*	tide chart
	tide table
Tiefe *f*	depth
Tiefentladung *f* (Batterie)	exhaustive discharge
Tiefentladung *f* (Batterie)	exhaustive discharge
Tiefgang *m*	draft *(AE)* (ship)
	draught *(BE)*
Tiefgarage *f*	basement garage
	underground car park *(BE)*
	underground parking lot *(AE)*
Tiefkühlkost/TK *fsg*	frozen food
Tiefkühllager *n*	deep freeze warehouse
Tieflader *m*	flatbed lorry *(BE)*
	flatbed truck *(AE)*
Tiefwasserhafen *m*	deep water harbor *(AE)*
	deep water harbour *(BE)*
	deep water port
Tier *f* (Containerlage)	tier
Tierfutter *n*	animal feed
	fodder
Tierschutztransportverordnung/ TierschTrV *f*	Animal Welfare Transport Ordinance
Tiertransporte *mpl*	animal transportation
Tiertransporter *m* (Schiff)	livestock carrier
Tinktur *f*	tincture
TIR-Plakette *f*	TIR plate
TIR-Tafel *f*	TIR board
TIR-Verfahren *n*	TIR procedure
Tisch *m*	table

T

Titan *nsg*	titanium *sg*
Tochtergesellschaft *f*	subsidiary
Tochterunternehmen *n*	subsidiary
Tod *m*	death
Toilette *f*	restroom *(AE)*
	toilet *(BE)*
Tonne *f*	barrel
Tonnenkilometer/tkm *m*	tonne-kilometer/tkm *(AE)*
	tonne-kilometre/tkm *(BE)*
Tonnenleger *m*	buoy tender
Tonnenmeile/tm *f*	ton-mile/tm
topografiebasierte Adaptive Cruise Control (GPS und Cloud)	topography-based adaptive cruise control (GPS and Cloud)
Totalschaden *m*	total loss
Totalverlust *m*	total loss
toter Winkel *m*	blind spot
Totzeit *f* (Zeit bzw. Nebenzeit rund um die Kommissionierung z.B. Lagerplatz des Artikels suchen oder quittieren der Entnahme usw.)	dead time *sg* (time or non-productive time around picking, e.g. searching for the article's storage location or acknowledging removal, etc.)
Tourenplan *m*	trip plan
Tourismus *msg*	tourism
Tourist *m*	tourist
Touristik *fsg*	tourism
Tower *m* (Flughafen)	airport traffic control tower/TWR aerodrome control tower/TWR
Toxin *n*	toxin
Traditionspapier *n*	document of title to goods
Traffic Message Channel/TMC *m*	Traffic Message Channel/TMC
Tragdorn *m*	carrying ram
Traglufthalle *f*	airdome
Traglufthallenlager *n*	air dome warehouse *sg*

T

Tragschnabelwagen *m*	Schnabel car *(AE)*
Traktion *f*	traction
Traktionskontrolle *f*	anti-slip regulation/ASR traction control system/TCS
Traktor *m*	tractor
Trampen *n*	hitch-hiking
Trampschifffahrt *f*	tramp shipping tramp trade
Tränengas *n*	tear gas
Transaktionswert/TAW *m*	transaction value
Transatlantikverkehr *m*	transatlantic traffic
Transitverkehr *m*	transit traffic
Transport *m*	carrying transport transportation
Transportbedingungen *fpl*	transportation conditions *pl*
Transportdokument *n*	transport document
Transporteigenschaften *fpl* (z.B. des Lagergutes)	transport properties *pl* (e.g. of the stored goods)
Transportgenehmigung *f*	transport authorization transport permit
Transportgenehmigungs-verordnung/TgV *f*	Ordinance on Transport Licences/ TgV
transportierte Passagierkilometer/ PKT *pl*	passenger kilometers transported/ PKT *pl (AE)* passenger kilometres transported/ PKT *pl (BE)*
transportierte Tonnenkilometer/TKT *pl*	ton kilometres transported/TKT *pl (BE)* ton-kilometers transported/TKT *pl (AE)*
Transportindikator *m*	transport indicator *sg*
Transportkennzahl/TI *f*	transport index/TI
Transportkette *f*	transport chain

T

Transportmarkt *m*	transportation market
Transportmittel *n*	means of transport *pl*
Transportrecht *nsg*	transport law *sg*
Transportrisiko *n*	risk of transport
	transportation risk
Transportschaden *m*	damage in transit
	loss in transit
Transportverpackung *f*	transport packaging
Transportversicherung *f*	cargo insurance
	transportation insurance
Trassant *m*	drawer (fin.)
Trassat *m*	acceptor
	drawee (fin.)
Tratte *f*	draft (fin.)
	drawn bill of exchange
Trecker *m*	tractor
Treiben *n* (das Tun)	goings-on *pl*
Treibgasmotor *m*	liquefied petroleum gas engine/
	LPG engine *(BE)*
	liquified petroleum gas engine/LPG
	engine *(AE)*
Treibgut *n*	marine debris
	marine litter
	flotsam
Treibhauseffekt *m*	greenhouse effect
Treibladung *f*	propellant
Treibladungsanzünder *m*	primer
Treibstoffberechnung *f* (Flugzeug)	fuel calculation (aircraft)
Treibstofftank *m*	fuel tank
Treibstoffzuschlag *m*	fuel surcharge
trennen	separate, to
Trennungsbahnhof *m*	junction station
Trennvorschriften *fpl*	segregation regulations *pl*

T

Treppe f	stairs pl
	stairway
Tresor m	safe
Trichter m	funnel
Triebfahrzeugführer/Tf m	engine driver (BE)
	locomotive engineer (AE)
	train driver (BE)
Triebkopf m	end car (AE)
Triebwagen m	railcar
Triebzug m	multiple unit/MU
Trinitrotoluol/TNT nsg	trinitrotoluene/TNT sg
Trockendock n	dry dock
trockene (z.B. Räume)	dry (e.g. rooms)
Trockeneis nsg	dry ice sg
Trockenheit f	dryness
Trockenluftfilter m	dry air filter
Trockenmittel n	desiccant
Trockensortiment/TROSO n	dry foods pl
Tropen pl	tropics pl
Tropenlademarke/T f	Tropical Load Line/T
True Airspeed f (wahre Luftge-schwindigkeit)	true airspeed/TAS
Tsunami f/m	tsunami
Tunnel m	tunnel
Tunnelbeschränkungscode/TBC m	tunnel restriction code
Tunnelkategorie f	tunnel category
Tür f	door
Turbolader m	turbocharger
Türdichtung f	door gasket
Türobergurt m	door header
Türschloss n	door lock
Türuntergurt m	door sill

T

Türverschlussstange *f*	door locking bar
TÜV-Hauptuntersuchung *f*	MOT test
TÜV-Plakette *f*	vehicle inspection sticker
Typ A-Versandstück *n*	type A packaging
Typ B-Versandstück *n*	type B packaging
Typ C-Versandstück *n*	type C packaging
Typ *m*	type
Typenschild *n*	type plate

U

Überbreite *f*	excess width overwidth
Überdruck *m*	overpressure
Überdruckventil *n*	overpressure valve
Übereinkommen *n*	regulation convention
Übereinkommen über den internationalen Eisenbahnverkehr/COTIF *n*	Convention Concerning International Carriage by Rail/COTIF
Übereinkommen über den internationalen Handel mit gefährdeten Arten freilebender Tiere und Pflanzen/CITES *n*	Convention on the International Trade in Endangered Species of Wild Fauna and Flora/CITES
Übereinkommen über die gegenseitige Benutzung der Güterwagen im internationalen Verkehr/RIV *n*	Regulation governing the reciprocal use of wagons in International Traffic/RIV
Übereinkommen über Internationale Beförderungen leichtverderblicher Lebensmittel ATP *n*	Agreement on the International Carriage of Perishable Foodstuffs ATP
überfällig	overdue
Überflug *m*	overflight
Überflugerlaubnis *f*	overflight permit
Überführung in ein Zollverfahren *f*	transfer to a customs procedure

Übergewicht n	excess weight overweight
Übergroße Fracht f (OOG) (Seefracht)	out of gauge/OOG (sea freight)
Überhöhe f	excess height overheight
überholen	overtake, to *(BE)* pass, to *(AE)*
Überholverbot n	no overtaking *(BE)* no passing *(AE)*
Überladung f	overload
Überladung f (Batterie)	overcharge
Überlandflug m	cross-country flight
Überlänge f	excess length overlength
überlanger LKW mit einem oder zwei Anhängern, z.B. in Kanada, USA	Longer Combination Vehicle/LCV
Überlassung von Gütern f	surrender of goods
Überleitungskabel n	jumper cables *pl (AE)* jump leads *pl (BE)*
Überliegegeld n (Schiff)	demurrage
übermorgen	day after tomorrow, the *sg*
Übermüdungswarner m (ugs.)	fatigue warning device (coll.)
übernächste Woche	week after next, the *sg*
übernächster Monat	month after next, the *sg*
übernächstes Jahr	year after next, the *sg*
Übernahme- und Bereitstellungs-gebühr für einen Container im Depot f	pick-up container (sea freight)
Übernahmekonnossement n	received B/L received bill of lading
Überproduktion f	overproduction

U

überrascht	surprised
Überschwemmung *f*	flooding
Überschwemmungsschaden *m*	flood damage
Übersee	overseas
überseeisch	overseas
Überseeische Länder und Gebiete/ ÜLG *pl*	Overseas Countries and Territories/OCT *pl*
übersehen	overlook, to
Übersichtlichkeit *f*	clarity *sg*
übertragbares Akkreditiv *n*	transferable L/C transferable letter of credit
überversichern	overinsure, to
überwachen	monitor, to
übrige Entwicklungsländer/OBC *npl*	Other Beneficiary Countries/OBC *pl*
Uhr *f*	clock
UIC-Ländercode *m*	UIC country code
UIC-Wagennummer *f*	UIC wagon number
UKW-Sprechfunkzeugnis für den Binnenschifffahrtsfunk/UBI *n*	radiotelephone operator's certificate for the radiotelephone service on inland waterways
Ullage *f* (Abstand Tankdecke Schiff bis Füllstand)	ullage (tank)
Ullage *f* (Freiraum im Tankschiff)	ullage (tank)
Umbuchungsgebühr *f*	rebooking fee
Umdrehungen pro Minute / 1/min / U/min *fpl (ugs.)*	revolutions per minute/rpm *pl*
Umfang *m*	perimeter circumference (circle)
Umfeldrisiken *npl*	environmental risks *pl*
Umgebung *f*	environs *pl*
Umkleideraum *m*	changing room

U

Umladung *f*	transshipment
Umladungs- und Transportkosten-zuschlag für einen nicht direkt angelaufenen Hafen *m*	outport additional transshipment additional
Umladungsverbot *n*	prohibition of transhipment
Umlagerung *f*	restorage
Umland *nsg*	environs *pl*
Umlaufintensität *f*	ratio of current assets to total assets
Umlaufzeit *f*	round trip time
umleiten (Verkehr)	divert, to
Umleitung *f*	diversion
Umreifung *f*	strapping
Umreifungsband *n*	strapping band
Umsatz *m*	sales *pl (AE)* turnover *(BE)*
Umsatzrendite *f*	return on sales/ROS
Umsatzrentabilität f	return on sales/ROS
Umsatzsteuer/USt *f*	value added tax/VAT
Umsatzsteuervoranmeldung *f*	turnover tax advance return
Umschlag *m*	handling
Umschlagsentgelt im Seehafen/ THC *n*	terminal handling charge/THC
Umschlagsgebühr *f*	handling charge handling costs *pl*
Umschlagshäufigkeit des Kapitals *f*	turnover frequency of capital
Umschlagslager *n*	distribution centre *(BE)* / center *(AE) sg* transshipment depot *sg* transshipment warehouse *sg*
Umschlagsleistung *f* (Waren)	handling capacity (goods)
Umspurung *f*	regauging

U

Umverpackung *f*	secondary packaging outer packaging
Umverpackung *f* (Gefahrgut)	overpack (dangerous goods)
umwandeln	convert, to
Umwandlung *f*	conversion
Umwandlungsverfahren *n*	processing under customs control conversion process
Umwelt *fsg*	environment
umweltgefährdende Stoffe *mpl*	environmentally hazardous substances *pl*
umweltgefährdender Stoff *m*	environmentally hazardous substance
Umweltschutz *m*	environmental protection
Umweltzonen *fpl*	environmental zones *pl*
Umzugsgut *n*	removal goods
Umzugslift *m*	furniture elevator *(AE)* furniture lift *(BE)*
Umzugsspediteur *m*	remover
Umzugsspedition *f*	moving company moving firm removal firm
Umzugsverkehr *m*	removal traffic
Umzugsvertrag *m*	removal contract
UN-Nummer *f*	UN number
unabwendbares Ereignis *n* (z.B. Krieg)	unavoidable event (e.g. war)
unbefristet	unlimited
unbefugte Benutzung *f*	unauthorised use *(BE)* unauthorized use *(AE)*
unbegleiteter kombinierter Verkehr/ UKV *m*	unaccompanied combined transport/UCT

U

Unbekannt-Klausel *f* (Inhalt unbekannt/Inhalt wie angegeben/ beinhaltet angeblich)	said to contain clause/STC
unbeladen	empty
unbestätigt	unconfirmed
unbestätigtes Akkreditiv *n*	unconfirmed L/C unconfirmed letter of credit
undankbar	ungrateful
unehrlich	dishonest
unerwünschtes Risiko *n*	undesirable risk
unerwünschtes Wagnis *n*	undesirable risk
Unfall *m*	accident
Unfallbericht *m*	accident report
Unfalldatenspeicher/UDS *m*	black box (road) even data recorder/EDR accident data storage
Unfallmerkblatt/UMB *n*	instructions in writing *pl* accident procedures sheet
Unfallrisiko *n*	accident risk
Unfallschaden *m*	accidental damage
Unfallskizze *f*	accident sketch
Unfallstelle *f*	accident site
Unfalltod *m*	accidental death
Unfallverhütungsvorschriften/UVV *fpl*	accident prevention regulations *pl*
Unfallversicherung *f*	accident insurance *(BE)* casualty insurance *(AE)*
unfrei	carriage forward freight collect
unfreundlich	unfriendly
ungefähr	roughly
ungerecht	unfair
ungereinigt	uncleaned

U

ungereinigte leere Verpackungen *fpl*	uncleaned empty packaging
ungereinigter leerer Kesselwagen *m*	uncleaned empty tank
ungereinigter leerer Tank *m*	uncleaned empty tank
ungünstiges Wagnis *n*	undesirable risk
unhöflich	rude
uninteressant	uninteresting
Unionsversandverfahren *n* (UVV)	union transit procedure *sg* (UTP)
Unionszollkodex/UZK *m*	Union Customs Code/UCC *sg*
Unmenge von etwas *f*	oodles of something *pl (coll.)*
unnötig	unnecessary
unreines Konnossement *n*	foul B/L foul bill of lading
Unruhen *fpl*	disturbances *pl*
unsachgemäße Lagerung *f*	careless storage improper storage
Unsicherheit *f*	uncertainty *sg*
unsichtbar	invisible
Unstetigförderer *m*	discontinuous conveyor non-continuous conveyor *sg*
unteilbare Ladung *f*	indivisible load
unten	bottom, at the
Untenbefüllung *f*	bottom loading
unter Aufsicht *f* (z.B. öffnen der Zollplombe)	under supervision (e.g. opening the customs seal)
unter Zollverschluss	in bond
Unterdruck *m*	vacuum
Unterdruckventil *n*	vacuum valve
untere	bottom
unterer	bottom
unteres	bottom

U

unterfahrbare Hebebühne *f*	retractable tail lift
unterfahrbare Ladebordwand *f*	retractable tail lift
unterfaltbare Hebebühne *f*	fold-under tail lift
unterfaltbare Ladebordwand *f*	fold-under tail lift
Unterflurfahrzeug *n*	underfloor vehicle
Unterflurfrachtraum *m*	underfloor hold
Unterfrachtvertrag *m*	sub-freight contract
Unterklasse *f*	subclass
Unterlegkeil *m* (z.B. LKW)	wheel chock
unternehmensbezogene Abgrenzung *f*	business-related accrual
Unternehmensbilanz *f* (fin.)	company balance sheet (fin.)
Unternehmensergebnis *n*	corporate business results *pl*
Unternehmensergebnis *n* (GuV)	corporate profit and loss results *pl*
unternehmensfixe Kosten *pl*	corporate fixed costs *pl*
unternehmensinterne Risiken *npl*	internal company risks *pl*
Unternehmenskarte *f*	company card
Unternehmensregister *n*	corporate register
Unternehmer *m*	entrepreneur
Unternehmerhaftung *f*	entrepreneur liability
Unternehmerlohn *m*	entrepreneurial salary
Unternehmerrisikoprämie *f*	entrepreneurial risk premium
untersagen	forbid, to prohibit, to
unterschiedlich	different
Unterschrift *f*	signature
Untersuchungsfristen *fpl*	examination periods *pl*
Untersuchungshaft *fsg*	pre-trial detention custody
unterversichert	underinsured
Unterversicherung *f*	underinsurance

U

Unterwegsbedienungsverbot (ugs.) *n*	prohibition of on-the-road service (coll.)
Unterweisung *f*	instruction
unterzeichnen	sign, to
Untiefe *f*	shoal
unvernünftig	unreasonable
unversicherbar	uninsurable
unversicherbares Risiko *n*	uninsurable risk
unverträglich	incompatible
unverzollt	duty unpaid
unverzüglich (z.b. melden beim Arbeitgeber)	immediately (e.g. report to the employer)
unvorsichtig	careless
unwiderruflich	irrevocable
unwiderrufliches Akkreditiv *n*	irrevocable L/C irrevocable letter of credit
Unwohlsein *n*	discomfort
unzuverlässig	unreliable
Uran *nsg*	uranium *sg*
Uranhexafluorid *nsg*	uranium hexafluoride *sg*
Urlaub *m*	vacation *(AE)* holidays *pl (BE)*
Urlaubsanspruch *m*	holiday *(BE)* / vacation *(AE)* entitlement
Ursache *f*	cause
Ursprungserklärung *f*	declaration of origin
Ursprungsrecht *n*	right of origin
Ursprungszeugnis *n*	certificate of origin
UVV Fahrzeuge *npl*	UVV vehicles *pl*

U

V

Vakuum *n*	vacuum
Vakuummeter *n*	vacuum gauge
variabel	variable
variable Kosten *pl* (fin.)	variable costs (fin.) *pl*
VDI-Richtlinie *f*	VDI guideline
Ventil *n*	valve
ventilierter Container *m*	ventilated container
Veränderungsbilanz *f*	change balance sheet
verantwortlich sein für etwas	responsible for something, to be
verantwortlicher Luftfahrzeugführer *m*	pilot in command/PIC
Verantwortlichkeit *f*	responsibility
Verantwortungsbereich *m*	area of responsibility
Verarbeitung *f* (Waren)	manipulation (processing)
Verätzung *f*	chemical burn
Verband der Chemischen Industrie e.V./VCI *m*	German Chemical Industry Association/VCI
Verband der Europäischen chemischen Industrie/CEFIC *m*	European Chemical Industry Council/CEFIC
Verband Deutscher Reeder/VDR *m*	German Shipowners' Association/VDR
Verband Europäischer Fluggesellschaften/AEA *m*	Association of European Airlines/AEA
Verband *m*	association
Verbandkasten *m*	first aid box first aid kit
Verbandskasten *m*	first aid box first aid kit
verbieten	forbid, to prohibit, to
Verbindlichkeit *f*	liability

V

Verbindungselemente *npl*	connecting elements
verblichen	faded
Verbote und Beschränkungen/VuB *pl*	prohibitions and restrictions *pl*
Verbotszeichen *n*	prohibition sign prohibitory sign
verbrauchsgesteuerte Materialfluss *m*	consumption-controlled material flow
Verbrauchsgüter *npl*	consumer goods *pl*
Verbrauchshäufigkeit *f* (z.B. von Waren)	rate *sg* of use (e.g. of goods)
Verbrauchskennlinie *f*	consumption curve
Verbrauchskontrolle *f*	consumption control
Verbrauchssteuer *f*	excise duty excise tax
Verbrennungsmotor *m*	combustion engine
Verbriefungsgarantie *f*	securitisation guarantee *(BE)* securitization guarantee *(AE)*
Verbringungsort *m*	place of introduction
Verbrühung *f*	scalding
verchromt	chrome plated
verdeckter Schaden *m*	hidden damage
verderblich	perishable
verdichtet	compressed
verdichtetes Gas *n*	compressed gas
verdorben	spoiled spoilt
Verdunstung *f*	evaporation
Verein Deutscher Ingenieure/VDI *m*	Association of German Engineers/VDI
vereinbart	stipulated
vereiste Fahrbahn *f*	icy road

V

vereiste Straße *f*	icy road
verfallen	lapse, to
verfallene Police *f*	lapsed policy
Verfolgung *f*	tracking
Verfrachter *m*	carrier
	consignor
vergessen etwas zu tun	forget to do something, to
Vergiftung *f*	poisoning
vergleichbarer Jahresgewinn *m*	comparable annual profit
Vergleichsrechnung *f*	comparative calculation
vergriffen	out of stock
Vergütung *f* (fin.)	compensation (fin.)
	remuneration (fin.)
Verjährung eines Anspruchs *f*	limitation of a claim
Verjährung *f*	limitation
Verjährungsfrist *f*	limitation period
Verkauf *m*	sales
verkaufen	sell, to
Verkäufer *m*	vendor
Verkaufsverpackung *f*	sales packaging
verkaufsvorbereitende Tätigkeiten *fpl*	pre-sales activities *pl*
Verkehr *m*	traffic
Verkehrsampel *f*	traffic light
Verkehrsbehinderung *f*	traffic obstruction
verkehrsberuhigt	traffic-calmed
Verkehrserhebung *f*	traffic census
	traffic count
Verkehrsfliegerschule *f*	flight academy
Verkehrsflussmanagement *n* (Luftverkehr)	Air Traffic Flow Management/ ATFM
Verkehrsgeografie *f*	traffic geography

V

Verkehrsgewerbe *n*	transport industry
Verkehrshelfer *m*	crossing guard *(AE)* school crossing patrol officer *(BE)*
Verkehrshindernis *n*	traffic obstruction
Verkehrsinsel *f*	traffic island
Verkehrskette *f*	transport chain
Verkehrskontrolle *f*	traffic control
Verkehrsleistungen *fpl*	transportation services *pl*
Verkehrsleiter *m*	transport manager
Verkehrsmanagement im Linien-verkehr *n*	traffic management in scheduled services
Verkehrsmeldungen *fpl*	traffic news *pl*
Verkehrsmittel *n*	means of transport *pl*
Verkehrsnachrichten *fpl*	traffic news *pl*
Verkehrsplanung *f*	traffic planning
Verkehrsrecht *n*	traffic law
Verkehrsregel *f*	traffic regulation traffic rule
Verkehrssichere Verladung *f* (nach StVO)	safe loading (according to road traffic regulations)
Verkehrssicherheit *f*	traffic safety
Verkehrsspiegel *m*	traffic mirror
Verkehrsstau *m*	traffic congestion traffic jam
Verkehrsstrom *m*	traffic flow
Verkehrstelematik *f*	traffic telematics
Verkehrsträger *m*	transport modes mode of transport
Verkehrstrennungsgebiet/VTG *n*	traffic separation scheme/TSS
Verkehrsunfall *m*	traffic accident
Verkehrsunternehmensdatei *f*	transport company file
Verkehrsverband *m*	transport association

V

Verkehrsverhältnis *n*	traffic ratio
Verkehrsweg *m*	traffic route
Verkehrswert *m*	market value
Verkehrszählung *f*	traffic census
	traffic count
Verkehrszeichen *n*	road sign
	traffic sign
Verkehrszeichenerkennung *f*	traffic sign recognition
Verklarung *f*	sea protest
verkürzen	shorten, to
Verladebescheinigung *f*	mate's receipt
verladen	ship, to
Verlader *m*	shipper
Verladerampe *f*	loading ramp
Verladung vornehmen	effect shipment, to
verlängern	extend, to
verlegte Inventur *f*	rescheduled inventory
	rescheduled stocktaking
Verletzung *f*	injury
verlorene Ladung *f*	shed load
Verlust eines Anspruchs *m*	forfeiture of a right
Verlust *m*	loss
Verlust von Container-Stellplatz *m* (Seefracht)	lost slot (container) (sea freight)
Verlustvermutung *f*	presumption of loss
vermeiden	avoid, to
vermieten	rent out, to
Vermittler *m* (z.B. Aufträge)	intermediary
Vermittlungsgebühr für den Spediteur *f* (Seefracht)	Forwarding Agent's Commission/ FAC (sea freight)
Vermögensaufbau *m*	asset generation
Vermögenskonto *n* (Aktivkonto)	capital account (asset account)

V

Vermögensschaden *m* (fin.)	financial loss (fin.)
Vermögensschadenklausel *f* (DTV-Güter 2000/2011)	Pure Financial Losses Clause (DTV Cargo 2000/2011)
vermutlich	probable
Vernichtung *f*	destruction
vernünftig	reasonable
Verordnung *f*	regulation ordinance
Verordnung über tiefgefrorene Lebensmittel *f* (TLMV)	Ordinance on Frozen Foods
verpacken	pack, to
Verpackung *f*	packaging
Verpackungsabfall *m*	packaging waste
Verpackungsanweisung *f*	packing instruction
Verpackungsfolie *f*	packaging film packaging foil
Verpackungsgruppe *f*	packing group
Verpackungsgruppe I *f* Stoffe mit hoher Gefahr *mpl*	packing group I substances presenting high danger *pl*
Verpackungsgruppe II *f* Stoffe mit mittlerer Gefahr *mpl*	packing group II substances presenting medium danger *pl*
Verpackungsgruppe III *f* Stoffe mit geringer Gefahr *mpl*	packing group III substances presenting low danger *pl*
Verpackungskosten *pl*	packaging costs *pl* packing costs *pl*
Verpackungsmüll *msg*	packaging waste
Verpackungstyp *m*	type of packaging
Verpackungsverordnung/VerpackV *f*	German Packaging Ordinance/ VerpackV
Verpackungsvorschrift *f*	packing instruction

V

verplombt	sealed
Verrutschen der Ladung *n*	shift of cargo
Versand *msg*	dispatch *sg*
Versandabteilung *f*	shipping department
Versandanmeldung *f*	transit declaration
Versandanzeige *f*	shipping note
Versandart *f*	mode of dispatch
Versandbegleitdokument/VBD *n*	transit accompanying document
versandbereit	ready for delivery
	ready for despatch
	ready for dispatch
	ready for shipment
Versanddatum *n*	date of dispatch
	date of shipment
	shipping date
Versanddokument *n*	shipping document
Versandeinheit *f*	shipping unit *sg*
Versandverfahren *n*	transit procedure
Verschiebebahnhof *m*	marshaling yard *(AE)*
	marshalling yard *(BE)*
	switch yard *(AE)*
	switching yard *(AE)*
verschieben	delay, to
Verschieberegalsystem *n*	mobile shelving system
verschiffen	ship, to
Verschlag *m*	crate
Verschluss *m*	closure
Verschlussanerkenntnis *f*	acknowledgement of closure
verschmutzte Fahrbahn *f*	mud on road *sg*
Verschulden *nsg*	fault

V

Verschuldenshaftung *f* (mit umgekehrter Beweislast)	fault-based liability (with reversed burden of proof) liability for fault (with reversal of the burden of proof)
versenden	dispatch, to ship, to
Versender *m*	consignor
versicherbar	insurable
versicherbares Risiko *n*	insurable risk
Versicherer *m*	underwriter
versichert	insured
Versicherung *f*	insurance underwriting
Versicherungsagent *m*	insurance agent
Versicherungsbetrug *m*	insurance fraud
Versicherungsdeckung *f*	insurance cover insurance coverage
Versicherungseinstufung *f*	insurance rating
versicherungsfähig	insurable
Versicherungsgesellschaft *f*	insurance company insurer
Versicherungsklausel *f*	insurance clause
Versicherungskosten *pl*	insurance costs *pl* (fin.)
Versicherungsmakler *m*	insurance broker
Versicherungsnehmer *m*	insurance holder policy holder policy owner
Versicherungsnummer *f*	insurance policy number
Versicherungspflicht *f*	compulsory insurance duty to insure *sg* obligation to insure *sg*
Versicherungspolice *f*	certificate of insurance insurance policy policy

V

Versicherungsschein *m*	certificate of insurance insurance policy policy
Versicherungsschutz *m*	insurance cover
Versicherungssteuer *f*	insurance tax
Versicherungssumme *f*	insurance sum sum insured
Versicherungstarif *m*	insurance tariff
Versicherungstarifierung *f*	insurance rating
Versicherungsverein auf Gegenseitigkeit/VVaG *m*	mutual insurance association mutual insurance company mutual insurance corporation *(AE)* mutual insurance society *(BE)*
Versicherungsvertreter *m*	insurance agent
Versicherungswert *m*	insurance value
Versorgungsrisiken *npl*	supply risks *pl*
Verspätung *f*	delay
Verstopfungszuschlag *m*	congestion surcharge
Verteilcenter *n*	distribution centre *(BE)*, center *(AE)*
Verteilerfinger *m*	distributor arm
Verteilergetriebe *n*	transfer case
Verteilerkappe *f*	distributor cap
Verteillager *n*	distribution warehouse/depot
Verteilung f	distribution
Verteilungsschlüssel *m*	allocation formula
Verteilzeit *f* (Zeit in der nicht produktiv gearbeitet wird z.B. der Gang zur Toilette, warten auf Informationen oder dem Transportmittel)	additional time *sg* (time not spent working productively, e.g. going to the toilet, waiting for information or the means of transport)
vertikale Finanzierungsregel *f*	vertical rule of financing
Vertikalkommissionierer *m*	vertical order picker

V

Vertikalumlauflager *n*	vertical carousel
Vertrag *m*	contract
vertragliche Abmachung *f*	stipulation
vertragliche Festlegung *f*	stipulation
vertragliche Regelung *f*	stipulation
vertragliche Vereinbarung *f*	stipulation
vertraglicher Frachtführer *m*	contractual carrier
Verträglichkeitsgruppe *f*	compatibility group
Vertragsabschluss *m*	conclusion of a contract
	conclusion of an agreement
Vertragsauflösung *f*	cancellation of a contract
	cancellation of an agreement
	dissolution of contract
Vertragsauslegung *f*	interpretation of a contract
Vertragsbedingungen *fpl*	conditions of a contract *pl*
Vertragsbruch *m*	breach of contract
Vertragsgarantiedeckung *f*	contract bond cover
Vertragsgestaltung *f*	contract design / drafting
Vertragsrecht *n*	contract law
Vertragsrücktritt *m*	avoidance of contract
Vertragsstrafe *f*	contract penalty
	contractual penalty
Vertragsunterzeichnung *f*	signing of a contract
vertrauenswürdig	trustworthy
Vertrieb *m*	distribution
Verursachungsprinzip *n*	principle of causation
Verwahrungsvertrag *m*	contract of safe custody
Verwaltung *f*	administration
Verwendungsgut *n*	goods for use
Verwendungsreif (z.B. die Ware)	ready for use (e.g. the goods)
Verzichtskunde *m*	waiver customer
verzögern	delay, to

V

Verzögerung *f*	delay
Verzögerungsspur *f*	deceleration lane
Verzögerungsstreifen *m*	deceleration lane
verzollt	duty paid
Verzollungskosten *pl*	costs of customs clearance *pl*
verzurren	lash down, to
Veterinärbescheinigung *f*	veterinary certificate
Veterinärzeugnis *n*	veterinary certificate
Viehfutter *n*	animal feed fodder
Viehtransporter *m* (LKW)	cattle lorry *(BE)* cattle truck *(AE)*
Viehtransporter *m* (Schiff)	livestock carrier
Viehwagen *m* (Eisenbahn)	cattle car *(AE)* cattle wagon *(BE)* livestock wagon *(BE)* stock car *(AE)* (rail)
Viehwaggon *m*	cattle car *(AE)* cattle wagon *(BE)* livestock wagon *(BE)* stock car *(AE)* (rail)
Vielflieger m	frequent flier *(AE)* frequent flyer *(BE)*
Vielfliegerprogramm *n*	frequent-flier program/FFP *(AE)* frequent-flyer programme/FFP *(BE)*
Vierkreisschutzventil *n*	four-circuit protection valve
Vierwegepalette *f*	four-way pallet
Vierwegstapler *m*	four-way forklift trucks *pl*
vierzehn Tage *mpl*	fortnight *(BE)*
Vierzig-Fuß-Äquivalente-Einheit/ FEU *f*	forty foot equivalent unit/FEU
Vignette *f*	road tax vignette vignette (road tax)

V

virtueller Marktplatz *m*	electronic market place
	e-marketplace
Virus *m*	virus
Visum *n*	visa
Völkergewohnheitsrecht *n*	customary international law
volkswirtschaftlich	economic
vollautomatische Lagerführung *f*	fully automated warehouse management
vollautomatisierte Getriebe *n*	fully automated transmission
Vollcharter *f/m*	full charter
Vollcontainerschiff *n*	cellular vessel
volle Deckung *f*	full cover
	full coverage
Volle Deckung *f* (DTV-Güter 2000/2011)	All Risks (DTV Cargo 2000/2011)
voller Versicherungsschutz *m*	full cover
	full coverage
Vollgummireifen *m*	solid rubber tire *(AE)*
	solid rubber tyre *(BE)*
Vollkasko *f*	fully comprehensive insurance
Vollkaskoversicherung *f*	full coverage insurance
Vollkostenrechnung *f*	absorption costing
Volllast-Kennlinien *fpl*	full load characteristics *pl*
Volllastdiagramm *n*	full load diagram
Vollmacht *f*	authorisation *(BE)*
	authorization *(AE)*
Vollschlauchsystem *n*	full hose system
vollsynthetisch	fully synthetic
volltanken	fill up, to
Volumenkilogramm *n*	volume kilogram *sg*
vom Zoll freigegeben	released by customs

V

von der Bank bestätigter Scheck *m*	certified check *(AE)* certified cheque *(BE)*
von einer Bank gezogener Wechsel *m*	bank draft banker's draft
Vor- und Nachlauf containerisiert / FCL/FCL *m*	full container load/full container load / FCL/FCL
Vor- und Nachlauf nicht containerisiert als Stückgut / LCL/LCL *m*	less than container load/less than container load / LCL/LCL
Vor- und Nachlaufachse *f*	leading and trailing axle
Vorab-Ankunftsanzeige *f* (Zoll)	advance arrival notice *sg* (customs)
Vorarbeiter *m*	foreman
vorausbezahlt	prepaid
Vorauskasse *f*	cash in advance/c.i.a./CIA
voraussichtliche Abflugzeit *f*	estimated time of departure/ETD
voraussichtliche Ankunftszeit *f*	estimated time of arrival/ETA expected time of arrival/ETA
voraussichtliche Flugdauer *f*	estimated elapsed time/EET
Vorbehalt *m*	reservation
vorbereitende Abschlussbuchung *f*	preparatory closing entry
Vorderachse *f*	front axle
Vorderachsen *fpl*	front axles *pl*
Vorderradantrieb *m*	front-wheel drive
Vorfeld *n* (Flughafen)	airport ramp apron
Vorgänge *mpl*	goings-on *pl*
vorgestern	day before yesterday, the *sg*
Vorglühanlage *f*	pre-glow system
Vorhängeschloss *n*	padlock
Vorlauf containerisiert und Nachlauf nicht containerisiert als Stückgut / FCL/LCL *m*	full container load/less than container load / FCL/LCL
Vorlauf *m*	pre-carriage

V

Vorlauf nicht containerisiert als Stückgut und Nachlauf containerisiert / LCL/FCL *m*	less than container load/full container load / LCL/FCL
vorläufige Deckung *f*	provisional cover
vorläufige Festnahme *f*	provisional arrest
vorläufiger Versicherungsschein *m*	insurance note
vorläufiger Versicherungsschutz *m*	provisional cover
vorlegende Bank *f*	presenting bank
vorletzte Woche	week before last, the *sg*
vorletzter Monat	month before last, the *sg*
vorletztes Jahr	year before last, the *sg*
Vormittag *m*	morning
vorne	front, at the
Vorrang eines Anspruchs *m*	priority of a claim
Vorrang *m*	priority
Vorratsbeschaffung *f*	stock procurement inventory sourcing
Vorratslager *n*	buffer stock supply warehouse *sg*
vorrübergehende Invalidität *f*	temporary disability
Vorsatz *m*	intent
vorsätzlich	intentional
Vorschaltgruppe *f*	pre-shift group transmission
Vorschussakkreditiv *n* (Kreditierung des Exporteurs)	red clause L/C red clause letter of credit
Vorschussakkreditiv *n* (Kreditierung des Importeurs)	green clause L/C green clause letter of credit
vorsichtig	careful
Vorsorgeuntersuchung *f*	check-up
Vorsorgeversicherung *f*	provisional insurance
Vorspannkraft *f*	preload
Vorsteuerumbuchung *f*	pre-tax transfer

V

vorübergehende Verwendung *f*	temporary use
Vorverpackung *f*	pre-packaging
vorversichern	preinsure, to
Vorvertrag *m*	pre-contract
vorvorgestern	three days ago
vorwärts	forwards *(BE)*
	forward *(AE)*
Voyage Data Recorder/VDR *m*	voyage data recorder/VDR

W

Waage *f*	scales *pl*
Wabenregal *n*	honeycomb rack
Waffe *f*	weapon
Waffenembargo *n*	arms embargo
Waffengesetz/WaffG *n*	Weapons Act/WaffG
Wagenheber *m*	jack (tool)
Wagenheberaufnahme *f*	jacking point
Wagenladung *f*	carload *(AE)*
	wagonload *(BE)*
Wagenladungsverkehr *m*	wagonload freight
	wagonload traffic
Wagenreihungsplan *m*	car position locator
Wagenstandgeld *n* (Eisenbahn)	demurrage
Wagenstandsanzeiger *m*	car position locator
Waggon *m* (Güter)	railway wagon *(BE)*
	railroad car *(AE)*
Wahlmöglichkeit *f*	choice
	option
wahrscheinlich	probable
Wahrscheinlichkeit *f*	probability
Wahrscheinlichkeitsberechnung *f*	calculation of probabilities
	probability calculation

W

Wahrscheinlichkeitsrechnung *f*	calculation of probabilities
	probability calculation
Währung *f*	currency
Währungsausgleichsfaktor/CAF *m*	currency adjustment factor/CAF
Währungsschwankung *f*	currency fluctuation
Wandlerschaltkupplung/WSK *f*	converter clutch
Ware *f*	commodity
	merchandise
	goods *pl*
Ware-zum-Mann/WzM	goods to man
Warenausgangsbeleg *m*	goods issue document
Warenbestand *m*	stock *(BE)*
	stock on hand *(BE)*
	inventory *(AE)*
Wareneingangsabteilung *f*	receiving department
Wareneingangsbeleg *m*	goods receipt document
Wareneingangsbescheinigung *f*	receipt for goods
Wareneinkauf *m*	purchase of goods *pl*
Warenfeuchte *fsg*	product moisture content *sg*
Warenklassenraten *fpl*	class rates/CR
Warennummer *f*	article number
Warenprobenversand *m*	sample consignment
	sample shipment
Warenprüfung *f*	product testing
Warenunabhängige Seefrachtrate *f*	Freight All Kinds/FAK
Warenverkehrsbescheinigung A. TR *f*	movement certificate a. tr
Warenverkehrsbescheinigung EUR.1 *f*	EUR.1 movement certificate
Warenverkehrsbescheinigung Euro 1 *f*	movement certificate euro 1
Warenverkehrsbescheinigung/WVB *f*	movement certificate

W

Warenverteilzentrum/WVZ *n*	goods distribution center *(AE)* goods distribution centre *(BE)*
Warenverzeichnis für die Statistik des Außenhandels der Gemeinschaft und des Handels zwischen ihren Mitgliedstaaten/NIMEXE *n*	Nomenclature of Goods for the External Trade Statistics of the Community and Statistics of Trade between Member States/NIMEXE
Warenwert *m*	value of goods
Warenwirtschaftssystem/WaWi *n*	inventory control system
warm	warm
Wärme *f*	heat *sg*
wärmebehandelt	heat-treated
Wärmequelle *f*	heat source
Warndreieck *n*	breakdown triangle warning triangle
Warnfahne *f*	signal flag warning flag
Warnflagge *f*	signal flag warning flag
Warnleuchte *f*	warning light
Warnposten *m*	flagger flagman traffic guard
Warnsysteme *npl*	warning systems *pl*
Warnweste *f*	safety vest warning vest
Warnwestenpflicht *f*	mandatory warning vest
Warschauer Abkommen/WAK/WA *n*	Warsaw Convention/WC
Warschauer Abkommen/WAK/WA *n*	Warsaw Convention/WC
Wartehäuschen *n*	bus shelter
Wartung *f*	maintenance
Wartungsarbeit *f*	maintenance work

W

wartungsarm	low-maintenance
Wartungsfreundlichkeit *fsg*	maintainability *sg*
Wartungskosten *pl*	maintenance costs *pl* (fin.)
Waschbenzin *n*	white spirit
Washingtoner Artenschutzabkommen/WA *n*	Convention on the International Trade in Endangered Species of Wild Fauna and Flora/CITES
Wasser *n*	water
Wasser- und Schifffahrtsamt/WSA *n*	waterways and shipping office
Wasser- und Schifffahrtsdirektion/ WSD *f*	waterways and shipping directorate
Wasser- und Schifffahrtsverwaltung des Bundes/WSV *f*	Waterways and Shipping Administration of the Federal Government
Wasser- und Schifffahrtsverwaltung des Bundes/WSV *f*	Waterways and Shipping Administration of the Federal Government
Wasserdampf *m*	water vapor *(AE)* water vapour *(BE)*
Wassereinbruch *m*	water ingress
wassergefährdende Ladung *f*	water-polluting cargo
Wassergefährdungsklasse/WGK *f*	water hazard class
Wasserhaushaltsgesetz/WHG *n*	Federal Water Act/WHG
Wasserkran *m* (Eisenbahn)	water crane (rail) water standpipe (rail)
Wasserschaden *m*	water damage
Wasserschutzgebiet/WSG *n*	water protection area/WSG
Wasserschutzpolizei *f* (Hafen)	harbor police *pl (AE)* harbour police *pl (BE)*
Wasserschutzpolizei-Schule/WSPS *f*	German Water Police School/ WSPS
Wasserstoff *msg*	hydrogen *sg*
Wasserstofffahrzeug *n*	hydrogen vehicle
Wasserstoffperoxid *n*	hydrogen peroxide

W

Wasserstraßen-Neubauamt/WNA *n*	office for new construction of waterways
Wasserstraßenkreuz *n*	waterway junction
Wasserverunreinigung *f*	water contamination
WC *n*	restroom *(AE)* toilet *(BE)*
Web-Präsenz *f*	web site
Website *f*	web site
Wechsel *m* (fin.)	draft (fin.)
Wechselaufbau/WAB *m*	swap body
Wechselaufbaubrücke *f*	swap body
Wechselbehälter *m*	swap body
Wechselbrücke *f*	swap body
Wechselgetriebe *n*	change gear
Wechselkoffer *m*	swap body
Wechselkurs *m*	exchange rate
Wechselpritsche *f*	swap body
Wechselsysteme (z.B. im kombinierten Verkehr)	switching systems (e.g. in combined transport)
Wechselverkehr *m*	1. half duplex 2. intercommunication 3. cross-border traffic
Weg *m*	route
Wegbeschreibung *f*	directions *pl*
Wegfahrsperre *f*	immobilizer
Wegfahrsperre/WFS *f*	immobiliser *(BE)* immobilizer *(AE)* engine immobiliser *(BE)* engine immobilizer *(AE)*
Wegzeit *f* (Zeit für den Weg zwischen zwei Entnahmen)	travelling time *sg* (time for travelling between two withdrawals)
Wegzeit *f*	order picking way time

W

weich (Konsistenz)	soft (consistency)
Wein *m*	wine
weiße Ware *f*	white goods *pl*
weißer Frost *m*	white frost
Weisung *f*	directive
	instruction
weitere Beförderung *f*	further shipment
weitere Verschiffung *f*	further shipment
Weiterverwendung *f*	further use
Wellen *fpl*	shafts *pl*
Wellpappe *f*	corrugated board
	corrugated cardboard
Welthandelsorganisation/WHO *f*	World Trade Organization/WTO
Weltschifffahrtsuniversität/WMU f	World Maritime University/WMU
weltweites Seenot- und Sicherheits-funksystem/GMDSS *n*	Global Maritime Distress and Safety System/GMDSS
weltwirtschaftlich	global economic
Weltzeit *f*	world time
Weltzollorganisation/WZO *f*	World Customs Organization/WCO
wenden (Fahrzeug)	turn around, to
Werkfeuerwehr *f*	plant fire brigade *(BE)*
	plant fire department *(AE)*
Werkschutz *msg*	factory security service
	factory security office
Werkstatt *f*	workshop
Werkstattkarte *f*	workshop card
Werkstattverzeichnis *n*	workshop directory
Werktag *m* (in UK/USA keine Unterscheidung zum Arbeitstag)	business day
	working day
Werkverkehr *m*	private haulage
	transport for own account
	own-account transport

W

Wert *m*	value
Wert *m* (z.B. des Lagergutes)	value *sg* (e.g. of the stored goods)
Wert der Ladung *m*	value of cargo
Wertansätze in der Bilanz *mpl*	amounts stated in the balance sheet *pl*
Wertdeklaration *f*	declaration of value
Wertfortschreibung *f*	value update
Wertschlüssel *m*	value scale method
Wertschöpfungskette *f*	value chain
Wertschöpfungsprozess *m*	value-added process
Wertveränderungen *fpl*	value changes *pl* changes in value *pl*
wertvoll	valuable
wertvolles Gut *n*	valuable goods *pl*
Wertzoll *m*	ad valorem duty
West	west
West-Pazifik-Staaten/WPS *mpl*	West-Pacific-States/WPS *pl*
Westafrika *n*	West Africa Western Africa
Westen *m*	west
Westindische Inseln *fpl*	West Indies *pl*
Westküste der Vereinigten Staaten *f*	Pacific Coast of the United States West Coast of the United States
westwärts	westbound
Wetter *n*	weather
Wettervorhersage *f*	weather forecast
WGK 1*f* schwach wassergefährdend	WGK 1 low hazard to waters
WGK 2 *f* wassergefährdend	WGK 2 hazard to waters
WGK 3 *f* stark wassergefährdend	WGK 3 severe hazard to waters

W

Widerruf *m*	revocation
widerruflich	revocable
widerrufliches Akkreditiv *n*	revocable L/C
	revocable letter of credit
Widerrufsrecht *n*	right of revocation
wieder verpacken	repack, to
Wiederausfuhr *f*	re-exportation
Wiedereinfuhr *f*	re-importation
Wiederverwertung *f*	recycling
Wiegesystem *n* (On-Board-Weighting System / OBWS)	on-board-weighting system / OBWS
Willenserklärung *f*	declaration of intent
	declaration of intention
Wind *m*	wind
Windhundprinzip *nsg*	first come - first choice
	first come - first served/FCFS
	first-in - first served
Windhundverfahren *nsg*	first come - first choice
	first come - first served/FCFS
	first-in - first served
Windrichtung *f*	wind direction
Windschutzscheibe *f*	windscreen *(BE)*
	windshield *(AE)*
windsichere Handlampe *f*	windproof hand lamp
Winkel *m*	angle
Winkerkelle *f*	traffic paddle
Winterdiesel *m*	winter diesel fuel
	winter diesel
	winterized diesel *(AE)*
Winterfahrplan *m* (Eisenbahn)	winter timetable
Winterflugplan *m*	winter flight schedule
	winter timetable
Winterlademarke/W *f*	Winter Load Line/W

W

Winterreifen *m*	snow tire *(AE)*
	snow tyre *(BE)*
	winter tire *(AE)*
	winter tyre *(BE)*
Winterreifenpflicht *f*	winter tyre *(BE)* / tire *(AE)* requirement
Winterzuschlag *m*	winter surcharge
Wirkung *f*	effect
Wirtschaftlichkeit *f*	economic efficiency
Wirtschaftlichkeitsrechnung *f* (fin.)	economic efficiency calculation (fin.)
Wirtschaftskunde *f*	economics
Wirtschaftspartnerschaftsabkommen/WPA *n*	Economic Partnership Agreement/EPA
Witterung *f*	weather conditions
Woche *f*	week
Wochenende *n*	weekend
Wochenlenkzeit *f*	weekly driving time
wöchentlich	weekly
wöchentliche Lenkzeit *f*	weekly driving time
Wolkenbruch *m*	cloudburst
Working Kapital *n*	working capital
Wrack *n*	shipwreck
	wreck
Wrackgut *n*	derelict (cargo on the bottom of the ocean which cannot be reclaimed)
	lagan (cargo on the bottom of the ocean which can be reclaimed)
X-Güter *npl*	X goods
XYZ-Analyse *f*	XYZ analysis

W

Y

Y-Güter *npl*	Y goods
York-Antwerpener Regeln/YAR *fpl*	York-Antwerp-Rules/YAR *pl*

Z

Z-Güter *npl*	Z goods
zähfließender Verkehr *m*	slow-moving traffic
zahlbar bei Fälligkeit	payable at maturity payable when due
zählen	count, to
Zähler *m* (Gerät)	counter
Zahllast *f*	amount payable
Zahlmeister *m*	purser
Zahlung *f*	payment
Zahlung bei Auftragserteilung *f*	cash with order/CWO
Zahlung bei Rechnungseingang *f*	payment on receipt of invoice
Zahlung der Kosten *f*	payment of charges
Zahlungsart *f*	method of payment
Zahlungsbedingung *f*	payment term terms of payment
Zahlungseingang *m*	payment receipt
zahlungskräftig sein	have deep pockets, to *(coll.)*
Zahlungsort *m*	place of payment
Zahlungsverzug *m*	delay of payment
Zählwaage *f*	counting scales *pl*
Zahnleisten *fpl* (Ladungssicherung fest im Fahrzeug installiert)	toothed strips *pl* (load securing permanently installed in the vehicle)
Zahnriemen *m*	timing belt
Zapfsäule *f*	gas pump *(AE)* petrol pump *(BE)*

Z

Zebrastreifen *m*	crosswalk *(AE)*
	pedestrian crossing
	zebra crossing *(BE)*
Zedent *m*	assignor
Zeichner *m*	underwriter
Zeichnung *f*	underwriting
zeichnungsberechtigter Mitarbeiter *m*	underwriter
Zeichnungsgrenze *f*	underwriting limit
Zeilenlagerung *f*	line storage
zeitabhängige Maut *f*	time-based toll
Zeitarbeit *f*	temporary work
	temporary employment
Zeitarbeiter *m*	temporary worker
Zeitarbeitsfirma *f*	temp agency (coll.)
	temporary work agency
	temporary employment agency
Zeitcharter *f/m*	time charter
Zeitgenehmigung *f*	time permit
zeitliche Distanz *f*	temporal distance *sg*
Zeitplan *m*	schedule
	timetable
Zeitpunkt *m* (z.B. Bestelltermin)	time sg (e.g. order date)
Zeitpunkt der Absendung *m*	time of dispatch
Zeitpunkt der Versendung *m*	time of dispatch
Zeitrabatt *m*	deferred rebate
Zeitunterschied *m*	time difference
Zeitverschiebung *f*	time difference
Zeitwert *m*	fair value
Zeitzone *f*	time zone
Zellenführung *f* (Containerschiff)	cell guide (container ship)
Zellengerüst *n* (Containerschiff)	cell guide (container ship)

Z

Zellenschiff *n*	cellular vessel
Zement *m*	cement
Zementfrachter *m*	cement carrier
Zentralafrika *n*	Central Africa
Zentralamerika *n*	Central America
Zentralasien *n*	Central Asia
Zentrale Unterstützungsgruppe Zoll/ZUZ *f*	Central Customs Support Group/ ZUZ
zentrale Verkehrsflussregelung/ CMFU *f*	Central Flow Management Unit/ CMFU
Zentraler Omnibusbahnhof/ZOB *m*	central bus station
Zentraleuropa *n*	Central Europe
zentralisierte Verkehrsfluss- steuerung/CMFU *f*	Central Flow Management Unit/ CMFU
Zentrallager *n*	center of distribution *(AE)* central warehouse centre of distribution *(BE)*
Zentralschmieranlage *f*	central lubrication system
Zentralschmierung *f*	centralised *(BE)* / centralized *(AE)* lubrication
Zentralverband Deutscher Schiffs- makler e.V. *m*	German Shipbrokers' Association
Zentrifugalkraft *f*	centrifugal force
zerbrechlich	fragile
zerbrochen	broken
Zerstörung *f*	destruction
Zertifikat für die Gewichts- bescheinigung im USA-Verkehr/ FIATA SIC *n*	Shippers Intermodal Weight Certificate/FIATA SIC
Zertifizierung *f*	certification
Zession *f* (z.B. beim Namenslager- schein)	assignment *sg* (e.g. on registered warehouse receipt)
Zessionar *m*	assignee

Z

Zielakkreditiv *n*	deferred L/C
	deferred payment letter of credit
Zielbahnhof *m*	arrival station
Zielflughafen *m*	destination airport
Zielkonflikte *mpl*	conflict of targets *pl*
Zielschild *f*	target sign
ziemlich	fairly
Zigarette *f*	cigarette
Zigarettenanzünder *m*	cigarette lighter
Zigarillo *f/m/n*	cigarillo
Zigarre *f*	cigar
Zinn *nsg*	tin *sg*
Zins *m*	interest
Zinseszins *m*	compound interest
Zinsrate *f*	interest rate
Zirconium *n*	zirconium
Zirkonium *n*	zirconium
zivile Luftfahrt *f*	civil aviation
Zivilrecht *n*	civil law
Zoll bezahlen	pay customs, to
Zoll *m*	customs
Zoll *m* (Abgabe)	customs duty
Zoll *m* (Behörde)	customs *pl* (authority)
Zoll umgehen	avoid customs duty, to
Zollabfertigung *f*	customs clearance
Zollabgabe *f*	customs duty
Zollagent *m*	customs agent
	customs broker
Zollagentur *f*	customs agency
Zollamt *n*	customs office
zollamtliche Erfassung *f*	customs registration

Z

Zollanmelder *m*	declarant
Zollanmeldung *f*	customs declaration
Zollanschlussgebiet *n*	customs union
Zollausschlussgebiet *n*	customs enclave
Zollbeamter *m*	customs officer
	customs official
Zollbefreiung *f*	customs exemption
Zollbefund *m*	customs certificate
Zollbegleitschein *m*	carnet
Zollbegleitscheinheft *n*	bond note book
Zollbehältnis *n*	customs container
Zollbehörde *f*	customs authority
Zollbereich *m*	customs area
Zollbeschau *f*	customs inspection
Zollbestimmungen *fpl*	customs regulations *pl*
Zollbetrug *m*	customs fraud
Zolldokument *n*	customs document
Zollerklärung *f*	customs declaration
Zollfahndung *f*	customs investigation
Zollfahndungsamt *n*	customs investigation office
Zollfaktura *f*	customs invoice
Zollflugplatz *m*	customs airport
Zollformalitäten *fpl*	clearing formalities *pl*
	customs formalities *pl*
zollfrei	duty-free
zollfreies Geschäft *n*	duty-free shop
Zollgebiet der Gemeinschaft *n*	Community customs territory
Zollgebiet *n*	customs area
	customs territory
Zollgebühr *f*	customs duty
Zollgrenze *f*	customs boundary
	customs frontier

Z

Zollkodex der Gemeinschaften/ZK *m*	Community Customs Code/CC
Zollkodex/ZK *m*	Customs Code/CC
Zollkontingent *n*	tariff quota
Zollkontrolle *f*	customs check customs control
Zollkriminalamt/ZKA *n*	Customs Criminal Investigation Office/ZKA
Zolllager *n*	customs warehouse *sg*
Zolllagerverfahren *n*	customs warehousing procedure
Zollnummer *f*	customs number
Zollpapier *n*	customs document
Zollplombe *f*	customs seal
zollrechtlich freier Verkehr *m*	release for free circulation
zollrechtliche Bestimmung *f*	customs-approved treatment
zollrechtliche Vereinfachungen *fpl*	customs simplifications *pl*
zollrechtliche Vorschriften *fpl*	customs regulations *pl*
zollrechtlicher Status *m*	customs status
Zollschnur *f*	TIR cable
Zollseil *n*	TIR cable
zollsicherer Verschluss *m*	customs-approved closure
Zollstelle *f*	customs office
Zollstock *m*	folding rule
Zollunion *f*	customs union tariff union
Zollverfahren mit wirtschaftlicher Bedeutung *n*	customs procedures with economic impact customs procedures with economic significance
Zollverfahren *n*	customs procedure
Zollvergünstigungen *fpl* (Präferenzmaßnahmen)	customs concessions *pl* (preferential measures)

Z

Zollverschluss *m*	customs seal
Zollverschlussanerkenntnis *f*	customs certificate of approval
Zollverschlusslager *n*	bonded shed
	bonded storage
	bonded warehouse
Zollverschlussware *f*	bonded goods *pl*
Zollwert *m*	customs value
zu dicht auffahren	tailgate, to
zu Gunsten von	in favor of *(AE)*
	in favour of *(BE)*
Zubehör *n* (Nutzfahrzeuge)	accessories (commercial vehicles)
Zubringerdienst *m*	feeder service
Zubringerflugzeug *n*	commuter aircraft
Zucker *msg*	sugar
Zuckerfrachter *m*	sugar carrier
zuerst herein - zuerst heraus/FIFO (nach dem Einlagerungszeitpunkt)	first in - first out/FIFO
zufrieden sein mit	content with, to be
Zug *m*	train
Zugabstimmung *f*	train coordination
Zugangskontrolle *f*	access control
Zugdeichsel *f*	tongue
Zugelassener Wirtschaftsbeteiligter/ ZWB *m*	Authorized Economic Operator/ AEO
Zuggabel *f*	drawbar
Zuggattung *f*	type of train
Zugmaul *n*	coupling jaw
Zugöse *f*	drawbar eye
Zugraub *m*	train robbery
Zugriffshäufigkeit *f* (z.B. des Lagergutes)	access frequency *sg* (e.g. of the stored goods)

Z

Zugunfall *m*	rail accident train accident
Zugunglück *n*	rail accident train accident
zulässige Belastung *f* (Stapellast)	allowable load
zulässige Gesamtmasse/zGM *f*	permissible maximum weight
zulässiges Gesamtgewicht/zGG *n*	permissible maximum weight
Zulassungsbescheinigung Teil I *f*	licence certificate part I *(BE)* license certificate part I *(AE)*
Zulassungsbescheinigung Teil II *f*	licence certificate part II *(BE)* license certificate part II *(AE)*
zuletzt herein - zuerst heraus/LIFO (nach dem Einlagerungszeitpunkt)	last in - first out/LIFO
Zulieferer *mpl*	suppliers *pl*
Zulieferpyramide *f*	supply pyramid
Zündkabel *n*	ignition cable ignition wire
Zündkerze *f*	spark plug
Zündquelle *f*	ignition source
Zündschloss *n*	ignition lock
Zündschlüssel *m*	ignition key
Zündspule *f*	ignition coil
Zündstoff *m*	primary explosive
Zündverteiler *m*	ignition distributor
zur Verfügung stellen	available, to make
Zurr-Drahtseilgurt *m*	lashing wire rope strap
Zurrdrahtseile *npl*	lashing wire ropes *pl*
zurren	lash, to
Zurrgurt *m*	lashing strap
Zurrgurte *mpl*	lashing straps *pl*
Zurrkette *f*	lashing chain
Zurrketten *fpl*	lashing chains *pl*

Z

Zurrmittel *n*	lashing equipment
Zurrpunkt *m*	lashing point
Zurrpunktschild *f*	lashing point sign
Zurrwinden *fpl* (Ladungssicherung fest im Fahrzeug installiert)	lashing winches *pl* (load securing permanently installed in the vehicle)
Zurrwinkel *m*	lashing angle
Zurückbehaltungsrecht *n*	right of retention
Zurückgewinnungsverfahren *n* (z.B. bei Diebstahl während des Transportes zur Bestimmungszollstelle)	recovery procedure *sg* (e.g. in the event of theft during transport to the customs office of destination)
Zurufgeschäfte *npl*	one-off orders *pl* (often given at short notice and orally)
Zusammenarbeit *f*	collaboration cooperation
Zusammenladen *nsg*	mixed loading
Zusammenladungsverbot *n*	prohibition of mixed loading
zusammenlegbarer Container *m*	collapsible container
Zusammenpacken *nsg*	mixed packing
Zusammenpackverbot *n*	prohibition of mixed packing
Zusammenstoß in der Luft *m*	midair collision
Zusatzheizung *f*	auxiliary heating
Zusatzkosten *pl*	additional costs *pl*
zusätzliche Dienstleistung *f*	accessorial service
Zusatzversicherung *f*	additional insurance
zuschaltbar (z.B. Allradantrieb, Differentialsperre)	engageable
zuschaltbarer Allradantrieb *m* (wählbar)	selectable all-wheel drive selectable four-wheel drive
Zuschlag *m*	additional charge extra charge surcharge
Zuschlagssatz für Gemeinkosten *m*	overhead absorption rate

Z

Zustand *m*	condition
zuständig sein für etwas	charge of something, to be in
zuständige Stelle *f*	competent body
Zuständigkeit *f*	responsibility
Zustellung *f*	delivery
Zutrittsgewährung *f*	granting access
zuverlässig	reliable
zuvorkommend	obliging
Zwanzig-Fuß-Äquivalente-Einheit/ TEU *f*	twenty foot equivalent unit/TEU
Zweckaufwand *m*	operating expense
zweckbefristeter Arbeitsvertrag *m* (z.B. für eine Krankheitsvertretung)	fixed-term employment contract (e.g. for sickness cover)
Zwei-Hüllen-Tanker *m*	double-hull tanker
Zweigstelle *f*	branch
Zweikammertank *m*	double compartment tank
zweiseitig	bilateral
Zweiwegefahrzeug *n*	road-rail vehicle
zweiwellige Wellpappe *f*	double wall corrugated board
Zwillingsbereifung *f*	dual tires *pl (AE)* dual tyres *pl (BE)* twin tires *pl (AE)* twin tyres *pl (BE)*
zwingende Rechtsvorschrift *f*	mandatory legal provision
Zwischenboden *m*	intermediate floor
Zwischenfall *m*	incident
zwischengelagert werden (=verkehrsbedingte Lagerung)	temporary storage (= transportation-related storage)
Zwischenlager *n*	interim storage intermediate storage
Zwischenlagerung *f*	interim storage intermediate storage

Z

Zwischenlandung *f*	stopover
Zwischenspediteur *m*	intermediate forwarder
Zwischenstaatliche Organisation für den internationalen Eisenbahnverkehr/OTIF *f*	Intergovernmental Organisation for International Carriage by Rail/OTIF
Zwischenstaatliches Luftfahrtkomitee/MAK *n*	Interstate Aviation Committee/IAC
Zwischenstation *f*	intermediate station *(BE)* way station *(AE)*
Zylinderkopf *m*	cylinder head
Zylinderkopfdichtung *f*	cylinder head gasket

Z

Ihre 100 persönlichen Wörter des Lebens
(allgemeine Begriffe)

Ihre 100 persönlichen Wörter aus der Praxis
(Fachbegriffe)

Ihre wichtigsten Notizen

Bildnachweis